普通高等教育应用创新系列规划教材·经管基础课程系列

西方经济学

主　编　于文武
副主编　张　宇　卢　玉　张宏艳

科学出版社
北　京

内 容 简 介

本书注重理论联系实际，在讲解现代西方经济学的基本概念、基本原理、基本知识的同时，紧密结合经济发展的实际，培养学生运用经济学原理与方法，分析和解释社会现象的能力。本书共 17 章，具体包括西方经济学导论、供求理论、消费者行为理论、生产论、成本论、完全竞争市场、完全垄断市场、垄断竞争市场与寡头垄断市场、生产要素的需求与供给、国民收入核算、简单国民收入的决定、货币供给和货币需求、产品市场与货币市场的一般均衡、总需求与总供给模型、宏观经济政策实践及分析、失业与通货膨胀理论、经济增长与经济周期理论等内容。

本书可以作为普通本科高校及独立学院经济管理类本科各专业及相关专业的专业基础课程教材，也可以作为在职人员培训教材。

图书在版编目（CIP）数据

西方经济学/ 于文武主编. —北京：科学出版社，2016
普通高等教育应用创新系列规划教材·经管基础课程系列
ISBN 978-7-03-049138-1
Ⅰ. ①西… Ⅱ. ①于… Ⅲ. ①西方经济学—高等学校—教材
Ⅳ. ①F091.3
中国版本图书馆 CIP 数据核字（2016）第 143743 号

责任编辑：王京苏 / 责任校对：张凤琴
责任印制：徐晓晨 / 封面设计：蓝正设计

科 学 出 版 社 出版
北京东黄城根北街 16 号
邮政编码：100717
http://www.sciencep.com
北京虎彩文化传播有限公司 印刷
科学出版社发行 各地新华书店经销
*
2016 年 9 月第 一 版 开本：787×1092 1/16
2021 年 8 月第六次印刷 印张：20 3/4
字数：536 000
定价：48.00 元

前　言

随着我国经济市场化程度的加深和全球经济一体化趋势的形成，作为反映现代经济运行规律的经济理论的重要地位和作用日益显现，其对我国经济学的教学、科研、经济政策和企业经济活动的影响越来越大。西方经济学在高等院校财经类和管理类专业中地位日益重要，已经成为最重要的核心基础课程之一。

本书系统全面地介绍了现代西方经济学的基本概念、基本原理、基本知识，吸收了国内外主流西方经济学教材的优点，及时跟踪当代西方经济学研究的最新进展。本书体系完整、论述清晰易懂、知识点新、覆盖面广、重点突出、难度适中，在编写上注重理论联系实际，在讲解经济学原理的同时，紧密结合中国经济发展的实际，引入了大量鲜活的教学案例，努力摒弃单纯讲解原理的空洞性，在讲授经济学基本内容的基础上，培养学生运用经济学原理与方法分析和解释社会现象的能力。

本书每章均设知识学习目标模块。知识学习目标是教师把握教材和指导学生理论学习的依据，对学生了解预期结果具有明确的导向和激励作用，是教学活动的出发点与归宿。

每章的单元内容主要阐述基本理论知识，与本章实践技能操作相对应，并对相关知识以知识提示的方式加以介绍。学生可以以最短的时间掌握基本理论、基本知识、基本技能，并将所学的知识转化到实践领域。

本书除第 1 章外每章均设复习思考题模块。教师可以通过学生对西方经济学知识技能的反馈信息，诊断教学效果，随时反思自己原来的教学方案，调整课时计划；同时，知识技能掌握情况的反馈能有效调动、激励学生和教师，使教与学达到最佳效果。

本书由于文武担任主编，张宇、卢玉和张宏艳担任副主编。具体编写分工如下：于文武（哈尔滨商业大学）编写第 1~8 章；张宇（哈尔滨石油学院）编写 9~11 章；卢玉编写 12~15 章；张宏艳（黑龙江工商学院）编写 16、17 章。

本书在编写中虽然力图完善，但由于编写人员的理论水平和教学经验以及时间的限制，书中难免会有不足之处，敬请广大读者批评指正。

编者

2016 年 5 月

目　　录

第1章

西方经济学导论

知识学习目标

通过本章的学习，理解西方经济学的研究对象、研究内容；掌握微观和宏观经济学的区别；掌握西方经济学的基本分析方法。

能力训练目标

通过本章的技能训练，能够运用经济学的基本分析方法分析生活中的简单经济问题。

1.1 经济学的内涵

1.1.1 经济学的概念

在西方，经济学被称为社会科学的“皇后”。对于经济学的内涵，不同时代和不同国家的经济学家有不同的定义与说明。有的人从资源配置的角度出发，认为经济学是研究稀缺资源的合理配置的一门学科；有的人从经济学研究和考察人们的经济活动的角度出发，认为经济学是研究人类社会经济问题的一门科学；有的人从经济主体行为目标的角度出发，认为经济学是研究人们的经济行为的一门科学；有的人从资源稀缺性的现实需要做出选择的角度出发，认为经济学是研究经济主体怎样进行选择的一门学科。

经济学是现代的一个独立学科，研究的是一个社会如何利用稀缺的资源生产有价值的物品和劳务，并将它们在不同的人中间进行分配。经济学主要进行三方面的考虑：资源的稀缺性是经济学分析的前提；选择行为是经济学分析的对象；资源的有效配置是经济学分析的中心目标。相对于人们的欲望，经济资源总是短缺的，经济学就是研究如何合理地配置和充分利用稀缺的经济资源来满足人们的多种需求的学科。

微观经济学（microeconomics）与宏观经济学（maroeconomics）是经济学的基础。微观经济学是研究社会中单个经济单位的经济行为，以及相应的经济变量的单项数值如何决定的经济学说，亦称为市场经济学或价格理论，其中心理论是价格理论。宏观经济学以国民经济总过程的活动为研究对象，主要研究就业总水平、国民总收入等经济总量，宏观经济学也称为就业理论或收入理论。

1.1.2 经济学产生的原因——稀缺性

贝克尔认为，由于人是趋利避害的动物，所以经济分析方法适用于人类的一切行为，经济分析以经济人假设为出发点，而经济人假设的依据是稀缺性，所以我们先讨论稀缺性假设。

资源的稀缺性是指这样一个基本事实：人们不论如何努力，所能获取的资源总是不能完全满足他们的需要。把资源与人们的需要联系起来，对理解稀缺性至为重要。如果不存在需要，也就不会有资源多少的问题，甚至不会有资源这个概念。如果资源都像空气那样充裕，是极大丰富的，或者说，满足人们欲望的手段是无穷的，那么不论人们的需要如何增长，稀缺性的绳索都不会捆到人们身上。不过，即使是空气这种通常被认为是取之不尽、用之不竭、供给无限的东西，在某些特定条件下，如空气严重污染的场合，也会变为稀缺物品，其标志是新鲜空气被作为商品出售。

在现实社会，对于经济资源，人们不可能不费任何代价就能轻易得到。相对于人类的欲望，它们总是有限的与稀缺的。本来水、空气是自由取用资源，随着污染的加剧，现在它们也变成经济资源。因此，社会必须有效率地利用其所拥有的资源，以使人类需要得到最大限度的满足。实际上，正是因为稀缺性和追求效率的愿望，经济学才成为一门重要而独立的学科。

1.1.3 资源配置方式

做出选择或资源配置决策并付诸实施的过程就是经济活动，而任何经济活动都是在一定的社会中进行的。各个社会做出选择或资源配置决策的方式称为经济制度。在现代社会中有两种做出选择或资源配置决策的方式，即计划经济和市场经济。

资源配置是对相对稀缺的资源在不同用途上加以比较做出的选择。资源是指社会经济活动中人力、物力和财力的总和，是社会经济发展的基本物质条件。在社会经济发展的一定阶段上，相对于人们的需求而言，资源总是表现出相对的稀缺性，从而要求人们对有限的、相对稀缺的资源进行合理配置，以便用最少的资源耗费，生产出最适用的商品和劳务，获取最佳的效益。资源配置合理与否，对一个国家经济发展的成败有极其重要的影响。

1. 计划配置方式

在这种方式下，计划部门根据社会需要和可能，以计划配额、行政命令来统管资源和分配资源。在社会主义社会，生产资料将由全社会占有，商品货币关系将不再存在，因而资源配置的方式主要是计划，即通过社会的统一计划来决定资源的配置。

在计划资源配置方式中，在一定条件下，这种方式有可能从整体利益上协调经济发展，集中力量完成重点工程项目。但是，由于配额排斥选择，统管取代竞争，市场处于消极被动的地位，易出现资源闲置或浪费的现象。

2. 市场配置方式

市场配置方式是指依靠市场运行机制进行资源配置的方式。市场成为资源配置的主要方式是从资本主义制度的确立开始的。在资本主义制度下，社会生产力有了较大的发展，所有产品、资源都变成了可以交换的商品，市场范围不断扩大，进入市场的产品种类和数量越来越多，从而使市场对资源的配置作用越来越大，市场成为资本主义制度下资源配置的主要方式。这种方式可以使企业与市场发生直接的联系，企业根据市场上供求关系的变化状况，以及市场上产品价格的信息，在竞争中实现生产要素的合理配置。但这种方式也存在一些不足之处。例如，由于市场机制作用的盲目性和滞后性，有可能产生社会总供给和社会总需求失衡、产业结构不合理，以及市场秩序混乱等现象。

1.1.4　生产可能性曲线和机会成本

从资源的稀缺性这一概念出发，如果进一步思考就会发现，人的欲望和满足欲望的手段（即生产资源和物质产品）一般具有以下几个特征：①人的欲望或需要是无限的；②这些需要的轻重缓急是各不相同的；③满足人的欲望或需要的手段，即可以支配的生产资源是有限的，从而可生产的产品是有限的；④每一种资源在大多数情况下是可以有多种用途的。上述四个特征就给人们提出了这样一个问题：怎样通过使用和分配这些可以有多方面用途但数量有限的资源，来满足轻重缓急各不相同的无限的欲望或需要呢？要回答这个问题，就必须处理好以下两个方面的关系：一是各种需要的轻重缓急；二是为了实现某种既定的需要所需付出的代价。由此，西方经济学家在他们的分析中提出了两个重要的概念和工具，即机会成本（opportunity cost）和生产可能性曲线（production possibility curve，PPC）。

1. 机会成本

经济资源一般是可以有多种用途的，但一定的资源用来生产某种产品后，就不能用来生产其他产品，这就意味着，用一定数量的资源来生产某种产品时，就必须放弃对别种产品的生产。把一定的资源用来生产某种产品时所放弃的别种产品的最大产量（产值），就是这种产品的机会成本。

由此可见，所谓机会成本，实质上是指选择的代价，即“选择成本”。它可以帮助人们进行可行性研究和最优化决策。当然，运用机会成本概念时，要适合以下三个条件：第一，资源本身要有多种用途；第二，资源可以自由流动且不受限制；第三，资源能够充分利用。如果以上条件不具备，机会成本便毫无意义。

2. 生产可能性曲线

生产可能性曲线用来表示经济社会在既定资源和技术条件下所能生产的各种商品最大数量的组合，考察一个国家应该怎样分配其相对稀缺的生产资源问题。我们知道，一国可利用的资源，按用途来说，主要用来生产资本品和消费品。由于资源总量是一定的，所以要多生产消费品就必须减少资本品的产量。那么，一个国家如何兼顾目前利益和长远利益，把有限的资本分配使用于消费品和资本品的生产，是经济学必须回答的一个重要问题。这个问题可以用生产可能性曲线来解释和回答。

如图 1-1 所示，假定一国现有资源用来生产消费品和资本品两种产品。如果全部用来生产 X 产品，可生产 OD 单位；如果全部用来生产 Y 产品，可生产 OA 单位；如果同时用来生产 X 和 Y 两种产品，则可能有各种不同的 X 与 Y 的产量组合。将 X 和 Y 的各种不同的产量组合描绘在坐标图上，便可得出生产可能性曲线。

图 1-1 中的 AD 线即生产可能性曲线，或称生产可能性边界（production possibility frontier，PPF），也可称为转换线。

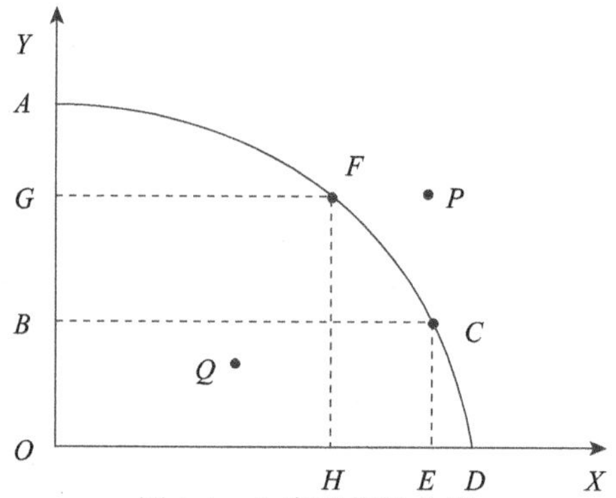

图 1-1 生产可能性曲线

生产可能性曲线是用来说明和描述在一定的资源与技术条件下可能达到的最大的产量组合曲线，它可以用来进行各种生产组合的选择。图 1-1 中 *F* 点和 *C* 点比较，少生产 *GB* 数量的 *Y* 产品（资本品），就可以多生产 *HE* 数量的 *X* 产品（消费品），因此，生产 *HE* 单位 *X* 产品的机会成本就是 *GB* 单位的 *Y* 产品。那么，一个国家关于消费品和资本品这两大部类的生产，到底是选择 *F* 点还是 *C* 点，还是 *AD* 线上的任何其他一点，是经济学所面临和必须回答的问题。

生产可能性曲线还可以用来说明潜力与过度的问题。生产可能性曲线以内的任何一点（如 *Q* 点），说明生产还有潜力，即还有资源未得到充分利用，存在闲置资源；而生产可能性之外的任何一点（如 *P* 点），则是现有资源和技术条件所达不到的。只有生产可能性曲线之上的点，才是资源配置最有效率的点。因为它说明一个社会的全部资源都得到了充分利用，不存在闲置资源和失业，社会经济达到了充分就业的状态。

1.2 西方经济学研究对象和基本内容

1.2.1 微观经济学的研究对象和研究内容

1. 微观经济学的研究对象

微观经济学又称个量经济学，其研究对象是个体经济单位。个体经济单位是指单个消费者、单个生产者和单个市场等。它从资源稀缺这个基本概念出发，认为所有个体的行为准则是设法利用有限资源取得最大收获，并由此来考察个体取得最大收获的条件。在商品与劳务市场上，作为消费者的家庭根据各种商品的不同价格进行选择，设法用有限的收入从所购买的各种商品量中获得最大效用或满足。家庭选择商品的行动必然会影响商品的价格，市场价格的变动又是厂商确定生产何种商品的信号。厂商是各种商品及劳务的供给者，厂商的目的则在于用最小的生产成本，生产出最大的产品量，获取最大限度的利润。厂商的抉择又将影响生产要素市场上的各项价格，从而影响家庭的收入。家庭和厂商的抉择均通过市场上的供求关系表现出来，通过价格变动进行协调。

微观经济学对个体经济单位的研究是从三个层次进行的：第一个层次分析单个消费者和单个生产者的经济行为，即分析单个消费者如何安排有限的收入以获得最大的满足，单个生产者如何进行最优的生产决策以获取最大的利润；第二个层次分析单个市场均衡价格的决定，即局部均衡价格理论；第三个层次分析所有单个市场均衡价格的同时决定，即一般均衡价格理论。

在微观经济分析中，假定没有政府和国外部门，只把经济社会简化为由消费者、生产者两个经济主体和产品、要素两个市场组成。每一个消费者和生产者都具有双重身份，在产品（消费品）市场上，消费者是产品和劳务的需求者，生产者是产品和劳务的供给者。在生产要素市场上，消费者则以生产要素供给者的身份出现，生产者则以生产要素需求者的身份出现。因而，整个微观经济活动，即消费者和生产者的经济活动是通过产品市场和生产要素市场的供求关系而联系起来的。

2. 微观经济学的研究内容

微观经济学的研究是在三个逐步深入的层次上进行的：第一个层次研究单个经济主体的最优选择问题；第二个层次研究单个市场的价格决定问题；第三个层次研究一个经济社会中所有单个市场的价格的同时决定问题。

微观经济学包括的内容相当广泛，其中主要有均衡价格理论、消费者行为理论、生产者行为理论、一般均衡理论、市场失灵与微观经济政策。微观经济分析的中心问题是价格的决定，因此，微观经济学的首要和基本内容是均衡价格理论。在此基础上通过分析消费者行为说明需求是如何决定的（即需求理论）；通过分析生产者行为说明供给是如何决定的（即供给理论）；在市场理论中，按照完全竞争、完全垄断、垄断竞争、寡头垄断四种市场类型，说明产品市场的产量和价格是如何决定的；在此基础上进一步分析生产要素市场的价格决定（即分配理论）。上述所有这些理论都首先采用局部均衡分析，其次综合完全竞争条件下的所有产品市场和要素市场，进行一般均衡分析，并用规范分析方法评价（即福利经济学），最后介绍市场失灵的原因并用微观经济政策加以弥补。

（1）在完全竞争条件下，无论是在产品市场，还是在生产要素市场，单个消费者和单个生产者的经济活动都表现为在市场价格机制的作用下各自追求自身经济利益最大化的过程。微观经济学中的商品价格是指商品的均衡价格。一种商品的均衡价格是指该种商品的市场需求量和市场供给量相等时的价格。在均衡价格水平下的相等的供求数量被称为均衡数量。

（2）消费者行为理论也叫做效用理论，它研究消费者如何在各种商品和劳务之间分配他们的收入，以达到满足程度的最大化。通过对消费者行为的分析推导出需求曲线，并对不确定条件下的消费者进行研究。消费者行为理论是供求理论的深化，是消费行为的理论基础。

（3）生产者行为理论主要考察生产者怎样将有限的资源分配于各种商品的生产上，通过生产经营活动以取得最大的利润。同时，探讨完全竞争市场的均衡和效率问题，并从对生产者行为的分析中推导出供给曲线。

（4）一般均衡理论介绍三种不完全竞争产品市场的特征、形成原因。着重介绍不完全竞争条件下使厂商实现最大利润的均衡产量和均衡价格的决定，并对不同市场的经济效率进行比较。

（5）市场失灵是指市场无法有效率地分配商品和劳务的情况。而微观经济政策是针对市场失灵，提高资源配套效率、调节微观经济行为主体关系的有关政策，如价格政策、收入政策、消费政策、就业政策等。

1.2.2 宏观经济学的研究对象和研究内容

宏观经济学以国民经济总体为研究对象，就必然要研究衡量国民经济总体活动的总量指标及其变动情况，如国民收入的决定与变动，国民收入与经济增长、经济周期、充分就业、通货膨胀、国际收支、利率与汇率之间的关系，如何通过财政政策与金融政策来对国民经济进行调节，等等。

宏观经济学的研究对象决定了宏观经济学涉及的都是国民经济的重大问题，自凯恩斯开始，经济学家为了解决这些问题，提出了各种理论及模型，形成了庞大的理论体系。宏观经济学大体上由四部分组成，即宏观经济学的理论基础、国民收入决定理论、宏观经济问题分析和宏观经济政策。宏观经济学的理论基础包括导论（宏观经济学的定义、研究对象、特点，宏观经济学的产生与发展、研究方法）、国民收入核算理论、消费与储蓄理论、投资与货币理论；国民收入决定理论包括简单国民收入决定模型、IS-LM 模型、AD-AS 模型和 IS-LM-BP 模型；宏观经济问题分析包括失业理论、通货膨胀与通货紧缩理论、经济周期理论、经济增长理论；宏观经济政策包括财政政策、货币政策、收入政策、技术进步政策、鼓励资本形成政策、人力政策、对外贸易政策及宏观经济学流派等。

1.2.3 微观经济学和宏观经济学的关系

1. 微观经济学与宏观经济学的联系

（1）微观经济学与宏观经济学的研究目的相同。经济学的目的是通过对人们的经济活动提供正确的指导来实现资源优化配置，从而实现整个社会经济福利的最大化。

（2）微观经济学与宏观经济学的研究内容相互补充。微观经济学是在假定资源已实现充分利用的前提下，分析怎样才能达到资源的最优配置的问题；而宏观经济学是在假定资源已实现最优配置的前提下，分析怎样才能使资源充分利用的问题。它们从不同的角度分析社会经济问题，因此，微观经济学与宏观经济学就其内容来说，是互相联系、相互补充的，只有把它们紧密地结合起来，才能构成经济学的完整的理论体系。

（3）微观经济学与宏观经济学的研究方法主要是实证分析法。微观经济学与宏观经济学都假定社会经济制度是既定的，不探讨和考察社会经济制度变化的原因和后果，而只分析在经济制度不变的条件下资源的配置与利用问题。这种不涉及制度和价值判断问题，只分析具体问题，只对经济运行过程进行实证描述的方法就是实证分析法。从这个意义上看，微观经济学与宏观经济学都属于实证经济学的范围。

（4）微观经济学是宏观经济学的基础。微观经济学和宏观经济学这两个领域曾一度界限分明，对如何把微观经济学作为宏观经济学的基础，不同的经济学家有不同的理论。不过，近年来这两个学科已逐渐融合起来，因为经济学家们已经运用微观经济学的工具来分析失业和通货膨胀这类属于宏观经济学领域的问题，如凯恩斯主义学派用微观经济学中的均衡概念来解释宏观经济问题，新古典综合派也接受了这一基本观点，并把微观经济学与宏观经济学综合在一个经济学框架之内。

2. 微观经济学与宏观经济学的区别

（1）微观经济学与宏观经济学的基本假设不同。微观经济学的研究是在一定的假设条件下展开的，其基本假设有以下三点：①完全理性；②市场出清；③完全信息。宏观经济学的基本假设有两个：①市场机制是不完善的；②政府有能力调节经济。

（2）微观经济学与宏观经济学的基本内容不同。微观经济学的基本内容主要包括均衡价格理论、消费者行为理论、生产者行为理论、分配理论、一般均衡理论与福利经济学、市场失灵与微观经济政策等，现代微观经济学还包括产权经济学、成本、收益分析、时间经济学、家庭经济学、人力资本理论等；宏观经济学的基本内容主要包括国民收入决定理论、失业与通货膨胀理论、经济周期与经济增长理论、开放经济理论、宏观经济政策等。

（3）微观经济学与宏观经济学的研究对象不同。微观经济学的研究对象是单个经济单位的经济行为。单个经济单位是指组成经济的最基本的单位，即居民户（消费者）与厂商（生产者）。居民户与厂商经济行为的目标是实现最大化，即作为消费者的居民户要实现满足程度（即效用）最大化，作为生产者的厂商要实现利润最大化。微观经济学就是要研究居民户如何把有限的收入分配于各种商品的消费，以实现满足程度最大化，以及厂商如何把有限的资源用于各种商品的生产，以实现利润的最大化。例如，美国经济学家亨德逊强调，居民与厂商这种单个单位的最优化行为奠定了微观经济学的基础。宏观经济学不研究经济中的个体单位，而研究由个体单位构成的整体。宏观经济学主要研究整个经济的运行方式与规律，从总体上分析经济问题。正如诺贝尔经济学奖获得者萨缪尔森所说，宏观经济学是根据产量、收入、价格水平和失业来分析整个经济行为的。

（4）微观经济学与宏观经济学解决的问题不同。微观经济学解决的问题是资源配置，资源配置即生产什么、如何生产和为谁生产。资源的最优配置会给社会带来最大的经济福利。微观经济学从研究单个经济单位的最大化行为入手，解决社会资源的最优配置问题。宏观经济学解决的问题是资源利用，即研究现有资源为什么没能得到充分利用、怎样才能得到充分利用，以及经济如何增长的问题。

（5）微观经济学与宏观经济学的核心理论不同。微观经济学的核心理论是价格理论。在市场经济中，引导和支配居民户与厂商行为的是价格，生产什么、如何生产和为谁生产都由价格决定，价格像一只看不见的手，调节着整个社会的经济活动。价格理论是微观经济学的核心，其他内容是围绕这一核心问题展开的。宏观经济学的核心理论是国民收入决定理论。宏观经济学把国民收入作为最基本的总量，以国民收入决定为中心来研究资源利用问题和分析整个国民经济的运行。因此，国民收入决定理论被称为宏观经济学的核心，其他理论都是围绕这一核心而展开的。

（6）微观经济学与宏观经济学的研究方法不同。微观经济学的研究方法是个量分析，个量分析研究经济变量的单项数值怎样决定，考察个量的决定、变动及其相互间的关系。例如，对某种产品的产量、价格的决定的分析就属于个量分析。宏观经济学的研究方法是总量分析。总量是指能反映整个经济运行情况的经济变量。总量分析就是分析社会经济活动中的总量的决定、变动及其相互关系，并通过这种分析说明经济的运行状况，决定经济政策。例如，国民收入是构成整个经济的各个单位的收入总和，总消费是指参与经济活动的各单位消费的总和，等等。

1.2.4　西方经济学的基本假设

假设是某一理论所适用的条件。因为任何理论都是有条件的、相对的，所以在理论的形成中假设非常重要。离开了一定的假设条件，分析与结论都是毫无意义的。

1. 经济人假设

自从亚当·斯密在《国富论》中首次表露出经济人的含义以后，约翰·穆勒依据斯密对经济人的描述和西尼尔提出的个人经济利益最大化公理，提炼出了经济人假设。具体地说，经济人就是使市场经济得以运行的人，即会计算、有创造性、能寻求自身利益最大化的人；不仅如此，所有人均在此列，概莫能外。在此经济人假设中实际还暗含了关于人是理性的假设。所谓人的理性，就是指人在经济生活中总是受利己的动机所驱使，在做出一项经济决策时，进行权衡比较，优化选择，以便找出一个方案，这个方案能够使他耗费既定的劳动或金钱，给自己带来最大限度的利益。

亚当·斯密强调个人利益，李嘉图、马克思突出阶级利益，李斯特、凯恩斯重视国民利益，萨缪尔森关心人类利益，总之，一切围绕利益行动，这种愿望和行为集中体现在经济人身上。具体地说，消费者追求效用最大化，生产者追求利益最大化，生产要素所有者追求收入最大化，政府官员追求选票最大化。

经济人这个名词由帕累托引入了经济学，此后经济人假设不断受到各种各样的挑战，如马斯洛的需要层次说、西蒙的有限理性说、威廉姆森的机会主义说等，正是这些挑战促使经济人假设不断发展和日益完善起来。

经济人假设又称理性人假设，是经济学分析和经济理论关于人类经济行为的基本假定前提，是指经济决策主体以利益最大化为根本目标，理智地做出各类经济行为，不存在各类非理性的选择，而是在做出各项决策之前均经过周密而冷静的考虑。经济人假设具体包括以下内容：

（1）在经济活动中，个人所追求的唯一目标是自身经济利益的最大化。例如，消费者所追求的是最大限度的自身满足；生产者所追求的是最大限度的自身利润；生产要素所有者所追求的是最大限度的自身报酬。这就是说，理性人主观上既不考虑社会利益，也不考虑自身非经济的利益。

（2）个人所有的经济行为都是有意识的和理性的，不存在经验型和随机型的决策。

（3）理性人拥有充分的经济信息，每个人都清楚地了解其所有经济活动的条件与后果。因此，经济中不存在任何不确定性，而且获取信息不需要支付任何成本。

（4）各种生产资源可以自由地、不需要任何成本地在部门之间、地区之间流动。

理性人的利己主义假设并不等于通常意义上所说的“自私自利”，即该假设并不意味着这些市场活动主体只会关心自己的钱袋子，相反，他们会在孜孜以求地追求自己最大利益的过程中，自然地、必然地为社会提供最优的产品和服务，从而客观地实现一定的社会利益。

理性人假设是为了经济学研究而做出的一个抽象假设，由此推导出符合一般情况的具有实证价值的理论结论，但理性人假设并不完全符合实际情况，人们的经济行为未必总是依据理性分析。另外，理性人假设只是假定经济决策主体以利益最大化为目标。

2. 市场出清假设

市场出清就是坚信在价格可以自由而迅速地升降的情况下，市场上一定会实现充分就业的供求均衡状态。在这种状态下，资源可以得到充分利用，不存在资源闲置和浪费问题。因此，微观经济学就是在假定资源充分利用为常态的情况下，集中研究资源配置问题的。市场出清假设与其他两个基本前提假设具有明确的因果关系，是其他两者的逻辑推论。市场出清是指商品价格具有充分的灵活性，能使需求和供给迅速达到均衡。在出清的市场上，没有定量配给、资源闲置，也没有超额供给或超额需求。在实际中，这一理论适用于许多商品市场和金融市场，但不适用于劳动市场或许多产品市场。无论劳动市场上的工资还是产品市场上的价格都具有充分的灵活性，可以根据供求情况迅速进行调整。有了这种灵活性，产品市场和劳动市场都不会存在超额供给。因为一旦产品市场出现超额供给，价格就会下降，直至商品价格降到使买者愿意购买为止；如果劳动市场出现超额供给，那么工资就会下降，直至工资降到使雇主愿意为所有想工作的失业者提供工作为止。因此，每一个市场都处于或趋向于供求相等的一般均衡状态。

3. 完全信息假设

这一假设的主要含义是经济活动的所有当事人都拥有充分的和相同的信息，而且获取信息不需要支付任何成本，如假定每一个消费者都能充分地了解每一种商品的性能和特点，准确地判断一定商品量给自己带来的满足程度，了解每一个商品的价格在不同时期的变化，等等，从而能够决定自己的最优商品购买量。假定每一个生产者都能准确地了解产量和生产要素投入量之间的关系，完全了解商品价格和生产要素价格的变化，以及了解在每一个价格水平下的消费者对产品的需求量，等等，从而能够做出最优的生产决策。在这种情况下，经济活动的所有当事人都了解所有经济活动的条件和后果,因而经济活动中不存在任何不确定性。

1.3　西方经济学的研究方法

1.3.1　实证分析与规范分析

1. 实证分析

实证分析和规范分析相反，基本排除价值判断，只对经济现象、经济行为或者经济互动及其发展趋势进行客观分析，得出一些规律性结论。实证分析具有和规范分析完全不同的三个特点：第一，它回答“是什么”的问题，而不回答“应该是什么”的问题；第二，它分析问题具有客观性；第三，它分析问题所得出的结论可以通过经验事实进行验证。实证分析一般由定义、假设、假说和预测等相互联系的步骤组成。定义是指对研究变量给予质的规定性，并加以明确的界定，否则没有特殊性和可比性。假设是指界定理论分析的条件，因为理论都是在一定条件下成立的。假说是指对若干变量之间关系的揭示或阐述，是未经证明的规律性。预测是运用假说对未来进行科学预见，以判断假说是否存在。如果预测结果符合实际，则假说就是客观的理论；反之，如果预测结果不符合实际或不明确，则分析人员必须修改或否定假说。

2. 规范分析

规范分析方法是研究经济活动“应该是什么”及经济问题应该如何解决的方法。规范分析方法以一定的价值判断为基础，用规范方法来分析经济问题。它从主观价值判断出发，提出说明经济现象的推测，并根据这一准则来说明和论证各个经济变量之间的相互关系是否符合主观准则，并考察经济行为如何符合经济准则。其准则是，经济理论分析和制定经济政策的依据，通常是站在一定利益集团的立场上提出来的。规范分析法的特点如下：①回答“应该是什么”的问题；②无客观性，无法用事实来检验。

3. 实证分析和规范分析的区别与联系

（1）规范分析要以实证分析为基础。例如，在分析一项政策的利弊得失时，尽管不同的经济学家可以强调不同的侧面，从而对同一政策有不同的主张，但他们最终所得出的结论一般都是运用普遍接受的实证经济理论，通过对政策的社会经济效益的分析比较而得出的。实证分析的结果能够告诉我们怎样才能以最佳方式达到规范目标。

（2）实证方法也离不开规范方法的指导。经济学研究的是人类社会的经济活动，作为社会成员之一，经济学家很难超脱于经济利益之外，在分析、寻求经济活动的客观规律时，不可避免地受到其个人的经济地位、价值观念等的影响。他们的价值判断会不自觉地在实证分析中产生影响。例如，经济学家总是以效率尺度来衡量经济活动的成败和得失。这就隐含着，在经济学家的价值系统中，效率准则高于其他社会准则。

1.3.2 静态分析与动态分析

1. 静态分析

静态分析研究经济变量在同一时期内的相互关系，是对经济运行的一种短期分析。静态分析是与均衡分析密切联系的。所谓静态分析，就是分析经济现象的均衡状态及有关的经济变量达到均衡状态所需具备的条件，但并不论及达到均衡状态的过程。应用静态分析方法的经济学被称为静态经济学。例如，假定某种商品的需求状况和供给状况为已知，就可据此找出该商品需求和供给达到均衡时应有的价格与产量。只要上述供求状况不变，由此达到的均衡价格和均衡产量就会处于静止不变状态。

从静态分析中衍生出来的比较静态分析，就是在原有的已知条件发生变化的情况下，考察或比较在这些条件变化以后均衡状态相应地发生了什么样的变化，但并不论及怎样从原有的均衡状态过渡到新的均衡状态的实际变化过程。应用这种分析方法的经济学被称为比较静态经济学。例如，假定人们的嗜好发生了变化，以致对某商品的需求有所提高，则在供给状态保持不变的情况下，当该商品的供求达到新的均衡时，其价格将比以前有所提高。可见，比较静态分析仅仅是就个别经济现象一次变动的前后及两个或两个以上的均衡位置进行分析研究，而完全抛开对转变期间和变动过程本身的分析。换句话说，所谓比较静态分析，就是比较一个变动过程的起点和落点。

2. 动态分析

动态分析是研究经济变量在不同时期的变动规律，是对经济运行的一种长期分析，说明长期经济情况并解释经济运行过程及变化动因。动态分析考察经济活动的实际发展和变化的过程，它在假定人口、生产技术、资本数量、生产组织和消费者偏好等因素在时间过程中发生变化的情况下，研究这些因素的变化如何影响一个经济体系的运动发展。因为动态分析方法要求经济变量所属的时间必须明显地表示出来，并且认为某些经济变量在某一时点上的数值要受以前时点上有关经济变量数值的制约，这就需要把经济运动过程划分为连续的分析期间，以便考察有关经济变量在相继的各个期间的变化情况。所以，动态分析方法也称为期间分析方法或序列分析方法。例如，微观经济学中的蛛网理论，就是分析一种商品怎样由于在一个生产周期内供求平衡而造成价格涨跌，引起相继的各个生产周期内供求量的增减和价格的涨跌。采用动态分析方法的经济学被称为动态经济学。

3. 静态分析和动态分析的区别

静态分析不考虑时间因素，动态分析考虑时间因素。具体地说，静态分析是一种横向分析，即考虑一定时期内各种经济变量之间的相互关系；动态分析则是一种纵向分析，是时间序列分析，即考察不同时期各种经济变量的变动规律。当然，静态分析和动态分析也有一定联系。这种联系表现在：静态分析是动态分析的基础，为动态分析提供基础数据；而动态分析则是静态分析的发展和延伸。一般来说，先进行静态分析，在静态分析的基础上再进行动态分析。

1.3.3 均衡分析

均衡概念是瓦尔拉斯在 1874 年提出来的，又称为瓦尔拉斯均衡。均衡分析是经济学常用的一种方法，包括局部均衡和一般均衡。局部均衡是指在其他条件不变的情况下，由于价格的作用，对个别商品的均衡价格和均衡产量的形成过程的分析，即分析商品的需求量和供给量相等时的均衡产量与均衡价格。与局部均衡相对应，一般均衡是指在市场上所有商品的供给、需求和价格相互影响的条件下，对所有商品的供求均衡状态的分析，后来发展为用数量关系来描述或反映一般均衡状态。局部均衡和一般均衡结论是不一致的。局部均衡是必要的，在经济分析中被大量采用；一般均衡更接近经济现实，但应用时有一定难度。

均衡分析法是西方经济学采用的基本分析方法，在微观经济学中占有十分重要的地位。均衡原来是一个力学概念，它是指一个物体受到同一直线上两个方向相反、大小相等的外力的作用，该物体因受力均衡处于静止不动状态，这种状态就是均衡。英国经济学家马歇尔将均衡概念应用于经济分析，即经济均衡。所谓经济均衡是指经济中各种对立的、变动着的力量势均力敌，所考察的经济事物处于相对静止、不再变动的境界，或经济决策者在权衡决策其使用资源的方式时，认为重新调整其资源配置的方式已不可能获得更多的好处，从而不再改变其经济行为，则称所研究的经济事物达到均衡状态。

均衡分析方法是在对研究的问题所涉及的诸经济变量（因素）中，假定自变量是已知的或不变的，然后分析当因变量达到均衡状态时会出现的情况及需具备的条件，即所谓均衡条件。例如，在消费者需求理论中，假定消费品的价格、消费者的偏好和消费者的支出都是已知的和不变的，同时还假定消费者的目标是实现满足最大化，而待求解的因变量则是消费者实现既定目标所需购买各种商品的数量组合和实现满足最大化所需具备的条件。

1.3.4 边际分析

边际分析是西方经济学中的重要组成部分。在经济学中，我们把研究一种可变因素的数量变动会对其他可变因素的数量变动产生多大影响的方法，称为边际分析法。自 19 世纪 70 年代“边际革命”兴起后，边际概念和边际分析法得到了广泛传播，并成为西方经济学的基本分析方法之一。

边际分析方法广泛运用于经济行为和经济变量的分析过程，如对效用、成本、产量、收益、利润、消费、储蓄、投资、要素效率等的分析中多有边际概念。经济学研究经济规律，也就是研究经济变量相互之间的关系。经济变量是可以取不同数值的量，如通货膨胀率、失业率、产量、收益等。经济变量分为自变量与因变量。自变量是最初变动的量，因变量是由自变量变动而引起变动的量。例如，如果研究投入的生产要素和产量之间的关系，就可以把生产要素作为自变量，把产量作为因变量。自变量（生产要素）变动量与因变量（产量）变动量之间的关系反映了生产中的某些规律。边际分析法就是分析自变量与因变量之间的关系。

1.3.5 存量分析与流量分析

流量和存量都是变量。流量是指一定时期内发生的变量变动的数值。例如，国民生产总值（GNP）、国民收入均为流量，分别表示某段时间内所创造出来的 GNP、国民收入。宏观经济学也可以从流量分析入手。存量是指某一时点上，过去生产与积累起来的产品、货物、储备、资产负债的结存数量。例如，国民财富是一个存量，表示某个时点的一国国民财富的总值。宏观经济学的分析可以从存量入手。

存量分析是指对一定时点上已有的经济总量的数值及其对其他有关经济变量的影响进行分析。经济学中的存量分析就是针对经济存量指标进行分析研究的具体方法。

流量分析是指对一定时期内经济总量的投入、生产（或收入、支出）的变动对其他有关经济总量的影响进行分析。

1.3.6 个量分析

个量分析方法是指将单个经济主体（单个消费者、单个生产者、单个市场）的经济行为作为考察对象的经济分析方法，又称为微观经济分析法。

个量分析主要以单个经济主体的活动为研究对象，在假定其他条件不变的前提下研究个体的经济行为和经济活动，其特点是把一些复杂的外在因素排除掉，突出个体经济主体的现状和特征。这种研究方法在实践中主要分析单个企业中要素的投入量、产出量、成本和利润的决定及单个企业有限资源的配置、单个居民户收入的使用情况，以及由此引起的单个市场中商品供求的决定、个别市场的均衡等问题。

本章小结和复习思考题

第2章

供求理论

知识学习目标

1. 掌握需求和供给原理，学会运用需求曲线和供给曲线分析经济问题。
2. 了解影响需求和供给的因素。
3. 掌握均衡价格的形成及其变动。
4. 掌握各种弹性的计算及弹性理论的运用。

能力训练目标

1. 具备运用需求的价格弹性分析厂商收益大小的能力。
2. 具有运用需求规律分析消费行为的能力，具备运用需求的收入弹性、交叉弹性分析现实经济现象的能力。
3. 具备运用均衡价格理论对限制价格、支持价格及税收产生的实际问题进行分析的能力。
4. 运用价格理论结合弹性理论分析经济变动是需求变动还是供给变动，并作为依据解决企业价格决策问题。

供求理论是微观经济学的主要内容，均衡价格决定问题是它的核心问题。在完全竞争的市场条件下，价格是市场中供求双方相互联系和传递经济信息的方式，并且价格也以一定的方法促使经济资源得到有效的利用。价格在市场经济中具有非常重要的作用，它是由供给和需求相互作用形成的。微观经济学中的供求均衡包括局部均衡和一般均衡。前者是指一种商品单个市场或部分市场的均衡状态和价格决定；后者是指各种商品与劳务在所有市场上的均衡状态和价格决定。本章主要研究的是局部均衡，包括供求均衡与价格决定、需求弹性和供给弹性及蛛网理论等问题。

2.1 需求理论

2.1.1 需求和需求函数

1. 需求

需求（demand）是指消费者在一定时期内，在各种可能的价格水平下，愿意并且有能力购买的某种商品的所有可能的数量点的组合。需求反映的是买者的意愿和能力，代表的是买者的选择，而不是卖者的选择。如果买者既有购买某种商品的欲望又有能力购买这种商品，这就是需求。

需求的存在必须同时具备两个条件：第一，消费者“想”的问题，即消费者愿意购买；第二，消费者“能”的问题，即消费者有能力购买，即有支付能力。只具备一个条件，愿意购买但是没有支付能力或有支付能力但是不愿意购买，都不是需求。需求必须是具有购买欲望又有购买能力的有效需求。

2. 需求函数

需求函数（the demand function）表示需求量和影响需求量的各种因素之间的关系。价格不是决定消费者购买某种商品数量的唯一因素，影响需求的因素既有经济因素，又有非经济因素。商品本身的价格、消费者自身的偏好、消费者掌握的信息、消费者收入水平、相关商品的价格、消费者对商品的价格预期等，都是我们应该考虑的因素。一般来说，主要有以下因素：

（1）商品自身的价格。如果某种商品的价格上升，消费者将会减少购买数量；如果价格下降，消费者将会增加购买数量。一般来说，一种商品的价格越高，该商品的需求量就会越小；相反，价格越低，需求量就会越大。

（2）相关商品的价格。当一种商品本身的价格保持不变，而和它相关的其他商品的价格发生变化时，这种商品本身的需求量也会发生变化。相关商品是指与该商品具有替代或互补关系的商品。替代品是指可以用来取代另一种商品的商品。当替代品价格上升时，人们将减少对替代品的购买而增加对原来商品的购买，反之，会减少对原来商品的购买；互补品是指用来补充另一种商品的商品，当互补品价格上升时，使用原来商品的费用提高，从而消费者对其需求量减少，反之，会增加对原来商品的需求量。例如，苹果和香蕉、咖啡和茶就是互为替代品；汽车和汽油、糖和咖啡就是互补品。

（3）收入。消费者收入的变化会影响其对商品的购买能力。对于大多数正常商品而言，消费者的收入越高，对商品的需求越大；反之，收入越低，需求越小。而对于另一部分低档商品而言，随着收入水平的提高，人们对它们的需求反而下降。但是值得注意的是，正常商品和低档商品是相对而言的，其在一定条件和环境中是可以相互转化的。

（4）预期。预期是指消费者对某一商品未来价格趋势的一种心理预测。如果消费者预期某种商品的价格在未来时期会上升，就会增加对该商品的当前需求量；反之，如果消费者预期某种商品的价格在未来时期会下降，就会减少对该商品的当前需求量。

（5）偏好。需求量是消费者希望购买的商品数量，它必然受到消费者的偏好的制约。一般来说，消费者对一种商品的偏好的变化会改变他们对该商品购买的数量。当消费者对某种商品的偏好程度增强时，该商品的需求量就会增加；反之，则相反。生活中我们经常见到的广告宣传的目的，一方面在于告诉人们商品的存在，另一方面在于通过改变人们的偏好而增加人们对某种商品的需求量。

（6）信贷的成本和难度。消费者对许多商品都是通过取得消费信贷的方式来购买的。如果利息率较低和信贷较易获得，消费者对某些商品的需求量就会增加；反之，对某些商品的需求量就会减少。

（7）消费者掌握的信息。某一种商品信息的变化会影响消费者的需求。例如，当消费者认识到吸烟的危害时，香烟的需求量就会下降。

如果我们把影响需求量的各种因素作为自变量，把需求量作为因变量，则需求函数可用式（2-1）表示：

$$Q_d = (P,\ P_X,\ P_Y,\ I,\ P_e,\ F,\ \cdots) \tag{2-1}$$

式中，Q_d 代表需求数量；P、P_X、P_Y、I、P_e、F 分别代表价格、X 商品的价格、Y 商品的价格、收入、预期价格、偏好。

综上所述，影响需求的因素很多，为简化分析，我们常常会把一些次要因素假定在一个不变的范围内，然后集中研究核心因素与需求之间的对应关系。在影响需求的众多因素中，其本身价格是一个很重要的因素。因此，在分析需求函数时，我们假定其他因素不变，仅仅研究商品自身价格对其需求量的影响，即把一种商品的需求量仅仅看成是该商品的价格的函数，这时式（2-1）将简化为

$$Q_d = f(P) \tag{2-2}$$

式（2-2）就是我们常见的需求函数。在反映价格变化与需求量变化的关系中，需求函数是相对更为规范的描述方法。最简单意义上的需求函数是将价格作为自变量，而把需求量作为因变量，则需求函数可写为

$$Q_d = a - bP \tag{2-3}$$

式中，a、b 为大于零的常数。b 前面的负号表明需求量与价格呈反方向变化。

2.1.2 需求定理

需求量和价格的关系是供求理论中的重大问题。无论是个人还是所有消费者，在其他因素不变的情况下，对某一商品的需求量是随着这种商品的价格涨落而变化的。经济学家通常用需求定理（或称为需求法则）来揭示商品需求量和价格之间的关系。其基本内容如下：其他影响需求量的因素不变的条件下，某种商品的价格越低，其需求量就越大；相反，某种商品的价格越高，其需求量就越小。在理解需求定理时，应注意其他因素既定这一条件。在现实生活中，很多变量都是同时发生变化的，为了更好地理解经济现象，我们必须明确每个变量对需求的单独影响。所以，需求定理表明的是所有其他影响购买行为的因素不变而只有商品价格因素发生变化时，商品的需求量将发生怎样的变化。如果离开"其他影响需求量的因素不变"这一条件，需求定理就不会成立。根据需求定理，要使消费者购买更多的商品，商品的价格必须降低。

需求定理所描述的商品的价格和需求量之间的关系是一种普遍现象，但在实际生活中也存在价格上升、需求量增加的情况，我们把这种情况称为需求定理的例外。这种情况主要存在于以下情形中。

第一，某些炫耀性消费的商品，如珠宝、文物、名画、名车等。这类商品的价格已成为消费者地位和身份的象征。价格越高，越显示拥有者的地位，需求量也越大；反之，当价格下跌，不能再显示拥有者的地位时，需求量反而下降。

第二，以英国经济学家吉芬的名字命名的"吉芬商品"。英国经济学家吉芬在研究中发现，1845年，爱尔兰发生大灾荒，马铃薯的价格上升了，而马铃薯的需求量反而增加了。这种价格上升、需求量增加的情况被后人称为"吉芬之谜"，具有这种特点的商品被称为"吉芬商品"。

第三，某些商品的价格小幅度升降时，需求量按正常情况变动；大幅度升降时，人们会因不同的预期而采取不同的行动，引起需求量的不规则变化。证券、黄金市场常有这种情况，如股票投资中的“追涨杀跌”现象。

一般认为，商品价格和需求量之间的反向变动关系根源于价格变动带来的替代效应与收入效应。

当商品的价格变动时，在消费者的实际收入没有受到影响的前提下，引起消费者转向替代商品或从替代商品转向该商品，从而对需求量产生影响，这种价格变化所带来的需求量的变动效应被称为替代效应。

当商品的价格变化时，引起消费者实际收入的变动，进而导致对该商品需求量的增加和减少，这种效应被称为收入效应。

2.1.3 需求表和需求曲线

在其他条件不变的情况下，商品需求量与价格之间的反向关系可以用商品的需求表和需求曲线来加以说明。

需求表是一张表示某种商品的各种价格水平和与之相应的该商品的需求量之间的关系，通过列表形式罗列出来而得到的表格，它的目的是通过文字表格形式揭示商品价格与需求量之间的反向关系。表 2-1 是某商品的需求表。

表 2-1 某商品的需求表

价格/元	1	2	3	4	5	6	7
需求量/单位数	70	60	50	40	30	20	10

把需求量和价格变化情况用坐标图表示，就可以得到需求曲线。需求曲线是根据需求表中商品的不同价格-需求量的组合，在平面坐标图上所绘制的一条曲线。它表示在不同价格水平下消费者愿意并且能够购买的商品量。

图 2-1 是根据表 2-1 画出的一条需求曲线。通常以纵轴表示自变量价格 P，以横轴表示因变量需求量 Q，曲线 D 表示需求曲线。

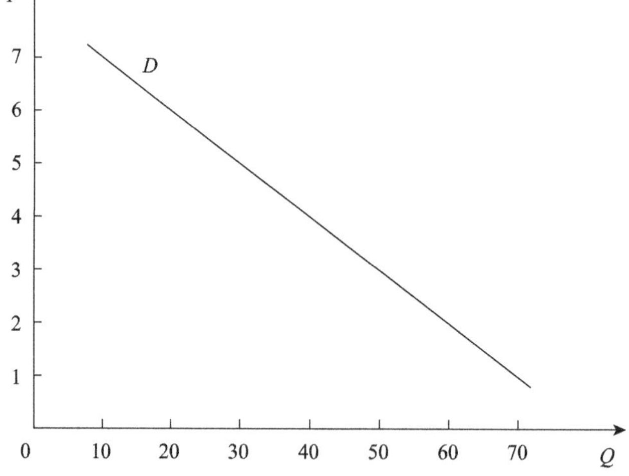

图 2-1 需求曲线

需求曲线具有如下特征：第一，需求曲线一般向右下方倾斜，斜率为负，这表示商品的价格和需求量之间成反向变动的关系。第二，图 2-1 中的需求曲线是一条直线，实际上，需求曲线既可以是直线型的，也可以是曲线型的。在微观经济分析中，我们通常使用线性需求函数。第三，需求曲线不是只有一条，可有无数条，并且离原点越远，需求程度越高；反之，则亦然。

2.1.4　需求的变动与需求量的变动

需求量的变动和需求的变动是两个相互联系而又相互区别的概念。需求量的变动和需求的变动都是需求数量的变动，它们的区别在于引起这两种变动的因素是不相同的。需求和需求量是两个不同的概念。需求量是一个数量概念，是指在一个特定价格下，消费者愿意并且能够购买的某种商品的数量。如表 2-1 所示，当商品的价格为 1 元时，需求量为 70 单位；当价格上升为 2 元时，需求量减少为 60 单位；……

在需求曲线图中，需求量是需求曲线上的一个点。需求不是一个特定的数量，需求一词描述的是上述每一价格水平与需求量之间的全部对应关系。不同价格所对应的不同需求量的总和称为需求。在需求曲线图中，需求指整条需求曲线。

在现实中，影响需求的各种因素既影响需求量，又影响需求。但在经济分析中为了方便起见，我们要区分需求量的变动与需求的变动。

需求量的变动是指在其他条件不变时，由某商品的价格变动所引起的该商品的需求数量的变动。在几何图形中，需求量的变动表现为商品的价格-需求数量组合点沿着同一条既定的需求曲线的运动。如图 2-2 所示，某商品价格的上升将会引起消费者对它的需求数量的减少，而且这种变动是沿着同一条需求曲线进行的。

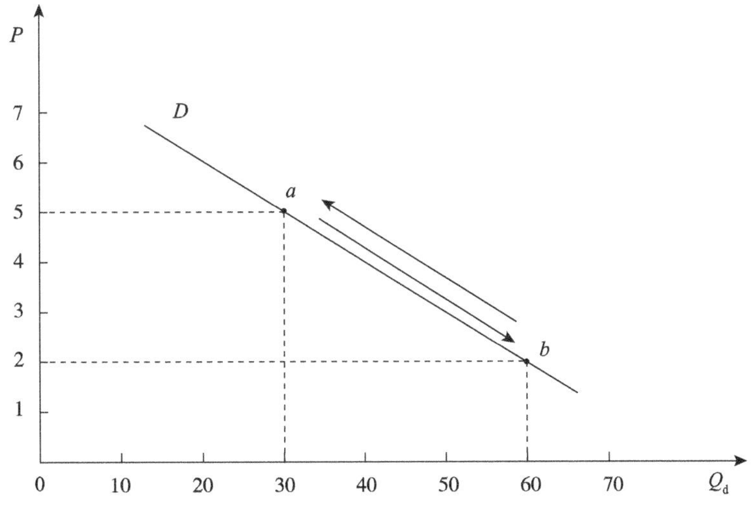

图 2-2　需求量的变动

在图 2-2 中，当商品的价格由每斤（1 斤=0.5 千克）2 元上升为 5 元时，需求量由 60 单位减少为 30 单位，相应地，价格与数量的组合点由 b 点向左上方移动到 a 点，需求曲线的位置不变。一般来说，其他因素不变，商品价格下降使需求量增加，这时价格与需求量的组合点的位置就会沿着同一条需求曲线向右下方移动；反之，则向左上方移动。

需求的变动是指在某商品价格不变的条件下，其他因素变动所引起的该商品的需求数量的变动。在几何图形中，需求的变动表现为需求曲线的位置发生移动。图 2-3 表示的是需求的变动。

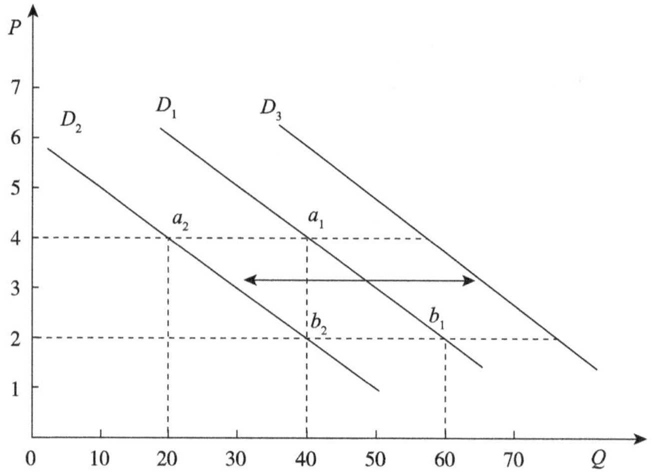

图 2-3 需求的变动

在图 2-3 中，D_1 是原来的需求曲线，假定消费者的收入减少，那么，价格为 2 元时，商品的需求量就会由 60 单位减少到 40 单位，价格与数量的组合点为 b_2；价格为 4 元时，商品的需求量就会由 40 单位减少到 20 单位，价格与数量的组合点为 a_2。连接 a_2、b_2 即可得到收入减少后的需求曲线 D_2。同理，D_3 是收入增加后的需求曲线。

一般情况下，在商品本身价格不变的条件下，其他因素变化使需求量增加，则需求曲线会向右平行移动，表示需求增加；相反，其他因素变化使需求量减少，需求曲线会向左移动，表示需求减少。

2.2 供给理论

2.2.1 供给和供给函数

1. 供给

需求反映的是消费者行为，而供给反映的是厂商的行为。需求与供给是相对应的概念。需求是消费者对商品或劳务的需求，需求的实现和满足来自于供给。供给（supply）是指某个厂商或全部厂商在一定时期内，在一定价格水平下，对某一商品愿意并且能够提供出售的商品数量。显然，供给必须具备两个条件：一是厂商愿意出售；二是厂商有商品可售。如果生产者对某种商品只有提供出售的愿望，而没有提供出售的能力，则不能形成有效供给，也就不是供给。供给是厂商供给欲望和供给能力的统一。

2. 供给函数

供给函数（the supply function）是指供给量和其影响因素之间的关系。某种商品的供给量是指生产者在某一价格水平上愿意并且能够提供的某种商品的数量。首先，供给量是厂商希望出售而不是实际出售的商品数量；其次，供给量是厂商能够出售的商品数量，是有效的供给；最后，供给量在一定时期内具有流量特征。一种商品的供给量受多种因素的影响，其中主要的因素包括：

（1）商品自身的价格。在其他条件不变的情况下，一种商品的价格越高，供给量越多；价格越低，供给量越少。在边际成本递增的作用下，随着任何一种商品生产量的增加，生产该商品的边际成本都会增加。在其他条件不变的情况下，当一种物品的价格上升时，生产者愿意增加供给量，因为此时生产产品的边际收益可以弥补更高的边际成本。因此，随着一种商品价格上升，其供给量也会增加。

（2）生产成本。生产成本的高低将直接影响到供给的多少。生产成本越高，在每一既定的价格水平下生产者所能获得的利润就越少，随着成本的上升，生产者自然会减少生产，很可能转向那些成本上升没有那么快的其他产品。生产技术或生产要素的价格变化时，造成生产成本变动，从而直接影响产品供给的主要因素。如果某产品的生产技术进步或生产要素价格的下降会降低生产成本，则生产者愿意增加供给数量；反之，则会减少。此外，企业的组织变化和政府政策的变化也是导致生产成本变化的因素。

（3）相关商品的价格。一种商品的供给量不仅随着自身价格的变化而变化，而且随着其他商品价格的变化而变化。假如某种商品的价格不变而其他商品的价格上升，生产者增加对其他商品生产的投入而减少对原来商品的生产投入，结果会使社会资源重新配置，并使原来商品的供给量受到影响。

（4）生产者对商品价格的预期。当生产者预期某种商品的价格会上升时，就会扩大生产，增加对该商品的供给量；当生产者预期某种商品的价格会下降时，就会缩减生产，减少对该商品的供给。同时，如果厂商预期某种商品的价格看涨，就会囤积居奇，从而减少现期供给；反之，预期行情看跌，则会大量抛售，使现期供给增加。

（5）政府税收、补贴和管制。政府对某些商品的供给量具有影响力。例如，政府为了提高教育、政治和国防方面的服务，需要对企业征税。征税将增加企业的成本从而使供给量减少。当然，政府也会对某些企业实行补贴，目的是鼓励这些企业发展。除此之外，在一些情况下，政府的管制措施也会改变企业的生产成本，从而影响供给量。

如果把上述因素作为自变量，把供给量作为因变量，则供给函数可用式（2-4）表示：

$$Q_s = (P,\ C,\ P_X,\ P_Y,\ P_e,\ \cdots) \tag{2-4}$$

式中，Q_s代表供给数量；P、C、P_X、P_Y、P_e分别代表影响供给的价格、生产成本、X商品的价格、Y商品的价格、预期价格。

在分析需求时，我们在众多影响需求的因素中，着重研究了商品自身价格对需求量的影响，而假定其他因素保持不变。同样，为了便于分析，我们也只考虑商品自身价格变动对供给量的影响，在此情况下，供给函数可以写为

$$Q_s = f(P) \tag{2-5}$$

式（2-5）就是我们常见的供给函数。当供给函数为线性函数时，可写为

$$Q_s = -c + dP \tag{2-6}$$

式中，c 和 d 为大于零的常数。常数 c 前面加负号表明其为供给曲线延长线在横坐标上的截距；d 前面的正号表明供给量与价格同方向变化。

2.2.2 供给定理

供给和价格关系的讨论，也是在假定影响供给的其他因素不变的情况下展开的。这里我们着重讨论的供给关注的是商品的价格与供给量，也就是说，在其他条件不变的情况下，能够影响商品供给数量变化的因素只有价格。经济学家用供给定理揭示价格与供给量之间的关系，即每一种商品的价格与它的供给量之间存在正向关系。其内容如下：在其他影响供给量的因素不变的情况下，某种商品价格越低，则供给量越少；价格越高，则供给量越多。供给定理表明的是，所有其他影响生产行为的因素不变而只有商品价格因素发生变化时，商品的供给量将发生怎样的变化。如果离开“其他影响供给量的因素不变”这一条件，供给定理就不会成立。根据供给定理，要使生产者在成本提高时提供更多的商品，就要以高价格使生产者得到补偿。

供给定理所描述的商品的价格和供给量之间的关系是一种普遍现象。如同需求定理，供给定理也存在例外的情况：第一，某些特殊商品，如古玩、土地等，由于受各种条件限制，其供给量是固定的，无论价格如何变化，其供给量也无法增加。第二，劳动，当工资增加到一定程度时，如果继续增加，则劳动的供给量不仅不会增加，反而会减少。

对于供给定理所描述的规律，我们可以做如下解释：

其一，边际成本递增。厂商的生产规模超过某一特定的产量水平后，每增加一单位产品的投入，成本就会快速提高。这意味着更多的产出将伴随更大的成本，所以只有产品的价格也随之提高，厂商才愿意增加产量。

其二，价格带来的利益推动。在其他条件不变的情况下，商品价格的提高，意味着生产者得到的利润提高，所以他们也就更愿意增加该产品的供给量。

2.2.3 供给表和供给曲线

供给量和价格之间的关系还可以通过供给表和供给曲线加以描述。

商品的供给表是一个表示某种商品的各种价格水平和与各种价格水平相对应的该商品的供给数量之间关系的数字序列表。其目的在于通过文字表格形式揭示商品价格与供给量之间的正向关系。

假设表 2-2 是某商品的供给表。从表 2-2 中可以看出该商品价格与供给量之间的函数关系。例如，当该商品的价格为 1 元时，供给量为 10 单位；当价格上升到 1.5 元时，供给量增加到 15 单位；当价格进一步上升到 2 元时，供给量进一步增加到 20 单位；如此等等。

表 2-2 某商品的供给表

价格/元	1	1.5	2	2.5	3
供给量/单位数	10	15	20	25	30

供给曲线是根据供给表中商品的不同价格–供给量的组合在平面坐标图上所绘制的一条曲线。它表示在不同价格水平下生产者愿意并且能够提供的商品数量。所以，供给曲线是以

几何图形来表示商品的价格和供给量之间的函数关系的。根据表 2-2 的数据，我们可以画出该产品的供给曲线，如图 2-4 所示，横轴表示商品的供给数量，纵轴表示商品的价格，曲线 S 表示供给曲线。

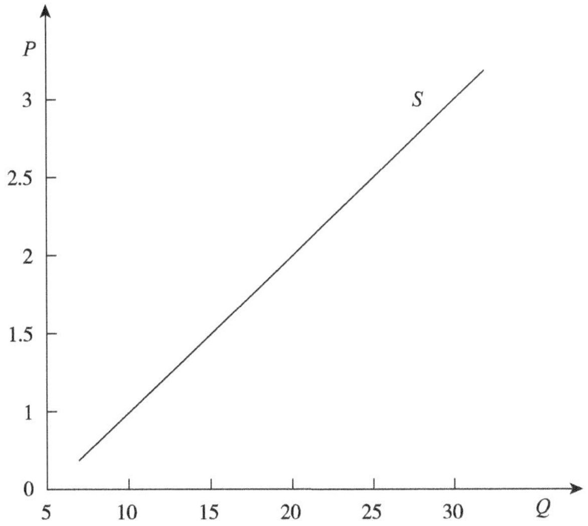

图 2-4 供给曲线

供给曲线的特点如下：第一，供给曲线是一条从左向右上方倾斜的曲线，斜率为正，表明供给量和商品价格同方向变化。第二，图 2-4 中的供给曲线是一条直线，实际上，供给曲线既可以是直线型，也可以是曲线型，在微观经济分析中，我们通常使用线性供给函数。第三，供给曲线不是只有一条，可有无数条，并且离原点越远，供给程度越高；反之，则亦然。

2.2.4 供给的变动与供给量的变动

如同需求的变动与需求量的变动，供给的变动与供给量的变动也是两个不同的概念。供给量的变动和供给的变动都是供给数量的变动，它们的区别在于引起这两种变动的因素是不相同的，而且这两种变动在几何图形上的表示也是不相同的。

供给量的变动是指在其他条件不变时，由某种商品的价格变动所引起的该商品的供给数量的变动，在几何图形中，供给量的变动表现为商品的价格-供给数量组合点沿着同一条既定的供给曲线的运动。如图 2-5 所示，某商品价格的上升将引起供给数量的增加，而且这种变动是沿着同一条供给曲线进行的。例如，鸡蛋价格上升或下降后，生产者对鸡蛋的供给量增加或减少，就是供给量的变化。但是，如果是生产成本增加或减少后，鸡蛋的供给数量减少或增加，就是供给的变化。

供给的变动是指在某商品价格不变的情况下，其他因素变动所引起的该商品的供给数量的变动。供给的变动表现为供给曲线的位置发生移动。图 2-6 表示的是供给的变动。

在图 2-6 中，S_1 是原来的供给曲线，假定生产成本减少，那么，在鸡蛋的每一价格下，生产者愿意提供的数量增加，鸡蛋的供给曲线向右移动。否则，如果生产成本减少，那么，在鸡蛋的每一价格下，生产者愿意提供的数量就会减少，供给曲线向左移动。

一般情况下，在商品本身价格不变的条件下，如果其他因素变化使供给量增加，则供给曲线会向右平行移动，表示供给增加；相反，如果其他因素变化使供给量减少，则供给曲线

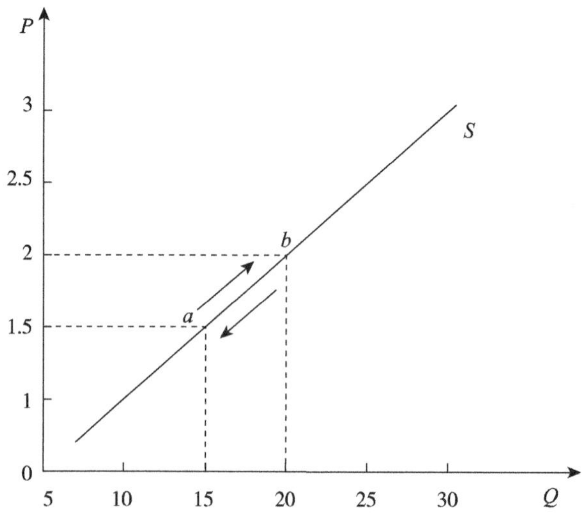

图 2-5 供给量的变动

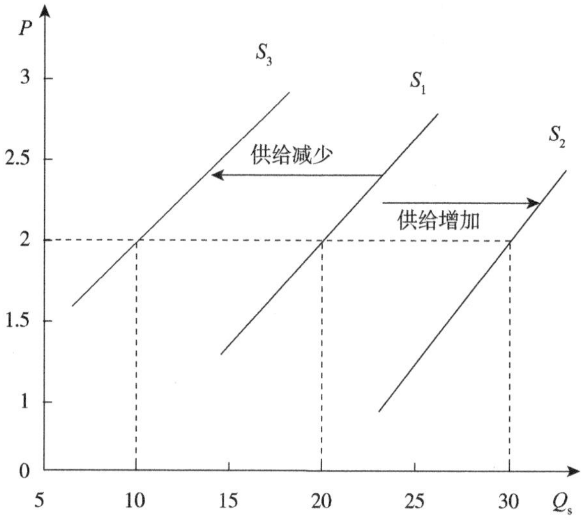

图 2-6 供给的变动

向左平行移动，表示供给减少。

2.3 均衡价格理论

前面我们所探讨的是买方需求和卖方供给的单个主体行为，但是，单个买者和卖者的行为都不能决定整个市场的价格。整个市场的价格是由市场需求和市场供给共同决定的。

2.3.1 均衡价格的形成

市场是由对商品有需求的买方和对商品能够供给的卖方构成的。买者总是想以更低的价格购买，卖者总是想以更高的价格出售，最终的结果将是一种平衡。均衡分析方法是经济学分析的一种重要的研究方法。微观经济学中的商品价格是指商品的均衡价格，它是在商品的市场需求和市场供给这两种相反方向力量的相互作用下形成的。均衡价格（equilibrium price）是指一种商品的需求价格与供给价格相等、需求量与供给量相等的价格，它是由需求曲线与供给曲线的交点决定的。在这个价格水平上，消费者愿意购买商品的数量正好等于厂商愿意出售商品的数量。这种供求相等的市场称为均衡市场，市场均衡时的价格为均衡价格，市场均衡时的产量为均衡产量，如图 2-7 所示。

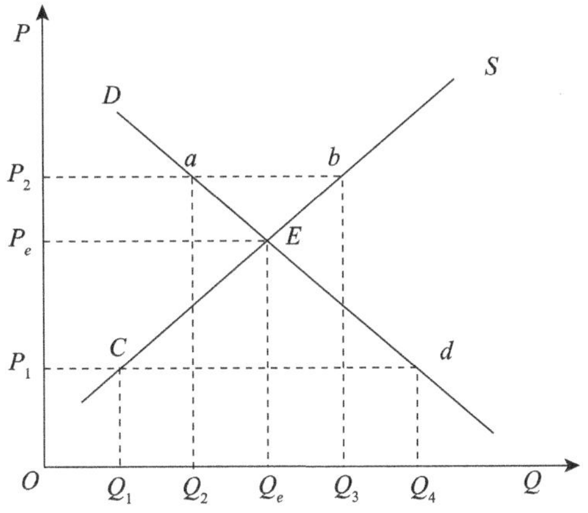

图 2-7　均衡价格和均衡量的决定

由于受相关商品的价格、收入水平等诸多因素的影响，在市场上，消费者在消费一种商品的时候，必然有一个愿意接受的最高价格，超过这一价格，他就会减少对这种商品的消费量，这一价格就是需求价格。同样的，由于受生产成本等诸多因素的影响，生产者在供给一种商品的时候也有一个愿意接受的最低价格，低于这一价格，生产者就会减少对这种商品的供给，这一价格就是供给价格。一种商品的市场价格并不是由消费者或生产者单方面决定的，而是由需求和供给这两种力量互相影响、互相作用而形成的。

我们可以借助图 2-7 说明均衡价格及其形成。在图 2-7 中，市场需求曲线 D 与供给曲线 S 相交于 E 点，E 点被称为市场的均衡点，均衡点上的价格 P_e 和数量 Q_e 分别被称为均衡价格和均衡量。

根据需求定理和供给定理，价格越高，需求量越小，供给量越大；相反，价格越低，需求量越大，供给量越小。从图 2-7 可以看出，当商品的市场价格在高于均衡价格的 P_2 水平上时，供给量为 Q_3，需求量为 Q_2，市场出现过剩的供给，称为需求不足或供给过度，过剩量为 Q_3-Q_2。此时，供给者之间的竞争会把价格压低，而价格下降一方面会使供给量减少，另一方面会使需求量增加，直到两者相等、市场价格恢复到均衡价格为止。

当市场价格低于均衡价格时，如价格为 P_1 时，需求量为 Q_4，而供给量为 Q_1，出现需求量大于供给量的情况，称为需求过度或供给短缺，这时需求者之间将发生竞争，希望得到商品的需求者之间的竞争会把过低的价格抬高，而价格上升又会使需求量减少、供给量增加，直到两者相等、市场价格上升到 P_e 时的均衡价格为止。正是通过由价格联系的需求和供给相互影响，此消彼长，需求与供给双方最终力量达到均等，这时价格不再具有变动的趋势，而处于一种相对静止的均衡状态。这时的价格被称为均衡价格。

在均衡价格时，买者愿意而且能够购买的数量正好与卖者愿意而且能够出售的数量平衡。

均衡价格有时也被称为市场出清价格，因为在这种价格时，市场上的每一个人都得到满足：买者买到了他想买的所有东西，而卖者卖出了他想卖出的所有东西。买者与卖者的行为自然而然地使市场向供给与需求的均衡变动。

综上所述，均衡价格是在市场供求关系中自发形成的，而均衡价格的形成过程就是市场价格机制的调节过程。所谓市场的价格机制是指价格本身所具有的调节市场供求达到一致而使稀缺资源按需要的比例配置的内在功能。如果市场价格偏离均衡价格，市场上便会出现需求量和供给量不相等的非均衡状态。一般来说，偏离的市场价格会自动地回复到均衡价格水平，从而使供求不相等的非均衡状态逐渐消失。如果社会上所有的商品和劳务都能在市场的价格机制作用下实现供求平衡，按需要配置稀缺经济资源这一基本的社会经济问题便会自动解决，而无须计划和政府干预。

综上所述，可得到如下结论：当需求量大于供给量时，价格上升，均衡产量增加；当需求量小于供给量时，价格下降，均衡产量减少。

2.3.2 需求和供给变化对均衡价格的影响

上面的分析中，我们是在假定其他因素不变的情况下研究市场的均衡状态的，也就是说，我们采用的是静态分析方法。市场价格既然是供给和需求双方力量相互作用的结果，所以，任何能引起供给和需求变化的因素都会导致均衡发生变动。

1. 需求变动对均衡价格的影响

在商品价格不变时，相关商品价格、收入、个人偏好和时间等因素的变化，都能引起需求曲线的移动，进而引起需求量的变化。在供给不变的情况下，需求变动或需求曲线的移动对均衡价格和均衡产量的影响如图 2-8 所示。

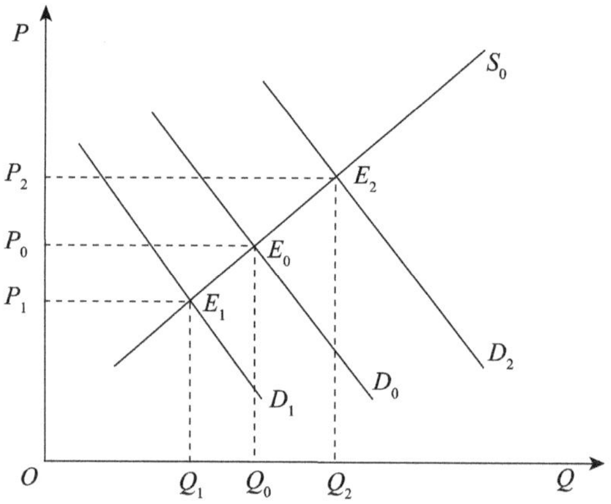

图 2-8 需求变动对均衡的影响

图 2-8 中，假定原需求曲线为 D_0，供给曲线为 S_0，则均衡点为 E_0，均衡价格为 P_0，均衡量为 Q_0。现假定在商品价格不变的前提下，如果消费者收入水平提高或相关商品价格变化等原因引起需求增加，则需求曲线向右平移，即新的需求曲线 D_2，这时均衡点为 E_2，均衡价格由 P_0 上升到 P_2，均衡量也由 Q_0 增加到 Q_2；反之，如其他因素变化引起需求减少，则需求曲线向左平移，如由 D_0 向左平移到 D_1 曲线的位置，均衡点为 E_1，均衡价格由 P_0 下降到 P_1，均衡量也由 Q_0 减少到 Q_1。

可见，均衡价格下降，均衡数量也相应减少。因此，需求变动的方向与均衡价格和均衡数量的变动方向是一致的。

2. 供给变动对均衡价格的影响

产品数量、自然条件、生产成本、卖者对价格变动的预期或其他商品的价格等因素，是引起市场供给变动的决定因素。在需求不变的情况下，供给变动或供给曲线的移动对均衡价格和均衡产量的影响如图 2-9 所示。

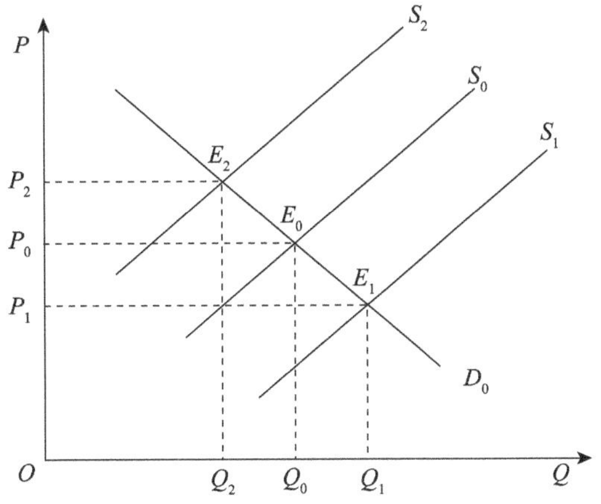

图 2-9 供给变动对均衡的影响

在图 2-9 中，假定原需求曲线为 D_0，供给曲线为 S_0，则均衡点为 E_0，均衡价格为 P_0，均衡量为 Q_0。现假定在商品价格不变的前提下，由于其他影响供给的因素发生变动，如生产者技术水平提高或相关商品价格变化等原因引起供给增加，则供给曲线向右下方平移，即新的供给曲线 S_1，这时均衡点为 E_1，均衡价格由 P_0 下降到 P_1，均衡量也由 Q_0 增加到 Q_1；反之，如果其他因素变化引起供给减少，则供给曲线向左上方平移，如 S_0 向左上方平移到 S_2 曲线的位置，均衡点为 E_2，均衡价格由 P_0 上升到 P_2，均衡量也由 Q_0 减少到 Q_2。

可见，均衡价格上升，但均衡数量却相应减少。供给变动的方向与均衡价格变动的方向相反，但与均衡数量的变动方向是一致的。

通过上述分析，可以说明供给与需求的变动对均衡价格和均衡数量的影响。在其他条件不变的情况下，需求变动会引起均衡价格和均衡数量的同方向变动；供给变动会引起均衡价格的反方向变动，引起均衡数量的同方向变动。这一影响在微观经济学中通常被称为供求定理。

供求定理进一步区分了需求和供给的变动对价格与产量产生的影响，因而对解释某种商品价格变动的长期趋势是有用的，它同时也是市场机制理论的进一步深化。

3. 需求和供给同时变动对均衡价格的影响

当供给与需求同时变化时，均衡价格和均衡数量的变化便显得不像前面那样确定了。与原均衡点相比，新的均衡价格可能比原均衡价格高，也可能低，也可能保持不变，均衡数量也同样如此。对于价格而言，如果需求增加的量大于供给增加的量，价格将会提高；如果供给增加的量大于需求增加的量，价格将会降低；如果需求增加的量等于供给增加的量，价格将保持不变。

需求和供给同时变动对均衡的影响比较复杂，一般来说，有以下两种情况。

第一，需求和供给同时呈同方向变动，即同时增加或减少。在这种情况下，均衡量将同时增加或减少，而均衡价格的变动则取决于供需变动的相对量，可能上升、下降或保持不变。如果需求曲线移动的幅度大于供给曲线移动的幅度，均衡价格就会上升，反之则下降。如果两条曲线移动的幅度相同，则均衡价格保持不变。

第二，需求和供给同时呈反方向变动。这时，均衡价格总是按照需求的变动方向变动，而均衡数量的变动取决于供求双方变动的相对比例，可能增加，可能减少，也可能维持不变。如果需求曲线移动的幅度大于供给曲线相反移动的幅度，则均衡数量增加；反之则减少。当两者变动的幅度相同时，均衡数量维持不变。

2.3.3 最高限价和最低限价

市场的今后价格是由需求和供给两种力量的对比决定的，同时它又影响供求的变化。生产者根据商品价格的涨跌来合理判断市场的供求变化以调整自己的产量；消费者也根据价格的涨跌来合理安排自己的商品消费组合以使自己的利益最大化。因此，作为“看不见的手”的价格指挥着人们的经济生活。然而，在现实的经济生活中，经济、社会和政治等因素的介入，会影响均衡价格的形成以及供求关系的调整。

1. 最低限价

最低限价，也称为支持价格，是指政府为了扶植某一行业的生产和发展，对该行业产品规定的高于市场均衡价格的最低价格，如许多国家对农产品规定支持价格或最低价格。政府为保持这一价格，或收购商品供大于求的差额，或组织出口，以防止价格下降趋势。

我们借助图 2-10 来说明这种方法所产生的后果。

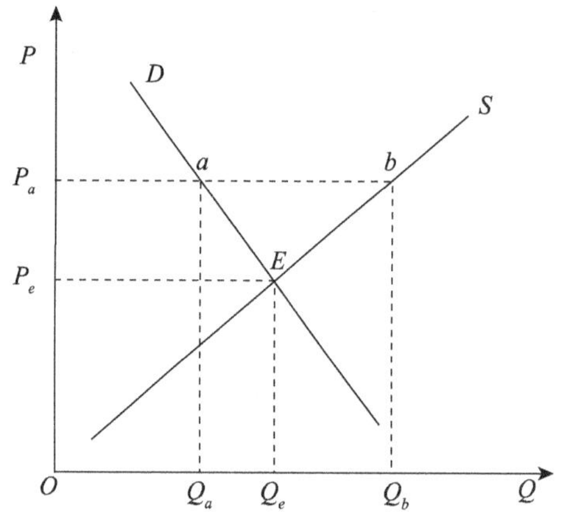

图 2-10 最低限价（支持价格）

图 2-10 中，P_e 和 Q_e 分别代表由市场供求力量自发形成的农产品市场的均衡价格和均衡数量。P_a 代表政府所实行的农产品的最低限价。在最低限价下，供给量为 Q_b，高于均衡数量 Q_e，消费者的需求量 Q_a 则低于均衡数量 Q_e。农产品的最低限价导致农产品供给量大于需求量，其剩余为 Q_aQ_b。这时，政府必须从事收购以消除过剩，最低限价增加了政府的财政支出。

为了支持某一行业的发展，政府还可以采取其他政策，如对产品实行补贴的政策。但是，产品补贴政策不同于产品最低限价政策。产品补贴政策是通过降低产品的生产成本而改变供给曲线的，均衡价格仍由市场供求决定。最低限价政策则是脱离了市场价格机制，由政府直接定价。

2. 最高限价

最高限价，也称为限制价格，是指政府为了限制某些商品的价格而对它们规定低于市场均衡价格的最高价格。政府为了实现这一价格，必须通过进口或者寻找替代品等方法，增加供给以弥补供求缺口差额，控制价格上涨趋势。在经济不发达的社会，政府实行这一价格是为了稳定经济生活，稳定生活必需品的价格，保护消费者的利益。

我们用图 2-11 来说明最高限价政策所产生的后果。某商品由市场供求力量自发形成的均衡价格为 P_e，如果政府认为此价格过高，因此而制定了一个最高限价 P_b，P_b 位于 P_e 之下。在 P_b 水平上，需求量为 Q_d，供给量为 Q_c，短缺量为 Q_cQ_d。

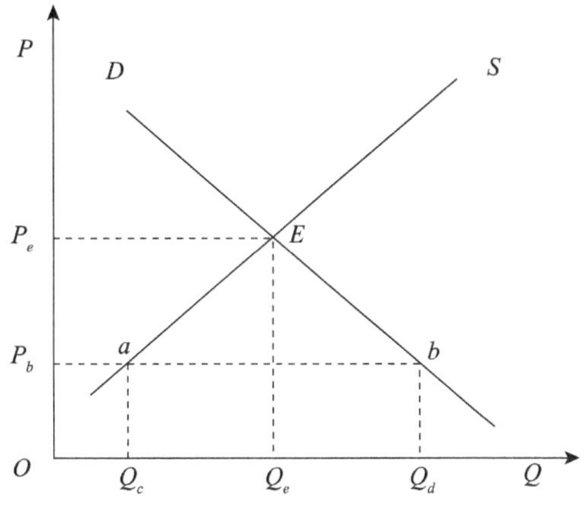

图 2-11 最高限价（限制价格）

最高限价有可能导致抢购现象或者黑市交易。为了解决商品短缺问题，政府可以采取发放购物券等措施来控制需求量，但还是会出现黑市交易，也会挫伤厂商生产积极性，没有生产积极性而导致的生产不足会使短缺情况变得更加严重。同时，商品价格偏低还会造成资源的浪费，一旦放弃价格控制，价格上涨会变得更加厉害。

2.4 弹性理论

前面我们分析了需求、供给和价格之间的关系，揭示了需求定理和供给定理：其他条件不变，价格上升，需求量减少，供给量增加；价格下降，需求量增加，供给量减少。这里仅论述了变化方向，属于定性分析，而没有考察变化程度，没有进行定量分析。弹性理论主要是研究价格变化对需求量和供给量影响程度的理论，对人们进行选择和做出决策关系重大。

弹性理论是微观经济学的重要理论，最早是由 19 世纪法国经济学家古诺提出的，之后由马歇尔发展成一个完整的理论。在 20 世纪后，英国经济学家庇古、美国经济学家穆尔和舒尔茨等将此理论应用于实际，对某些商品的需求弹性做了估计。

2.4.1 弹性的一般含义

“弹性”本是一个物理学的概念，是指一物体对外部力量的反应程度，如弹簧在外力作用下的弯曲程度等。在经济学中，弹性是指在经济变量之间存在函数关系时，因变量对自变量变化的反应程度。一般来说，只要两个经济变量之间存在函数关系，我们就可以用弹性来表示因变量对自变量变化的反应程度。具体来说，它是这样一个数字，它告诉我们，当一个经济变量发生百分之一的变动时，由它所引起的另一经济变量变动的百分比。

经济学中弹性的一般公式为

$$\text{弹性系数}=\frac{\text{因变量的变动比率}}{\text{自变量的变动比率}}$$

如果两个经济变量之间的函数关系为 $Y=f(X)$，则弹性的一般公式可表示为

$$e=\frac{\frac{\Delta Y}{Y}}{\frac{\Delta X}{X}}=\frac{\Delta Y}{\Delta X}\cdot\frac{X}{Y} \tag{2-7}$$

式中，e 为弹性系数；ΔX、ΔY 分别为变量 X、Y 的变动量。该式表示当自变量 X 变动百分之一时，因变量 Y 变动了百分之几。

当经济变量的变化量趋于无限小时，即式（2-7）中的 $\Delta X\to 0$ 且 $\Delta Y\to 0$ 时，弹性公式为

$$e=\lim_{\Delta X\to 0}\frac{\frac{\Delta Y}{Y}}{\frac{\Delta X}{X}}=\frac{\frac{\mathrm{d}Y}{Y}}{\frac{\mathrm{d}X}{X}}=\frac{\mathrm{d}Y}{\mathrm{d}X}\cdot\frac{X}{Y} \tag{2-8}$$

通常将式（2-7）称为弧弹性公式，将式（2-8）称为点弹性公式。

2.4.2 需求价格弹性

前面讲过，需求量的大小受许多因素的影响，但是不同的商品受影响的程度是不相同的。例如，粮食价格下降 50%而引起的需求量的变化肯定要小于服装因价格下降 50%而引起的需求量的变化。为了比较不同产品的需求量因某种因素的变化而受到影响的程度，我们使用需求弹性作为工具。

需求弹性说明需求量对某种影响因素变化的反应程度。因为影响需求量的因素很多，如产品价格、消费者收入、相关商品的价格等，所以，需求弹性可以分为需求价格弹性、需求收入弹性、需求交叉价格弹性（简称需求交叉弹性）等。在此，主要介绍这三种弹性。

1. 需求价格弹性的定义与特点

需求价格弹性（price elasticity of demand）是需求弹性最主要的类型，其重要性不仅在于通过弹性系数大小变化及比较，可以了解商品量与商品价格相对关系变化的规律性，而且在于它指出了价格变动后，需求量的相应变动会引起的消费支出或销售总收益的变化，从而对企业确定销售价格具有重要意义。

那么，什么是需求价格弹性呢？需求价格弹性表示在一定时期内一种商品的需求量的变动对该商品价格变动的反应程度。或者说，表示一种商品价格变动百分之一时会使需求量变动百分之几。需求价格弹性系数计算公式为

$$\text{需求价格弹性系数}=\frac{\text{需求量的变动比率}}{\text{价格的变动比率}}$$

如果用 e_{d} 表示需求价格弹性系数，用 P 和 ΔP 分别表示价格和价格的变化量，Q 和 ΔQ 分

别表示需求量及需求的变化量，则需求价格弹性系数的公式为

$$e_{\mathrm{d}}=-\frac{\frac{\Delta Q}{Q}}{\frac{\Delta P}{P}}=-\frac{\Delta Q}{\Delta P}\cdot\frac{P}{Q} \tag{2-9}$$

根据需求价格弹性的定义与公式，可以发现，需求价格弹性有如下特点。

第一，一般来说，需求价格弹性系数是一个负数。因为商品的需求量和价格是反方向变动的［但是为了便于比较，在式（2-9）中加了一个负号，以使需求价格弹性系数 e_{d} 取正值。说某产品的价格弹性大，是指其绝对值大］。

第二，需求弹性系数是需求量变动的比率与价格变动的比率之比，而不是需求量变动的绝对量与价格变动的绝对量之比。因此，需求价格弹性系数是一个无维量，即弹性大小与计量单位无关。

第三，根据弹性公式，可知需求的价格弹性由两部分构成，因此，需求弹性的大小取决于两个因素，即 $\frac{\Delta Q}{\Delta P}$ 和 $\frac{P}{Q}$。$\frac{\Delta Q}{\Delta P}$ 即需求曲线斜率的倒数，而 $\frac{P}{Q}$ 表示点在需求曲线上的位置。在需求曲线为一条从左上方向右下方倾斜的直线时，曲线上各点的斜率相同，但各点的需求价格弹性因点在曲线上的位置不同而不同（以下会详细说明）。

2. 点弹性和弧弹性的计算

式（2-9）是计算需求价格弹性的一般公式。但在具体计算弹性系数时，还要根据需求曲线上两点之间的距离情况对上述公式加以修正。

1）点弹性的计算

当需求曲线上两点之间的变化量趋于零时，即当价格变量无穷小时，需求弹性要用点弹性来表示。点弹性表示的是需求曲线上某一点的弹性，它衡量需求曲线上某一点上的需求量的无穷小的变动率对价格的无穷小的变动率的反应程度，其公式为

$$e_{\mathrm{d}}=\lim_{\Delta P\to 0}-\frac{\Delta Q}{\Delta P}\cdot\frac{P}{Q}=\frac{\mathrm{d}Q}{\mathrm{d}P}\cdot\frac{P}{Q} \tag{2-10}$$

点价格弹性也可以用几何方法求得。用几何方法求价格弹性，从一定意义上来说，更为直观和简洁。下面我们用图 2-12 来加以说明。

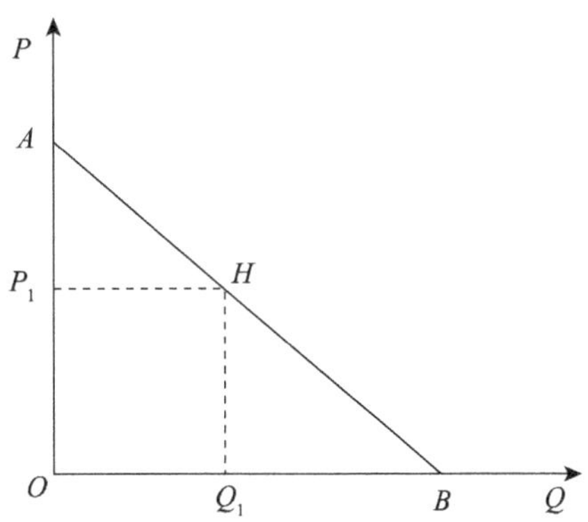

图 2-12　线性需求曲线的点弹性

在图 2-12 中，线性需求曲线分别与纵坐标和横坐标相交于 A 点和 B 点，令 H 为该需求

曲线上的任意一点，相应的价格和需求量分别为 OP_1、OQ_1，则 H 点的弹性系数 $e_d = \frac{dQ}{dP} \cdot \frac{P}{Q} = \frac{OB}{OA} \cdot \frac{OP_1}{OQ_1}$。因为 $\triangle HQ_1B \backsim \triangle AOB$，故 $\frac{OB}{OA} = \frac{Q_1B}{Q_1H} = \frac{Q_1B}{OP_1}$。则

$$e_d = \frac{OB}{OA} \cdot \frac{OP_1}{OQ_1} = \frac{Q_1B}{OP_1} \cdot \frac{OP_1}{OQ_1} = \frac{Q_1B}{OQ_1}$$

又因为 $HQ_1 /\!/ OA$，故 $\frac{Q_1B}{OQ_1} = \frac{HB}{HA}$，所以

$$e_d = \frac{Q_1B}{OQ_1} = \frac{HB}{HA} = \frac{OP_1}{P_1A} \tag{2-11}$$

由此，我们可以得出以下结论：线性需求曲线上任何一点的弹性，都可以通过由该点出发向价格轴或数量轴引垂线的方法求得。

除了水平或垂直两种特殊形状的线性需求曲线外，线性需求曲线上每一点的点弹性都是不相等的，如图 2-13 所示。

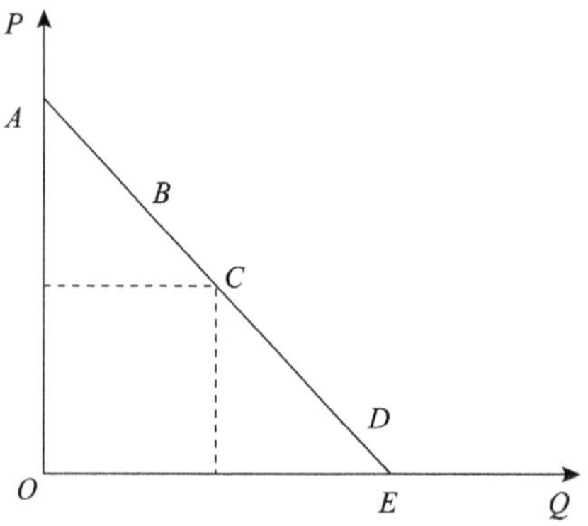

图 2-13　线性需求曲线上不同点的弹性比较

在线性需求曲线的中点 C，有 $e_d = 1$；在线性需求曲线的中点以上部分的任何一点，如 B 点，有 $e_d > 1$；在线性需求曲线的中点以下部分的任何一点，如 D 点，有 $e_d < 1$；在线性需求曲线与纵轴和横轴的交点 A 和 E，各有 $e_d = \infty$ 和 $e_d = 0$。

显然，线性需求曲线上的点弹性有一个明显的特征：在线性需求曲线上的点的位置越高，相应的点弹性系数值越大；相反，位置越低，相应的点弹性系数值越小。

上述介绍的是线性需求曲线点弹性的几何意义。如果需求曲线为非线性需求曲线，则需求曲线上任何一点弹性的几何意义为：可以先过该点作切线，使之分别与横轴和纵轴相交，然后用与推导线性需求曲线上的点弹性的几何意义相类似的方法来得到需求价格弹性值。

在图 2-14 中，H 为非线性需求曲线 D 上的一点，为了计算 H 点的需求价格弹性值，可以先过 H 点作切线，使之分别与纵轴和横轴相交于 A 和 B，然后，从 H 点出发向横轴引垂线交于 Q_1，或向纵轴引垂线交于 P_1。最后，用与推导线性需求曲线上的点弹性的几何意义相类似的方法来求得 H 点的需求价格弹性值为 $e_d = \frac{Q_1B}{OQ_1} = \frac{HB}{HA} = \frac{OP_1}{P_1A}$。

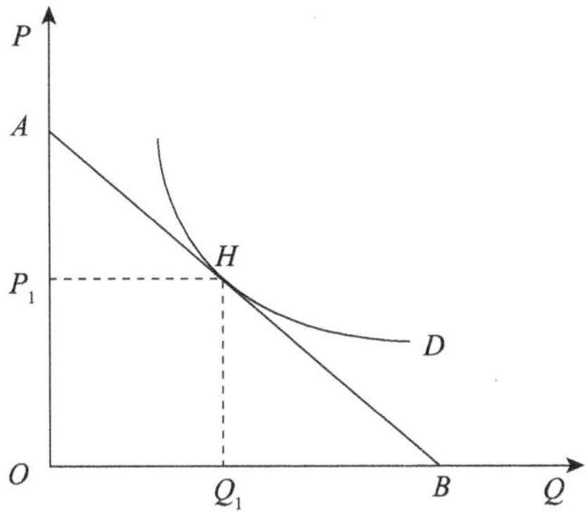

图 2-14 非线性需求曲线的点弹性

2）弧弹性的计算

需求的价格弧弹性表示某商品需求曲线上两点之间的需求量的相对变动对价格相对变动的反应程度，即需求曲线上两点之间的弹性。

如果需求曲线上两点之间的距离较大，测量需求价格弹性就变成了测量需求曲线上两点之间的一段弧弹性。

在计算同一条弧的需求弧弹性时，由于价格和需求量所取的基数值不同，所以涨价和降价的计算结果不同。

在图 2-15 中，从 A 点到 B 点的弹性不同于从 B 点到 A 点的弹性。

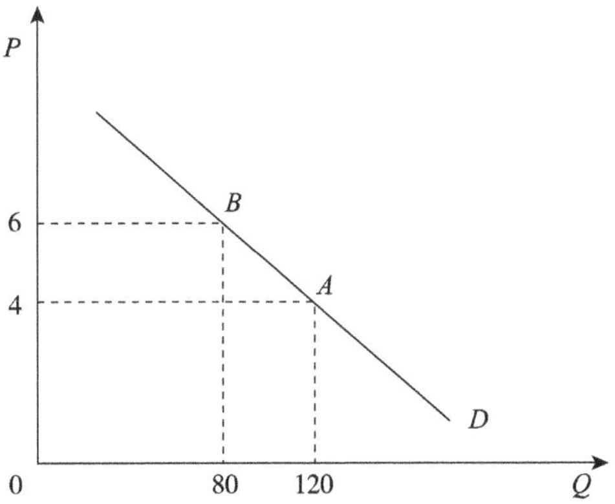

图 2-15 需求价格弧弹性

从 A 点到 B 点（价格上升，需求数量减少）：

$$e_{\mathrm{d}}=-\frac{\Delta Q}{\Delta P}\cdot\frac{P}{Q}=-\frac{80-120}{6-4}\cdot\frac{4}{120}\approx 0.67$$

从 B 点到 A 点（价格下降，需求数量增加）：

$$e_{\mathrm{d}}=-\frac{\Delta Q}{\Delta P}\cdot\frac{P}{Q}=-\frac{120-80}{4-6}\cdot\frac{6}{80}=1.5$$

如果仅是一般计算某一条弧的需求价格弧弹性，并未具体强调这种需求的价格弧弹性是作为降价或涨价的结果，则为了避免不同的计算结果，在计算价格变动的比率时，以价格变动前后的两个价格的算术平均数为基础；在计算需求量变动的比率时，以需求量变动前后的

两个需求量的算术平均数为基础。因此，需求价格弧弹性的计算公式又可写为

$$e_{\mathrm{d}}=-\frac{\dfrac{\Delta Q}{\dfrac{Q_1+Q_2}{2}}}{\dfrac{\Delta P}{\dfrac{P_1+P_2}{2}}}=-\frac{\Delta Q}{\Delta P}\cdot\frac{P_1+P_2}{Q_1+Q_2} \tag{2-12}$$

式（2-12）也被称为需求价格弧弹性的中点公式。运用中点公式计算图 2-15 中从 A 点到 B 点和从 B 点到 A 点的需求价格弹性，其结果是相同的，都等于 1。

由上述分析可知，需求价格弧弹性的计算可以有三种情况，即涨价时的需求价格弧弹性、降价时的需求价格弧弹性，以及按照中点公式计算的需求价格弧弹性。至于到底采用哪种计算方法，需要视具体情况和需要而定。

3. 需求价格弹性的类型

需求量与价格在一般情况下呈反方向变动关系，因此需求价格弹性系数为负数。根据需求价格弹性系数绝对值的大小，可以把需求价格弹性分为五种类型。

（1）需求完全富有弹性。在这种情况下，当价格为既定时，需求量是无限的，$e_{\mathrm{d}}=\infty$。这是一种特例，如战争时期的常规军用物资可视为需求完全富有弹性。这时的需求曲线是一条与横轴平行的线，如图 2-16（a）所示。

（2）需求完全无弹性。在这种情况下，无论价格如何变动，需求量都不会变动，$e_{\mathrm{d}}=0$。这是一种特例，如自来水费、火葬费等就近似于无弹性。这时的需求曲线是一条与横轴垂直的线，其斜率为无穷大，如图 2-16（b）所示。

（3）需求单位弹性。在这种情况下，需求量的变动率等于价格的变动率，即需求量和价格以相同幅度变动，$e_{\mathrm{d}}=1$，如图 2-16（c）所示。这也是一种特例。这时，需求曲线的斜率为负，其绝对值等于 1。

（4）需求富有弹性。在这种情况下，需求量变动的比率大于价格变动的比率，$e_{\mathrm{d}}>1$。例如，奢侈品、珠宝、国外旅游等属于这种情况。这时的需求曲线是一条比较平坦的线，如图 2-16（d）所示。

（5）需求缺乏弹性。在这种情况下，需求量变动的比率小于价格变动的比率，$e_{\mathrm{d}}<1$。生活必需品，如水、粮食等都属于这种情况。这时的需求曲线是一条比较陡峭的线，如图 2-16（e）所示。

4. 影响需求价格弹性的因素

在现实生活中，极端情况很少见，弹性值一般都在 0 和 ∞ 之间。需求价格弹性值的大小受很多因素的影响，主要有以下几种：

（1）人们对商品的需求程度。一般生活必需品弹性较小，而一些奢侈品弹性较大。例如，粮食、食盐、燃料等，即使价格上涨幅度很大，需求量也不会有大的变化。我们一般将需求缺乏弹性的商品称为必需品。另外，非生活必需品价格弹性就比较大，通常将需求富有弹性的商品称为奢侈品，这些商品的需求量对价格的变化比较敏感。

（2）商品的可替代性。某种商品的替代品越多，替代性越强，该商品的需求价格弹性就越大；相反，该商品的需求价格弹性往往就越小。例如，可口可乐的需求价格弹性是比较大的，因为如果可口可乐价格上涨，人们就会转而饮用百事可乐或其他软饮料。又如，对于食

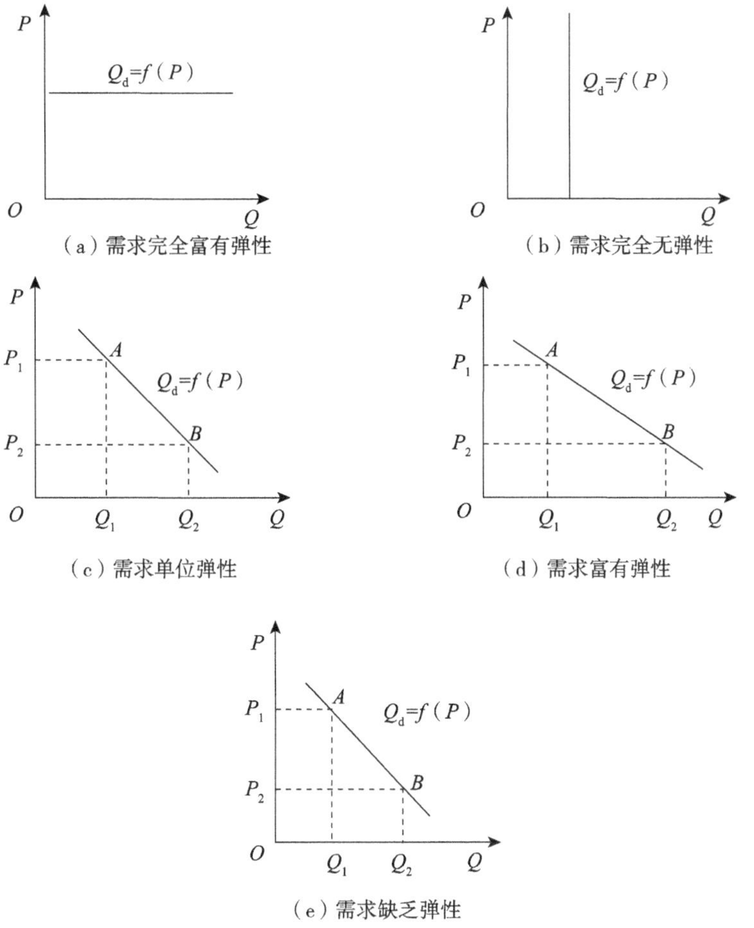

图 2-16 需求价格弹性的五种类型

盐来说，没有很好的可替代品，所以，食盐价格的变化所引起的需求量的变化几乎等于零，它的需求价格弹性是极小的。

（3）商品支出占总支出中的比重。如果一种商品在消费者总开支中只占很小的份额，那么消费者对该商品的价格变化不会很敏感，因此，需求价格弹性较小。如果该商品是一项较大开支，那么价格变化后，消费者会重新慎重考虑对其需求量，因而需求价格弹性较大。例如，食盐、香皂、笔记本等商品的需求价格弹性就是比较小的，因为消费者每月在这些商品上的支出是很小的，消费者往往不太重视这类商品价格的变化。

（4）商品用途的广泛性。通常情况下，一种商品的用途越是广泛，它的需求价格弹性就可能越大；相反，用途越是狭窄，当它的价格逐步下降时，消费者的购买量就会逐渐增加，将商品越来越多地用于其他的各种用途上，需求的价格弹性就可能越小。其原因如下：如果一种商品具有多种用途，当它的价格较高时，消费者只购买较少的数量用于最重要的用途。例如，电就属于这类商品。

（5）时间的长短。时间能改变许多东西，需求价格弹性也会随着时间的延长而发生变化。一般说来，时间越长，越容易找到替代品，需求价格弹性也就越大；而短时间内价格变动时，不易立刻调整需求量，需求价格弹性也就较小。例如，当汽油价格上升时，在短期内汽油的需求量会略有减少，但是，随着时间推移，人们购买更省油的汽车，转向公共交通，或迁移到离工作地方近的地点，在几年之内汽油的需求量会大幅度减少。

（6）消费者对商品的偏好与忠实度。很多消费者在消费时，经常会对某种品牌或某种商品有强烈的偏好或品牌忠实度。当对商品有强烈偏好或忠实度很高时，即使价格上涨，人们往往依然会去购买，所以其需求弹性较小。

在以上影响需求价格弹性的因素中，最重要的是人们对商品的需求程度、商品的可替代程度和商品支出在总支出中的比例。某种商品的需求价格弹性到底有多大，是各种因素综合作用的结果，不能只考虑其中的一种因素，而且，某种商品的需求弹性也因时期、消费者收入水平和地区而不同。例如，在国外，第二次世界大战之前，航空旅行是奢侈品，需求弹性非常大，所以，航空公司通过小幅度降价就可以吸引许多乘客；第二次世界大战后，飞机成为日常交通工具，航空旅行不再是奢侈品，其需求弹性变小，所以，航空公司难以利用降价来吸引乘客，只能用提高服务质量等方法来吸引乘客。又如，在我国，彩电、手机等商品刚出现时，需求价格弹性也相当大，但随着收入水平的提高和这些商品的普及，其需求价格弹性逐渐变小。

2.4.3 需求收入弹性

除了价格以外，收入是影响需求量的另一重要因素。经济学家用需求收入弹性来衡量消费者收入变动时需求量的变动。需求收入弹性是一个建立在消费者的收入量和商品的需求量之间的关系上的弹性概念，也是一个在西方经济学中被广泛运用的弹性概念。

需求收入弹性（income elasticity of demand）是指在一定时期内某种商品的需求量的相对变动对消费者收入的相对变动的反应程度，或者说，表示在一定时期内当消费者的收入变化百分之一时所引起的商品需求量变化的百分比。它是商品的需求量的变动率和消费者的收入量的变动率的比值。

如用 M 代表收入，Q 代表需求量，ΔM 、ΔQ 分别代表收入和需求量的变动量，用 e_m 表示需求的收入弹性，则

$$e_m=\frac{\frac{\Delta Q}{Q}}{\frac{\Delta M}{M}}=\frac{\Delta Q}{\Delta M}\bullet\frac{M}{Q} \tag{2-13}$$

收入弹性系数可能是正数，也可能是负数。如果收入弹性系数大于零，就意味着消费者收入水平的提高将引起其对该商品需求数量的增加。收入弹性是负值，表示消费者收入水平提高，其对这些物品的需求数量将会减少。

根据需求的收入弹性，我们可以对商品进行简单的分类。若 $e_m<0$，即一种商品的需求量与收入水平呈反方向变化，则这种商品为劣等品；如果 $e_m>0$，即一种商品的需求量与收入水平呈同方向变化，则这种商品为正常品。

在我们的生活中，大多数物品是正常品。正常品可分为两类：一类是奢侈品，$e_m>1$，意味着需求量增加的幅度大于收入增加的幅度；另一类是必需品，$0<e_m<1$，意味着需求量增加的幅度小于收入增加的幅度。

需求收入弹性原理对个人消费、企业决策和国家制定政策都有一定的意义。如果某人的即期收入很高，而且预期收入稳定且不断增加，他就应该追求高质量的生活。企业决策者应

该随着居民收入的不断增加，不断生产出高品质的商品以满足消费者的需求。国家应根据居民收入的不断增加，适时地调整产业布局。需求收入弹性大的部门，由于需求量增长要快于国民收入增长，所以，发展应该快些，而需求收入弹性小的部门，发展速度应当慢些。根据收入弹性还可以分析各部门人员的收入现状等。

恩格尔是 19 世纪德国统计学家，他在研究人们的消费结构变化时发现了一条规律，即一个家庭收入越少，这个家庭用来购买食物的支出在总收入中所占比例就越大；反过来也是一样。恩格尔系数是家庭用以购买食物的支出与这个家庭的总收入之比。因为食品缺乏弹性，人们收入增加，几乎不增加对食品的需求。收入增加后增加的几乎都是对弹性大的商品的需求。由此可以得出结论：对一个国家而言，这个国家越穷，其恩格尔系数就越大；反之，这个国家越富，其恩格尔系数越小。这就是经济学界公认的恩格尔定律。

联合国提出了一个划分贫困与富裕的标准：恩格尔系数在 60%以上为贫困；50%~60%为温饱；40%~50%为小康；30%~40%为相对富裕；20%~30%为富裕；20%以下为极其富裕。

恩格尔系数的高低变化表明消费结构的变化，消费结构的变化表明生活质量的变化，而在生活质量变化的背后是什么呢？无疑是经济的变化、人民收入水平的变化。

2.4.4 需求交叉弹性

如前文所述，相关商品的价格也会影响某一商品的需求量，其影响程度有多大，需要用需求交叉弹性来测度。

需求交叉弹性（cross elasticity of demand）表示在一定时期内某种商品的需求量的相对变动对它的相关商品的价格的相对变动的反应程度，或者说，表示在一定时期内当某种商品的价格变化百分之一时所引起的另一种商品的需求量变化的百分比。它是该商品的需求量的变动率和它的相关商品的价格的变动率的比值。

设商品 X 的需求量 Q_X 是它的相关商品 Y 的价格 P_Y 的函数，即有 $Q_X = f(P_Y)$，ΔQ_X、ΔP_Y 各表示 Q_X 和 P_Y 的变动量，e_{XY} 表示当 P_Y 发生变化时 X 商品的需求交叉弹性系数，则商品 X 的需求交叉弹性公式为

$$e_{XY} = \frac{\frac{\Delta Q_X}{Q_X}}{\frac{\Delta P_Y}{P_Y}} = \frac{\Delta Q_X}{\Delta P_Y} \cdot \frac{P_Y}{Q_X} \tag{2-14}$$

需求交叉弹性系数值是正数还是负数，取决于所考察的两种商品的关系。如果两种商品之间存在互补关系，则需求交叉弹性系数值就是负数。例如，电脑和软件，如果电脑价格上升，对软件的需求量便会减少，电脑的价格与软件的需求量的变动方向相反，软件的需求交叉弹性系数值为负数。如果两种商品之间存在替代关系，则需求交叉弹性系数值就是正数。例如，白面价格上升而其他因素不变，人们会减少对白面的需求数量而增加对大米的需求数量。由于白面价格和大米需求量同方向变动，所以，需求交叉弹性系数值是正数。这样，我们可以根据需求交叉弹性系数对商品之间的关系进行划分。如果需求交叉弹性系数值是正值，那么，这两种商品互为替代品；如果需求交叉弹性系数是负值，那么，这两种商品是互补品；如果需求交叉弹性为零，则两种商品之间不存在相关关系，因为其中任何一种商品的需求量都不会对另一种商品的价格变动做出任何反应。

2.4.5 供给价格弹性

供给和需求是一对相对应的概念。同需求弹性一样，供给弹性也有供给价格弹性、供给交叉价格弹性和供给预期价格弹性等。但是，一般来说，供给价格弹性是最典型、最主要的一种类型，通常所讲的供给弹性是指供给价格弹性，供给价格弹性常被简称为供给弹性。在此，只考察供给价格弹性。

1. 供给价格弹性的含义及计算

供给价格弹性（price elasticity of supply）表示在一定时期内一种商品的供给量的变动对该商品价格变动的反应程度。或者说，是表示一种商品价格变动百分之一时会使其供给量变动百分之几。供给价格弹性系数的计算公式为

$$\text{供给价格弹性系数}=\frac{\text{供给量的变动比率}}{\text{价格的变动比率}}$$

如果用 e_s 表示供给价格弹性系数，用 P 和 ΔP 分别表示价格和价格的变化量，Q 和 ΔQ 分别表示供给量及供给的变化量，则供给价格弹性系数的公式为

$$e_s=\frac{\frac{\Delta Q}{Q}}{\frac{\Delta P}{P}}=\frac{\Delta Q}{\Delta P}\cdot\frac{P}{Q} \tag{2-15}$$

从式（2-15）中可以看出，供给价格弹性系数与需求价格弹性系数非常相似。但是，由于在通常情况下供给量与价格的变动方向是相同的，所以，供给价格弹性系数是正的。

式（2-15）是计算供给价格弹性的一般公式。但是，与计算需求价格弹性一样，在具体计算供给价格弹性系数时，也要根据供给曲线上两点之间的距离情况，对上述公式加以修正。

当供给曲线上两点之间的变化量趋于零时，即当价格变量无穷小时，供给价格弹性要用点弹性来表示。供给价格点弹性表示的是供给曲线上某一点的弹性，它衡量供给曲线上某一点上的供给量的无穷小的变动率对价格的无穷小的变动率的反应程度，其公式为

$$e_s=\lim_{\Delta P\to 0}\frac{\Delta Q}{\Delta P}\cdot\frac{P}{Q}=\frac{\mathrm{d}Q}{\mathrm{d}P}\cdot\frac{P}{Q} \tag{2-16}$$

供给价格点弹性也可以用几何方法求得。下面，我们用图 2-17 来加以说明。

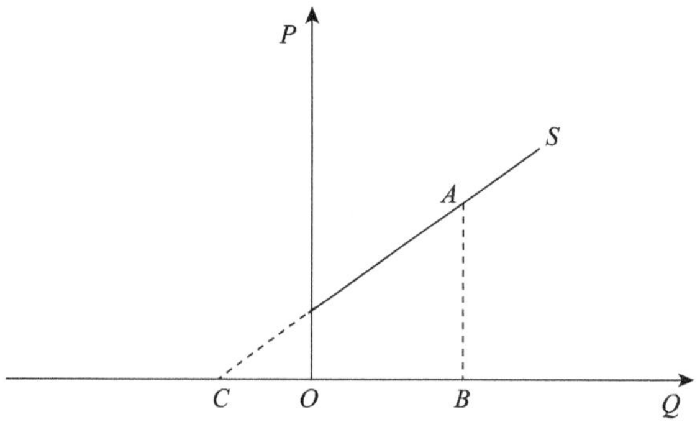

图 2-17 线性供给曲线的点弹性

图 2-17 中，供给曲线 S 上 A 点的弹性系数的几何意义为：可以先过 A 点作供给曲线的延长线，使之与横轴相交，然后由 A 点向横轴作垂线，则 A 点的弹性系数为

$$e_s = \frac{dQ}{dP} \cdot \frac{P}{Q} = \frac{CB}{AB} \cdot \frac{AB}{OB} = \frac{CB}{OB}$$

上述介绍的是线性供给曲线点弹性的几何意义。当供给曲线为非线性供给曲线时，供给曲线上任何一点弹性的几何意义为：可以先过所求点作供给曲线的切线，使之与横轴相交，然后，用与推导线性供给曲线上的点弹性的几何意义相类似的方法来得到非线性供给曲线的点弹性，如图 2-18 所示。

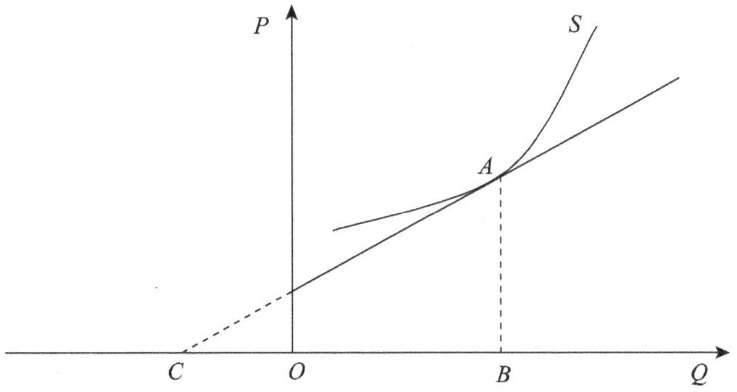

图 2-18 非线性供给曲线的点弹性

供给的价格弧弹性表示某商品供给曲线上两点之间的供给量的相对变动对价格相对变动的反应程度，即供给曲线上两点之间的弹性。

如果供给曲线上两点之间的距离较大，测量供给价格弹性就变成了测量供给曲线上两点之间的一段弧弹性。

与计算需求价格弧弹性相似，在计算同一条弧的供给弧弹性时，由于价格和供给量所取的基数值不同，所以，涨价和降价的计算结果不同。

如果仅是一般计算某一条弧的供给价格弧弹性，并未具体强调这种供给的价格弧弹性是作为降价或涨价的结果，则为了避免不同的计算结果，应用供给价格弧弹性的中点公式。供给价格弧弹性的中点公式为

$$e_s = \frac{\dfrac{\Delta Q}{\dfrac{Q_1+Q_2}{2}}}{\dfrac{\Delta P}{\dfrac{P_1+P_2}{2}}} = \frac{\Delta Q}{\Delta P} \cdot \frac{P_1+P_2}{Q_1+Q_2} \qquad (2\text{-}17)$$

2. 供给价格弹性的类型

各种商品的供给价格弹性大小并不相同。根据供给弹性大小，可以把供给价格弹性分为以下五种类型：

（1）供给完全缺乏弹性（$e_d = 0$），表明供给量是一个常量，不随价格变化而变化，如土地、谷物、某些艺术品的供给。这时的供给曲线是一条与纵轴平行的线。其斜率为无穷大，如图 2-19（a）所示。

（2）供给完全富有弹性（$e_s = \infty$），即在这种情况下，价格既定而供给量无限。这时的供给曲线是一条与横轴平行的线，如图 2-19（b）所示。

（3）供给单位弹性（$e_d = 1$），表明价格变动的比率与供给量变动的比率相同。这时供给

曲线是一条正双曲线，斜率值为 1，如图 2-19（c）所示。

（4）供给富有弹性（$e_d>1$），表明供给量变动的比率大于价格变动的比率。这类商品多为劳动密集型商品或易保管商品。供给曲线的斜率为正，其值小于 1，如图 2-19（d）所示。

（5）供给缺乏弹性（$e_s<1$），表明供给量变动的比率小于价格变动的比率，即供给量对价格的变化反应缓和。这种商品多为资金或技术密集型商品和不易保管商品。供给曲线斜率为正，其值大于 1，如图 2-19（e）所示。

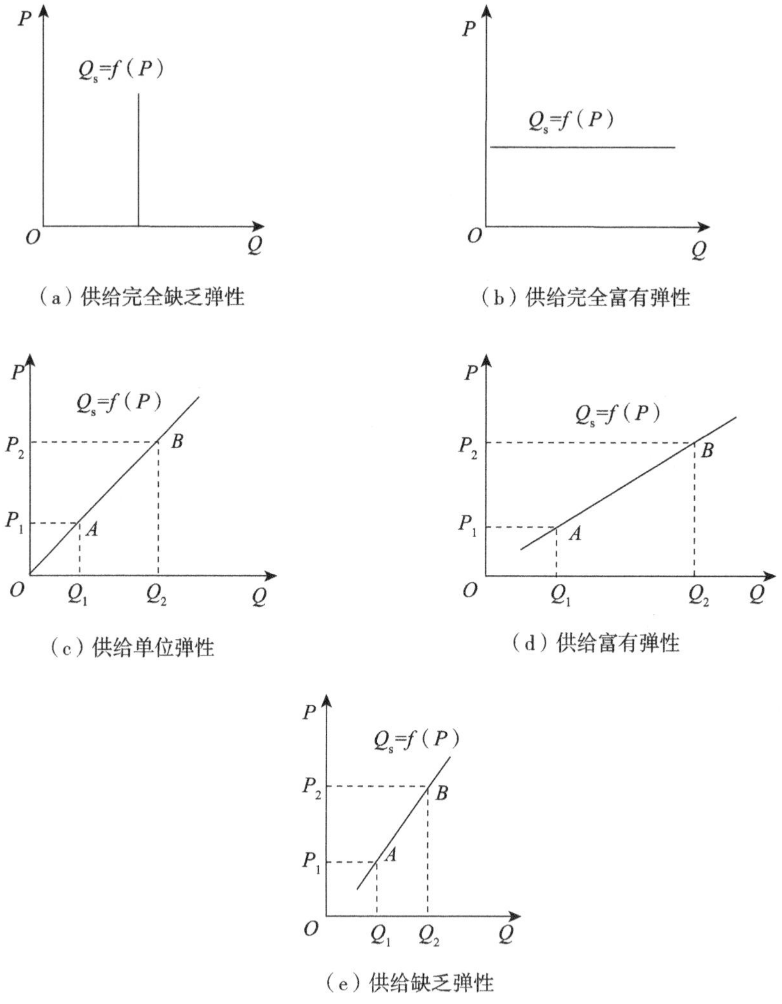

图 2-19　供给价格弹性的五种类型

3. 影响供给弹性的因素

影响供给弹性的因素很多，其中，主要因素如下：

（1）供给时间的长短。这是影响供给弹性大小的最主要因素。这是因为当商品的价格发生变化时，厂商对产量的调整需要一定时间。在短时期内，供给量无法随价格变化而变化，弹性近乎为零；长期内，厂商能够通过调整所有生产要素来扩大产量，因而供给弹性增大。

（2）生产的技术状况。在这里指产品需要采用劳动密集型方法，还是需要采用资本密集型或技术密集型方法生产。一般来说，资本或技术密集型的产品，增加供给较难，产品的供给弹性较小；劳动密集型的商品，增加供给相对容易，商品的供给弹性较大。

（3）生产要素的供给弹性。一般来说，产量取决于生产要素的供给。生产要素供给弹性大的产品，产品的供给弹性也大。反之，生产要素供给弹性小，产品的供给弹性也小。

（4）产品的储藏成本。有些产品的储藏成本很低，生产者可以利用淡季生产、旺季销售的方式，达到调整供给的目的，因此供给弹性较大。一般而言，工业产品的储藏成本较低，在淡旺季之间进行存货调整比较容易；鲜活农产品储藏成本较高，价格在不同季节之间的波动较大，所以其供给弹性小。

在分析某种产品的供给弹性时要把以上因素综合起来考虑。一般而言，重工业生产一般采用资本密集型技术生产，生产较为困难，并且生产周期长，所以供给弹性较小。轻工业产品，尤其是食品、服装这类产品，一般采用劳动密集型技术，生产较为容易，并且生产周期短，所以供给弹性大。农产品的生产尽管也多采用劳动密集型技术，但由于生产周期长，所以也是供给缺乏弹性的。

2.5 供求分析的运用

弹性理论是供求理论的一个重要组成部分，该理论不但具有丰富的内容，而且是一个很重要的分析工具，可以为人们做出正确决策提供参考。

2.5.1 需求价格弹性与总收入

需求价格弹性的一个重要作用是它有助于弄清价格变化对厂商销售收入的影响。在实际经济生活中，我们经常会发现这样一些现象：有的厂商价格降低，总收入增加；而有的厂商则不然。这意味着以降价促销来增加总收入的办法，对有的产品适用，对有的产品则无用。那么，我们应该如何解释这一现象呢？这是因为商品的需求弹性表示商品的需求量的变化率对商品价格变化率的反应程度，这意味着，当一种商品的价格发生变化时，这种商品的需求量的变化情况，以及提供这种商品的厂商的总收入的变化情况将必然取决于该商品的需求价格弹性的大小，所以，商品的需求价格弹性与总收益之间存在密切关系，具体来说有以下两种情况。

1. 需求缺乏弹性与总收入

需求缺乏弹性的商品，价格与总收入的变动方向相同，即价格上升，总收入增加；价格下降，总收入减少。其原因在于：需求缺乏弹性时，厂商降价所引起的需求量的增加率小于价格的下降率。这意味着需求量增加所带来的总收入的增加量小于价格下降所造成的总收入的减少量，所以，降价最终使总收入减少，如图 2-20 所示。

在图 2-20 中，当价格为 P_2 时，需求量为 Q_2，总收入相当于矩形 OP_2BQ_2 的面积；当价格由 P_2 上升到 P_1 时，需求量为 Q_1，总收入相当于矩形 OP_1AQ_1 的面积。显然，后者面积大于前者面积，提价的结果使总收入增加；而降价会使总收入减少。

“谷贱伤农”是我国流传已久的一句俗语，是指农产品获得丰收不仅不会使农民从中获益，反而还会因农产品价格下降而减少收入。这是农产品需求缺乏弹性所致。为了保持农民利益，推动农业生产的发展，世界许多国家对农产品采取补贴政策以保护和激励农民生产的积极性。

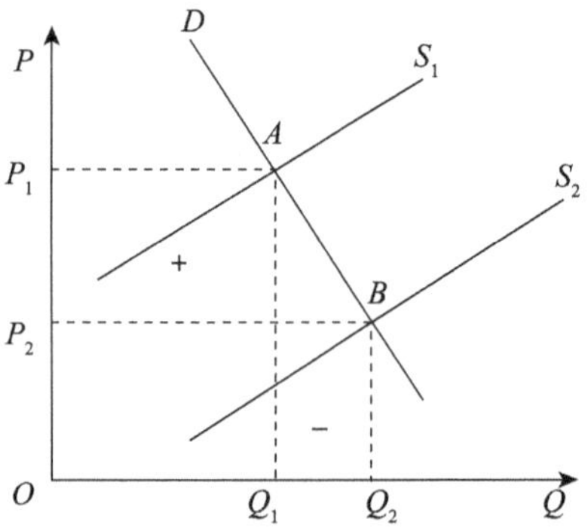

图 2-20　需求缺乏弹性：价格上升，总收入增加

2. 需求富有弹性与总收入

需求富有弹性的商品，价格与总收入呈反方向变动。其原因在于：需求富有弹性时，厂商降价所引起的需求量的增加率大于价格的下降率。这意味着需求量增加所带来的总收入的增加量大于价格下降所造成的总收入的减少量，所以，降价最终使总收入增加，如图 2-21 所示。

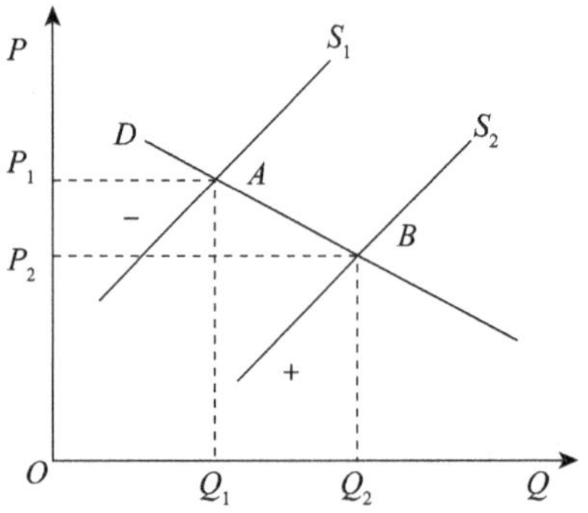

图 2-21　需求富有弹性：价格下降，总收入增加

2.5.2　蛛网模型

1. 蛛网模型的假设条件

蛛网模型是 20 世纪 30 年代出现的一种模型。该模型是用弹性理论考察某些生产周期较长，因而调节其供给需要相当长时间的产品，特别是农产品的价格波动对下一周期生产的影响及由此产生的均衡变动，是一种动态分析。由于这种动态分析所表现的价格、产量波动的图形状似蛛网，所以称为蛛网模型。

蛛网模型的基本假设如下：①所研究的商品生产周期较长。市场商品本期供给量取决于上一期的价格。②商品本期需求量取决于本期价格。③市场属于完全竞争市场，每个厂商都以为当前市场价格会保持不变，自己改变产量不会影响价格。

2. 蛛网模型的三种情况

在上述假定条件下，依据商品的供给弹性和需求弹性的相互关系的不同，上期价格的波动对下期产量的影响会出现三种情况。

1）收敛型蛛网：供给弹性的绝对值小于需求弹性的绝对值

当供给弹性的绝对值小于需求弹性的绝对值时，也就是价格变动对供给量的影响小于需求量时，价格波动对产量的影响越来越小，价格与产量的波动越来越小，最后自发地趋于平衡。这种蛛网波动称为收敛型蛛网，如图 2-22 所示，图中 D 为需求曲线，S 为供给曲线，E 为均衡点，P_e 为均衡价格，Q_e 为均衡产量。

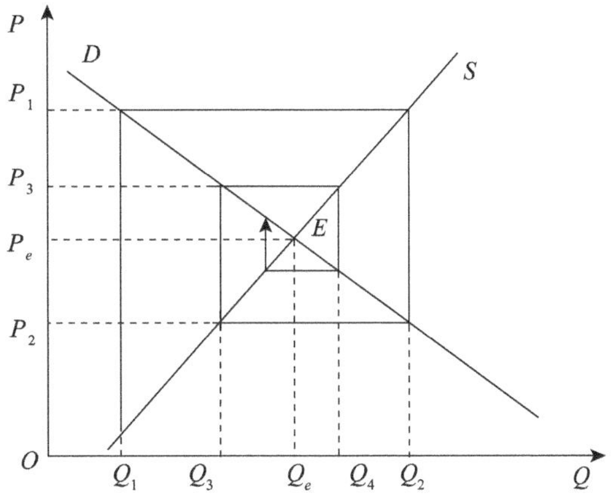

图 2-22 收敛型蛛网

2）发散型蛛网：供给弹性的绝对值大于需求弹性的绝对值

当供给弹性的绝对值大于需求弹性的绝对值时，价格波动对产量的影响越来越大，价格与产量的波动越来越强，离均衡点越来越远。这种蛛网波动称为发散型蛛网，如图 2-23 所示。

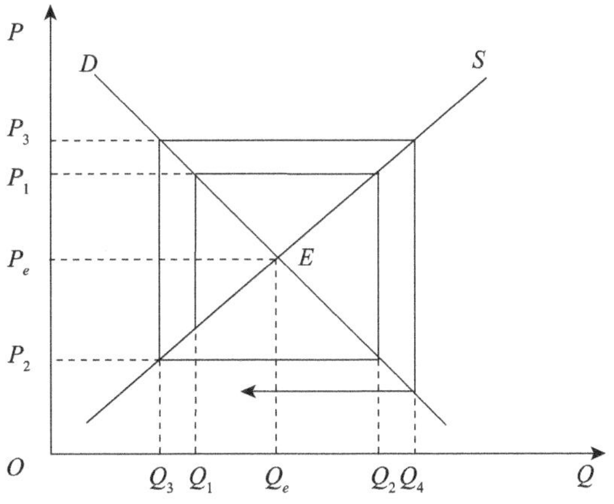

图 2-23 发散型蛛网

3）封闭型蛛网：供给弹性的绝对值等于需求弹性的绝对值

供给弹性的绝对值等于需求弹性的绝对值说明价格变动对供给量与需求量的影响相同，价格与产量的波动始终保持相同程度，既不远离均衡点，又不趋向均衡点。这种蛛网波动称为封闭型蛛网，如图 2-24 所示。

蛛网模型说明了在市场机制自发作用下，必然发生蛛网周期波动，从而影响农业生产和农民收入的稳定。一般来说，农产品供给的价格弹性大于需求的价格弹性。现实中存在最广泛的是发散型蛛网波动，这正是农业生产不稳定的原因。为了减少或消除农产品市场的价格波动给农民带来的损失，一般可采取两种方法：一是政府实行保护政策，如各国政府实行的支持价格政策，对农产品市场进行干预；二是利用期货市场的调节机制。许多经济学家认为，

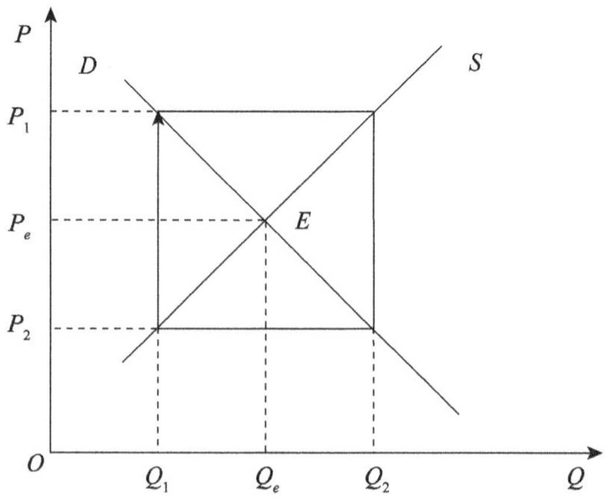

图 2-24 封闭型蛛网

美国农业之所以稳定，其原因有二：一是政府始终关心农业，采取了支持价格这类保护农业的政策；二是美国有世界上最发达、最完善的农产品期货市场。

3. 蛛网模型的应用

蛛网模型提出后，一些经济学家用该模型解释生猪和玉米的价格与产量的关系及其波动，提出了著名的“生猪–玉米循环”模型。这个模型指出：因为玉米是生猪的主要饲料，生猪的价格会影响到玉米的价格。玉米价格发生变动后，会影响下一年玉米产量；玉米产量变动后又会影响玉米价格；玉米价格的变动进而影响生猪的价格；生猪的价格变动又会影响生猪的产量；如此等等，直至趋向一个长期的均衡，即玉米和生猪的价格与产量相对稳定下来。这是历史上运用蛛网理论的典范。

企业可以运用蛛网理论对市场供给和需求均衡进行动态分析，以便做出正确的产量决策。例如，当商品的供求变化趋于收敛型蛛网时，企业应把产量确定在均衡点上，以防价格和产量波动；当商品的供求变化趋于发散型蛛网时，企业应准确地把握价格、产量变动趋势的转折时机，采取灵活对策，产量应随价格上升或下降而扩大或减少，以便增加收入、减少损失；当商品的供求变化趋于封闭型蛛网时，企业应根据产量价格相同幅度变动的规律，确定与之相应的产量政策。

蛛网模型确实对解释某些生产周期较长的商品产量和价格波动的情况有一定作用。但这个模型也存在缺陷，主要是上期价格决定下期产量这个理论不是很准确，因为实际价格和预期价格不相吻合。

本章小结和复习思考题

第3章

消费者行为理论

知识学习目标

1. 了解效用、序数效用和基数效用的含义。
2. 了解消费者均衡的含义。
3. 掌握边际效用递减规律。
4. 熟练掌握边际效用理论并用其分析实际问题。

能力训练目标

1. 具备运用效用分析消费者理性选择的能力。
2. 具有运用边际效用递减规律分析消费行为的能力。
3. 具备在经济生活中做出消费者最优决策的能力。
4. 利用无差异曲线和预算约束线分析消费者均衡以及利用消费者均衡条件来推导需求曲线和恩格尔曲线。

3.1 效用概述

3.1.1 效用与边际效用

1. 效用

1803年，萨伊指出，物品能够满足人们欲望的能力叫效用（utility）。这是从物品本身性质所做出的解释，在现实生活中，人们之所以消费商品和劳务，是因为从消费中人们总会得到一定程度的满足感或者说某种享受感，如喝水可以解渴，穿衣可以美观或保暖，唱歌可以使人们愉悦，旅游可以给人们一种精神上的满足感。

由此，对效用作如下定义，效用是指在某段特定时间内，消费者消费某种商品和劳务所获取的满足的程度。效用是消费者对物品满足自己欲望的能力的一种主观评价，具有主观性。不同的人对同一种商品的偏好不同，从而同一种商品对不同的人的效用也就不同。因此，效用不能进行人际间的比较，而且同一个人在不同的时空条件下，消费同一物品也会产生不同的效用。

欲望也叫做需要，但是指人们想要得到又没有得到某种东西的心理状态。从人类欲望的多样性与层次性来看，欲望是无限的，永远不能得到完全的满足。但人在某个特定时刻的特定欲望，往往是有限的，能够被彻底满足。例如，可以通过进食来满足解除某个时刻饥饿的欲望。正如马歇尔所言，欲望是无止境的、多种多样的，但某一个别的欲望却是有限度的。

2. 效用的特征

1）偏好不同效用不同

某个物品之所以能带来效用，主要是因为它具有使用价值。人们消费某种物品，实际上是在利用物品的使用价值，并在对物品有用性的使用中获得一定的效用，因此使用价值是效用的物质基础。但这里所说的效用不同于使用价值。效用来自于欲望的满足，它是一种心理上的感觉，也是对某物品的偏好。所以，某种物品对消费者有无效用及效用大小，不仅在于物品本身具有的满足人们欲望的客观物质属性（如解渴、御寒），还主要取决于消费者的主观感觉。不同的人，感觉不同、偏好不同，效用也会不同。例如，一瓶白酒对于嗜酒如命的消费者来说就是琼浆玉露，效用水平非常高，但对于滴酒不沾的消费者来说却没有任何效用。

2）效用因人因时因地而异

当然，效用作为一种主观感受，对于每个人都是不同的，其在不同的时间和地点带来的效用也不一样。例如，消费者认为一件昂贵的貂皮大衣在冬季具有很高的效用水平，但在夏季它只能使消费者感到更加酷暑难耐，没有效用。又如，沙漠与江河边，一杯水提供给消费者的效用水平也不同。效用的主观性要与它的使用价值的概念区分开来。使用价值是指商品能够满足消费者某种需要的属性，是商品的有用性，具有客观性。使用价值强调有用性，对任何人都不变。效用却因人而异，即使同一种商品在不同时期、不同地点效用也不同。对于一杯水来说，不管消费者认为它的效用是高还是低，一杯水的使用价值都是满足人们口渴的需要。效用的主观性也称作效用的差异性。

3）效用因物品多寡而异

如果随着消费某商品的数量增加，消费者从该商品的消费中感到了越来越多的满足，那么就说明消费者得到的效用水平在上升；如果随着消费某商品的数量增加，消费者从该商品的消费中获得越来越少的满足甚至感到厌烦，那么就说明消费者得到的效用水平在下降甚至为负。对于消费者而言，有些商品总是“多多益善”的，但是如果过多也会带来效用水平的下降，而另外一些商品则遵循“物以稀为贵”的原则。

3. 总效用与边际效用

1）总效用与边际效用的定义

总效用（total utility，TU）是指消费者从商品或服务的消费中得到满足的总量；边际效用（marginal utility，MU）是指每增加一单位消费量所引起的总效用的增量，也就是消费最后一单位的商品或服务所带来的效用增量（“边际”是经济学的关键术语，通常是“新增”或“额外”的意思）。

用 MU 来表示边际效用，用 TU 来表示总效用。

用公式表示为

$$\mathrm{MU}=\frac{\Delta \mathrm{TU}}{\Delta Q}\text{或者}\mathrm{MU}=\frac{\mathrm{dTU}}{\mathrm{d}Q}$$

表 3-1 是某消费者的效用表，其中的数字显示了总效用和边际效用的变化过程。消费者从第一个包子中得到的效用为 10 单位，再吃一个包子，得到的总效用变为 19 单位；这说明他从第二个包子的消费中获得的边际效用是 9 单位。如果他继续吃下去，他消费三个包子所得到的总效用是 27 单位，这表明第三个包子的边际效用为 8 单位，如此等等，具体如图 3-1 所示。可以看出：总效用一直增加，但到一定高度后就开始下降。边际效用反而从最高到低逐渐下降。

表 3-1　某消费者消费包子所产生的效用

包子的消费量（Q）	总效用（TU）	边际效用（MU）
0	0	—
1	10	10
2	19	9
3	27	8
4	34	7
5	39	5
6	41	2
7	41	0
8	40	-1

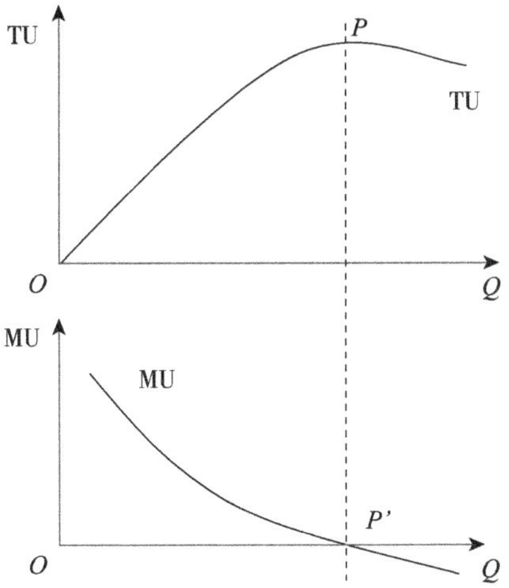

图 3-1　总效用与边际效用

当 MU > 0，TU↑；当 MU < 0，TU↓；当 MU = 0，TU 达到最高点，总效用达到最大

2）总效用与边际效用之间的关系

根据表 3-1 和图 3-1 可以总结出总效用和边际效用之间的关系。

（1）当 MU>0 时，总效用曲线呈上升趋势，表明总效用会随着消费量的增加而增加，但增加的幅度是递减的。消费者消费某种商品或劳务越多，则总效用或总满足程度越大。

（2）当 MU=0 时，总效用曲线达到最高，表明总效用取得最大值。这种情形意味着消费者从该商品或劳务的消费中所能得到的一切可能的满足都得到了，该商品的消费量达到了饱和点。

（3）当 MU<0 时，总效用曲线呈下降趋势，表明总效用会随着消费量的增加而减少。

3.1.2 基数效用

基数效用理论是19世纪古典经济学边际主义学派最早提出的一套衡量效用大小的理论。例如，英国新古典经济学家威廉·斯坦利·杰文斯（Wiliam Stanley Jevons）认为经济理论是一种“愉快与痛苦的计算”，他认为理性的人们应以每一物品所能增添的使用价值或者说边际的效用为基础来做出他们的消费决策。19世纪的许多功利主义者都相信效用是一种心理上的实际存在，可直接地用基础数加以衡量，像长度和温度一样。这就是所谓的基数效用。

基数效用是指能够以具体数值（如1，2，3，…）来衡量消费者满足的程度。基数效用所指的效用可以用具体数值来衡量并加总求和，如同物体的重量、长度的物理属性一样。表示效用大小的计量单位被称为效用单位，记为util，如消费者吃一块面包的效用为10 util，吃一块巧克力的效用是20 util，这时候从基数效用的观点出发，消费者在某一段时间内吃一块巧克力所获得的满足程度要大于消费一片面包所获得的满足程度。这样，消费者愿意放弃吃两片面包而吃一块巧克力，或者放弃一块巧克力而吃两片面包。

3.1.3 序数效用

基数效用论遭到了以意大利经济学家维·帕累托（V. Pareto）为代表的序数效用论者的非议，他们认为效用纯粹是个心理现象，是一个有点类似香、臭、美、丑等表示人们主观感觉的概念，因而效用的大小是无法具体衡量的。

1. 序数论的基本观点

商品效用高低的评价具有主观性，没有客观的衡量指标，无法准确地用基数来表示其多少，也不能将其相加；商品效用的多少即使能够准确地衡量并用基数来表示，这种做法对于描述消费者的理性选购行为来说也是不必要的：为了确定消费者选购哪一个商品束，只要知道哪一个商品束具有更高的效用就行了，而不必知道各个商品束的具体的效用到底是多少。因此，没有必要用基数来表示商品的效用，只要用序数来表示不同商品束的效用高低即可：对具有较高效用的商品束总是指派较前面的序数。不同商品束的效用高低与消费者对不同商品束的偏好程度正相关，即对某个商品束的偏好越强烈，该商品束的效用水平就越高。

而偏好可以通过人们的选购行为反映出来。这样，序数效用论对消费者均衡的研究就建立在客观的、可以观察到的消费者选购行为基础之上，似乎显得比基数效用论科学一些。

序数效用是指根据消费者的偏好程度，采用序数词，如第一、第二、第三……来表示消费者消费某种商品或服务所获得效用水平的高低。用这种方法来度量人们消费某种商品或服务所获取的效用水平，无须指出各种物品或服务的效用各是多少效用单位，也就是说，效用的大小只与人们消费商品和服务所获取的主观满足程度的排列顺序有关，而与效用的绝对值的大小无关。例如，上面提到的面包和巧克力的例子，采用序数效用论，人们既可以说消费一块面包可以获得10 util，消费一块巧克力可以获得20 util；也可以说消费一块面包可以获得100 util，消费一块巧克力可以获得200 util，结果是消费一块巧克力的效用大于消费一块面包的效用，至于20和10、200和100都没有任何物理或心理意义，只有它们的大小次序，如20大于10、200大于100才真正地表达了消费者对这两种商品的喜好程度的差别。序数效用这种分析方法可以避免由消费者个人主观心理所决定的效用难以计量和效用在不同消费者间无法比较的难题。

现代经济学基本上是以序数效用为基础来分析消费者行为问题的，即使有时在研究效用时对人们消费某种商品和服务所获得的效用赋予一定的基数数值也只是为了分析和比较方便，并没有什么实际意义。

2. 消费者偏好的特征

为了使消费者能够根据自己的偏好做出最优的选购行为，消费者的偏好必须具有以下良好的特征。

1）完备性

消费者对任何两种不同商品束的偏好程度，都是可以比较的。

设有 A、B 两种可以选购的商品束，消费者对它们的偏好关系无非有三种情况：

$$\begin{cases} A > B \\ A < B \\ A = B \end{cases}$$

2）传递性

设有 A、B、C 三种可以选购的商品束。如果 A>B，B>C 则一定有 A>C。

3）无餍足性[①]

设有 A、B 两个商品束，它们的品种构成相同，但 A 商品束中至少有一种商品的数量多于 B，则有 A>B。

3.2　边际效用递减规律

3.2.1　边际效用递减规律的基本内涵

边际效用递减规律是指随着商品和服务消费量的增加，消费者从消费中得到的总效用增加，但增加的效用是不断减少的，这就是边际效用递减规律，如图 3-2 所示。

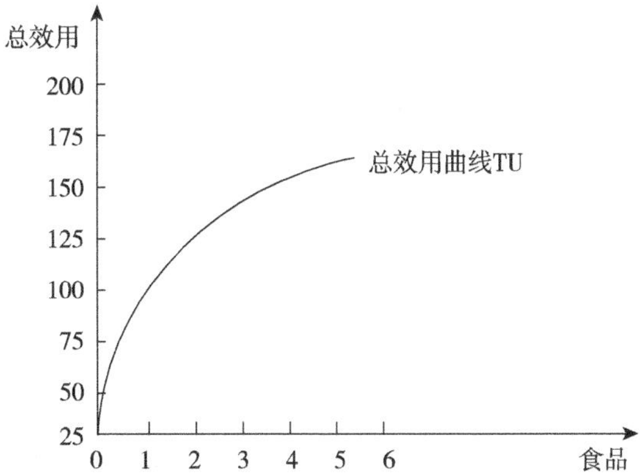

（a）总效用曲线TU

① 无餍足性（nonsatiation），有的教科书认为是反身性：对同样的商品束具有相同的偏好 A=A。

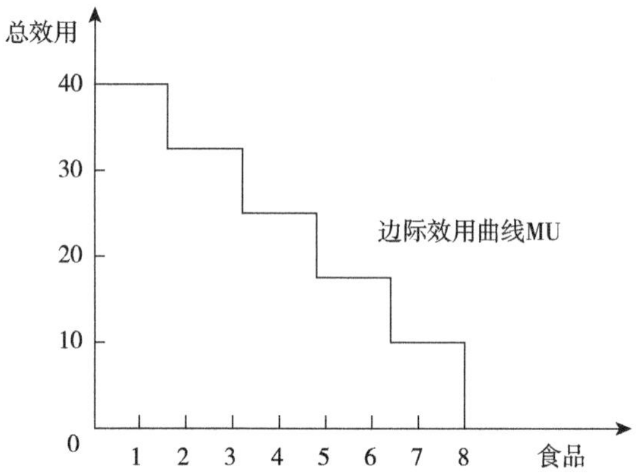

（b）边际效用曲线MU

图 3-2 边际效用递减规律

我们可以从两个不同的角度来理解边际效用递减规律。

（1）从心理或生理角度。人们的欲望虽然是无限的，但就某一个具体的欲望来说却是有限的。这样，随着消费的商品数量的增加，有限的欲望就逐渐得到满足，心理上或生理上对商品重复刺激的反应越来越迟钝，消费的商品的效用也就越来越小。

（2）从商品的用途角度。商品的用途是多种多样的，并且各种用途对人们的重要程度也是不同的。人们总是先把商品用于最重要的用途，也就是效用最大的用途，然后才用于重要程度较小的、效用较低的用途。因此，人们后消费的商品的效用一定小于先消费的商品的效用。例如，水有很多种用途，对每个人来说其最重要的用途就是维持人体正常需求，这种用途的效用也最大。此外，根据不同的人以及轻重缓急来运用它的用途，如洗澡、浇花、洗车等，效用也就越来越小。

设想一个极端的情况：如果不存在边际效用递减规律，那么，地球上所有的土地生产出来的粮食也不足以满足一个人的消费，因为他的效用水平总得不到满足。一般来说，当边际效用为正时，意味着增加消费能实现总效用的增加；当边际效用为负时，理性的人会停止消费，因为此时消费提供的不是主观上的满足感，而是厌恶和痛苦。实际生活中，人们消费食品时也总是适可而止，如果不是参加吃喝比赛，一般人是不会过量饮食的。

3.2.2 边际效用递减规律的数学表述

边际效用递减规律也可以用数学语言来表达。设商品 X 的效用函数为 $\mathrm{TU}=U(X)$，则边际效用为 $\mathrm{MU}=\dfrac{\mathrm{d}U(X)}{\mathrm{d}X}$，那么，边际效用递减规律可表达为

$$\mathrm{MU}=\frac{\mathrm{d}U(X)}{\mathrm{d}X}>0\text{和}\frac{\mathrm{dMU}}{\mathrm{d}X}=\frac{\mathrm{d}^2U(X)}{\mathrm{d}X^2}<0$$

效用函数的一阶导数，即边际效用大于零表示随着 X 的增加，总效用也相应增加；效用函数的二阶导数小于零则表示随着 X 的增加，边际效用是递减的。

既然效用是人们获得的满足程度，那么如何来衡量人们消费某种商品或服务所获得的满足程度呢？这是经济学发展史上一直颇有争议的问题，争论的焦点主要是在基数效用与序数效用之间。

3.2.3　消费者剩余

1. 消费者剩余的定义

一种物品的总效用与其总市场价值之间的差额，或者购买某种物品时消费者愿意支付的价格和实际支付的价格之间的差额称为消费者剩余。

2. 消费者剩余的获得

我们之所以享受到了消费者剩余，基本的原因在于：对于我们所购买的某一物品的每一单位，从第一单位到最后一单位，我们支付的是相同的价格。对于每一个鸡蛋或每一瓶水，我们都支付了相同的价格。同时，我们所支付的是最后一单位的价值，但是根据边际效用递减规律，前面的每一单位都比最后一单位有更高的价值。因此，我们就从前面每一单位中享受到了效用的剩余。例如，某消费者购买了 5 瓶矿泉水，付出了相同的市场价格（每瓶 2 元）。但是根据边际效用递减规律，从前面的第一单位到最后第五单位的效用依次递减。因此，消费者愿意支付的价格也各不相同。第一单位他愿意支付 6 元，市场价格为 2 元，消费者剩余 4 元；第二单位他愿意支付 5 元，消费者剩余 3 元；第三单位他愿意支付 4 元，消费者剩余 2 元；第四单位他愿意支付 3 元，消费者剩余 1 元；第五单位他愿意支付 2 元，没有消费者剩余。他按着最后一单位矿泉水的价格购买每一单位的矿泉水，实际上支付了 $2\times5=10$（元），而他愿意支付的价格为 $6+5+4+3+2=20$（元），两者之差为 10 元。之所以会产生剩余，是因为“我们所得到的大于我们所支付的”，这种额外的好处根源于递减的边际效用。

对于消费者剩余的计算，除了按照上面累加的方法来计算以外，我们还可以借助几何图形来表示，如图 3-3 中有一条需求曲线 D，当市场价格为 1 时，消费者对其需求量为 C，为此他愿意支付的价格总额可以用梯形 $OAEC$ 的面积来表示。但是他实际支付的货币额是矩形 $OBEC$ 的面积。显然消费者剩余相当于两块面积之差，即图 3-3 中阴影部分三角形 ABE 的面积。

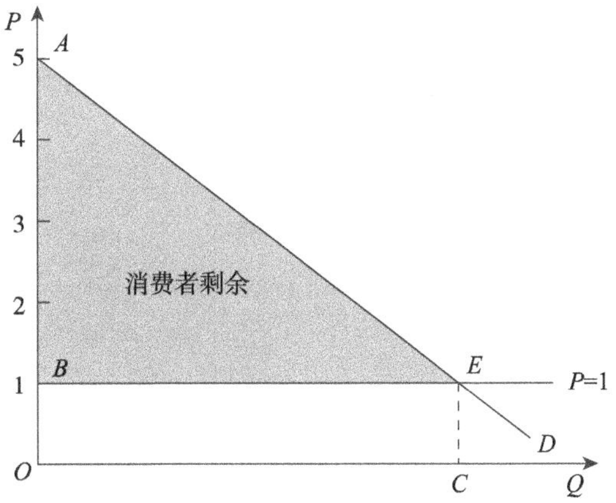

图 3-3　消费者剩余

我们能够想到，既然单个消费者存在消费者剩余，消费者全体也会有总的消费者剩余。如果把每一个消费者的剩余进行加总求和，就可以得到包括所有消费者在内的全社会的消费者总剩余。在经济学中，消费者剩余是一个非常重要的概念，它是对消费者从交换中所得净利益的一种货币度量。

3.3 无差异曲线分析

3.3.1 无差异曲线的含义

无差异曲线表示的是带给消费者相同效用的所有商品的组合情况，也即对同一条无差异曲线上的所有商品组合，消费者的偏好程度是完全相同的，或者说消费者觉得它们在效用上是没有差异的。由于消费者的偏好不同，其所选择的商品组合也不相同。例如，有两种商品（啤酒和可乐）让人们选择，有的人更爱喝可乐，那么他就多选择一些可乐；而有的人爱喝啤酒，消费选择时可能要多选择一些啤酒。作为理性的消费者，他们的选择偏好有一些共同特征：第一，消费者在心目中能对不同的商品（或商品组）按照偏好排列一个顺序；第二，消费者的偏好具有可传递性；第三，具有“多比少好”的特征。其中第三个特征并不是必然成立的。

3.3.2 无差异曲线的推导

如图 3-4 所示，假设社会上只有两种消费品，即食物和衣服，图中每一点代表不同数量的食物和衣服的不同组合，消费者会给所有的组合按照效用的大小排列一个顺序。消费者排序方法如下。取 A 点，可以看到满足消费者的效用组合为 4 单位的食物和 12 单位的衣服。现假定衣服消费不变，增加食物消费量，取 M（8，12），可以看到，M 点处消费者所获得的满意程度要高于 A 点，再过 A 点作垂直于横轴的直线，在 A 点以上的直线部分任取一点，消费者所获得效用组合都高于 A 点，所以可以推出在 A 点右上部区域（包括边界线）的所有商品消费组合满足消费者的效用水平都高于 A 点。同理也可以推出 A 点的左下部区域（包括边界线）的所有商品消费组合满足消费者的效用水平都低于 A 点，分别任取 H、L 点连线，按效用水平大小可表示成 $H>A>L$，线段 HL 是连续不间断的，所以可以在 H 与 L 之间找到一点，它的效用水平与 A 点相同，设为 B。同样的道理，C 点的效用水平也与 A 点相同。这样，将 A、B、C 连成曲线，就可以得到无差异曲线。

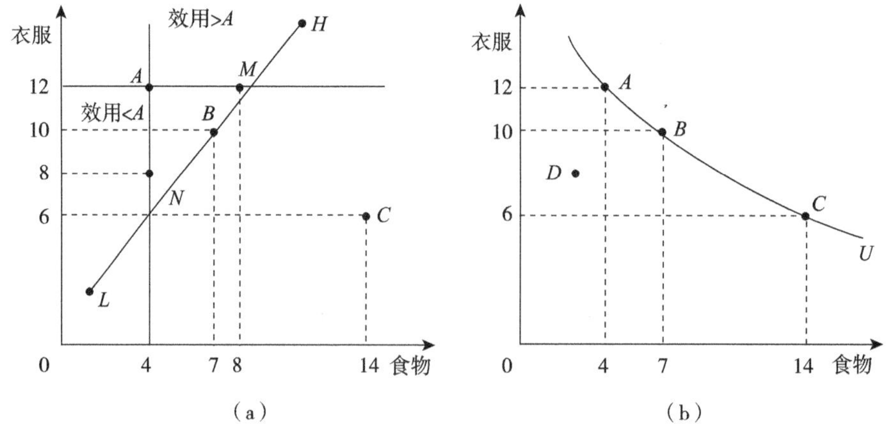

图 3-4 无差异曲线的推导

3.3.3 无差异曲线的特征

1. 无差异曲线斜率为负

无差异曲线是向右下方向倾斜的，斜率为负。如果增加食物的消费，衣服的消费必须相应减少，这样才能保持总效用水平的不变；如果曲线向右上方倾斜，那么曲线上总是有一些点比另一些点同时包含更多的食物和衣服，这些点能够满足更高的效用水平，这与无差异曲线上所有点效用相同是矛盾的，所以向右上方倾斜、斜率为正是不可能的，它不符合无差异曲线的定义。

2. 离原点越远代表的效用水平越高

与每一效用水平相对应的无差异曲线组成一幅无差异曲线族图，如图 3-5 所示，如果将衣服的消费固定在带箭头线段水平上，那么可以看到按效用水平排列 $U_1>U_2>U_3>U_4$，食物满足人的效用水平是递增的。按照序数效用分析法，不必去追究 U_1 比 U_2 所代表的效用究竟高多少，只要知道消费者的偏好顺序就足够了。这意味着各种商品的消费都是多多益善，即 MU>0。

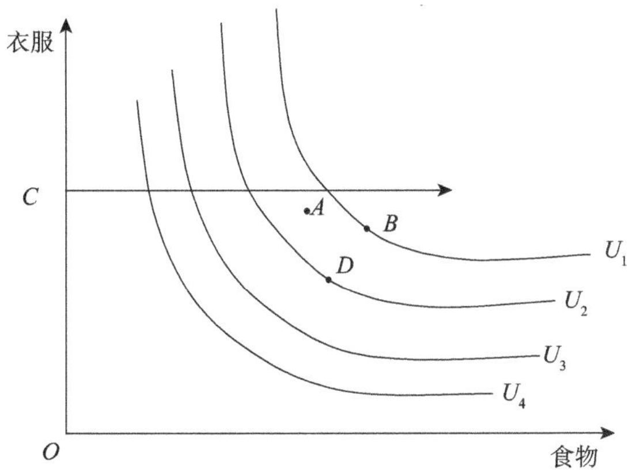

图 3-5　无差异曲线族

3. 无差异曲线两两不相交

任意两条无差异曲线都是不能够相交的，可以用反证法来证明。如图 3-6 所示，假设两条无差异曲线 U_1 和 U_2 能够相交，交点为 C，所以 C 同时在 U_1 和 U_2 上，而在 U_1 和 U_2 上分别取 A、B 两点，那么 A 与 C 的效用水平相同，B 与 C 的效用水平也相同，那么 A 与 B 的效用水平也应该相同，这与已知相矛盾，所以，任意两条无差异曲线不可能相交。

4. 无差异曲线是凸向原点的

这一特征并不能从消费者偏好的特征中推导出来，因此不是必然的。它是由一条普遍适用的规律决定的，那就是边际替代率递减规律。

3.3.4 几种特殊的无差异曲线

一般形状的无差异曲线向右下方倾斜，并且不与横轴和纵轴相交。其特殊形状有以下几种，具体如图 3-7 所示。

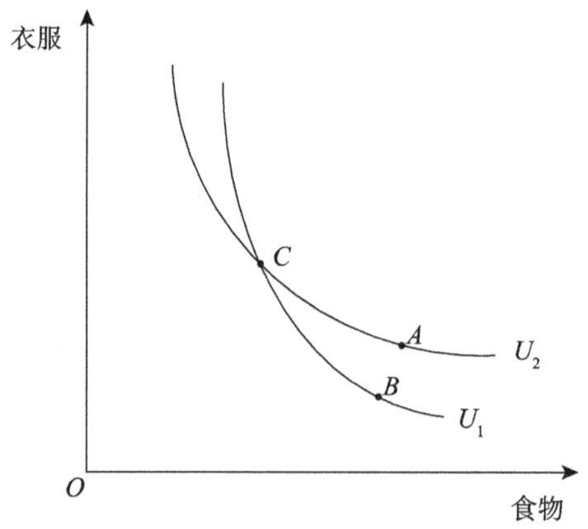

图 3-6　假设可相交的无差异曲线

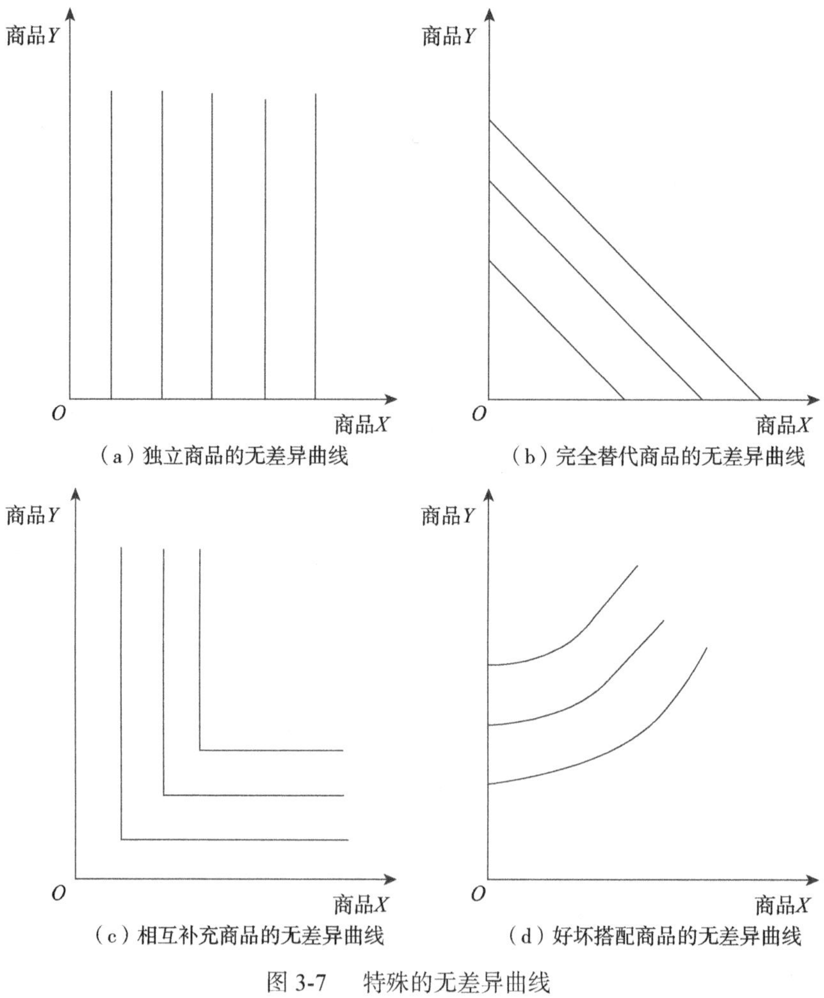

图 3-7　特殊的无差异曲线

图 3-7（a）表示的是独立商品的无差异曲线，它说明消费者的效用随商品 X 的变化而变化，而与商品 Y 无关，以致不管商品 X 增加或减少，Y 商品量都不变。图 3-7（b）表示的是完全替代商品的无差异曲线，它说明商品 X 与商品 Y 可以完全替代，且其替代比率是一个常

数，因为不消费商品 X 可以完全消费商品 Y，反过来也一样。图 3-7（c）表示的是相互补充商品的无差异曲线，它说明只有同时消费商品 X 和商品 Y 才能实现消费者的满足程度。图 3-7（d）表示的是好坏搭配商品的无差异曲线，它说明这两个商品的数量要同时增加或减少，消费者的满足程度才能保持不变。

3.3.5 商品的边际替代率递减规律

边际替代率（marginal rate of substitution，MRS）是指为了保持消费者的总效用不变，消费者用一种商品去代替另一种商品的意愿程度。

可以表示为

$$\mathrm{MRS}_{XY}=-\frac{\Delta Y}{\Delta X} \text{ 或 } \mathrm{MRS}_{XY}=-\frac{\mathrm{d}Y}{\mathrm{d}X}$$

随着某种商品和服务的消费量增加，为了保持总效用不变，消费者愿意放弃的其他商品和服务的数量越来越小；或者说，这种商品能够替代的其他商品的数量越来越小。

如图 3-8 所示，在 A 点，消费者拥有 4 单位食物和 8 单位衣服，此时若增加 1 单位食物，消费者愿意以减少 3 单位的衣服作为代价来保持总效用不变，即边际替代率为–3，但在 B 点，增加 1 单位的食物，消费者愿意减少的衣服消费量就变成了 2 单位，在 C 点变成了 1 单位。这种现象说明，随着食物的增加，食物对衣服的替代率是递减的，即随着食物消费量的增加，消费者所愿意放弃的衣服数量越来越少。这正是边际替代率所要表达的含义。

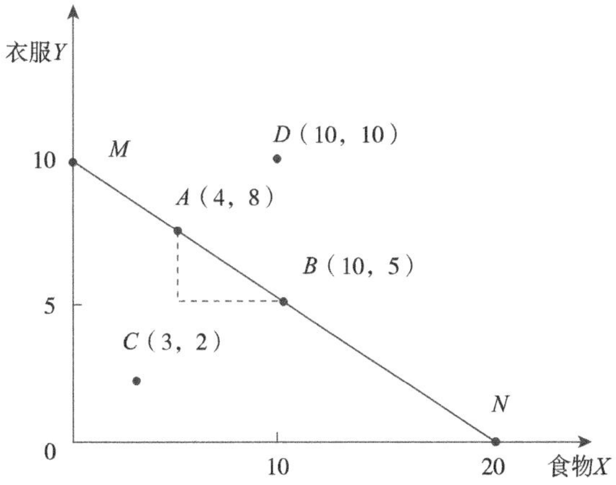

图 3-8 预算约束线

我们可以用数学语言来理解边际效用递减规律和边际替代率递减规律的关系。根据边际替代率的定义，$\mathrm{MRS}_{XY}=-\frac{\Delta Y}{\Delta X}$，$X$ 增加了，Y 减少了，X 的增加所带来的效用的增加 $\Delta U_1=\mathrm{MU}_X\bullet\Delta X$；同样 Y 的减少所带来的效用的减少 $-\Delta U_2=-\mathrm{MU}_Y\bullet\Delta Y$。要使总效用不变，则必有 $\Delta U_1=-\Delta U_2$，或者说，$\mathrm{MU}_X\bullet\Delta X=-\mathrm{MU}_Y\bullet\Delta Y$，即 $-\frac{\Delta Y}{\Delta X}=\frac{\mathrm{MU}_X}{\mathrm{MU}_Y}=\mathrm{MRS}_{XY}$。

可见，边际替代率等于两种商品边际效用之比。随着 X 的增加，MU_X 是递减的，这正是边际效用递减规律所表述的内容；此时 MU_Y 是递增的，因此 $\mathrm{MU}_X/\mathrm{MU}_Y$ 是递减的，它解释了边际替代率递减规律，同时也解释了无差异曲线在几何上表现出曲线凸向原点的特征。

3.4 预算约束线

3.4.1 预算约束线的含义

预算约束线又称为消费者可能线，它表明在消费者收入与商品价格既定的条件下，消费者的全部收入所能购买到的两种商品数量的各种组合。

其方程为

$$P_X X+P_Y Y=I$$

$$斜率\ K=-\frac{P_X}{P_Y}$$

3.4.2 预算约束线的几何表示

预算约束线给出了消费者可以选择的区域的界限。

如图 3-8 所示，在 *MN* 线以内的区域上任取一点都是消费者能够承担的，在 *MN* 上取点，消费者的消费正好耗尽了所有的收入。如取 *A* 点、*B* 点、*M* 点、*N* 点，则都是消费者客观上能够达到的消费水平；如取 *C* 点也可以达到，只是消费者的收入还有剩余；如取 *D* 点，则是消费者的收入水平所不能够达到的。因此，在这里能看到资源的稀缺性特征，消费者不能无止境地消费。

3.4.3 预算约束线的移动

1. 收入变动引起的预算约束线变动

在商品价格不变的情况下，当消费者的收入水平增加时，整条预算约束线会平行右移；相反，当收入水平减少时，整条预算约束线平行左移，具体如图 3-9（a）所示。

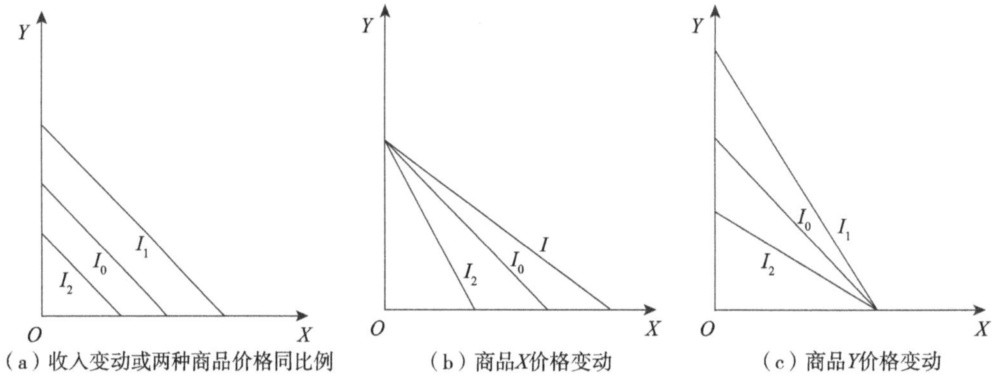

图 3-9　预算约束线的移动

2. 商品价格变化引起的预算约束线移动

当商品价格发生变化时，预算约束线也会发生相应的移动，如图 3-9（b）和图 3-9（c）所示。当商品 *X* 价格上升时，商品 *Y* 价格不变，预算约束线就会沿着纵轴不变的端点逆时针旋转，结果在横轴的截距延长。相反，当商品 *X* 价格下降时，预算约束线会顺时针旋转，结果在横轴的截距缩短。同理，当商品 Y 价格发生变化，而商品 X 价格不变的情况与此相同。而当商品 X 和商品 Y 的价格都发生变化时，要看它们变化幅度的大小。

3.5　消费者均衡

3.5.1　消费者均衡点

消费者均衡是指消费者的选择行为达到了最优化的程度。如果说无差异曲线是消费者最优选择的主观条件，那么预算约束线就是消费者最优选择的客观条件，当两个条件达到统一时，消费者就会实现最优化的选择。下面通过模型进行解释。

先说明两个假设条件：第一，消费者全部收入都用来消费，没有储蓄；第二，消费者是追求个人利益最大化的"理性人"。如图 3-10 所示，要找到消费者的最优化选择点，在预算约束线上取 A 点，消费者选择的商品组合是 YA 和 XA，所获得效用水平是 U_1，消费者没有达到最优化选择，于是消费者就有增加食物的消费、减少衣服的消费，使效用水平增加的愿望；而在 B 点，消费者为追求更高的效用水平，有增加衣服的消费量、减少食物消费量的愿望；当达到 E 点时，消费者实现了最优化选择的目标。也可以取 C 点进行分析，C 点在预算约束线的外侧，虽然达到的效用水平更高，但是客观条件达不到，因此不是最优点。

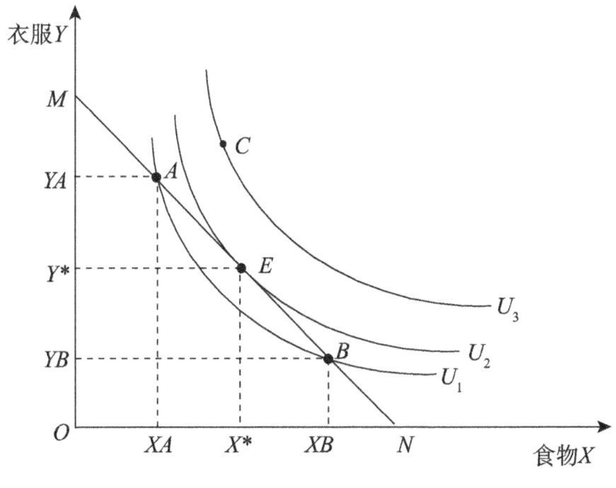

图 3-10　消费者均衡

3.5.2　消费者均衡的条件

从图 3-10 中我们可以看到，在同一条预算约束线 MN 上有三个点，即 A 点、B 点、E 点。哪一个点才是最优点呢？答案是 E 点。我们可以很直观地看到，虽然 A 点、B 点、E 点在同一条预算约束线上，但是与 A 点、B 点相比，E 点效用更高，因为 E 点在 U_2 上。这也正好符合我们之前学过的 U_2 的效用大于 U_1 的效用的理论。

事实上，图 3-10 的 E 点是预算约束线 MN 与无差异曲线 U_2 的切点，因此 MN 线与 U_2 线在 E 点的斜率是相同的，可以表示如下：

$$\frac{P_X}{P_Y} = \mathrm{MRS}_{XY} = \frac{\mathrm{MU}_X}{\mathrm{MU}_Y}$$

也就是说，在消费者的均衡点上，两种商品的价格之比等于边际替代率，即等于两种商品的边际效用之比，而边际效用之比被看做消费者对商品的主观评价，当客观评价与主观评价正好相符时，消费者达到了效用极大化。

有时也可将上式表述为

$$\frac{\mathrm{MU}_X}{P_X} = \frac{\mathrm{MU}_Y}{P_Y}$$

也就是说，当某种商品的边际效用与其价格之比相等时，消费者达到均衡。也可以将其推广到 N 种商品，即消费者在 N 种商品的消费中进行选择，达到均衡的条件为

$$\frac{\mathrm{MU}_1}{P_1} = \frac{\mathrm{MU}_2}{P_2} = \cdots = \frac{\mathrm{MU}_n}{P_n} = \lambda$$

上式可以解释为，当消费者达到均衡时，他花在所有商品上的最后一单位货币的边际效用应该相等，否则，消费者通过改变货币支出在不同商品之间的分配还能进一步提高效用水平。

为什么只有在 $\frac{\mathrm{MU}_1}{P_1} = \frac{\mathrm{MU}_2}{P_2} = \cdots = \frac{\mathrm{MU}_n}{P_n} = \lambda$ 的条件时才能实现消费者均衡呢？消费者怎样调整才能达到这样的均衡呢？下面我们以消费者消费两种商品为例，从理论推理的角度来进行分析。

MU_1/P_1 表示最后一元用在第一种商品上所获得的边际效用，MU_2/P_2 表示最后一元用在第二种商品上所获得的边际效用。如果 $\mathrm{MU}_1/P_1>\mathrm{MU}_2/P_2$，则表示支付同样的货币额，购买第一种商品得到的边际效用大于购买第二种商品得到的边际效用。这时，消费者必然减少对第二种商品的购买量，增加对第一种商品的购买量，每转移一单位货币的购买方向，都表明在第一种商品上得到的效用大于在第二种商品上减少的效用，因而总效用不断地增加。同时，在边际效用递减规律的作用下，第一种商品的边际效用会随其购买量的不断增加而递减，第二种商品的边际效用会随其购买量的不断减少而递增。这个过程一直持续到 $\mathrm{MU}_1/P_1=\mathrm{MU}_2/P_2$，此时总效用增加到最大程度。

如果 $\mathrm{MU}_1/P_1<\mathrm{MU}_2/P_2$，则表示支付同样的货币额，购买第一种商品得到的边际效用小于购买第二种商品得到的边际效用。根据同样的道理，消费者会进行与前面相反的调整过程，即减少对第一种商品的购买量，增加对第二种商品的购买量。每转移一单位货币的购买方向，都表明在第二种商品上得到的效用大于在第一种商品上减少的效用，因而总效用不断地增加。同时，在边际效用递减规律的作用下，第一种商品的边际效用会随其购买量的不断减少而递增，第二种商品的边际效用会随其购买量的不断增加而递减。这个过程一直持续到 $\mathrm{MU}_1/P_1=\mathrm{MU}_2/P_2$，最后使总效用达到最大。

另外，我们再讨论 MU_1 与 λ 的关系。当 $\mathrm{MU}_1/P_1>\lambda$ 时，表示消费者花一元在第一种商品上所获得的效用大于其拥有一元的效用，或者说，此时消费者对第一种商品的消费量是不足的，这样，消费者会增加对第一种商品的支出，以获得更大的效用，直到 $\mathrm{MU}_1/P_1=\lambda$ 为止。相反，若 $\mathrm{MU}_1/P_1<\lambda$，则说明消费者花一元在第一种商品上所获效用小于拥有一元的效用，即此时消费者对该商品的消费量太多了，这样，消费者会减少对这种商品的购买，直到 $\mathrm{MU}_1/P_1=\lambda$ 为止。

综上所述，只有当消费者在两种商品的消费上实现 $MU_1/P_1=MU_2/P_2=\lambda$ 时，消费者才能获得最大的满足，实现效用最大化，达到消费者均衡。

下面以某消费者消费鸡蛋与牛奶为例具体说明。假定某消费者每周有 12 元用于鸡蛋与牛奶的购买，鸡蛋的价格为 P_1=2 元，牛奶的价格为 P_2=1 元，鸡蛋与牛奶给消费者带来的边际效用如表 3-2 所示。

表 3-2　某消费者消费鸡蛋和牛奶的边际效用表

商品数量（Q）	1	2	3	4	5	6	7	8	9	10	11
鸡蛋的边际效用（MU_1）	16	14	12	10	8	6	4	2			
牛奶的边际效用（MU_2）	11	10	9	8	7	6	5	4	3	2	1

那么，能给消费者带来最大效用的购买组合应该是什么呢？从表 3-2 可知，若消费者先购买 1 单位鸡蛋，则花费 2 元，获得 16 个效用单位，此时花在鸡蛋上的 1 元获得的效用为 16/2=8；若他先购买 1 单位牛奶，则花费 1 元，获得 11 个效用单位，此时花在牛奶上的 1 元获得的效用为 11/1=11，所以理性的消费者会把他的第 1 元购买第 1 单位的牛奶。接下来，如果购买鸡蛋则是第 1 单位鸡蛋，这时花在鸡蛋上的 1 元获得的效用还是 8；如果购买牛奶则是第 2 单位牛奶，此时花在牛奶上的 1 元获得的效用为 10，所以理性的消费者还是会把第 2 元用于购买牛奶。以此类推，消费者会用第 3 元买第 3 单位的牛奶；第 4、5 元买第 1 单位的鸡蛋；第 6 元买第 4 单位的牛奶……如此分配，最后消费者购买 3 单位鸡蛋、6 单位牛奶。此时 12 元刚好用完，并且，花在鸡蛋上的最后 1 元得到的效用为 12/2=6，花在牛奶上的最后 1 元得到的效用为 6/1=6，即满足了 $MU_1/P_1=MU_2/P_2$，实现了消费者均衡。

3.5.3　凹的无差异曲线与边界均衡点

在以上的分析中，我们一直假定无差异曲线是凸向原点，这是由边际效用递减规律和边际替代率递减规律决定的。但是，这种规律有没有可能有例外的情况（如无差异曲线凹向原点情况）发生呢？

如果无差异曲线如图 3-11 那样凹向原点，意味着消费者拥有某种商品数量越多，他越愿意付出更多的代价来进一步增加这种商品的数量。如果这样的话，无差异曲线 U_1 与预算约束线 MN 的切点 E 就不是消费者均衡点。实际上，U_1 是消费者付出所有的收入所能达到的最低效用水平，MN 线上任何一点效用水平均高于 U_1。所以，MN 线能够“碰到”的最高水平的无差异曲线为 U_2，均衡点为 M 点，或者是一个边界均衡点（又称为角落均衡点）。所以可以看出，只要无差异曲线是凹的，均衡点肯定在预算约束线的某一个端点上，意味着消费者只能消费一种商品。

这样的结果更进一步说明了为什么凹的无差异曲线不太可能存在。我们在日常生活中极其不可能在这个消费品众多的市场仅仅消费一种商品，这也符合消费者效用最大化的心理。这说明人们的无差异曲线应该是凸向原点的，从而其均衡点代表了不同商品之间的组合。

但是，我们也不能否认，消费者并不会消费所有的商品（在这里是指能够给消费者带来正效用的经济商品）。也许某人希望有一辆超炫的跑车，或者去观看某位明星的演唱会，但实际上却没有消费这些商品，为什么呢？这并不是因为他的无差异曲线是凹的，而是有两方面

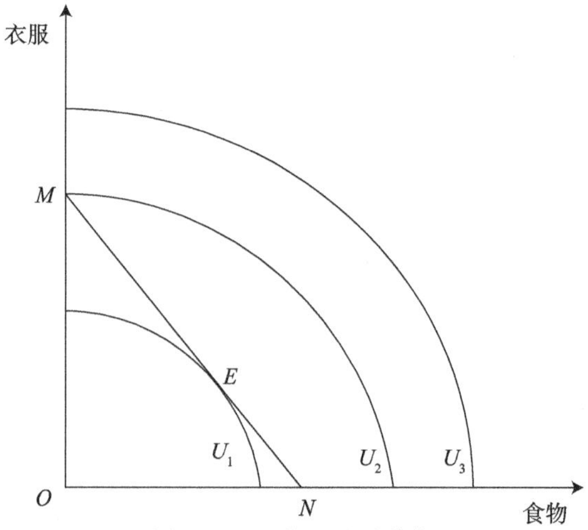

图 3-11 凹的无差异曲线

的原因：第一，可能是因为他的所有收入还不足以购买一单位的某种商品，如他想购买一辆跑车，但是实际上挣的钱还不够买一辆跑车的车轱辘，所以不得不将此项消费的计划从他的选择中删除；第二，这个原因和上一个截然不同，如他的收入可以承担某位明星举行的演唱会的门票，而他没有消费这种商品是因为第一单位的该商品带给他的效用不足以抵偿它的成本——价格。也就是说，他觉得欣赏一场明星演出带来的效用不值其带来的支出——门票。

3.5.4 收入和价格变化对消费者均衡的影响

以上是在消费者的收入和商品价格不发生变化的前提下对消费者均衡进行分析的，现在要研究收入和价格的变化对消费者均衡的影响。

1. 收入–消费曲线

在其他条件不变的情况下，消费者收入的变化会引起消费者购买行为效用最大化均衡点的变化。一般把由于收入变化引起最佳购买行为均衡点变化的连线，称为收入–消费曲线。实际上它是不同收入水平条件下最佳购买行为点的连线，或者不同收入水平条件下消费者均衡点的连线。因为随着收入的增加，预算约束线必然向右上方平行移动，我们可以据此得出对商品 X 和商品 Y 的最佳购买点。

2. 恩格尔曲线的推导

1）恩格尔系数

恩格尔系数是指食品支出总额占家庭或个人消费支出总额的百分比。1857 年，世界著名的德国统计学家恩斯特·恩格尔阐明了一个定律：随着家庭收入和个人收入增加，收入中用于食品方面的支出比例将逐渐减小，这一定律被称为恩格尔定律，反映这一定律的系数被称为恩格尔系数。

其公式表示为

恩格尔系数（%）= 食品支出总额 /家庭或个人消费支出总额×100%

恩格尔定律主要表述的是食品支出占总消费支出的比例随收入变化而变化的一定趋势。它揭示了居民收入和食品支出之间的相关关系，用食品支出占消费总支出的比例来说明经济发展、收入增加对生活消费的影响程度。众所周知，食品是人类生存的第一需要，在收入水平较低时，其在消费支出中必然占有重要地位。随着收入的增加，在食品需求基本满足的情况下，消费的重心才会开始向穿、用等其他方面转移。因此，一个国家或家庭生活越贫困，恩格尔系数就越大；反之，生活越富裕，恩格尔系数就越小。

国际上常用恩格尔系数来衡量一个国家和地区人民生活水平状况。联合国根据恩格尔系数的大小，对世界各国的生活水平有一个划分标准，即一个国家平均家庭恩格尔系数大于 60%为贫穷；50%~60%为温饱；40%~50%为小康；30%~40%属于相对富裕；20%~30%为富裕；20%以下为极其富裕。按此划分标准，20 世纪 90 年代，恩格尔系数在 20%以下的只有美国，达到 16%；欧洲、日本、加拿大，一般为 20%~30%，是富裕状态；东欧国家，一般为 30%~40%，相对富裕；剩下的发展中国家基本上为小康状态。

但是，在这里还需要说明的一点是，虽然恩格尔系数反映了一个国家或者一个地区的富裕程度，但也不能完全据此进行判断。影响一个国家或地区居民恩格尔系数的原因有很多，如收入总量、消费习惯等。例如，最近几年，海南城镇居民的恩格尔系数一直是全国最高的，在 40%和 50%之间波动。以 2002 年为例，海南的恩格尔系数为 45.4%，比最低的北京高出了 11.6 百分点，比第二高的福建也多 2 百分点。海南城镇居民恩格尔系数之所以比较高，主要有如下几大原因。

一是海南城镇居民收入比较低，大家没有能力购买大宗消费品，或大量购买奢侈品，在食品支出基本持平的条件下，分母太小，恩格尔系数就比较高。

二是海南的主要食品价格在全国很靠前，如鸡蛋价格全国第一，肉类价格全国前五等，这就意味着消费等量的食品，海南人要付出更多的货币，这也导致其恩格尔系数比较高。

三是热带地理条件导致海南恩格尔系数偏高。海南地处南方，不像北方人各个季节都要穿不同的衣服，尤其是外套价格高，挤占了食品的消费，导致北方的恩格尔系数普遍低于南方。

四是消费习惯不同导致海南恩格尔系数偏高。与所有南方人一样，海南人对饮食比较讲究，一般家庭都会要求有荤有素、有菜有汤，和北方人的吃饭简单不一样，这也导致海南的恩格尔系数比较高。

2）恩格尔曲线的形成

将收入和商品需求量的关系表现在一个图上，从收入消费曲线中引出恩格尔曲线。图 3-12（a）表明商品 X 是正常商品，而图 3-12（b）表明商品 Y 是低档商品。

3）不同商品的恩格尔曲线形状

必需品需求量的增加速度小于收入的增加速度；奢侈品需求量的增加速度大于收入的增加速度；低档品随收入的增加，需求量减少。它们的恩格尔曲线如图 3-13 所示。

3. 价格–消费曲线

价格–消费曲线（price consumption curve，PCC）是指在其他因素不变的条件下，由某种商品价格变动引起的消费者均衡点的变动轨迹，也就是某一种商品的价格改变时的消费组合。

价格–消费曲线也可以说是指在消费者的偏好、收入及其他商品价格不变的条件下，与某一种商品的不同价格水平相联系的消费者效用最大化的均衡点的轨迹。

当其中一种商品的价格改变时，如商品 X 的价格改变，预算约束线的斜度会改变。将不同相对价格之下的消费组合用线连起来，那就是价格–消费曲线。这里要补充一点，就是只有价格在变，其他（如收入）是不变的。此外，也只有一种商品的价格在变。

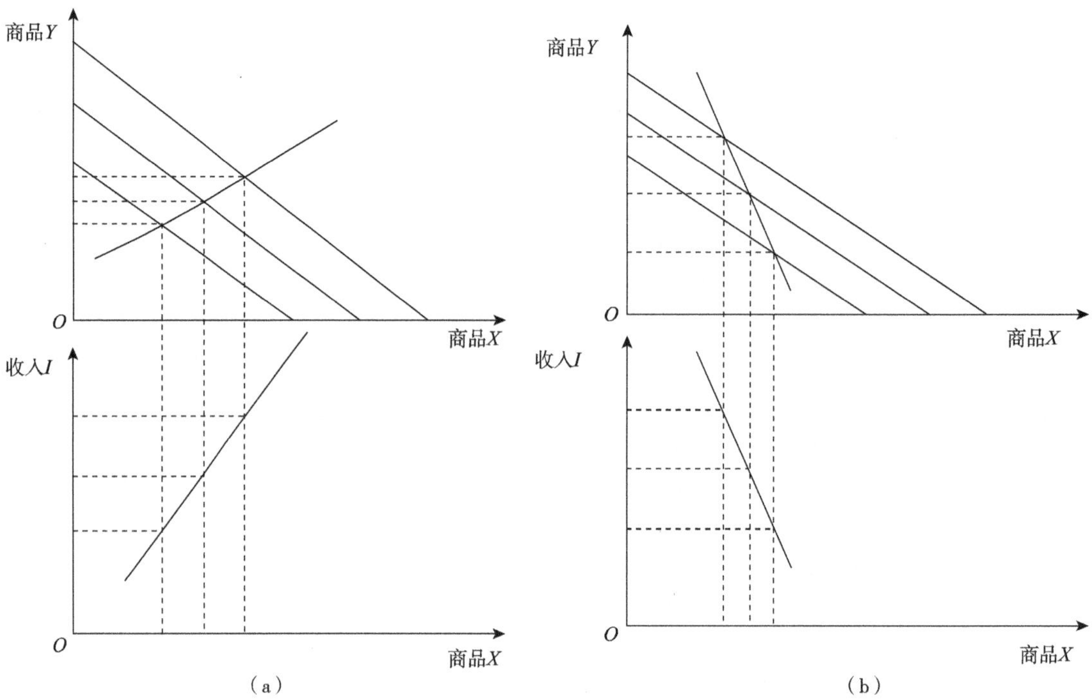

图 3-12　恩格尔曲线的形成

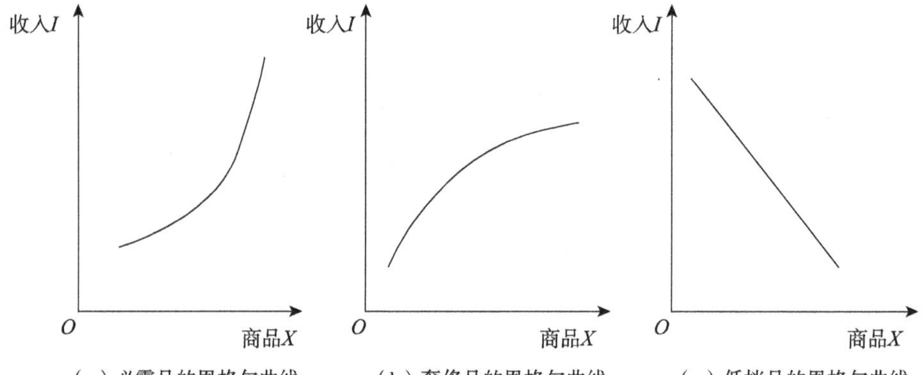

图 3-13　不同形状的恩格尔曲线

如图 3-14 所示，假定商品 X 的初始价格为 P_1，相应的预算约束线为 AB，它与无差异曲线 U_1 相切于效用最大化的均衡点 E_1。如果商品 X 的价格由 P_1 下降为 P_2，相应的预算约束线由 AB 移至 AB'，于是，AB' 与另一种较高无差异曲线 U_2 相切于均衡点 E_2。如果商品 X 的价格再由 P_2 继续下降为 P_3，相应的预算约束线由 AB' 移至 AB''，于是，AB'' 与另一条更高的无差异曲线 U_3 相切于均衡点 E_3。不难发现，随着商品 X 的价格的不断变化，可以找到无数个如 E_1、E_2 和 E_3 那样的均衡点，它们的轨迹就是价格–消费曲线。

4. 需求曲线的推导

在第 2 章，我们学习了供求的基本原理，知道了需求曲线的基本形状。在需求曲线模型中，当某种商品的价格上涨时，人们对它的消费需求量会减少，而当价格下降时，又会增加对这种商品的需求量。为什么需求基本曲线是向右下方倾斜呢？这是由消费者选择理论决定

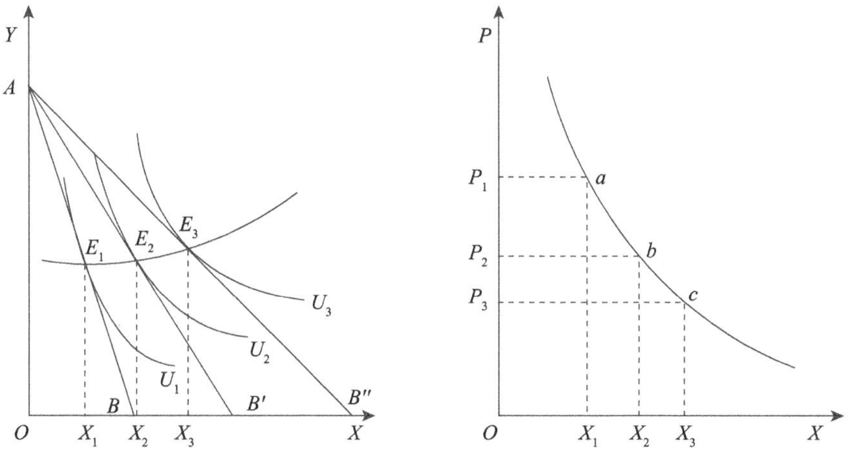

（a）价格–消费曲线　　（b）消费者需求曲线

图 3-14　价格–消费曲线和消费者需求曲线

的，我们可以从价格–消费曲线推导出消费者个人的需求曲线，具体如图 3-15 所示。

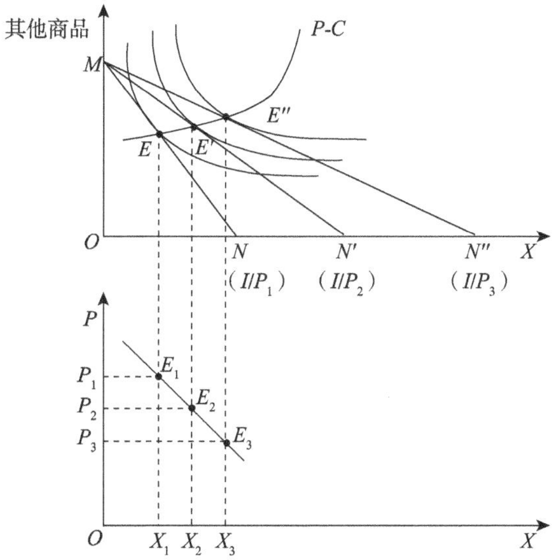

图 3-15　需求曲线的推导

当商品 X 的价格为 P_1 时，消费者均衡点为 E，对 X 商品的需求量为 X_1；当价格为 P_2 时，消费者均衡点为 E'，其需求量为 X_2；当价格为 P_3 时，消费者均衡点是 E''，其需求量为 X_3。通过价格的连续变化可以得到一系列均衡点。如果以价格为纵轴，以需求量为横轴，则可表示出商品 X 的需求量与其价格之间的对应关系。如图 3-15 所示，当价格为 P_1 时，需求量为 X_1，可以确定一点 E_1；当价格为 P_2 时，需求量为 X_2，可以确定一点 E_2；当价格为 P_3 时，需求量为 X_3，可以确定一点 E_3。用同样方法还可以确定商品 X 的需求量与其价格对应关系的其他点。将 E_1、E_2 和 E_3 等各点连接起来，就得到消费者个人的需求曲线。这条曲线反映了在消费者偏好、收入和商品 Y 的价格不变的条件下，消费者对 X 商品的最优购买量与其价格之间的变化关系。回忆第 2 章中需求曲线的定义，需求曲线是指在其他因素保持不变时，消费者对商品的各种可能的价格，愿意并且能够购买的数量。“其他因素”是指消费者的偏好、收入和其他商品的价格等；“愿意并且能够购买的数量”就是消费者的最优购买数量，因为每一个均衡点都代表消费者在预算约束下达到了效用的最大化。所以，序数效用理论用无差异曲线与预算约束线的分析工具推导出了需求曲线。

可见，序数效用论推导出的需求曲线与基数效用论推导出的需求曲线具有相同的性质。它也是一条斜率为负、向右下方倾斜的曲线，反映了需求量与价格之间的反向变动关系。需求曲线上的每一点都是消费者的效用水平最高或满足程度最大的均衡点，代表着不同价格下消费者愿意并且能够购买的商品数量。不同的是，基数效用论的需求曲线以边际效用递减规律为基础，序数效用论的需求曲线以边际替代率递减规律为基础。

本章小结和复习思考题

第4章 生产论

知识学习目标

1. 掌握厂商的组织形式、企业的目标。
2. 理解长期生产函数和短期生产函数。
3. 理解一种可变生产要素函数和两种可变生产要素函数。
4. 掌握生产要素的最优组合。

能力训练目标

1. 具备运用边际报酬递减规律动态分析厂商在实际生产过程中投入特定生产要素能够为其产生多大效益的能力。
2. 具有运用等产量线和等成本线研究生产要素的最优组合的能力。
3. 具备利用规模报酬规律研究厂商内部各种生产要素按相同比例变化时所带来的产量变化的能力。

均衡价格理论是微观经济学的核心理论，而均衡价格取决于需求和供给的相互关系。在本书的第3章里，我们从需求方面分析了需求规律背后的消费者行为，认为理性的消费者追求效用最大化从而形成了需求曲线的形状。本章我们从供给方面，即生产入手，研究供给规律下的生产者行为。

产品的供给源于生产，在经济学的研究中，生产具有广泛的含义，它不仅包括物质产品的生产，还包括金融、贸易等服务活动的提供。因此，从经济学角度而言，生产是指一切能够创造和增加效用的人类活动。生产理论研究的是生产者的行为，生产者在经济学中被称为厂商。

4.1 厂商

4.1.1 厂商的组织形式

1. 厂商的定义

厂商（firm）是向市场提供商品和劳务以获得最大利润的经济组织。厂商作为运用生产要素生产商品与劳务的经济单位，可以是生产产品的厂商，也可以是提供服务的厂商。厂商作为一种经济决策单位，除了消费者与政府以外，其余的经济组织都是厂商。因此，厂商可以是工厂、农户、银行，甚至医院、学校等。

2. 厂商的组织形式

厂商的组织形式主要有业主制、合伙制和公司制三种。

1）业主制厂商

小吃店、小杂货店等是最简单的厂商组织。这些由个人独自出资、独自经营、独自享有利润、独自承担无限责任的厂商组织称为业主制厂商。这种厂商在法律上称为自然人企业，是最早产生的，也是最简单的厂商形态。

业主制厂商具有以下优点：第一，开设、转让与关闭等行为仅向政府登记即可，手续非常简单。第二，利润全归个人所得，不需与别人分摊。由于是个人投资、个人管理，所以获得的经济收益全归投资者所有。第三，经营制约因素较少，经营方式灵活。第四，易于保护技术、工艺和财务秘密。第五，厂商所有者（即企业主）可以获得个人满足。

业主制厂商也有以下不足：第一，责任无限。一旦经营失误，将面临资产抵押—家产抵押—人身抵押的困境。第二，规模有限。这种厂商的发展受到两个方面的限制：一是个人资金的限制；二是个人管理能力的限制。第三，寿命有限。厂商与业主同存亡，业主的死亡、破产、犯罪或转业都可能使厂商不复存在。因此，厂商的雇员和债权人不得不承担较大的风险。债权人往往要求厂商所有者投保人身保险，以便在厂商所有者死亡后可以用保险公司支付的保险金抵付债务。

2）合伙制厂商

由两个或两个以上的人合作经营的厂商组织称为合伙制厂商。合伙制厂商通常由拥有不同生产资源的两个或两个以上的人组成，每个合伙人都分享利润，共同分担风险，对厂商承担无限责任。相对业主制厂商和即将讨论的公司制厂商来说，合伙制厂商有其自身的优势所在，同时也存在很多的不足。

合伙制厂商的优点主要如下。第一，资金来源较广，信用能力较大。投资者可以是两方或者两方以上，投资者的非单一性就决定了在进行生产时可以有较多的资金来源。同时投资者之间存在协议，所以彼此之间的信用度还是比较高的。第二，才智与经验更多。由于多个投资者共同出资经营厂商，所以，在经营厂商的过程中每位投资者都可以充分发挥个人的才智，将自身的管理经验运用到实际的管理运作之中。第三，发展余地更大。由于资金来源的多方位，投资者具有一定的管理经验，所以，合伙制厂商比个体厂商有更大的发展空间。

与之相并存的是合伙制厂商的不足。第一，产权转让经所有合伙人同意方可进行，产权转让较为困难。第二，投资者责任无限且连带。每个投资者对厂商承担的责任都是无限的，当某一投资者因各种原因产生经济纠纷时，其他投资者要分担其责任，共同承担风险。第三，规模仍受局限，意见难以统一，寿命有限。正是由于以上原因，厂商的规模扩展受到了限制，而且管理主体的混乱容易造成意见难以统一，厂商的发展空间受到影响。

3）公司制厂商

按照《中华人民共和国公司法》的规定成立的厂商组织称为公司制厂商。公司制厂商通常由共同出资、共享利润、共担风险的多个有限责任股东组成，可分为有限责任公司与股份有限公司两种。所有权和经营权的分离是现代公司制的显著特征。公司的所有权属于股东，经营权属于在董事监管下的总经理。现代公司制厂商一般都具有较严谨的公司治理结构和严格的运作规则，可以通过发行债券或股票等形式低成本地筹得资本，但其庞大的规模与复杂的治理结构也带来了决策的复杂性和迟滞性，层层委托—代理问题的出现更是公司制厂商面临的棘手问题。

3. 委托—代理关系

委托—代理关系是指，根据契约规定，一个或多个行为主体指定雇用另一些行为主体提供代理服务，并根据其提供的数量和质量支付相应的报酬。委托人是雇用他人完成特定任务的个人（或厂商），代理人是受厂商（或另外一个人）雇用的用于完成特定任务的个人（或厂商）。最典型的这种关系就是厂商股东和总经理的关系，股东就是委托人，总经理是厂商股东的代理人。

公司制厂商中的委托—代理关系常常带来低效率等问题，迫使我们去思考应该如何构造一种制度体系用于激励总经理去实现股东的目标。目前，西方国家往往有以下三种解决方法：第一，良好的总经理市场是解决总经理偷懒问题的最好制度架构。第二，一些大公司通过为总经理提供股权、奖金、度假和晋升机会来激励他们努力工作。第三，各种舆论监督和法制约束也是提供负面激励的有效约束机制。

4.1.2 厂商的目标

在传统的微观经济学研究中，通常假定理性厂商的唯一目的是获取最大利润。然而，随着现代公司制厂商两权分离的出现，传统的利润最大化目标并不能体现厂商在实际经营中的多种目标，因此，一些学者修正了厂商的目标函数和约束条件，提出了销售收入最大化、增长率最大化、市场份额最大化和价值最大化等新的假设。尽管如此，为方便研究，本书的分析仍采用传统微观经济学的观点，假定厂商是以利润最大化为目的的经济组织。以其他目标为假设的研究可以参照本方法。

厂商在遵循最大利润原则进行生产时，要求尽量使边际收益等于边际成本。我们把最优产量的选择同投入要素的使用数量联系起来，考察厂商利润最大化的最优要素使用原则。

厂商在使用某种生产要素时必须首先考虑要素的边际收益产量。所谓边际收益产量（marginal revenue product，MRP）是指在其他要素投入量不变的条件下，厂商增加一单位的某种要素的投入引起的产量的增加所带来的收益的增加，它等于边际产量（marginal product，MP）与边际收益（marginal revenue，MR）的乘积，即

$$MRP = MP \cdot MR$$

要注意，边际收益产量既不同于边际收益，也不同于边际产量。产品的边际收益是指增加一单位销售量（或产量）所增加的收益；边际产量是指增加一单位生产要素所增加的实物产量。边际收益产量是指增加一单位生产要素所增加的收益。

边际收益产量的变化取决于：其一，增加单位要素投入所生产的边际产量的变化；其二，增加一单位产量所增加的收益的变化。

对于边际产量的变化，在技术给定和其他要素投入不变的情况下，连续增加一单位某种要素所带来的产量的增量迟早会出现下降，这就是边际生产力递减规律。

边际收益的变化取决于产品的市场结构。在完全竞争的产品市场条件下，由于生产者和消费者都不可能影响商品的价格，厂商生产的产品将按同一价格出售，厂商增加一单位产量所增加的收益等于产品价格，即 $MR=P$；在不完全竞争的产品市场上，MR 随产量增加而递

减，且总是小于产品价格。

4.1.3 厂商的性质

厂商是商品经济发展到一定阶段的产物，是一种交易费用更低的资源配置方式。交易费用这一概念是美国经济学家科斯（Ronald H. Coase）在分析厂商的起源和规模时，首次引入经济学分析的。

根据科斯的解释，交易费用（也称交易成本）是围绕交易契约所产生的成本，或者说是运用市场价格机制的成本。它包括两个主要内容：①发现贴现价格，获得精确的市场信息的成本；②在市场交易中，交易人之间谈判、讨价还价和履行合同的成本。在商品经济发展的初期，无论是原始的物物交换，还是以货币为媒介的商品交换，由于市场狭小，利用市场价格机制的费用几乎不存在，这时的商品生产一般以家庭为单位。但随着商品经济的发展和市场规模的扩大，生产者在了解有关价格信息、市场谈判、签订合同等方面，利用价格机制的费用显著增加，这时生产者采用把生产要素集合在一个经济单位中的生产方式，以降低交易费用，这种经济单位就是厂商。

厂商的这种组织形式之所以可以降低市场交易的费用，是因为它用内部管理的方式组织各种生产要素并使之相结合。因此，从交易费用的角度来看，市场和厂商是两种不同的组织生产分工的方法：一种是内部管理方式，另一种是协议买卖方式。两种方式都存在一定的费用，即前者是组织费用，后者是交易费用。厂商之所以出现正是因为厂商的组织费用低于市场的交易费用。因此，交易费用的降低是厂商出现的重要原因之一。

4.2 生产函数

4.2.1 生产函数的概念

生产是厂商将生产要素有机地结合起来形成产品和服务的过程。在生产过程中，一方面消耗掉了生产要素，另一方面生产出了产品和服务。在技术不变的条件下，生产要素的投入量与产品或服务的最大产出量之间的关系被称为生产函数（product function）。如果技术更新，使一定量投入可以获得更多产量，或既定产量所需投入的生产要素较以前减少，则表现为另一个生产函数。生产函数表示各种投入量与所生产的最大产量之间的技术关系，是一个数量概念而非货币价值概念。

假如生产中投入了 X_1，X_2，…，X_n 种生产要素，生产的最大产量为 Q，生产函数可以表示为

$$Q = f(X_1, X_2, \cdots, X_n)$$

假如生产中只使用劳动和资本两种要素，则生产函数可以表示为

$$Q = f\left(L, K\right)$$

式中，L 表示劳动投入量；K 表示资本投入量。

假如生产中只使用劳动要素，则生产函数可以表示为

$$Q = f\left(L\right)$$

式中，L 表示劳动投入量。

4.2.2 生产函数的分类

在理论研究中，我们可以根据不同的标准对生产函数进行分类。

第一，根据生产中可变生产要素的多寡，可以将生产函数分为一种可变要素的生产函数、两种可变要素的生产函数和多种可变要素的生产函数。

如果在各种投入组合中，只有一种生产要素的数量是可变的，而其他生产要素的数量保持不变，那么这样的生产函数即为一种可变要素的生产函数。例如，假定在生产过程中只有劳动要素是可变的，该生产函数就是一种可变要素的生产函数，即

$$Q = f(L)$$

上式表示在技术水平和其他投入要素不变的条件下，各种不同的劳动数量与相应的最大产出之间的对应关系。

在生产的各种投入组合中，如果有两种生产要素的数量是可变的，而其他生产要素的数量保持不变，那么这样的生产函数即为两种可变要素的生产函数。如果在上述生产中，除了劳动要素（L）可变，还有资本要素（K）可变，那么生产函数就是两种可变要素的生产函数，即

$$Q = f(L, K)$$

上式表示在技术不变的条件下，劳动与资本的各种不同的数量组合与所对应的最大产量之间的关系。

如果在生产中有三种或三种以上的投入要素可变，可以称为多种可变要素的生产函数。

第二，按照技术系数是否可变，可以将生产函数划分为固定投入比例的生产函数与可变投入比例的生产函数两种。

所谓技术系数（technical coefficient），是指生产一定量的产品所要求的各种投入要素之间的配合比例。不同生产过程的技术系数是不同的。

在生产过程中，各种生产要素的投入数量之间都存在一定的比例关系，如果在每一产量水平上，任何投入要素之间的比例是固定的，那么，这种生产函数称为固定投入比例的生产函数。如果生产过程中只使用劳动和资本两种要素，且劳动与资本的配合比例为 $\frac{K}{L}=\frac{\alpha}{\beta}$，则固定投入比例的生产函数可以表示为

$$Q = \min\left(\frac{K}{\alpha}, \frac{L}{\beta}\right)$$

式中，常数 α 与 β 分别表示固定的劳动和资本的技术系数。

例如，物流行业中的汽车运输，一个司机开一辆汽车，这时劳动与资本配合的固定比例就是 1∶1。此时生产函数可以表示为

$$Q = f(L, K) = \min(L, K)$$

当生产函数为固定投入比例时，它可以选择的生产方式十分有限，要生产更多产品，所有的投入必须同比例地增加，两种投入之间几乎无法替代。具有这种特征的生产函数又称为里昂惕夫生产函数。

大多数产品的生产，投入要素的配合比例是可以改变的。生产过程中要素投入量之间的比例可以变化的生产函数称为可变投入比例的生产函数。例如，在生产过程中只投入劳动和

资本两大要素，既可以采取多用资本、少用劳动的方式，又可以采取多用劳动、少用资本的方式来达到同一产量。柯布–道格拉斯生产函数就是一种典型的可变投入比例的生产函数。

柯布–道格拉斯生产函数是在 20 世纪 30 年代由数学家柯布和经济学家道格拉斯提出的，其一般形式为

$$f(L,K)=AL^aK^b$$

式中，A 代表技术水平，其含义是当每种投入都增加一单位时产出量将增加多少；a 和 b（$0<a<1$，$0<b<1$）分别代表劳动和资本的产出弹性。

第三，按照考察时期的长短，可以将生产函数分为短期生产函数与长期生产函数。

在经济学中，时期的划分十分重要。当产量变动时，按照投入要素的变动情况，生产的时期可以分为短期与长期。长期（long run）是指所有投入都可以变动的时期；短期（short run）是指一种或多种投入无法改变的时期。时期的长短并不是一个单纯的时间概念，短期与长期的划分是相对的，它取决于所考察的问题本身的性质。与长期短期相对应，生产函数分为短期生产函数与长期生产函数。在分析短期生产函数时，可以将生产要素分为固定投入（fixed input）与可变投入（variable input）。厂房、机器设备等生产要素，其数量在短期内无法调整，称为固定投入；反之，劳动、原材料等生产要素，其数量在短期内可以变动，称为可变投入。而在长期中，由于所有投入的生产要素都可以变动，故无可变投入与固定投入之分。

4.3 一种可变要素的生产函数

4.3.1 总产量、平均产量和边际产量

一种可变要素的生产函数是指在产量的变化过程中只有一种生产要素可变的生产函数。如果在生产中只投入了两种要素：一种是劳动；另一种是资本，其中资本要素的投入量保持不变，则生产函数可以表示为

$$Q=f(L,K)$$

或

$$Q=f(L)$$

根据生产函数，我们可以得出一种可变要素的总产量、平均产量和边际产量。

总产量（total product，TP）是指投入一定量一种可变要素所获得的全部产量。用公式表示即为

$$\mathrm{TP}_L=f(L)$$

式中，TP_L 代表总产量。

平均产量（average product，AP）是指平均每单位可变要素所获得的产量，即总产量与可变要素投入量之比。用公式表示为

$$\mathrm{AP}_L=\frac{\mathrm{TP}_L(L)}{L}$$

式中，AP_L 代表平均产量。

边际产量是指增加一单位可变要素投入量所带来的产量增加量，用公式表示为

$$MP_L=\frac{\Delta TP_L(L)}{\Delta L}$$

式中，MP_L代表边际产量。当取 $\Delta L\to 0$ 的极限时，上式化为

$$MP_L=\frac{dTP_L(L)}{d\Delta L}$$

假定生产函数为

$$Q=240L+24L^2-L^3$$

则总产量函数为

$$TP_L=240L+24L^2-L^3$$

平均产量函数为

$$AP_L=\frac{TP_L(L)}{L}=\frac{Q}{L}=\frac{240L+24L^2-L^3}{L}=240+24L-L^2$$

边际产量函数为

$$MP_L=\frac{dTP_L(L)}{d\Delta L}=240+48L-3L^2$$

根据以上公式，在给定劳动投入量的情况下，可以计算出相对应的总产量、平均产量和边际产量，具体如表 4-1 所示。

表 4-1 总产量、平均产量和边际产量

劳动投入量 L	总产量 TP_L	平均产量 AP_L	边际产量 MP_L
1	263	263	285
4	1 280	320	384
8	2 944	368	432
12	4 608	384	384
16	5 888	368	240
20	6 400	320	0
24	5 760	240	–336

4.3.2 总产量曲线、平均产量曲线和边际产量曲线

根据表 4-1 中的数据，可以绘制出总产量曲线、平均产量曲线和边际产量曲线，如图 4-1 所示。

在图 4-1 中，横轴 L 为生产中使用的劳动量，上图中纵轴 TP_L 为劳动的总产量，下图纵轴 MP_L、AP_L 分别为劳动的边际产量和平均产量。总产量曲线 TP_L 开始先向右上方倾斜，表示在生产中开始时总产量随劳动投入量的增加而增加。当劳动投入量为 0~8 时，总产量以递增的速度增加，曲线表现为凸向横轴；当劳动投入量为 8~20 时，总产量虽然随劳动投入量的增加而增加，但增加速度减慢，曲线表现为从拐点（劳动投入量为 8 的点）开始凸向纵轴；当劳动投入量为 20 时，总产量达到最大；当劳动投入量大于 20 时，总产量开始递减，曲线向右下方倾斜。

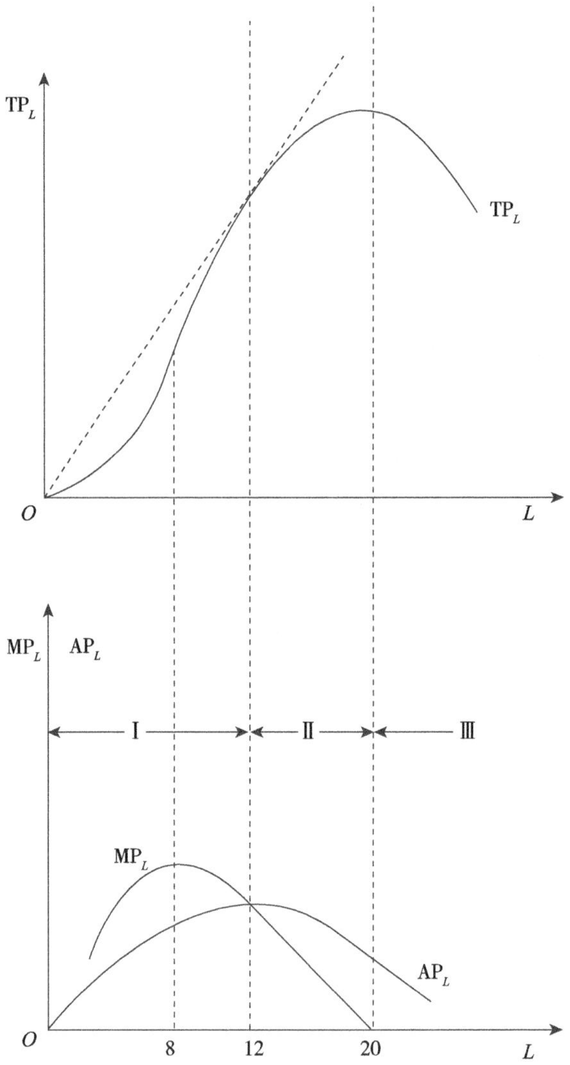

图 4-1 总产量、平均产量和边际产量

平均产量曲线 AP_L 在劳动投入量为 0~12 时是递增的，当劳动投入量为 12 时达到最大，当劳动投入量大于 12 时，曲线开始递减。

边际产量曲线 MP_L 在劳动投入量为 0~8 时是递增的，当劳动投入量为 8 时达到最大，之后开始递减，直至劳动投入量为 20 时，边际产量为 0，而后变为负值。

4.3.3 总产量曲线、平均产量曲线与边际产量曲线之间的关系

1. 总产量曲线与平均产量曲线之间的关系

从图 4-1 中可以看出，平均产量是总产量曲线上的点与原点连线的斜率。随着劳动投入量的增加，总产量曲线上的点与原点连线的斜率在 $0<L<12$ 区间内是不断增加的，所以，平均产量曲线向右上方倾斜。在 $L>12$ 后，总产量曲线上的点与原点连线的斜率随着劳动投入量的增加而不断减小，所以平均产量曲线向右下方倾斜。

2. 总产量曲线与边际产量曲线之间的关系

边际产量是总产量曲线上任意一点切线的斜率，当边际产量递增时，总产量必然是递增的，且增幅越来越大；当边际产量达到最大值时，总产量达到由凸向横轴变为凹向横轴的拐点；当边际产量递减且大于零时，总产量仍然递增，但增幅减慢；当边际产量变为负值时，总产量开始递减。

3. 边际产量曲线与平均产量曲线之间的关系

边际产量曲线与平均产量曲线的关系如下：当边际产量曲线在平均产量曲线上方时，平均产量曲线是上升的；当边际产量曲线与平均产量曲线相交时，平均产量曲线达到最高点；当边际产量曲线在平均产量曲线下方时，平均产量曲线是下降的。

边际产量与平均产量的关系在微观经济学中十分重要，二者之间的关系可以用代数法证明如下。

令总产量函数为

$$\mathrm{TP}_L = f(L)$$

则平均产量函数和边际产量函数分别为

$$\mathrm{AP}_L = \frac{f(L)}{L}$$

$$\mathrm{MP}_L = \frac{\mathrm{d}\left[f(L)\right]}{\mathrm{d}L} = f'(L)$$

$$\frac{\mathrm{d}(\mathrm{AP}_L)}{\mathrm{d}L} = \frac{1}{L^2}\cdot\left[f'(L)\cdot L - f(L)\right] = \frac{1}{L}\cdot\left[f'(L) - \frac{f(L)}{L}\right] = \frac{1}{L}\cdot\left[\mathrm{MP}_L - \mathrm{AP}_L\right]$$

因为 $L>0$，所以当 $\mathrm{MP}_L-\mathrm{AP}_L>0$ 时，$\frac{\mathrm{d}(\mathrm{AP}_L)}{\mathrm{d}L}>0$，平均产量曲线是上升的；

当 $\mathrm{MP}_L-\mathrm{AP}_L=0$ 时，$\frac{\mathrm{d}(\mathrm{AP}_L)}{\mathrm{d}L}=0$，平均产量曲线达到最高点；

当 $\mathrm{MP}_L-\mathrm{AP}_L<0$ 时，$\frac{\mathrm{d}(\mathrm{AP}_L)}{\mathrm{d}L}<0$，平均产量曲线是下降的。

4.3.4　边际报酬递减规律

在图 4-1 中，边际产量曲线递增之后便一直递减，这种现象称作边际报酬递减规律。边际报酬递减规律（law of diminishing marginal returns），是指在一定技术水平下，在其他投入要素不变时，随着一种可变要素投入的增加，其边际产量增加到一定点后最终会趋于递减。具体一点来讲，边际报酬递减规律为：在一定技术条件下，在连续等量地追加一种可变要素到其他固定要素上去的过程中，起初该要素的边际产量是增加的，但达到一定点后，再增加可变要素，边际产量是递减的。

短期内边际产量起初之所以是递增的，是因为在生产的开始阶段由于固定投入不变，可变投入劳动量从零开始逐渐增加，这表示开始阶段的单位固定投入吸纳的可变投入非常少，只要增加可变投入，就可以更加有效地利用固定投入，使产量得到快速的提高，故该阶段边际产量递增；随着可变投入量的渐增，单位固定投入所吸纳的可变投入不断增加，可变投入的有效利用程度逐渐减弱，故随后虽然总产量递增，但增幅减慢，即边际产量开始递减；当可变投入量达到某一限度时，单位固定投入所吸纳的可变投入偏多，可变投入不能充分地利用，此后增加可变投入不会带来资本品固定投入的有效利用，反而带来生产中的相互掣肘，产量不再增加，转为下降，边际产量开始变为负值。

在生产中就有不少边际报酬递减的例子。例如，在农田里撒化肥可以增加农作物的产量，当向一亩（1 亩≈666.7 平方米）农田里撒第一个 100 千克化肥的时候，增加的产量最多；撒第二个 100 千克化肥的时候，增加的产量就没有第一个 100 千克化肥增加的产量多；撒第三个 100 千克化肥的时候，增加的产量就更少，甚至减产。也就是说，随着所撒化肥的增加，增产效应越来越低。

在社会管理中，一个政策出台以后，往往刚开始管理或者规范效应很明显，但随着时间的推移，这项政策的功能就会越来越小、越来越不适宜社会管理的需要了。也就是说，政策的管理规范制约或者引导效应在不断减弱，这就是一些规章制度等每隔一段时间都要进行调整和更新的主要原因。

4.3.5 短期生产的三个阶段

根据短期的总产量曲线、平均产量曲线和边际产量曲线之间的关系，可将短期生产划分为三个阶段（图 4-1）。图 4-1 中的Ⅰ、Ⅱ、Ⅲ区分别表示生产的三个阶段。从原点开始至劳动投入为 12，为生产的第一阶段，即Ⅰ区；从劳动投入为 12 至劳动投入为 20，为生产的第二阶段，即Ⅱ区；从劳动投入为 20 开始，为生产的第三阶段，即Ⅲ区。

在Ⅰ区，劳动的平均产量始终是上升的，劳动的边际产量大于平均产量，劳动的总产量是增加的。这说明在此阶段，相对于固定投入而言，可变投入不足，可变投入的增加可以使固定投入得到更加充分的利用，因此，生产者只要增加要素投入量就可以增加总产量。理性的生产者，显然在这一阶段不可能停止生产，而是继续增加可变要素的投入量以增加产量，将生产扩大到第二阶段。

在Ⅲ区，边际产量变为负值，总产量开始下降，这意味着在这一阶段可变要素的使用数量越多，总产量就越少，理性的生产者势必减少可变要素投入量，以改变总产量减少的趋势，使生产过程过渡到Ⅱ区。

既然生产者既不可能将生产停留在Ⅰ区，也不可能在Ⅲ区生产，那么，生产只能在Ⅱ区进行。在Ⅱ区中，劳动的边际产量小于平均产量，劳动的平均产量开始递减，但边际产量依然大于零。这表示，由于边际产量为正，故增加可变投入依然可以带来总产量的增加，在Ⅰ区之后，固定投入方得到充分利用，因此，理性的生产者自然将生产安排在这一阶段来进行。至于具体安排在哪一点，还要取决于厂商的目标，如果厂商追求平均产量最大，生产将安排在平均产量最高点处；如果厂商追求产量最大，生产将安排在总产量最大处；在利润最大化假定下，生产的安排取决于成本与收益的比较。

4.4 两种可变要素的生产函数

4.4.1 等产量线

两种可变要素的生产函数是指在生产要素的组合中，有两种生产要素是可变的，且可以

相互替代。假定生产中使用的是劳动和资本两种要素，这时生产函数可以表示为

$$Q = f(L, K)$$

式中，K 和 L 分别为资本和劳动的使用数量。

分析两种可变要素的生产函数的工具是等产量线（isoquant curve）。等产量线是指在其他因素不变的条件下，生产一定数量的产品所需要的两种投入的各种有效组合的轨迹。等产量线给出了厂商进行生产决策的可行空间，它意味着厂商可以使用不同的投入要素组合生产等量产品。

假设生产函数为 $Q = \sqrt{KL}$，则生产 8 单位的产量可以采用表 4-2 列出的不同投入组合进行生产。

表 4-2 产量为 8 单位时可供选择的投入要素的组合

L	1	2	4	8	16	32	64
K	64	32	16	8	4	2	1

根据表 4-2 的数据，可以绘制出生产 8 单位产量时各种不同的投入组合的点的轨迹，即生产 8 单位产量的等产量线（图 4-2）。

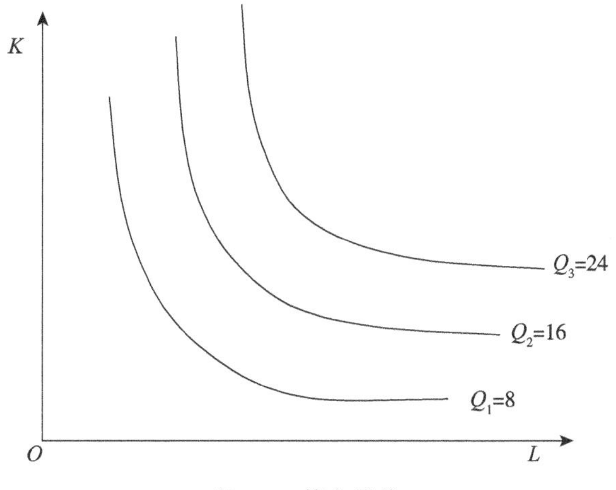

图 4-2 等产量线

在图 4-2 中，横纵两轴分别为劳动和资本的投入量 L 和 K，Q_1=8 即为使用劳动与资本的各种不同组合数量生产 8 单位产品的等产量线。同样可以得到生产其他产量的等产量线，如 Q_2=16 和 Q_3=24。可以看出，等产量线具有以下特征：第一，等产量线向右下方倾斜，斜率为负，并凸向原点。第二，在同一平面上，任意两条等产量线不能相交。第三，在同一平面上，可以有无数条等产量线，同一条等产量线代表相同的产量，离原点远的等产量线代表的产量水平高，离原点近的等产量线代表的产量水平低。

4.4.2 边际技术替代率

在同一条等产量线上，为了保持产量不变，在增加一种生产要素的使用量的同时，必须减少另外一种生产要素的使用量，两种投入要素之间存在替代关系。这种关系可以用边际技术替代率来反映。

边际技术替代率（marginal rate of technical substitution，MRTS）是指在保持产量水平不

变的前提下，用一种投入替代另一种投入的比率。边际技术替代率反映了厂商为保持原有的产量水平不变，增加一单价要素的使用量与放弃的另一种要素之间的数量比例关系。用公式表示即为

$$\mathrm{MRTS}_{LK}=-\frac{\Delta K}{\Delta L}$$

当 ΔL 趋于零时，MRTS_{LK} 又可表示为

$$\mathrm{MRTS}_{LK}=-\frac{\mathrm{d}K}{\mathrm{d}L}$$

4.4.3 脊线与生产的经济区域

在两种可变投入的条件下，生产要素的合理投入区域可以用脊线来确定。如图 4-3 所示，对于一组等产量线，每一条等产量线上都有一条水平切线和垂直切线，把每一条水平切线的切点连接起来，得到一条脊线 *OC*；把每一条垂直切线的切点连接起来，便得到另一条脊线 *OD*。图 4-3 中直线 *AB* 为等产量线 Q_2 的一条切线，其中 *A* 为脊线上的一点，*B* 为脊线外的一点。在脊线 *OC* 以外，在资本投入量不变的情况下，增加劳动的投入量会导致产量下降，表示劳动的边际产量为负。同理，在脊线 *OD* 以外，资本的边际产量为负。因此，理性的厂商不会在脊线以外的区域生产，故把脊线 *OD*、*OC* 以内的区域称为厂商生产的经济区域，而两条脊线以外的区域则为生产的非经济区域。在生产的经济区域内，厂商究竟选择何种投入组合，必须结合投入价格等状况决定。

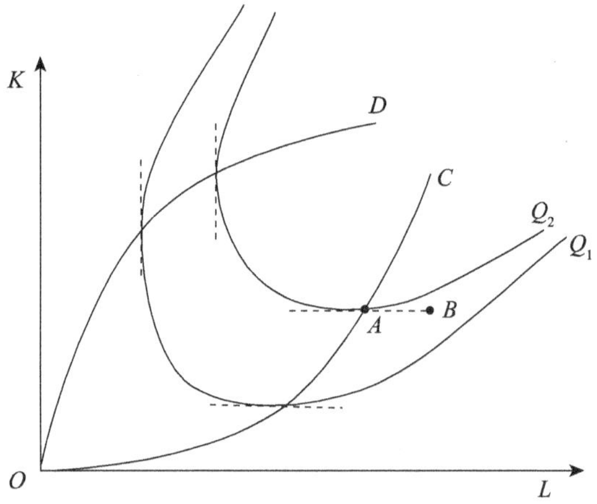

图 4-3 脊线与生产的经济区域

4.5 两种可变生产要素的最优组合

4.5.1 等成本线

1. 等成本线及其特点

等成本线（isocost curve）也叫做厂商预算线，是指在生产要素价格一定时，用等量的成本所能购买的两种投入的各种不同组合点的轨迹。等成本线的方程（成本方程）可用下式表示：

$$C = wL + rK$$

式中，C 为生产成本；L 与 K 分别表示生产中使用的劳动与资本的数量；w 与 r 分别表示劳动与资本的价格。

上式又可以变换为

$$K = -\frac{w}{r}L + \frac{C}{r}$$

或

$$L = -\frac{r}{w}K + \frac{C}{w}$$

这是一个直线方程式。横轴和纵轴分别表示生产中所使用的劳动数量和资本数量的直角坐标系中，$\frac{C}{r}$ 是纵截距，表示全部成本所能够购买的资本的数量；$\frac{C}{w}$ 是横截距，表示全部成本所能购买的劳动的数量；$-\frac{w}{r}$ 表示等成本线的斜率。如图 4-4 所示，连接横、纵截距的线段 AB 就是等成本线。

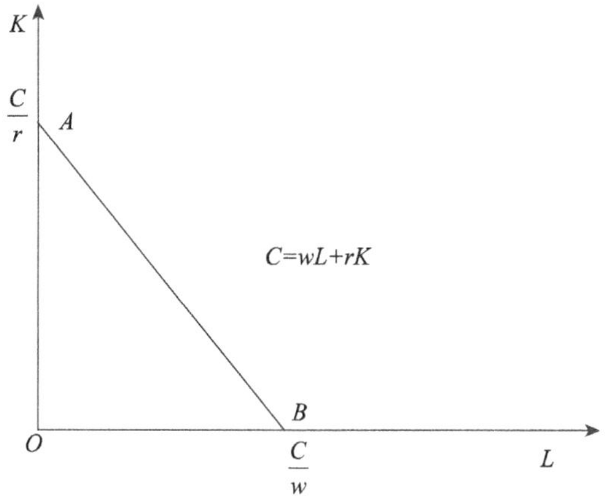

图 4-4 等成本线

等成本线 AB 是一条向右下方倾斜、斜率为负的直线，其斜率的大小等于两种要素价格之比的负值，即 $-\frac{w}{r}$。

2. 等成本线的变动

等成本线的位置取决于两种要素的价格和成本水平。设 $C=64$，$w=1$，$r=4$，则等成本方程为

$$64 = L + 4K$$

或

$$K = -\frac{1}{4}L + 16$$

这是一条纵截距为 16、斜率为 $-\frac{1}{4}$ 的等成本线，具体如图 4-5 中的线段 AB 所示。

如果两种要素价格及成本水平不变，则等成本线的位置也就不变。如果要素价格或成本水平发生变动，则等成本线的位置将发生变动。如果成本水平不变，一种要素的价格发生变

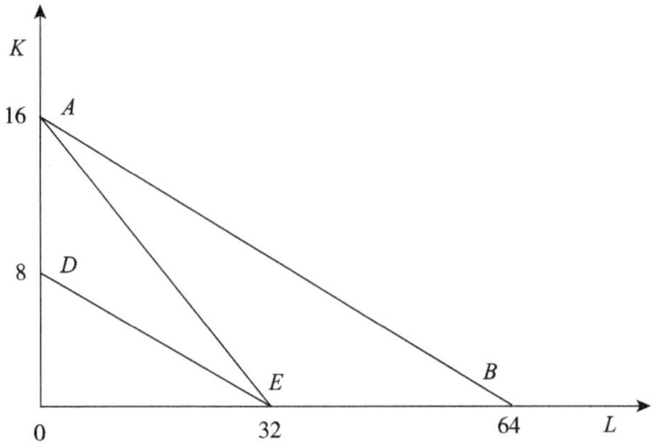

图 4-5 等成本线的变动

动，如要素 L 的价格由 1 升高到 2，则等成本线将绕 A 点顺时针转动到 AE 的位置，说明既定的成本只能购买更少的劳动；反之，等成本线将绕 A 点逆时针转动。如果要素 L 的价格不变，要素 K 的价格由 4 升高到 6，则等成本线 AB 将绕 B 点逆时针转动；反之，则顺时针转动。

如果两种要素的价格不变，而成本状况发生了变化，则等成本线将发生平行移动。如果成本由 64 减少到 32，等成本线向左下方移动到 DE 的位置；反之，如果成本变大，则等成本线向右上方移动。

4.5.2 最佳生产要素组合

1. 最佳生产要素组合

有了等产量线和等成本线，就可以分析理性厂商如何选择最合适的生产要素组合，以实现利润最大化。厂商最佳生产要素组合的选择可分为两种情况：一种是在产量约束下选择成本最小化；另一种是在成本约束下选择产量最大化。这里我们仅分析前者。

假定 w 和 r 分别为生产中两种要素劳动 L、资本 K 的价格，在给定的技术条件下，为了生产既定的产量 Q，厂商应该借助下面方法选择所使用的要素组合。

如图 4-6 所示，给定产量水平，则等产量线 Q_0 的位置给定，生产中的成本状况由等成本线表示，图中有三条等成本线，分别为 AB、A_1B_1、A_2B_2，三条等成本线具有相同的斜率，但代表不同的成本水平。其中，只有等成本线 AB 与等产量线 Q_0 相切，切点 E 即为生产者均衡点。生产者均衡点表示，在既定产量下，生产者选择 E 点的要素组合（L_0，K_0），可以实现成本最小化。如果等成本线位于 AB 的左下方，如等成本线 A_2B_2，虽然所代表的成本水平较低，但它与既定的等产量线 Q_0 既无交点，又无切点，无法实现等产量线 Q_0 所代表的产量。如果等成本线与等产量线 Q_0 相交，如等成本线 A_1B_1，虽然这样的成本能获得 Q_0 的产量，但花费的成本高于等成本线 AB 所代表的成本水平。沿着等产量线 Q_0 由 a 点向 E 点或由 b 点向 E 点移动，都可以获得相同的产量水平并可以使成本下降。故只有在 E 点，才能够满足既实现既定产量，又可以使成本水平降到最低的条件。因此，E 点是生产者均衡点。

在生产者均衡点上等成本线的斜率等于等产量线的斜率，用公式表示为

$$\mathrm{MRTS}_{LK}=\frac{w}{r}$$

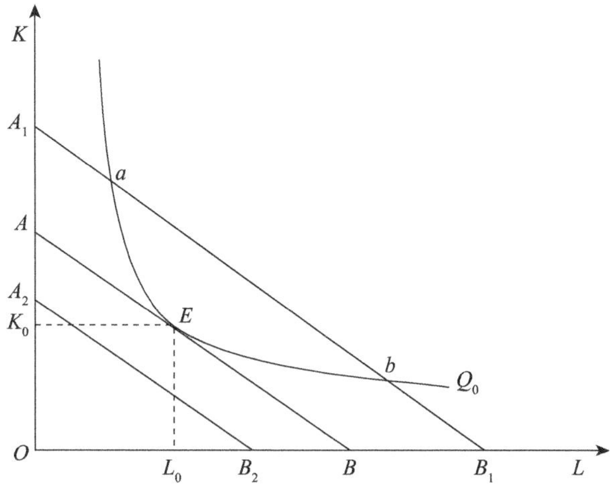

图 4-6 既定产量下的成本最小化要素组合

因此，生产者均衡条件是：两种要素的边际技术替代率等于两种要素的价格之比。由于边际技术替代率可以表示为两种要素的边际产量之比，所以上式又可以写为

$$\mathrm{MRTS}_{LK}=\frac{\mathrm{MP}_L}{\mathrm{MP}_K}=\frac{w}{r}$$

或

$$\frac{\mathrm{MP}_L}{w}=\frac{\mathrm{MP}_K}{r}$$

即生产者均衡的条件还可以表述为：两种要素的边际产量与其价格比相等。

2. 最佳要素组合的变动

1）产量变动对要素组合的影响

如果技术、要素价格及产量不变，那么生产者均衡也不变。如果上述三个因素发生变化，那么生产者选择就会发生变动，最佳要素组合也将发生变化。

在投入要素价格不变的条件下，厂商产量水平的变化将引起最佳要素组合的变动。如果厂商增加产量，则厂商必须增加两种要素的投入量。如图 4-7 所示，初始的生产者选择为等产量线 Q_2 与等成本线 C_2 的切点 E_2。当产量增加到 Q_3 时，生产者的选择为等产量线 Q_3 与等成本线 C_3 的切点 E_3。如果厂商减少产量，情况则相反。

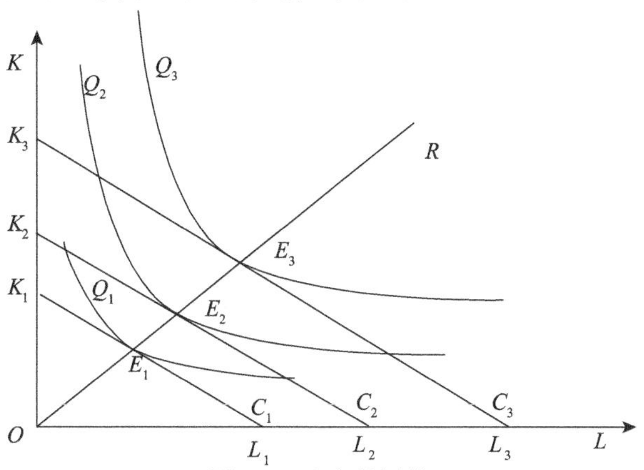

图 4-7 生产扩展线

2）生产扩展线

在图 4-7 中有三条等产量线 Q_1、Q_2、Q_3，它们分别与三条等成本线 C_1、C_2、C_3 相切于 E_1 点、E_2 点、E_3 点，E_1 点、E_2 点、E_3 点都是生产者选择的均衡点，如果将三点连接起来，则可得到一条新的曲线 OR，它是在技术、要素价格和其他因素不变的条件下，当产量扩张时要素最佳组合的点的轨迹，称为生产扩展线。

生产扩展线表明了厂商为保持成本最低，生产要素的组合如何随产出的变化而变化的趋势。当厂商生产规模扩大时，只有扩展线上的点才能实现成本最低，因此，扩展线表明了生产每一产出的长期最低总成本，是厂商扩展规模时必须遵循的路径。

生产扩展线上的每一点都满足均衡条件 $\mathrm{MRTS}_{LK}=\dfrac{w}{r}$，由于 w、r 不变，故边际技术替代率不变。

扩展线方程可从成本方程和生产函数中求出，这里就不做冗述了。

3）等斜线

与生产扩展线相关的一个概念是等斜线。等斜线是一组等产量曲线中两种要素的边际技术替代率相等的点的轨迹。如图 4-8 所示，三条等产量线 Q_1、Q_2、Q_3 分别有三条切线 L_1、L_2、L_3，这三条切线互相平行，表明三条等产量线在各自切点 E_1、E_2、E_3 上，两种要素的边际技术替代率都相等，连接这些点及原点的曲线 OR 为等斜线。

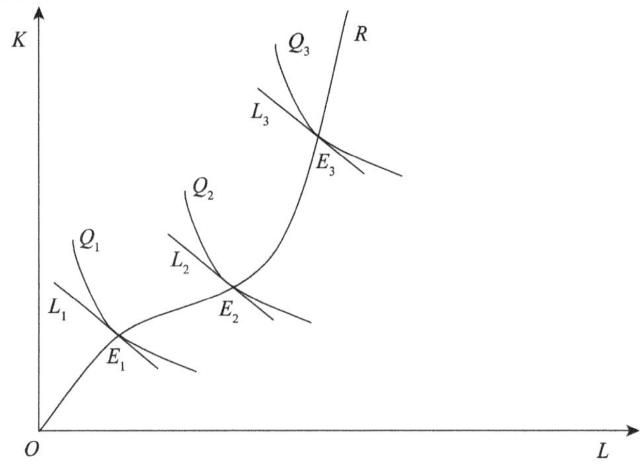

图 4-8 等斜线

3. 特殊形状的等产量线及最优要素组合

1）两种投入要素完全替代

对于两种投入要素完全替代的生产函数 $Q=aL+bX$，两种要素之间的边际技术替代率为常数，等产量线为直线，如图 4-9 所示，三条平行线 Q_1、Q_2、Q_3 分别为三条等产量线。

在两种投入要素完全替代的情况下，要素投入的最优组合通常是在横、纵两轴上。如果等成本线比等产量线陡峭，则要素投入的最优组合点在纵轴上。如图 4-9 所示，等成本线 BD 较为陡峭，投入要素的最优组合点在纵轴的 B 点。如果等成本线比等产量线平缓，则要素投入的最优组合点在横轴上，如图 4-9 所示，等成本线 AC 较为平缓，投入要素的最优组合在横轴的 C 点。

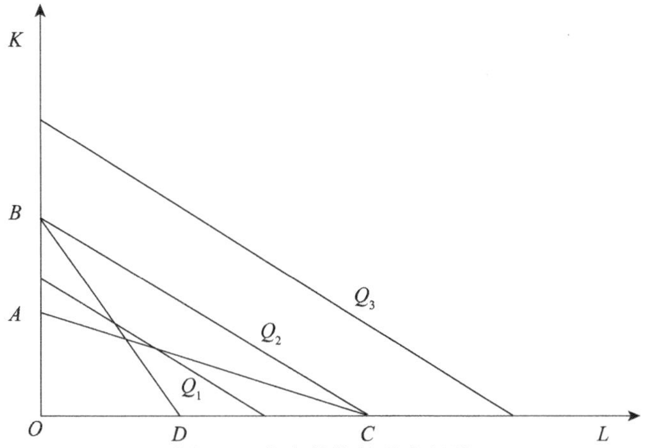

图 4-9 完全替代的等产量线

2）固定比例的生产函数

对于固定比例的生产函数 $Q=\min\left(\frac{L}{\alpha},\frac{K}{\beta}\right)$，投入要素之间不能进行任何替代。任何特定的产量都需要有特定的投入要素组合，只有同比例增加各种投入才能增加产量，等产量线呈L形。如图4-10所示，Q_1、Q_2、Q_3分别为三条等产量线。

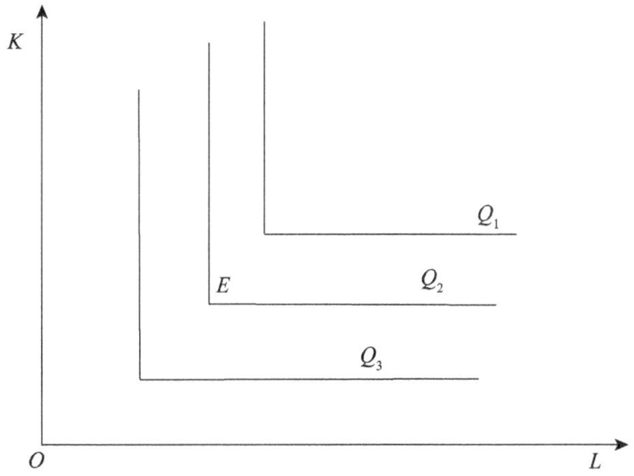

图 4-10 固定比例生产函数的等产量线

在固定比例的生产函数下，投入要素的最优组合点在等产量线的拐角处。图4-10中的 E 点即为投入要素的最优组合点。

4.6 规模报酬

4.6.1 规模报酬的类型

当厂商以相同的比例增加所有的投入时，就意味着改变了生产规模。规模报酬（returns to scale）分析的是厂商生产规模变动对产量的影响，即如果所有的投入都同时变动同样的倍数，产出将如何变动。根据产量与生产规模之间的关系，可以将规模报酬分为以下三种情况。

其一，在生产规模变动过程中，如果产出增加的比例超过了投入要素增加的比例，那么生产的规模报酬递增。例如，所有投入要素都增加 1 倍，产量增加的倍数大于 1 的情况。规模报酬递增用公式表示为

$$f(tL,tK)>tf(L,K)$$

其二，在生产规模变动过程中，如果投入与产出的增加比例相同，那么规模报酬不变。例如，投入增加 1 倍，产出也增加 1 倍的情况。如果生产中使用劳动 L 与资本 K 两种要素，则规模报酬不变可以表示为

$$f(tL,tK)=tf(L,K)$$

其三，在生产规模变动过程中，如果产量增加的比例小于投入要素增加的比例，那么生产是规模报酬递减的。例如，所有投入要素增加 1 倍，产量增加的倍数小于 1 倍的情况。规模报酬递减用公式表示为

$$f(tL,tK)<tf(L,K)$$

4.6.2 规模报酬的原因

导致规模报酬递增的原因主要是扩大生产规模产生的分工与专业化、管理费用的节省和专业化设备的使用。在生产中，随着厂商规模的扩大，厂商内部分工与专业化程度不断提高，使工人劳动熟练程度加强，从而有利于提高劳动效率。厂商规模的扩大也可以节省管理费用，降低交易成本。由于技术的不可分性，有些技术和投入，如自动化装配线、各种专用高炉等，只能在经营规模或产量足够大时才能使用。所以，一个较大规模的工厂可能比规模相同的两个小厂效率更高，它可以利用小厂所不能利用的某些技术和投入。

当生产规模扩大而导致长期平均成本下降时，就实现了规模经济。规模报酬递增只是造成规模经济的原因之一，但不是全部原因，二者有一定的差别。规模报酬递增讨论投入与产出之间的关系，而规模经济讨论产出与成本之间的关系。规模经济与行业有关，大量使用资本设备的行业，如汽车、钢铁业可实现规模经济，在传统零售业和农业中规模经济难以实现。由于递增的规模报酬所导致的成本下降主要来自于厂商组织内部，所以，规模报酬递增又被称为内部经济。

规模报酬递增的趋势总是有限的，在生产达到一定规模以后，规模报酬递增的趋势逐步变弱。工厂规模将达到最佳状态，规模报酬基本处于不变阶段。这个阶段往往可以经历相当长的一个时期，但最终要进入规模报酬递减阶段。

在规模报酬不变阶段之后，规模报酬递增因素的作用不再存在，技术限制了生产组合的进一步调整，同时，过大的规模带来了管理效率的下降。厂商规模越大，各方面协调的难度越大，信息传递失真，决策时间延长、滞后，这种生产规模过大所导致的成本上升显示了规模不经济，又称为内部不经济。

4.6.3 规模报酬类型的判定

对于生产函数

$$Q=f(X_1,X_2,\cdots,X_n)$$

如果所投入的要素都增加α倍，产量增加β倍，即

$$\beta Q = f\left(\alpha X_1, \alpha X_2, \cdots, \alpha X_n\right)$$

那么，可根据α和β的大小来判定生产函数的规模报酬情况。

若$\beta > \alpha$，则规模报酬递增；若$\beta = \alpha$，则规模报酬不变；若$\beta < \alpha$，则规模报酬递减。

对于生产函数

$$Q = f\left(L, K\right)$$

如果

$$\lambda^n Q = f\left(\lambda L, \lambda K\right)$$

式中，n为任意常数；λ为正实数，那么，该生产函数称为n次齐次生产函数。对于n次齐次生产函数，其规模报酬的判定可依据如下条件：若$n>1$，则规模报酬递增；若$n=1$，则规模报酬不变；若$n<1$，则规模报酬递减。

本章小结和复习思考题

第5章

成　本　论

知识学习目标

1. 掌握经济学中使用的成本及利润的概念。
2. 了解成本理论是建立在生产理论基础上的，短期成本和短期生产是同一枚硬币的相反两面，长期成本和长期生产是同一枚硬币的相反两面。
3. 掌握短期各类成本的变动规律。
4. 掌握长期成本的变动规律。

能力训练目标

1. 具备解读 AC、MC、AVC 主要成本曲线的能力。
2. 具备利用供给规律揭示现实中企业供给行为的能力。

收益与成本之间的差额是厂商的利润，所以追求利润最大化的厂商必然会密切关注自己企业的成本状况。成本理论主要研究的是厂商如何减少支出的问题。在第 4 章我们通过等成本线的概念已经了解了成本的概念，但它主要描述的是成本与要素价格和投入数量的关系，而本章的成本理论主要研究的是成本与产量之间的关系。成本理论主要是从经济的角度来考察生产者行为，第 4 章的生产理论主要从技术的角度来考察生产者行为，成本理论的研究不能脱离开第 4 章生产理论的基础。

成本是企业、政府乃至消费者个人进行经济决策需要考虑的重要因素。厂商要想取得最大化的利润，政府要想实现资源在全社会范围内的有效配置，个人要想实现资产的有效组合，都必须进行成本与收益的分析。厂商的利润最大化理论、政府公共工程的评价等，主要是建立在成本分析的基础之上。本章我们将从厂商决策的角度讨论成本理论。

5.1　成本的概念

成本是指厂商在生产过程中的全部支出。从生产要素所有者的角度出发，成本表现为要素所有者提供要素参与生产后得到的报酬，包括工人的工资、资本的利息、土地所有者的地租和企业家才能的报酬。然而，在经济学分析中，我们不能这样简单机械地理解成本的概念，企业生产成本包括它经营生产产品和劳务的所有机会成本。按照不同的分类标准，成本可以分为会计成本和机会成本、显成本和隐成本、可回收成本和沉没成本、私人成本和社会成本、短期成本和长期成本等。

5.1.1 成本的概念

1. 会计成本和机会成本

所谓会计成本，是指企业按照实际支付的价格所支出的生产要素的价值。在经济学的分析中，仅仅有会计成本的概念是不够的，经济学家从资源稀缺的角度提出了机会成本的概念。会计成本是会计师记录企业的经济活动所使用的成本。

企业的生产成本通常被看成企业对所购买的投入要素的货币支出，然而，在经济学分析中，这样理解企业的生产成本是不够的。企业生产成本包括它经营生产产品和劳务的所有机会成本。西方经济学家认为，经济学是研究的是一个社会如何对稀缺的经济资源进行合理配置的问题。从经济资源的稀缺性这一前提出发，当一个社会或一个企业用一定的经济资源生产一定数量的一种或者几种产品时，这些经济资源就不能同时被使用在其他用途上。这就是说，这个社会或这个企业所获得的一定数量的产品收入，是以放弃同样的经济资源来生产其他产品时所能获得的收入为代价的，由此便产生了机会成本的概念。机会成本是经济学家分析经济问题的时候所使用的成本。显而易见，会计成本和机会成本并非总是一致的。例如，当一个厂商用 5 万元生产服装时获利 3 万元，这 5 万元如果不用来生产服装的话，可以用来投资房地产获利 2 万元，开餐厅获利 1.5 万元，炒股票获利 1 万元，存银行获利 0.3 万元等。那么，这个厂商用 5 万元时进行服装生产而放弃的机会成本就是用来投资房地产而获利的 2 万元。一般地，用于某种用途生产要素的机会成本是指这种生产要素在其他各种可供选择的用途中最好用途的收益。在西方经济学中，企业的生产成本应该从机会成本的角度来理解。

2. 显成本和隐成本

企业的生产成本可分为显成本和隐成本两个部分。

企业的显成本是指厂商在生产要素市场上购买或租用其他人所拥有生产要素的实际支出，又称“会计成本”，或历史成本，是指厂商会计账目上实际货币支出在会计账目上可以显现出来。例如，某厂商雇佣了一定数量的工人，从银行取得一定数量的贷款，并租用了一定数量的土地，为此，这个厂商就需要向工人支付工资，向银行支付利息，向土地出租者支付地租，这些支出便构成了该厂商的生产的显成本。从机会成本的角度讲，这笔支出的总价格必须等于这些生产要素的所有者将相同的生产要素使用在其他用途时所能得到的最高收入。否则，这个企业就不能购买或租用到这些生产要素，并保持对它们的使用权。

企业生产的隐成本是指厂商本身所拥有的且被用于该企业生产过程的那些生产要素的总价值。例如，为了进行生产，一个厂商除了雇用一定数量的工人，从银行取得一定数量的贷款和租用一定数量的土地外（这些均属于显成本支出），还动用自己的资金和土地，并亲自管理企业。西方经济学家指出，既然借用了他人的资本需要利息，租用他人的土地需付地租，聘用他人来管理企业需付薪金，那么，同样的道理，在这个例子中，当厂商使用了自有的生产要素时也应该得到报酬。所不同的是，现在厂商是自己向自己支付利息、地租和薪金，所以，这笔价值就应该计入成本之中。由于这笔成本支出不如显成本那么明显，故被称为隐成本。

显成本与隐成本的区别强调了经济学家与会计师分析经营活动之间的重要不同。当老板放弃了作为电脑程序员可以赚钱的机会时，他的会计师并没有把这一点计入他经营的成本，因为企业并没有为支付这种成本花钱，它绝不会出现在会计师的财务报表上。但是，一个经济学家会把放弃的收入作为成本，因为它会影响一个企业在经营中做出的决策。例如，这个老板作为电脑程序员的工资以每小时 100 美元增加到 500 美元,他就会认为经营成本太高了，并决定选择关掉工厂，以便成为电脑程序员。总之，在经济学分析中，我们应该了解生产成本不仅是货币支出，而且是做出一种选择而牺牲的其他选择。即使厂商投入的某些要素并不是花钱买来的，经济成本仍然存在。因为，厂商牺牲了这些要素若用于别的用途可能带来的收益。

无论是显成本还是隐成本，都需要从机会成本的角度考虑问题。企业所支出的显成本必须等于这些生产要素用于其他最佳用途时所能得到的收入，否则生产要素的供给者不会愿意放弃该要素的所有权或者使用权，厂商也就不能按照已经支付的显成本获取其所需要数量与质量的生产要素来组织生产。隐成本同样需要从机会成本的角度，按照厂商的自由生产要素在其他用途中所能得到的最高收入来计算；否则，厂商会把自有生产要素转让出去，以期获得更高的收入。

3. 可回收成本和沉没成本

可回收成本是指在已经发生的会计成本中，那些通过出售或出租方式在很大程度上可以收回的那部分成本，如办公楼、汽车、计算机等。

沉没成本是指一旦付出就无法收回的成本，如因失误造成不可回收的投资，具有理性的人在决策时只能忽略和忘记，因为无论我们做什么样的选择都无法将其收回。美国经济学家斯蒂格利茨运用一个生活中的例子来说明什么是沉没成本。他说：“假如你花 7 美元买了一张电影票，你怀疑这个电影是否值 7 美元。看了半小时后，你最担心的事被证实了，影片糟透了。你应该离开影院吗？在做这个决策时，你应当忽视那 7 美元。这是沉没成本，无论你离开影院与否，钱都不会再收回。”面对这种无法收回的沉没成本，最明智的选择就是视其没有发生，也就是说，不应该考虑以前做过什么，而应该考虑以后怎么样做才能取得最佳效益。生活中有很多沉没成本，不断追问、不断埋怨是不理性的。沉没成本的精髓在于它不是成本，决策时不予以考虑。像生活中的广告费用也都是沉没成本的典型例子。

4. 私人成本和社会成本

社会成本是从社会角度来看待的成本。社会成本也是一种机会成本，即把社会的经济资源用于某一种用途而放弃的该经济资源最有利可图的其他机会。

私人成本是由经济主体（如企业）本人负担的成本。私人经济活动往往对社会造成影响，从而产生社会成本。如果市场是一个完全竞争的市场，并且私人经济活动不产生外部性，则私人成本与社会就完全一致；若市场不完善和存在外部性，则私人成本与社会成本就不一致了。本章我们要讨论的成本指厂商的私人成本。

5. 短期成本和长期成本

在短期内，由于某些生产要素投入量来不及改变而是固定的，厂商只能改变其他生产要素投入量或减少投入量。例如，厂房设备短期内固定不变，只能在既定的厂房设备的生产能力范围内增减工人劳动量和原材料数量。短期内厂商从事生产所发生的成本称为短期成本。

在长期内，厂商有足够的时间增减在短期内固定不变的生产要素。因此，任何生产要素投入量都将是可以改变的。在长期内厂商从事生产所发生的成本称为长期成本。

5.1.2 利润

企业的所有显成本和隐成本之和是企业总成本。一般来讲，厂商利润等于厂商收益减去成本，但由于成本概念不同，使用不同成本概念就会得到不同的利润概念。

经济利润是指企业的总收益和总成本（机会成本=显成本+隐成本）之间的差额，称为企业的利润。企业所追求的最大利润就是指最大的经济利润。经济利润也称为超额利润。

值得与经济利润相互区分的一个概念是会计利润，会计利润是指企业的会计账簿上所显示出来的利润，即账面实际收益与账面实际成本之间的差额。机会成本包括的内容比会计成本多，因此会计成本要比机会成本低，相应地，经济利润也要比会计利润低。

若会计利润=正常利润，则厂商利润为零。

若会计利润>正常利润，则厂商获得超额利润。

若会计利润<正常利润，则厂商在经济学意义上就是亏损的。

例如，某人拥有一个企业，假设每年收益为 100 万元。如果经营者不自己经营企业而是去寻找工作，每年可以得到 2 万元收入；厂房租金 3 万元；原材料支出 60 万元；设备折旧 3 万元；工人工资 10 万元；电力等 3 万元；使用一部分自有资金进行生产，若该项资金存入银行可得 5 万元利息，贷款利息 15 万元。

通过以上信息，我们可以计算出以下几个量值：

$$会计成本=3+60+3+10+3+15=94（万元）$$

$$会计利润=100（总收益）-94（会计成本）=6（万元）$$

$$机会成本=7（万元）$$

$$经济成本=101（万元）$$

正常利润是指厂商对自己所提供的企业家才能的报酬支付。正常利润是厂商生产成本的一部分，它是以隐成本计入成本的。由于正常利润属于成本，所以，经济利润中不包含正常利润。又由于厂商的经济利润等于总收益减去总成本，所以，当厂商的经济利润为零时，厂商仍然得到了全部的正常利润。

成本理论是建立在生产理论的基础上的。生产理论分为短期生产理论和长期生产理论，成本也分为短期成本理论和长期成本理论。由于在短期内企业根据其所要达到的产量，只能调整部分生产要素的数量而不能调整全部生产要素的数量，所以，短期成本有不变成本和可变成本之分。由于在长期内企业根据其所要达到的产量，可以调整全部生产要素的数量，所以，长期内所有的要素成本都是可变的，长期成本没有不变成本和可变成本之分。本章从 5.2 节起将先后研究短期成本函数及其曲线以及长期成本函数及其曲线。

5.2 短期成本曲线

5.2.1 短期生产函数和短期成本函数之间的关系

我们分析了生产既定产量的成本最小化问题，找到了生产既定产量的最小的投入组合

$\left(L^*, K^*\right)$ 及其最低成本 $(P_L L^* + P_K K^*)$。这里我们将分析随产量变化的最低成本的变化，即把成本表示为产量的函数。成本函数表示一定产量与生产该产量的最低成本之间的关系。短期成本函数可以从短期生产函数中推导出来。在短期内，我们同样假定厂商使用劳动和资本来生产一种产品。其中，劳动的投入数量是可变的，以 L 来表示，而资本的投入数量是不变的，以 $\bar{K}$ 来表示，则短期生产函数的形式是

$$Q = f\left(L, \bar{K}\right) \tag{5-1}$$

式（5-1）表明可变要素劳动投入量 L 和产量 Q 之间存在着相互依存的一一对应关系，在资本投入量不变的情况下，某一数量的可变要素劳动的投入量对应着该数量的劳动和固定数量的资本所能得到的某一最大值的产量。而在产量为某一数值时，该技术也要求至少某一数量的劳动投入量，相应地，成本函数便度量为了达到既定产量时的最小成本。上述关系也可以理解为：厂商可以通过对劳动投入量的调整来实现不同的产量水平。也可以反过来理解为：厂商根据不同的产量水平的要求，来确定相应的劳动投入量。根据后一种理解，且假定要素市场上劳动的价格 w 和资本的价格 r 是给定的，则可以用式（5-2）来表示厂商在每一产量水平上的短期总成本：

$$\mathrm{STC}(Q) = w \cdot L\left(Q\right) + r \cdot \bar{K} \tag{5-2}$$

式中，$w \cdot L\left(Q\right)$ 为可变成本部分；$r \cdot \bar{K}$ 为固定成本部分，两部分之和构成厂商的短期总成本；STC 为短期总成本。如果以 $\Phi(Q)$ 表示厂商在每一产量水平的可变成本 $w \cdot L\left(Q\right)$，以 b 表示固定成本 $r \cdot \bar{K}$，则短期总成本函数可以写成以下形式：

$$\mathrm{STC} = \Phi(Q) + b \tag{5-3}$$

至此，我们由式（5-1）的短期生产函数得出了相应的短期总成本函数，也就是说，短期总成本是产量的函数。

5.2.2 短期成本分类

短期内某些生产要素是固定不变的，可变的仅仅是一部分生产要素。因此相对应，厂商对固定要素的投入支付为固定成本或者不变成本，对可变要素的投入支付为可变成本。由此，厂商在短期内的总成本由固定成本和可变成本两部分组成。具体地讲，厂商的短期成本有以下七种，即总不变成本（total fixed cost，TFC）、总可变成本（total variable cost，TVC）、总成本（total cost，TC）、平均不变成本（average fixed cost，AFC）、平均可变成本（average variable cost，AVC）、平均总成本（average cost，AC）和边际成本（marginal cost，MC）。

总不变成本 TFC 是厂商在短期内为生产一定数量的产品对不变生产要素所支付的总成本，如建筑物和机器设备的折旧费等。由于在短期内不管企业的产量为多少，这部分不变要素的投入量都是不变的，所以，总不变成本是一个常数，它不随产量的变化而变化。即使产量为零时，总不变成本也仍然存在。如图 5-1（a）所示，图中的横轴 Q 表示产量，纵轴 C 表示成本，总不变成本 TFC 趋向是一条水平线。它表示在短期内，无论产量如何变化，总不变成本 TFC 都是固定不变的。需要与总不变成本相区别的一个成本概念是沉没成本，前者是不论产量多少厂商都必须支付的成本，而后者是一旦投入就无法追回的成本。

总可变成本 TVC 是厂商在短期内生产一定数量的产品对可变生产要素支付的总成本。例如，厂商对原材料、燃料动力和工人工资的支付等。总可变成本 TVC 曲线如图 5-1（b）所

示，它是一条由原点出发向右上方倾斜的曲线，总可变成本随产量的变动而变动。当产量为零时，总可变成本也为零。在这之后，总可变成本随着产量的增加而增加。总可变成本的函数形式为

$$\mathrm{TVC}=\mathrm{TVC}(Q) \tag{5-4}$$

总成本 TC 是厂商在短期内为生产一定数量的产品对全部生产要素所支付的总成本。它是总固定成本和总可变成本之和。总成本 TC 曲线如图 5-1（c）所示，它是从纵轴上相当于总固定成本 TFC 高度的点出发的一条向右上方倾斜的曲线。TC 曲线表示：在每一个产量上的总成本由总固定成本和总可变成本共同构成。总成本用公式表示为

$$\mathrm{TC}(Q)=\mathrm{TFC}+\mathrm{TVC}(Q) \tag{5-5}$$

平均不变成本 AFC 是厂商在短期内平均每生产一单位产品所消耗的不变成本。平均不变成本 AFC 曲线如图 5-1（d）所示，它是一条向两轴渐进的双曲线。AFC 曲线表示：在总不变成本固定的前提下，随着产量的增加，平均不变成本越来越小。平均不变成本用公式表示为

$$\mathrm{AFC}(Q)=\frac{\mathrm{TFC}}{Q} \tag{5-6}$$

平均可变成本 AVC 是厂商在短期内平均每生产一单位产品所消耗的可变成本,用公式表示为

$$\mathrm{AVC}(Q)=\frac{\mathrm{TVC}(Q)}{Q} \tag{5-7}$$

平均总成本 AC 是厂商在短期内平均每生产一单位产品所消耗的全部成本。它等于平均不变成本和平均可变成本之和，用公式表示为

$$\mathrm{AC}(Q)=\frac{\mathrm{TC}(Q)}{Q}=\mathrm{AFC}(Q)+\mathrm{AVC}(Q) \tag{5-8}$$

边际成本 MC 是厂商在短期内增加一单位产量时所增加的总成本，用公式表示为

$$\mathrm{MC}(Q)=\frac{\Delta\mathrm{TC}(Q)}{\Delta Q} \tag{5-9}$$

或

$$\mathrm{MC}(Q)=\lim_{\Delta Q\to 0}\frac{\Delta\mathrm{TC}(Q)}{\Delta Q}=\frac{\mathrm{dTC}(Q)}{\mathrm{d}Q} \tag{5-10}$$

例如，一个民航公司，用于飞机的折旧维修费、工作人员的工资是固定成本，用于汽油等的费用是可变成本；固定成本和可变成本之和即为短期成本；分摊到每位顾客的成本为平均成本，包括平均固定成本与平均可变成本；增加一个旅客而增加的成本是边际成本。

根据短期成本的定义公式，我们可以用一个短期成本表（表 5-1）把各种成本关系表示出来。

表 5-1 短期成本表

产量	TFC	TVC	TC	AFC	AVC	AC	MC
0	10.00	0	10.00	—	—	—	—
1	10.00	5.00	15.00	10.00	5.00	15.00	5.00
2	10.00	8.00	18.00	5.00	4.00	9.00	3.00
3	10.00	10.00	20.00	3.33	3.33	6.67	2.00

续表

产量	TFC	TVC	TC	AFC	AVC	AC	MC
4	10.00	11.00	21.00	2.50	2.75	5.25	1.00
5	10.00	13.00	23.00	2.00	2.60	4.60	2.00
6	10.00	16.00	26.00	1.67	2.67	4.33	3.00
7	10.00	20.00	30.00	1.43	2.86	4.29	4.00
8	10.00	25.00	35.00	1.25	3.13	4.38	5.00
9	10.00	31.00	41.00	1.11	3.44	4.55	6.00
10	10.00	38.00	48.00	1.00	3.80	4.80	7.00
11	10.00	46.00	56.00	0.91	4.18	5.09	8.00

由式（5-10）可知，在每一个产量水平上的边际成本 MC 值就是相应的总成本 TC 曲线的斜率。

平均可变成本 AVC 曲线、平均总成本 AC 曲线和边际成本 MC 曲线依次如图 5-1（e）、图 5-1（f）和图 5-1（g）所示。这三条曲线都呈现出 U 形的特征。它们表示：随着产量的增加，平均可变成本、平均总成本和边际成本都是先递减，各自达到本身的最低点之后再递增。需要指出的是，从以上各种短期成本的定义公式中可知，由一定产量水平上的总成本（包括 TFC、TVC 和 TC）出发，是可以得到相应的平均成本（包括 AFC、AVC 和 AC）和边际成本（MC）的。

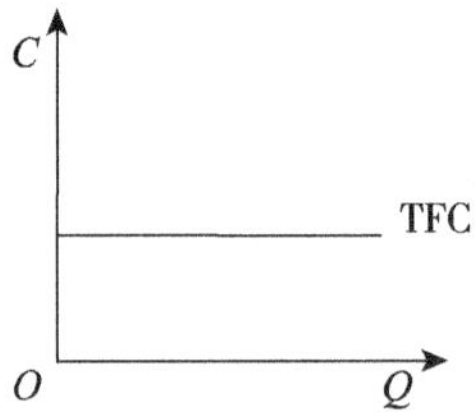

（a）TFC曲线

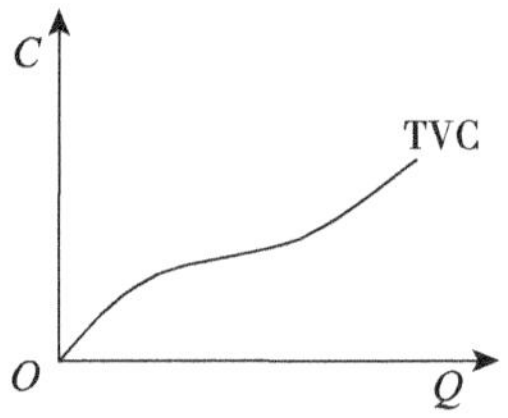

（b）TVC曲线

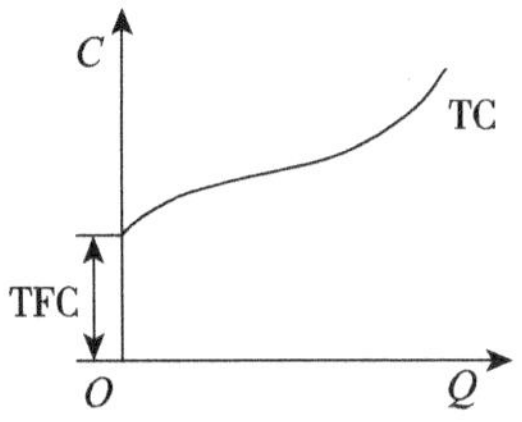

（c）TC曲线

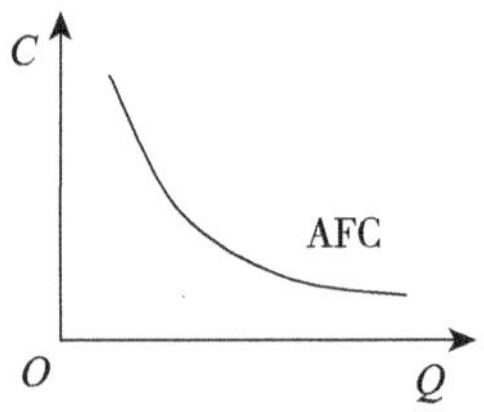

（d）AFC曲线

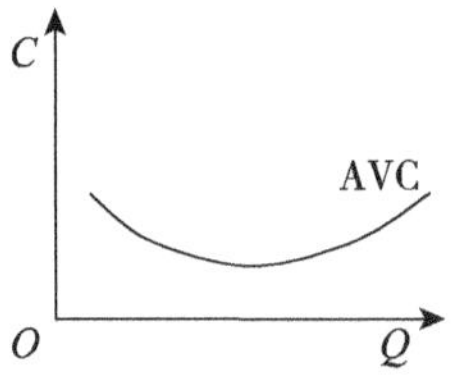

（e）AVC曲线

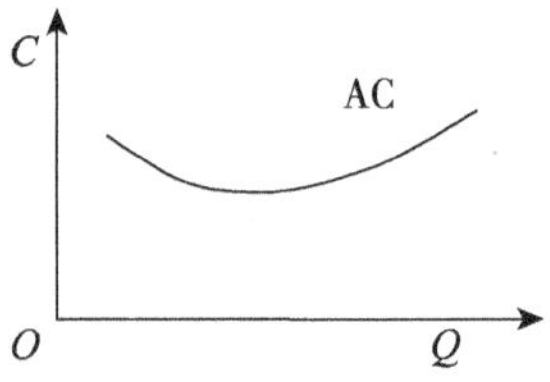

（f）AC曲线

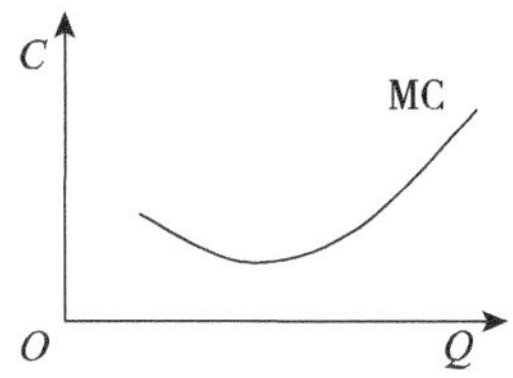

（g）MC曲线

图 5-1 各类短期成本曲线

5.2.3 短期成本曲线之间的相互关系

1. 各种短期成本变动规律

在图 5-1 中，我们分别画出了七条不同类型的短期成本曲线。我们可以将这些不同类型的短期成本曲线置于同一张图中，以分析不同类型的短期成本曲线相互之间的关系。

1）短期总成本

我们曾经指出短期成本函数可以从短期生产函数导出。短期总成本函数见式（5-3）。现在我们假设短期总成本可以简单表示为 C，其一般形式为

$$C = \Phi(Q) + b \tag{5-11}$$

式中，$\Phi(Q)$ 为变动成本；b 为固定成本。固定成本不随产量的变化而变化，变动成本随产量变化而变化。假定成本函数是式（5-12）表达的三次成本函数，即

$$C = \alpha Q^3 + \beta Q^2 + \gamma Q + \delta \tag{5-12}$$

我们可以画出短期总成本、总固定成本、总变动成本图形，见图 5-2（a）。图 5-2（a）中，横坐标表示产出水平 Q，纵坐标表示成本 C。总固定成本是一条与横坐标相平行的直线，表示不管产出水平多高，这笔成本支出都不变，为 C_0。总变动成本 TVC 随产出的变化而变化。总变动成本曲线在产出的不同阶段呈现不同的变化特征，先以递减的速率增加，后以递增的速率增加。这种变化的特征与生产函数理论中具有一种变化投入的总产量曲线呈现出对偶性。随着变动要素投入量的增加，产出水平先以递增的速率增加，后以递减的速率增加，造成这两种曲线变化呈现对偶特征的原因是同一个，即边际报酬递减规律的作用。短期总成本曲线 STC 由总固定成本曲线与总变动成本曲线的垂直距离相加而得到，短期总成本曲线的变化与总变动成本曲线的变化呈现相同的特征。

总之，从图 5-2（a）中我们可以得出以下几点结论。

第一，短期总不变成本 TFC 是一条过纵轴上 C_0 点与产量轴平行的直线，说明总不变成本在一定的范围内不随产量的变化而变化。

第二，短期总可变成本曲线 TVC 是一条由原点开始向右上方倾斜的曲线，说明产量为 0 时，总可变成本为 0，而且总可变成本随产量增加而增加，这条曲线先以递减的速率增加，表现较为平坦，随后以递增的速率增加，表现较为陡峭。

第三，短期总成本曲线 TC 由水平的总不变成本曲线和总可变成本曲线叠加而成，它的形状与短期总可变成本曲线 TVC 完全相同，只是在纵轴上加一个总不变成本 C_0。

2）短期平均成本与短期边际成本

平均成本是平均每一单位产量所分摊的成本。对于式（5-11）的成本函数而言，短期平均成本表示为

$$\mathrm{SAC}=\frac{\Phi(Q)}{Q}+\frac{b}{Q} \tag{5-13}$$

对于式（5-12）的三次总成本函数而言，短期平均成本表示为

$$\mathrm{SAC}=\alpha Q^2+\beta Q+\gamma+\frac{\delta}{Q} \tag{5-14}$$

短期平均成本由两部分构成，一部分是平均变动成本，另一部分是平均固定成本。就式（5-14）来讲，平均固定成本为

$$\mathrm{AFC}=\frac{\delta}{Q} \tag{5-15}$$

平均变动成本为

$$\mathrm{AVC}=\alpha Q^2+\beta Q+\gamma \tag{5-16}$$

不管是平均固定成本还是平均变动成本，它们都随着产量的变化而变化。平均固定成本是一条直角双曲线，其图形如图 5-2（b）所示。以式（5-16）表示的平均变动成本曲线是一条二次成本曲线，其图形如图 5-2（b）所示。图 5-2（b）中的短期平均成本曲线 SAC 由平均固定成本曲线 AFC 与平均变动成本曲线 AVC 的垂直相加得到。短期平均成本曲线先下降后上升，这一特征正好与我们讨论过的平均产量曲线呈对偶的特征。平均产量曲线先上升后下降，平均成本曲线的变化特征可以从平均产量曲线的变化特征推导而出。由式（5-2）可知，$\mathrm{TVC}=w\bullet L(Q)$。在劳动要素价格不变的假定下，平均变动成本表示为

$$\mathrm{AVC}=\frac{\mathrm{TVC}}{Q}=w\frac{L}{Q}=w\bullet\frac{1}{AP_L} \tag{5-17}$$

式中，w 为劳动的价格；L 为劳动投入量；Q 为产量；AP_L 为要素的平均产量。显然，平均变动成本与平均产量两者的变动方向是相反的。前者递增时，后者递减；前者递减时，后者递增；前者的最高点对应后者的最低点。由于平均固定成本随产量的增加而一直下降，所以短期平均成本曲线与平均成本曲线一样先下降后上升。

我们再来讨论短期边际。短期边际成本是产量的增量所引起的总成本的增量。由于短期边际成本随产出的变化而变化，它与固定成本无关，所以短期边际成本又可以表示为

$$\mathrm{SMC}=\frac{\Delta\mathrm{TVC}}{\Delta Q}\text{（在函数不连续、不可求导的情况下）}$$

$$\text{或者 }\mathrm{SMC}=\frac{\mathrm{dTVC}}{\mathrm{d}Q}\text{（在函数连续、可求导的情况下）} \tag{5-18}$$

如果短期总成本函数是如同式（5-12）的三次成本函数，那么短期边际成本为二次成本函数。由式（5-12）我们可以得到

$$\mathrm{SMC}=3\alpha Q^2+2\beta Q+\gamma \tag{5-19}$$

与式（5-19）相对应的短期边际成本曲线如图 5-2（b）所示。

三次总成本函数所对应的边际成本曲线呈现先下降后上升的特征。这一特征正好与第 4 章所讨论的边际产量曲线呈对偶的特征，边际产量曲线先上升后下降。像平均成本曲线的变化特征可以从平均产量曲线的变化特征导出一样，边际成本曲线的变化特征也可以从边际产量曲线的变化特征导出。在要素价格不变的假定下，由式（5-2）可知，$\mathrm{TVC}=w\bullet L(Q)$。短期边际成本表示为

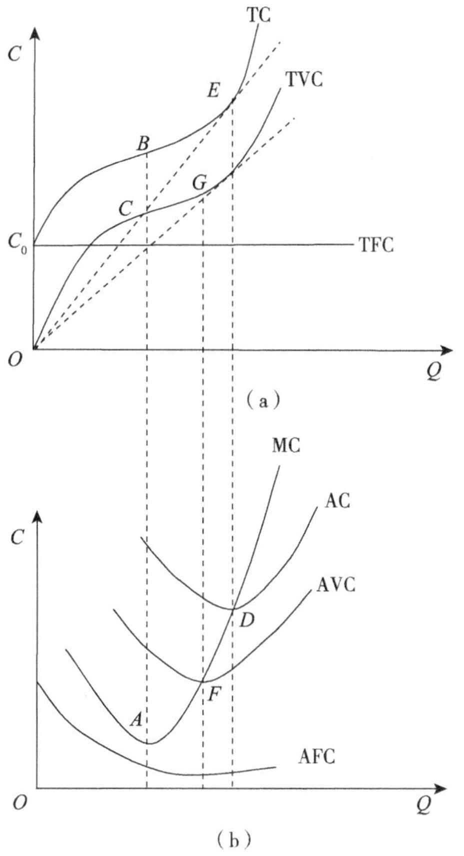

图 5-2 短期成本曲线

$$\mathrm{MC}=\frac{\mathrm{dTC}}{\mathrm{d}Q}=w\frac{\mathrm{d}L}{\mathrm{d}Q}=w\cdot\frac{1}{\mathrm{MP}_L} \tag{5-20}$$

式中，w 为劳动的价格；L 为劳动投入量；Q 为产量；MP_L 为要素的边际产量。显然，边际成本与边际产量两者的变动方向是相反的。从几何图形上看，如果边际产量先上升后下降，那么边际成本就先下降后上升。

正如生产理论中边际产量与平均产量存在密切关系一样，在成本理论中边际成本与平均成本也存在密切关系。而且边际成本与平均成本的关系同边际产量与平均产量的关系也呈现出对偶的特征。边际产量在平均产量达到最大值时与平均产量相等；边际成本则是在平均成本达到最小值时与平均成本相等。从几何图形上看，短期边际成本分别过平均变动成本曲线与短期平均成本曲线的最低点，如图 5-2（b）所示。

证明边际成本分别在平均变动成本以及短期平均成本达到最小值以后二者相等是不困难的。按照求极值的必要条件，我们分别就平均变动成本与短期平均成本对产量求一阶导数，并令导数值等于 0，便可以证明这一结果。

AC 曲线和 MC 曲线之间的关系用数学方法证明如下：

$$\frac{\mathrm{d}}{\mathrm{d}Q}\mathrm{AC}=\frac{\mathrm{d}}{\mathrm{d}Q}\cdot\frac{\mathrm{TC}}{Q}=\frac{\mathrm{TC}'\cdot Q-\mathrm{TC}}{Q^2}=\frac{1}{Q}\left(\mathrm{TC}'-\frac{\mathrm{TC}}{Q}\right)=\frac{1}{Q}(\mathrm{MC}-\mathrm{AC}) \tag{5-21}$$

由于 $Q>0$，所以当 MC<AC 时，AC 曲线的斜率为负，AC 曲线是下降的；当 MC>AC 时，

AC 曲线的斜率为正，AC 曲线是上升的；当 MC=AC 时，AC 曲线的斜率为 0，AC 曲线达极值点（在此为极小值点）。

类似的，AVC 曲线和 MC 曲线之间的关系用数学证明同上。

至于短期成本曲线体现出这些特征的原因，我们将在下面运用边际报酬递减规律进行深入的解释。

2. 短期成本变动的决定因素：边际报酬递减规律

边际报酬递减规律是短期生产的一条基本规律，因此，它也决定了短期成本曲线的特征。边际报酬递减规律是指，在短期生产过程中，在其他条件不变的情况下，随着一种可变要素投入量的增加，它所带来的边际产量先是递增的，达到最大的值以后再递减。关于这一规律，我们也可以从产量变化所引起的边际成本变化的角度来解释：假定生产要素的价格是固定不变的，在开始时的边际报酬递增阶段，若增加一单位可变要素投入所产生的边际产量递增，则意味着也可以反过来说，在这一阶段增加一单位产量所需要的边际成本是递减的。在以后的边际报酬递减阶段，若增加一单位可变要素投入所产生的边际产量递减，则意味着也可以反过来说，在这一阶段增加一单位产量所需要的边际成本是递增的。显然，边际报酬递减规律作用下的短期边际产量和短期边际成本之间存在一定的对应关系。这种对应关系可以简单地表述如下：在短期生产中，边际产量的递增阶段对应的是边际成本的递减阶段，边际产量的递减阶段对应的是边际成本的递增阶段，与边际产量最大值相对应的是边际成本的最小值。正因为如此，在边际报酬递减规律作用下的边际成本 MC 曲线表现出先降后升的 U 形特征。

从 U 形的 MC 曲线出发，可以解释其他的短期成本曲线的特征及短期成本曲线相互之间的关系。

第一，关于 STC 曲线、TVC 曲线和 SMC 曲线之间的关系。由于在每一个产量水平上的 MC 值就是相应的 TC 曲线的斜率，又由于在每一产量上的 TC 曲线和 TVC 曲线斜率是相等的，所以，在每一产量水平的 MC 值同时就是相应的 TC 曲线和 TVC 曲线的斜率。于是，图 5-2（a）中的 TC 曲线、TVC 曲线和 MC 曲线之间表现出这样的相互关系：与边际报酬递减规律作用的 MC 曲线的先降后升的特征相对应，TC 曲线和 TVC 曲线的斜率也由递减变为递增。而且，MC 曲线的最低点 A 与 TC 曲线的拐点 B 和 TVC 曲线的拐点 C 相对应。

第二，关于 SAC 曲线、AVC 曲线和 SMC 曲线之间的关系。我们已经知道，对于任何一对边际量和平均量而言，只要边际量小于平均量，边际量就把平均量拉下；只要边际量大于平均量，就把平均量拉上；当边际量等于平均量时，平均量必达本身的极值点（证明见上）。将这种关系具体到 AC 曲线、AVC 曲线和 MC 曲线的相互关系上，可以推知，由于在边际报酬递减规律作用下的 MC 曲线有先降后升的 U 形特征，所以，AC 曲线和 AVC 曲线也必定具有先降后升的 U 形的特征。而且，MC 曲线必定会分别与 AC 曲线相交于 AC 曲线的最低点，与 AVC 曲线相交于 AVC 曲线的最低点。如图 5-2（b）所示，U 形的 MC 曲线分别与 U 形的 AC 曲线相交于 AC 曲线的最低点 D，与 U 形的 AVC 曲线相交于 AVC 曲线的最低点 F。在 AC 曲线的下降段，MC 曲线低于 AC 曲线；在 AC 曲线的上升段，MC 曲线高于 AC 曲线。相类似的，在 AVC 曲线的下降段，MC 曲线低于 AVC 曲线；在 AVC 曲线的上升段，MC 曲线高于 AVC 曲线。

第三，关于 TFC 曲线和 AFC 曲线之间的关系。因为 $\mathrm{AFC}(Q)=\dfrac{\mathrm{TFC}}{Q}$，所以任何产量水平

上的 AFC 值都可以由连接原点到 TFC 曲线上的相应的点的线段的斜率给出。

第四，关于 TVC 曲线和 AVC 曲线之间的关系。由于 $\mathrm{AVC}(Q)=\dfrac{\mathrm{TVC}(Q)}{Q}$，所以，在任何产量水平上的 AVC 值都可以由连接原点到 TVC 曲线上的相应的点的线段的斜率给出（在切点前是递减的，在切点后是递增的）。

第五，关于 STC 曲线和 SAC 线之间的关系。由于 $\mathrm{SAC}(Q)=\dfrac{\mathrm{STC}(Q)}{Q}$，所以，任何产量水平上的 SAC 都可以由连接原点到 STC 曲线上的相应的点的线段的斜率给出。

5.3 长期成本曲线

在长期中，一切投入都是可变的，没有不变成本和可变成本之分。因此，厂商的长期成本可以分为长期总成本（long-run total cost，LTC）、长期平均成本（long-run average cost，LAC）和长期边际成本（long-run marginal cost，LMC）。

5.3.1 长期总成本曲线

1. 长期总成本函数

长期总成本 LTC 是指厂商在长期中的每一个产量水平上通过选择最优的生产规模所能达到的最低总成本。相应地，长期总成本函数可以定义为当所有的要素投入量都可以变动时，厂商为了生产既定产量所需要的最小总成本。假定两种生产要素——劳动和资本的价格不变，厂商生产的产量为 Q，则长期总成本函数的形式为 $\mathrm{LTC}=C[Q(K,L)]$，但是，通常我们将长期总成本函数写为

$$\mathrm{LTC}=\mathrm{LTC}(Q) \tag{5-22}$$

式（5-22）表明，随着产量的增加，长期总成本也增加，从长期看，厂商可以根据最优产量的要求，调整全部生产要素的投入量，甚至可以进入或退出一个行业。

2. 长期总成本曲线推导

我们可以从短期总成本曲线 STC 推导出长期总成本曲线 LTC。在图 5-3 中，有三条短期总成本曲线，即 STC_1、STC_2 和 STC_3，它们分别代表三个不同的生产规模，对应产量 Q_1、Q_2、Q_3，三条短期总成本曲线的成本最低点分别为 a、b、c，连接 O、a、b、c 成一条曲线，也就是长期总成本曲线 LTC。由于短期总成本曲线的纵截距表示相应的总不变成本的数量，所以，从图 5-3 中三条短期总成本曲线的纵截距可知，它们所代表的生产规模，STC_1 曲线最小，STC_2 曲线居中，STC_3 曲线最大。

如果市场需求小于 Q_1，厂家会选择 STC_1 曲线所代表的生产规模，因为在 Q_1 产量时，它比其他规模的生产成本都低，仅为 Q_1a；如果预计市场需求量大于 Q_1 而小于 Q_2，厂商会选择 STC_2 所代表的生产规模；如果预计市场需求量大于 Q_2，厂商会选择 STC_3 所代表的生产规模。对于任意一个既定产量，厂商都可以实现最低的总成本。理论上假定存在无数多个可供选择的生产规模，即有无数多条短期总成本曲线。长期总成本曲线 LTC 就是无数条短期总成本曲线 STC 的包络线。在这条包络线上，在连续变化的每一个产量水平上，都存在着 LTC

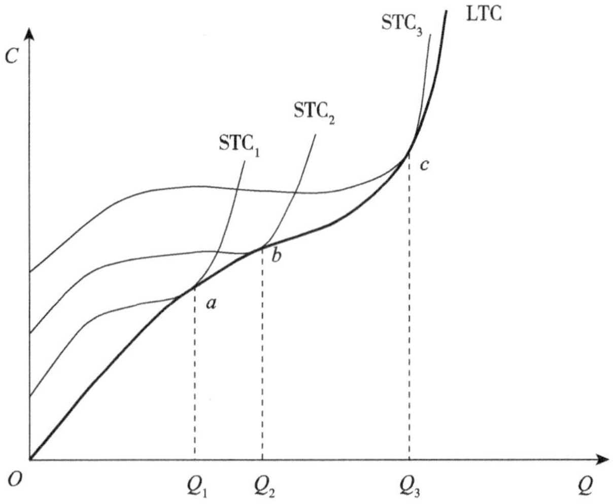

图 5-3 短期总成本曲线和长期总成本曲线

和一条 STC 曲线的相切点，该 STC 曲线所代表的生产规模就是生产该产量的最低总成本。因此，长期总成本曲线代表长期内厂商在每一产量水平上都由最优生产规模进行生产的变动轨迹。

从图 5-3 中可以看出，长期总成本曲线 LTC 是一条从原点开始向右上方倾斜的曲线，它表明，产量为 0 时，长期总成本为 0，随着产量的增加，长期总成本也增加。长期总成本曲线先以递减的速度增加，然后以递增的速度增加。

5.3.2 长期平均成本曲线

1. 长期平均成本曲线的推导

厂商在长期内实现每一产量水平的最小总成本的同时，必然就实现了相应的最小平均成本。LAC 曲线表示厂商在长期内按产量平均计算的最低总成本。长期平均成本函数可以写为

$$\mathrm{LAC}(Q)=\frac{\mathrm{LTC}(Q)}{Q} \tag{5-23}$$

长期平均成本曲线可以根据其定义由长期总成本曲线推导出，将长期总成本曲线上的每一点与原点相连，所得线段的斜率就是我们所需要的该产量下的长期平均成本。每一个产量水平下，我们都可以通过这个方法找到对应的长期平均成本，从而可以做出长期平均成本曲线。

此外，长期平均成本曲线还可以通过短期平均成本曲线得到。如图 5-4 所示，有三条短期平均成本曲线 SAC_1、SAC_2 和 SAC_3，它们各自代表了三个不同的生产规模。在长期，厂商可以根据产量要求，选择最优的生产规模进行生产。假定厂商生产产量小于 Q_1，则厂商会选择 SAC_1 曲线所代表的生产规模，因为这时 SAC_1 低于其他任何规模；而对于 Q_1 和 Q_2 之间产量，厂商会选择 SAC_2 曲线所代表的生产规模；当产量大于 Q_2 时，厂商会选择 SAC_3 曲线所代表的生产规模。对于每两条 SAC 曲线的交点，如 Q_1 的产量，这时两个生产规模都以相同的最低平均成本生产同一产量。厂商若从规模较小、投资较少来考虑可选择 SAC_1 曲线所代表的生产规模。

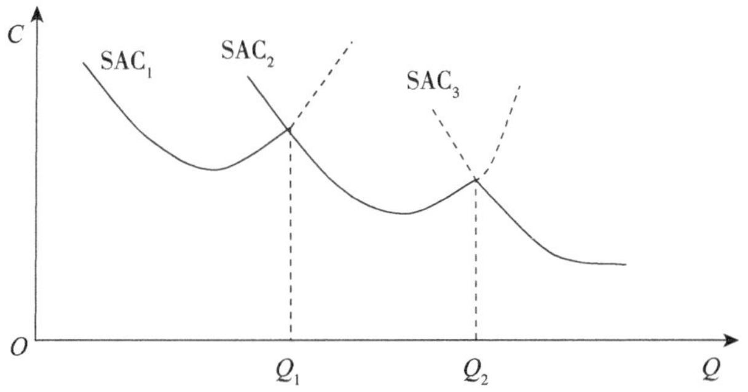

图 5-4 长期中最优生产规模的选择

可见，长期平均成本曲线 LAC 是无数条短期平均成本曲线 SAC 的包络线。从图 5-5 可以看出，在 LAC 曲线与某一条 SAC 曲线的相切点，该 SAC 曲线所代表的生产规模是该产量下的最优生产规模，即最低平均成本。总之，LAC 曲线上的每一点都表示生产相应产量水平的最低平均成本。

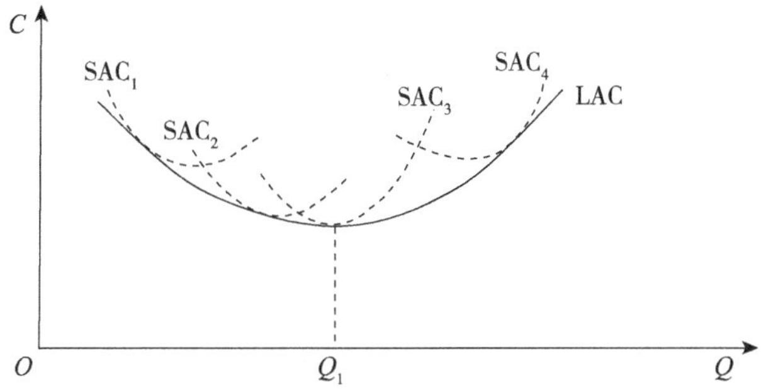

图 5-5 长期平均成本曲线

从图 5-5 中还可以看到，在 LAC 曲线的递减阶段，LAC 曲线相切于所有相应的 SAC 曲线最低点的左边；在 LAC 曲线的递增阶段，LAC 曲线相切于所有相应的 SAC 曲线最低点的右边；只有在 LAC 曲线的最低点，LAC 曲线才相切于某一条 SAC 曲线的最低点。

2. 长期平均成本曲线呈 U 形特征的原因

一般而言，长期平均成本曲线呈 U 形。在长期平均成本曲线下降的阶段，我们说生产中存在规模经济现象；在长期平均成本曲线上升的阶段，我们说生产中存在规模不经济的现象；在长期平均成本曲线为水平线的阶段，我们说生产处于规模报酬不变阶段。长期平均成本曲线呈 U 形主要是由长期生产中的规模经济和规模不经济决定的。

规模经济是指在企业生产扩张的开始阶段，厂商由于扩大生产规模而导致长期平均成本下降的情况。规模不经济是指在生产扩张达到一定规模以后，厂商继续扩大生产规模而导致长期平均成本上升的情况。或者说，厂商产量增加的倍数大于成本增加的倍数，为规模经济，这里对应的是企业长期生产内的规模报酬递增阶段；相反，厂商产量增加的倍数小于成本增加的倍数，为规模不经济，这里对应的是企业长期生产内的规模报酬递减阶段。这里讨论的规模经济和不规模经济都是由厂商变动自身企业生产规模所引起的，即所谓的内在经济和内在不经济。一般来说，在企业的生产规模由小到大的扩张过程中，会先后出现规模经济和规模不经济。正是规模经济和规模不经济的作用，决定了 LAC 曲线表现出先下降后上升的 U

形特征。

此外，还需指出的是，企业的规模经济和规模不经济是就一条给定的 LAC 曲线而言的。至于 LAC 曲线位置变化的原因，则需要用企业的外在经济和外在不经济的概念来解释。外在经济和外在不经济是由企业以外的因素（如企业所处的行业因素）所引起的，它影响厂商的长期平均成本曲线的位置。外在经济是由于厂商的生产活动所依赖的外界环境得到改善而产生的。例如，整个行业的发展，可以使行业内的单个厂商受益。外在不经济是指如果厂商的生产活动所依赖的外在环境恶化了，如整个行业发展，使生产要素的价格上升，交通运输紧张，从而给行业内的单个厂商的生产带来困难。企业的外在经济使 LAC 曲线向下移；相反，企业的外在不经济可以使 LAC 曲线向上移。所以，内在经济和内在不经济决定了长期平均成本曲线的 U 形特征，而外在经济与外在不经济则决定了 LAC 曲线的位置。从长期平均成本曲线呈 U 形的特征出发，不仅可以解释下面将要分析的长期边际成本曲线的特征，而且可以进一步解释前面所分析的长期总成本曲线的特征。

规模经济和规模不经济仅仅是决定长期平均成本曲线形状和位置的最重要的因素，但是除此之外，学习效应、分工经济和范围经济等也都对这一形状特征产生影响。学习效应是指在长期的生产过程中，企业的工人、技术人员和经理人员等可以积累起对产品的生产、技术设计、管理及销售方面的经验，从而导致长期平均成本的下降。由于学习效应的存在，每个人都可以大大提高自己在所属专业中的特殊技能，通过合作从而大大降低生产的总成本。分工经济通过企业内部分工与加深专业化程度，实现生产效率提高，劳动成本降低，这意味着人们能够把更多的时间投入更小的活动范围中去。范围经济是指在相同的投入下，由单一的企业生产联合产品比多个不同的企业分别生产这些联合产品中的每一个单一产品的成本要低。

许多工业发达国家的经验证明，长期平均成本曲线不是 U 形，而是 L 形。因为往往在产量有极大提高后，企业才出现规模经济，而且规模经济要持续一段时间，即 U 形曲线的底部很长，成为 L 形曲线。

5.3.3 长期边际成本曲线

长期边际成本 LMC 表示厂商在长期内增加一单位产量所引起的最低总成本的增量。长期边际成本函数可以写为

$$\mathrm{LMC}(Q)=\frac{\Delta \mathrm{LTC}(Q)}{\Delta Q} \tag{5-24}$$

或

$$\mathrm{LMC}(Q)=\lim_{\Delta Q\to 0}\frac{\Delta \mathrm{LTC}(Q)}{\Delta Q}=\frac{\mathrm{dLTC}(Q)}{\mathrm{d}Q} \tag{5-25}$$

长期边际成本曲线 LMC 可以由长期总成本曲线 LTC 推导出来，也可以由短期边际成本曲线 SMC 推导而出。由 LTC 曲线得到 LMC 的原理在于：每一产量水平上的 LMC 值都是由相应的 LTC 曲线的斜率给出的。所以，只要把每一个产量水平上的 LTC 曲线的斜率值描绘在产量和成本的平面坐标图中，便可得到 LMC 曲线。

为什么可以根据 SMC 推导出 LMC？从图 5-3 中可以看出，LTC 曲线是 STC 曲线的包络线，说明在任一产量上，LTC 曲线都与某一最优规模的 STC 曲线相切，切点上两条曲线的斜率必然相等，因为 LTC 曲线的斜率为 LMC，STC 曲线的斜率为 SMC，即 LMC 与 SMC 的数

值在切点对应的产量上相等。在任意产量上，LMC 值都与最优生产规模的 SMC 相等，所以，我们可以根据 SMC 确定 LMC。不过，与长期总成本曲线和长期平均成本曲线的推导不同，长期边际成本曲线不是短期边际成本曲线的包络线。它的推导如图 5-6 所示。

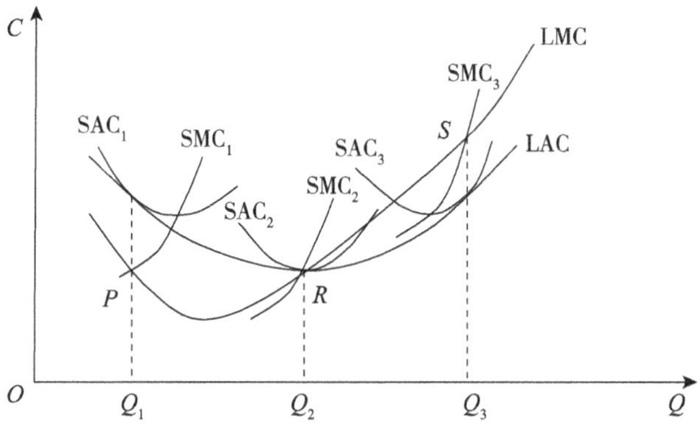

图 5-6 长期边际成本曲线

图 5-6 中，横轴代表产量 Q，纵轴代表成本 C，LAC 代表长期平均成本曲线，SMC 代表短期边际成本曲线，SAC 代表短期平均成本曲线。从图 5-6 中可知，每一条 SAC 曲线都有一条相应的 SMC 曲线，而且 SMC 曲线通过 SAC 曲线的最低点。据此，在图 5-6 中，我们可以确定 LMC 的三个点：SAC_1 和 LAC 相切点决定的 Q_1 和 SMC_1 的交点 P，也是 LMC 上的一点；SAC_2 和 LAC 相切点决定的 Q_2 和 SMC_2 的交点 R，也是 LMC 上的一点；SAC_3 和 LAC 相切点决定的 Q_3 和 SMC_3 的交点 S，也是 LMC 上的一点。连接 P、R 和 S 就是长期边际成本曲线 LMC。应该指出，LMC 曲线与 LTC 曲线、LAC 曲线不同，它不是 SMC 曲线的包络线。

从图 5-6 还可以看出，在 LAC 曲线与 SAC 曲线相切点左边的产量上，长期边际成本大于短期边际成本，即 LMC>SMC；在 LAC 曲线与 SAC 曲线相切点右边的产量上，长期边际成本小于短期边际成本，即 LMC<SMC。

由于规模经济和规模不经济的作用，LMC 曲线呈 U 形，它与 LAC 曲线相交于 LAC 曲线的最低点。其原因在于：根据边际量和平均量之间的关系，当 LAC 曲线处于下降段时，LMC 曲线一定处于 LAC 曲线的下方，也就是说，此时 LMC<LAC，LMC 将 LAC 拉下；相反，LAC 曲线处于上升段时，LMC 曲线一定位于 LAC 曲线的上方，也就是说，此时 LMC>LAC，LMC 将 LAC 拉上。

本章小结和复习思考题

第6章

完全竞争市场

知识学习目标

1. 理解完全竞争市场的特征。
2. 掌握完全竞争厂商的需求曲线与收益曲线。
3. 掌握完全竞争厂商短期均衡的状态与条件。
4. 理解完全竞争厂商的长期均衡。
5. 掌握行业的短期供给曲线与长期供给曲线。

能力训练目标

1. 具备生产决策、确定最佳产量的能力。
2. 具备分析判断短期内厂商是否继续经营的能力。
3. 具备分析判断完全竞争市场与完全垄断市场的能力。

在前面内容中，我们分别从生产和成本角度对生产者行为进行了分析，本章将详细探讨在消费者和生产者的经济行为的相互作用下，完全竞争市场的价格和产量是如何决定的。

6.1 市场结构及完全竞争市场

6.1.1 厂商、行业与市场

在经济学教科书中，一部分学者认为，厂商和企业是同一个概念，是指能够做出统一生产决策的单个经济单位；而另一部分学者则持相反的观点，认为厂商和企业是两个不同的概念。科斯认为，企业是市场的一种替代，是出于交易费用的节约而对市场的一种替代，如果市场交易成本过高，可以将生产者与市场之间的交易转化成生产者内部的交易，从而将交易成本控制得更低。例如，生产者在生产过程中为了取得生产所需要的中间投入产品，往往要成立专门的采购部门，委派专业的人员，以及寻找合适的中间产品供应商，而这一切都需要生产者付出相对较高的交易成本。相反，如果生产者能够扩大自己的生产活动范围，将中间产品的生产变成自己生产活动的一部分，生产者将不再关注以往这些中间产品对生产活动的影响，而是更关注自己生产中所需要的各种要素，那么生产者不仅可以节省原先中间商品在市场交易时所产生的费用，而且对生产的整体过程也有了更加主动的把握，从而有利于生产的顺利进行。因此对于一个企业来说，其生产过程涵盖着一个或者多个不同的环节，而每一个环节的生产过程都可能是一种（中间）产品产生的过程。知道了这点，我们就会觉得现实经济世界中既存在力量单薄的各种小企业，同时又存在许多跨产品、跨行业的大企业这种现象不足为奇。而关于厂商的概念，更多的是出现在经济学的各种理论分析当中。经济学认为，厂商是指一切以利润为目的，独立进行生产和经营活动的经济主体。这一定义表明，厂商是以利润为目的，并具有独立决策权的生产和经营单位，其范围小到个体户，大到跨国公司。这种生产活动具有针对性，强调的是通过有效地对生产要素进行组合而得到特定的产品。从这个角度来说，厂商是一个抽象的概念，它的界定是为了分析生产者的各种经济行为，从而揭示经济学中的一些基本原理，为企业复杂的生产决策提供基本的理论支持。

什么是市场？怎样去理解市场呢？市场是一切经济活动的出发点和归宿，是社会生产和社会分工的产物，也是商品生产和商品交换的产物，哪里有社会生产和商品生产哪里就会有市场。古今中外关于市场的说法很多，最开始的理解认为市场是商品交换的场所。《易经》中曾经记载“神农之士日中为市，致天下之民，聚天下之货，交易而退，各得其所。”所以，古代的市场都是建立在交通特别方便、人们容易聚集的地方，就好像人们在井边汲水一样，所以古代的市场又叫做市井。随着生产力的进一步发展，市场也逐渐固定下来，指一定时间、一定地点条件下的买卖双方的集合。一般认为，市场是指从事某一种商品或劳务交易的场所或接触点，买卖双方在市场上决定商品交换的价格。通常每种商品都有一个市场，如汽车市场、彩电市场等。某种商品在同一市场上一般只有一个价格，一个市场不一定是单一的地点，也有可能是一个区域，它可能有固定的场所，也可以通过电话、互联网等进行买卖。从本质上讲，市场是一种组织形式或制度安排，这种组织形式或制度安排为商品的交换提供了可能。交易商品的种类与性质决定着市场的种类和性质。有些商品的交易是在有形的场所进行的，而有些商品的交易是在无形的场所进行的，前者决定了买卖双方的有形市场，如一般的商品市场，后者决定了买卖双方的无形市场，如目前较为流行的网络购物。按照商品交易方式的不同，市场也可以分为现货市场和期货市场。前者的交易方式是商品和货币的即期交换，而后者的交易方式则是商品交割与货款给付在时间上的分离。此外，在商品交易的过程中，商品供给者与商品需求者的数量也对市场产生重要的影响。当某种商品交易的供给者和需求者众多，彼此之间无法影响时，往往会形成完全竞争市场；而当某种交易商品的供给者很少或者仅仅有一家供给者时，这样的商品市场往往会成为卖方的寡头垄断市场或完全垄断市场。同样，商品需求者的数量也对市场产生重要影响。总而言之，每一种交易商品都决定着一个市场的存在，而每一种商品交易的性质与特征也决定着该种商品交易市场的性质与特征。与市场概念较为相近的一个概念是行业。行业是生产和提供同一种商品的所有厂商的集合。行业与市场是一对既有关联又有区别的概念。相关联的是，行业与市场是一一对应的，每一个市场就对应着一个行业。例如，家用轿车市场就必然对应着一个家用轿车的生产行业。市场与行业的区别也是显著的，市场体现的是供给者和需求者的相互作用，换句话说，在市场的范畴内既有厂商也有消费者；而行业是生产类似商品厂商的集合，在行业这个概念中是不包含消费者群体的。

通过对厂商、行业、市场三个概念的界定，我们可以总结出这样的一个脉络，即同一种商品的所有生产厂商的集合构成了该种商品的行业，而在行业的基础上，如果再考虑到对这种商品的需求群体的经济行为，那么对行业的研究就开始变成了对市场的研究。

6.1.2 决定市场结构的因素

现实生活中不断地发生着各种各样的交易活动。我们每天早上到菜市场买菜，用货币换回我们需要的蔬菜，这是一种交易；周末逛超市，购买生活必需品，这是一种交易；钢铁公司从矿厂购入铁矿石等原材料，这也是一种交易；等等。现实生活中交易如此频繁，以至于我们未曾想过何为交易。同样的，几乎没有人能够具体说出我们身边到底有多少种商品在进行着交易，但是每种商品都在买方和卖方集聚的市场中进行着交易。这些数不尽的市场当中有共同之处，即每一个买方都希望以最低的价格买到自己满意的商品，而每一个卖方都希望以最高的价格出售自己的产品，买卖双方在博弈的过程中均以自愿为交易的前提条件。然而，这些市场的相似之处却也仅此而已。当我们开始注意观察每种商品的交易行为时，会发现不同的商品是以截然不同的方式在进行着销售。例如，我们每天都在漫天的商品广告中寻找自己最为满意的商品，然而我们每天打开水龙头时会突然意识到，我们从没有看到过自来水这种商品的广告；在毫无预示的断电给我们造成一些意外损失之后，我们却发现自己手里持有的货币对电这种商品丝毫没有选择的权利。此外，与中小企业的千方百计谋生相反，石化、电力这样的大型企业却相对清闲并且异常阔绰，我们不禁也要思考是什么原因造成了企业间如此大的利润差异。不同商品之间销售方式的差别是如此之大，以至于我们不得不进一步考虑这些差别背后的原因——市场结构。

所谓市场结构，是指影响某种商品买卖双方交易行为的各种市场特征。交易行为因买卖双方所在市场结构的不同而不同。正如我们所知道的，商品交易的性质和特征决定着该种商品交易市场的性质和特征。微观经济学以市场竞争程度来划分市场类型，影响市场竞争程度的具体因素主要有以下几点。

（1）市场上厂商的数目。厂商是指根据一定的目标为市场提供某种商品或劳务的独立经营单位，厂商可以做出独立的经营决策。市场中厂商数目的大小直接决定该市场的竞争程度。市场上的厂商数目越少，甚至仅有一家，厂商的垄断力量就会越强，市场竞争程度就会越弱。

（2）厂商所提供的产品的差别程度。同一市场上出售的产品或劳务可能是完全没有差别的，即产品同质，也可能具有某些自然或人为的差别。厂商越是提供了别的生产者所无法替代的产品，它的市场垄断力便会越强。各个厂商之所以在广告费上不惜血本，就是想让消费者形成自己的产品是独一无二的印象。例如，原产于马来西亚等地的榴莲，按照它果味、奶味和种子的大小，可以分为不同的等级，同时人们冠以榴莲萨尔顿、金枕等不同的名称，很明显，前者的差异是自然差异，也就是实体差异，而后者是人为差异，也就是品牌差异。

（3）单个厂商对市场价格的控制程度。这其实是衡量厂商的市场垄断力的最全面和权威的指标。如果个别厂商能够左右产品的市场价格，则说明其具有相当的市场力量。反之，如果厂商只是市场价格的接受者，不能控制市场价格，则说明其不具备市场力量。也就是说，厂商的定价能力越强，市场的竞争程度越弱。

（4）厂商进入或退出该市场的难易程度。进入市场的壁垒越高，市场上现有的厂商数目越少；退出市场的沉没成本越高，厂商在决定进入时越谨慎。一般来说，生产成本较低、生产规模较小、政府管制少的行业容易进入，反之则较难进入。

影响市场结构的因素在现实经济世界中所起的作用是不同的，相互之间既有联系又有区别。根据影响因素作用的不同，经济学中将市场结构分为完全竞争市场、垄断竞争市场、寡头垄断市场和完全垄断市场四种类型。其中完全竞争市场和完全垄断市场是两种极端形式，对于前者，其厂商和消费者数目很多，产品没有任何差异，进入或退出行业没有任何限制，厂商对商品价格没有丝毫的控制能力；而对于后者，市场中只有一家厂商生产和销售该种商品，没有替代产品，行业的进入或退出壁垒很高，厂商对商品的价格具有完全的控制能力。在完全竞争和完全垄断两种极端市场结构之间，则是垄断竞争和寡头垄断两种市场结构（表 6-1）。

表 6-1　不同市场类型特点比较

市场和厂商的结构类型	厂商数目	产品差异度	进入壁垒	市场力量
完全竞争	很多	完全无差别	自由进入	没有
垄断竞争	较多	差异很小	比较自由	有一些
寡头垄断	少数几个	有或没有差别	很难进入	相当程度
完全垄断	一个	无替代品	不能进入	很大但受政府管制

6.1.3　完全竞争市场的条件

完全竞争是指竞争不受任何阻碍和干扰的市场结构。一个完全竞争的市场结构必须满足以下主要条件。

第一，市场上有无数的买者和卖者。正是因为市场上有为数众多的商品需求者和供给者，所以每一次交易在整个市场交易额中都是微不足道的。市场价格只能由全体买者的需求总量和卖者的供给总量共同决定，每一个买者和卖者都是市场价格的接受者，而非价格的制定者。换句话说，由于买者众多，任何一个人都可以按照市场价格出卖他所愿意卖出的数量；由于卖者众多，任何一个人都可以按照市场价格买到他所愿意购买的数量。而且，他们中的任何人买与不买或者卖与不卖，都不会对整个市场的交易水平与价格水平有任何影响。所以，在完全竞争市场中，每个消费者和生产者都是市场价格的被动接受者，而不是市场价格的操纵者。

第二，市场上厂商所提供的产品都是同质的。所有厂商所提供的产品可以理解为所谓的标准化产品，产品在原料、加工、质量、包装、服务等方面完全一样，可以完全相互替代。因此，任何一个厂商都不能通过生产有差别性的产品来控制市场价格。这意味着，如果有厂商敢于提价，那么其商品就会完全滞销。当然，也不会有厂商愿意降价，因为既定的价格使厂商可以卖掉其愿意卖的所有商品。

第三，厂商可以自由地进入或退出市场。厂商可以根据各行业的盈亏状况，无障碍地自由进入或退出某一行业，这样，生产要素就会从生产效率低的行业转向生产效率高的行业，从而使资源能得到充分利用。

第四，购买者和生产者对市场信息完全了解。买卖双方都掌握着相关产品和价格的完全信息，可以据此确定最佳购买量和销售量，也可以据此以一个确定的价格来出售产品，而不会出现因为信息不畅造成多个价格并存的现象。

完全竞争市场所要求的条件十分苛刻，在现实生活中，能够同时具备上述四个条件的市场几乎不存在。一般认为，农产品市场比较接近完全竞争市场的条件要求，可以被当做典型来分析完全竞争市场的情况。此外，在许多行业中，竞争异常激烈，所以我们也可以用完全竞争模型的研究来预测这些行业中企业的行为。例如，冰激凌的生产与销售业、农业、渔业、纸浆和造纸业、法律服务业等的竞争都非常激烈，还有某些易腐烂变质的商品的市场，如鲜鱼和鲜花市场，也可以被看做完全竞争市场，即使这些市场上只有少数的几个厂商，每一个厂商可能也不得不将其他厂商的价格当做既定的价格来考虑，如果市场上顾客的信息充分，并且消费者只有在最低价时购买，那么出售鲜花的最低价就成了市场价格，其他的厂商要想出售其所有商品，只有按这种市场价格出售，厂商从而也成了价格的接受者。

由此可见，完全竞争市场是一个理想化的模型，但一般认为，在完全竞争市场中资源配置最为合理，资源利用最为充分，生产效率最高，其可以作为衡量其他现实市场的一个标准。从这一模型出发，我们可以对原来的假定不断地做出修改或补充，使之更接近现实，进而对复杂的市场结构中产品价格和产品的决定做出具体的描述。

6.2 完全竞争厂商的需求曲线和收益曲线

6.2.1 完全竞争厂商的需求曲线

行业面临的需求曲线也就是市场所面临的需求曲线，是描述消费者对整个行业所生产的商品的需求状况的曲线，即每一个售价下行业整体所能销售出的商品数量。一般情况下，行业面临的需求曲线是向右下方倾斜的。厂商清楚地了解，自己所面对的产品需求状况是做出正确决策的前提。市场对某一个厂商的产品需求状况，可以用该厂商面临的需求曲线来表示。厂商面临的需求曲线的形状与市场结构状况密切相关。在完全竞争市场上，厂商是市场价格的接受者，每一个厂商都可以按照一个既定的价格售出其愿意提供的商品数量。在完全竞争市场条件下，厂商所面临的需求曲线是一条由既定的市场价格出发的水平直线（图 6-1）。这意味着在给定的价格下，厂商可以销售无穷多数量的商品。然而只要稍微一提价，厂商就一件商品也卖不出去。厂商可以选择降价，这意味着所有的买者都来买其商品，但是不降价时厂商已经可以卖出其所想卖的任意数量了，降价只是徒然地使利润受损，没有一个理性的厂商愿意这样做。图 6-1（a）表示的是某一个完全竞争市场的供求曲线。在这个市场当中，市场供给和市场需求在 E 点处达到均衡，此时市场价格为 P_0。图 6-1（b）表示的是在这个完全竞争市场中某一个厂商所面临的需求曲线，当市场价格为 P_0 时，该厂商面临的需求曲线就是出发于市场价格 P_0 的一条水平直线（如 d 所示）。在这里要注意的是，图 6-1（a）和图 6-1（b）中虽然坐标变量相同，但是横坐标的度量单位是不一样的。因为完全竞争市场中任何一个厂商所生产的产量相对于整个市场的产量来说是微不足道的，所以两个坐标系中的度量单位也不应该相同。在图 6-1 中，为说明简单，分别为图 6-1（a）和图 6-1（b）赋予千克和吨两种不同的度量标准。那么，为什么完全竞争市场中厂商面临的需求曲线是一条出发于既定市场价格的水平直线呢？实际上，正如我们在前面完全竞争市场特征中说明的一样，在完全竞争市场中由于单个厂商的规模相对于整体市场规模而言很小，所以任何一个厂商只是既定的价格接受者。在这种情况下，无论市场价格是多少，单个厂商都必须接受价格而不能改变价格。如果厂商试图提高自己产品的售价，哪怕只提高一分，那么也没有买方愿意购买它的产品，因为买方可以很容易地从其他厂商那里买到同质低价的产品。另外，厂商也不会将产品价格设在市场价格之下，因为相对于整体市场规模而言，单个厂商的规模是如此之小，这足以保证厂商能够在既定的市场价格下销售它想要达到的任意产量，制定低于市场价格的销售价格只会减少企业的收益。因此，在完全竞争市场中，厂商的需求曲线是一条水平的直线，这条需求曲线是完全弹性的。

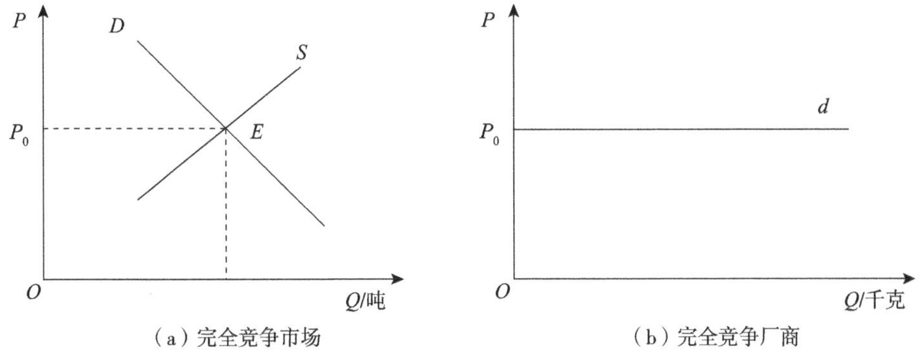

图 6-1　完全竞争厂商的需求曲线

当然，完全竞争市场中厂商所面临的需求曲线也不是一成不变的。我们知道，完全竞争厂商面临的需求曲线是出发于市场均衡价格的一条直线。那么，市场均衡价格的变动，自然会使完全竞争厂商的需求曲线发生变动。从宏观上说，当消费者的购买能力随着收入水平的普遍提高而不断增强，当技术进步导致所有生产厂商的供给能力不断增加，以及当各种国家政策对生产和消费分别产生影响时，市场的供给曲线和需求曲线都会发生变动，而供求变化的结果是市场均衡价格的变动，完全竞争厂商的需求曲线也因此而发生变化，产生平行移动的效果，具体如图 6-2 所示。在图 6-2（a）中市场需求曲线 D_1 和市场供给曲线 S_1 确定了市场的初始均衡价格 P_0，而此时完全竞争厂商的需求曲线则是出发于这个市场价格 P_0 的一条水平直线 d_1。当市场的需求和供给分别受到影响，相应的需求曲线从 D_1 移动至 D_2，供给曲线从 S_1 移动至 S_2 时，新的均衡价格则从 P_0 提高到 P_1，此时完全竞争厂商的需求曲线则是出发于 P_1 的一条水平直线 d_2。

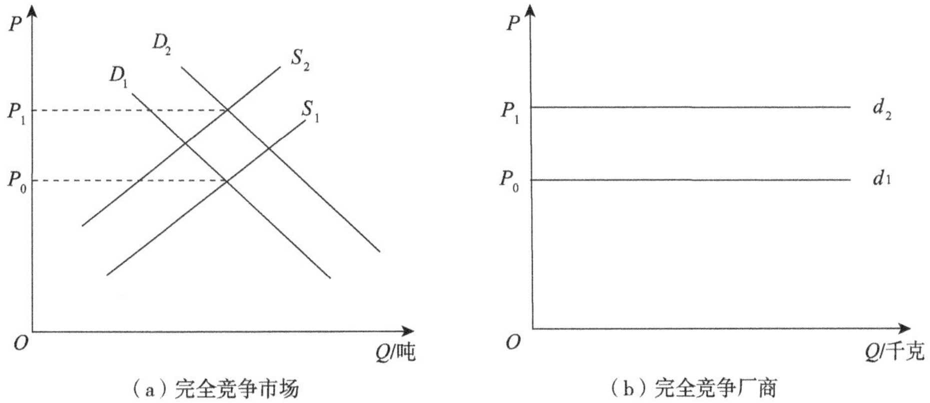

图 6-2　均衡价格变动与厂商的需求曲线

完全竞争厂商的需求曲线表明，在完全竞争市场条件下，生产厂商总是能够在既定的市场价格下售出其所有愿意出售的产品，那么现在唯一需要厂商做的决策就是决定自己到底应该销售多少，或者更严格地说，完全竞争厂商应该生产多少数量的产品。而要做出这个决策，完全竞争厂商还必须知道自己所面临的收益曲线，并对其特征进行综合分析。

完全竞争行业所面临的需求曲线一般是向右下方倾斜的，但是在某些特殊情况下，行业的需求曲线有可能是十分陡峭的。例如，农产品作为一种生活必需品，它的需求弹性很小，也就是说，即使被标以高价，人们对农产品的需求仍然不会减少太多，所以农产品行业面临的需求曲线还是比较陡峭的。

6.2.2 完全竞争厂商的收益曲线

完全竞争厂商要做出正确的生产决策，就必须考虑厂商的收益曲线。实际上，任何市场结构下的厂商都有自己不同的收益曲线，而收益曲线取决于厂商所面临的需求曲线。为更好地学习完全竞争厂商的收益曲线，以及为学习其他市场结构下厂商所面临的收益曲线做好铺垫，我们有必要先介绍收益的一些基本概念，然后具体分析完全竞争市场结构下厂商收益曲线的特征和性质。

1. 厂商收益的概念

（1）总收益。总收益是指厂商按照一定价格出售一定量的产品时所获得的全部收入。一般情况下，我们用 TR 表示总收益，用 P 表示给定的市场价格，用 Q 表示销售总量。如果市场价格是既定不变的，那么总收益就等于单位产品的售价与销售数量的乘积，定义公式为

$$\mathrm{TR} = P \cdot Q \tag{6-1}$$

如果市场价格 P 是随着销售量 Q 变化的，那么此时总收益的定义公式为

$$\mathrm{TR} = \int_0^Q P \cdot Q \mathrm{d}Q \tag{6-2}$$

（2）平均收益。平均收益是指厂商从平均每一单位的产品销售中所得到的收入。平均收益的定义公式为

$$\mathrm{AR}(Q) = \frac{\mathrm{TR}(Q)}{Q} \tag{6-3}$$

（3）边际收益。边际收益是指市场上增加一单位的产品销售所获得的收入增额。边际收益等于总收益变化量与产量变化量的比率，定义公式为

$$\mathrm{MR}(Q) = \frac{\Delta \mathrm{TR}(Q)}{\Delta Q} \tag{6-4}$$

如果产量的变化趋近于 0，则边际收益可以看做总收益的一阶导数，即总收益曲线的斜率，其公式表述为

$$\mathrm{MR}(Q) = \lim_{\Delta Q \to 0} \frac{\Delta \mathrm{TR}(Q)}{\Delta Q} = \frac{\mathrm{dTR}(Q)}{\mathrm{d}Q} \tag{6-5}$$

从三种收益的定义及公式中，我们可以看出，厂商的平均收益和边际收益取决于总收益，总收益则取决于市场价格与厂商产量，而反映市场价格与厂商产量之间关系的正是厂商的需求曲线。因此我们说，厂商的收益曲线是取决于厂商需求曲线的。

在完全竞争市场上，产品价格 P 对于厂商而言是事先给定的常量，所以我们可以很容易地推出完全竞争市场上厂商的边际收益 MR 等于平均收益 AR，而且等于价格 P。

2. 完全竞争厂商的收益曲线

1）完全竞争厂商的总收益曲线

在完全竞争市场中，因为产品同质，单个厂商是市场价格的接受者，他只能在既定的市场价格下改变产品的供给量。无论决定生产多少，产品的价格都是相同的，既没有必要降价，也没有必要提价。因此，单个厂商面对的总收益曲线是一条从原点出发向右上方倾斜的直线，具体如图 6-3 所示。

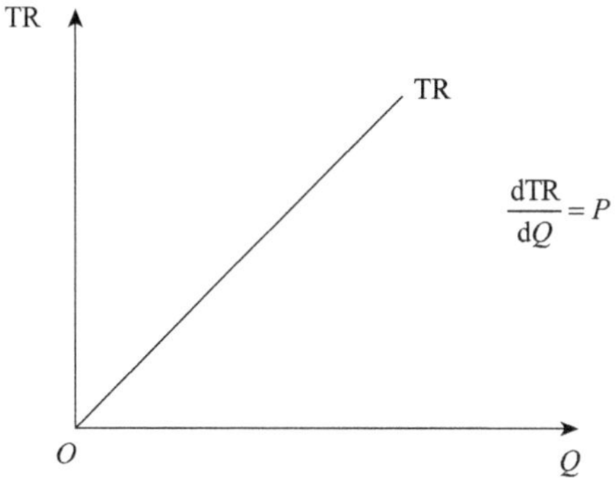

图 6-3　完全竞争厂商的总收益曲线

2）完全竞争厂商的平均收益曲线

由于完全竞争厂商面临的需求曲线是出发于既定市场价格的一条水平直线，无论完全竞争厂商生产多少产量，市场价格都不会发生改变，所以完全竞争厂商的平均收益曲线 $AR(Q)=\frac{TR(Q)}{Q}=\frac{P\bullet Q}{Q}=P$。换句话说，无论完全竞争厂商生产多少产量，如果市场价格在此期间没有变化，那么完全竞争厂商的平均收益就是市场价格，其平均收益曲线也是出发于既定市场价格的一条水平直线，正好与完全竞争厂商的需求曲线相重合，具体如图 6-4 所示。图 6-4（a）表示的是完全竞争市场均衡价格的决定过程，而图 6-4（b）表示的是在市场价格既定时完全竞争厂商的需求曲线和平均收益曲线。

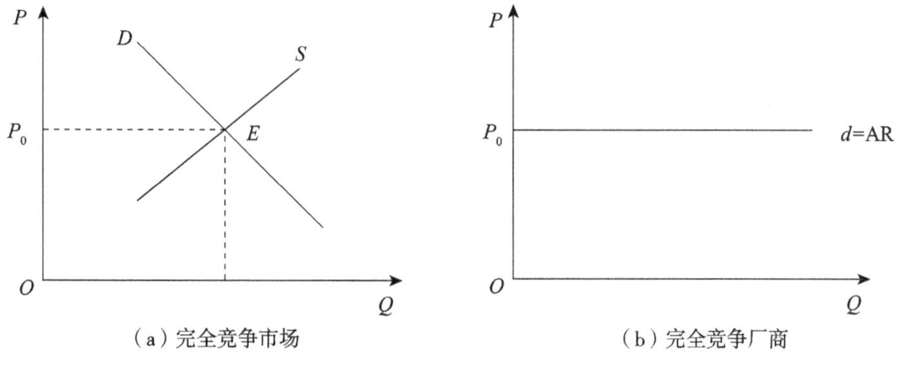

图 6-4　完全竞争厂商的平均收益曲线

3）完全竞争厂商的边际收益曲线

在完全竞争市场条件下，市场均衡价格是不变的，因此运用式（6-1）和式（6-5）我们可以直接推导出完全竞争厂商的边际收益为 $MR(Q)=\frac{dTR(Q)}{dQ}=\frac{d(P\bullet Q)}{dQ}=P$。从结论上看，完全竞争厂商的边际收益不随产量的变化而变动，始终等于市场价格。这样从图形上看，完全竞争厂商的需求曲线、平均收益曲线以及边际收益曲线是相互重合的，都表现为同一条出发于既定市场价格的水平直线（图 6-5）。在完全竞争市场中，厂商的边际收益曲线是一条等于市场价格的水平线，这并不难懂。实际上，边际收益的概念告诉我们，边际收益是厂商额外增加一单位产量时所增加的收入量，因此对于作为价格接受者的完全竞争厂商来说，无论其已经售出多少单位的产品，这额外一单位产量带来的收益就是这种产品的市场价格。

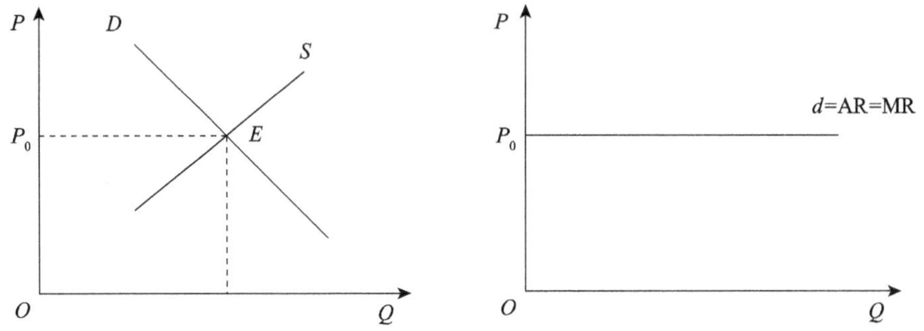

（a）完全竞争市场　　（b）完全竞争厂商

图 6-5　完全竞争厂商的边际收益曲线

6.3　厂商利润最大化的条件

在短期内，厂商的生产规模无法变动，只有通过对产量的调整来实现最大利润。厂商实现最大利润所应该遵循的原则是：在其他条件不变的情况下，厂商应该选择最优的产量，使最后一单位产品所带来的边际收益等于边际成本。或者说，厂商实现最大利润的均衡条件是边际收益等于边际成本，即 MR=MC。

我们综合 6.2 节分析的完全竞争厂商的需求曲线和收益曲线，同时再结合之前学习过的厂商成本曲线，现在就可以开始探讨完全竞争市场条件下厂商的利润问题了。在完全竞争市场条件下，生产厂商总是能够在既定的市场价格下售出其所有愿意出售的产品，那么厂商现在唯一需要做的决策就是，决定自己到底应该生产多少数量的产品才能使厂商实现利润最大化的目标。因此现在我们有一个急需解决的问题：厂商根据什么原则来确定它所愿意生产或出售的产品数量呢?

现在我们就开始讨论厂商利润最大化的条件。一般来说，我们经常用 $\pi(Q)$ 来表示厂商的利润，其中利润 π 是产量 Q 的函数。显而易见，我们可以推导出生产厂商的利润等式为

$$\pi(Q)=TR(Q)-TC(Q) \tag{6-6}$$

现在我们求利润等式的极值。满足上式极值的一阶条件为

$$\frac{d\pi(Q)}{dQ}=\frac{dTR(Q)}{dQ}-\frac{dTC(Q)}{dQ}=0$$

$$\frac{\mathrm{d}\pi(Q)}{\mathrm{d}Q} = \mathrm{MR}(Q) - \mathrm{MC}(Q) = 0$$

即

$$\mathrm{MR}(Q) = \mathrm{MC}(Q) \tag{6-7}$$

应该注意的是，$\mathrm{MR}(Q) = \mathrm{MC}(Q)$ 仅仅是实现利润极值的一阶必要条件，它并不能确定这个极值是最大值还是最小值，因此我们仍必须讨论利润极值的二阶条件，进而确定利润最大值的条件。

$$\frac{\mathrm{d}^2\pi(Q)}{\mathrm{d}Q^2} = \mathrm{MR}'(Q) - \mathrm{MC}'(Q) < 0$$

即

$$\mathrm{MR}'(Q) < \mathrm{MC}'(Q) \tag{6-8}$$

因此，我们得出了这样的结论：厂商为获得最大的利润，应该选择最优的产量，使边际收益等于边际成本，且边际收益曲线的斜率小于边际成本曲线的斜率。

下面，我们再利用成本曲线和收益曲线来进一步说明完全竞争厂商利润最大化的这个条件，即 $\mathrm{MR}(Q) = \mathrm{MC}(Q)$，具体如图 6-6 所示。

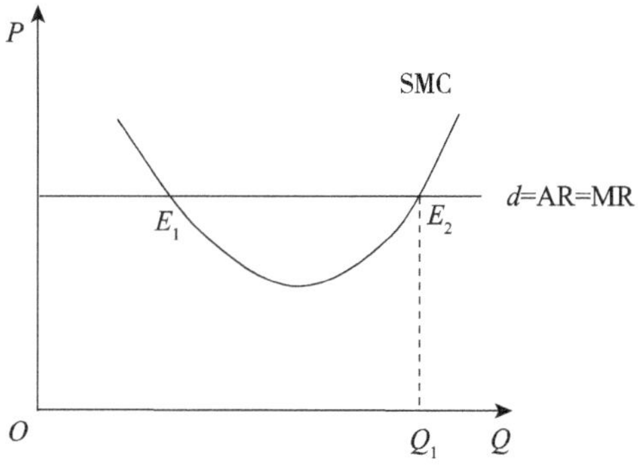

图 6-6 厂商利润最大化的条件（一）

在图 6-6 中，短期边际成本曲线 SMC 与边际收益曲线 MR 分别相交于 E_1 和 E_2 两点。其中，E_1 点处短期边际成本的斜率小于零，而边际收益曲线此时的斜率为零，边际收益曲线的斜率大于边际成本曲线的斜率，因此 E_1 点不符合利润最大化的二阶条件，实际上，E_1 点对应的产量是厂商利润最小化时的产量；而 E_2 点处，边际收益与边际成本相等，且边际收益的斜率小于边际成本的斜率，这同时符合厂商利润最大化的一阶和二阶条件，因此 E_2 点对应的产量是完全竞争厂商获取最大利润时的产量，在短期中厂商应该把产量确定为 Q_1。厂商利润最大的条件是边际成本等于边际收益，是很好理解的。当厂商把产量定在小于边际成本等于边际收益所确定的 Q_1 产量时，边际收益是大于边际成本的，即 MR>SMC，因此如果我们此时额外增加一单位产量的生产，那么这单位产量带来的额外收益将大于生产这单位产量时所花费的成本，也就是说，厂商此时增加产量是可以增加厂商总收益的，厂商会增加生产。随着产量的增加，厂商的边际收益 MR 仍保持不变，而厂商的短期边际成本 SMC 是不断增加的，这种状况一直持续到 SMC=MR 为止。在这一过程中，厂商获得了扩大产量所带来的收益，最终获得了最大利润。相反，当厂商把产量定为大于 Q_1 时，厂商的边际收益小于边际成本，即 MR<SMC。这表明，此时如果厂商额外增加一单位产量的生产，这单位产品所获得的额外

收益要小于为生产这单位产品而付出的额外成本，企业生产这单位产品是损失利润的。因此，厂商在这一阶段，不仅不会继续增加产量反而会减少产量，从而减少利润损失。在产量的减少过程中，厂商的边际收益仍然保持不变，而厂商的边际成本 SMC 是不断下降的，最后 MR<SMC 的状况会逐渐改变，直到 MR=SMC 时厂商获得最大的利润。值得注意的是，一般情况下我们将厂商利润最大化条件简单地说成是边际收益等于边际成本，而省去二阶条件，但是在具体的研究过程中，我们必须要充分考虑 $MR'(Q) < MC'(Q)$ 这个利润最大化的二阶条件，否则会在极大值和极小值之间产生错误判断。

我们同样还可以利用总收益曲线以及总成本曲线来推导出上述结论，具体如图 6-7 所示。

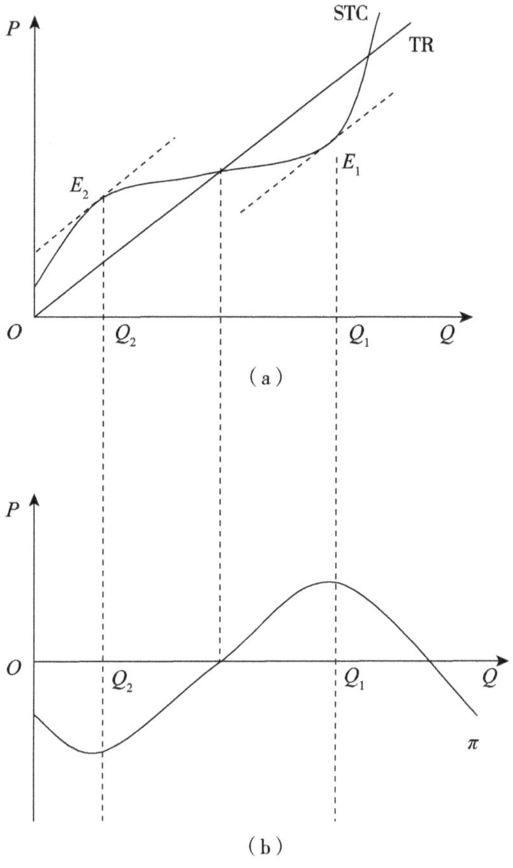

图 6-7　厂商利润最大化的条件（二）

图 6-7（a）显示的是短期总成本曲线 STC 和总收益曲线 TR，图 6-7（b）表示的是根据总收益曲线和总成本曲线之间的差额所画出的利润曲线 π 。从图 6-7 中我们可以看出，厂商如果希望获得最大的利润，那么它必须要把产量定在总收益曲线 TR 与短期总成本曲线 STC 距离最大时所确定的产量，并且这个距离必须是正的距离。从几何关系上讲，要想保证某点产量是总收益曲线 TR 与短期总成本曲线 STC 距离最大时的产量，必须保证在此产量时，总收益曲线 TR 的斜率与短期总成本曲线 STC 的斜率相同。由于总收益曲线 TR 为线性，它的斜率是固定的，所以只要在总成本曲线 STC 上找到与总收益曲线 TR 斜率相同的点即可。在图 6-7 中，我们可以分别找到 E_1 和 E_2 两点，在这两点上满足总成本曲线

STC 的斜率与总收益曲线 TR 的斜率相同。通过图 6-7（b）对比，我们可以知道 E_1 点所确定的产量 Q_1 对应厂商利润最大，而 E_2 点所确定的产量 Q_2 对应厂商利润最小。实际上，从 6.2 节关于边际成本与总成本，以及边际收益与总收益相互之间关系的论述中可知，总成本曲线 STC 的斜率就是我们上面所说到的短期边际成本 SMC，而总收益曲线 TR 的斜率就是厂商的边际收益 MR。因此，从总成本曲线和总收益曲线所得到的关于利润最大化的条件，本质上也是边际成本等于边际产量，即 MR=SMC。

至此，我们论证了完全竞争厂商短期利润最大化的条件，即短期边际成本等于边际收益。虽然我们是运用厂商的短期边际成本来推导利润最大化的条件，但是我们的证明原理与过程也同样适用于长期时厂商利润最大化条件的证明。证明过程及结论是一样的，即长期中完全竞争厂商利润最大化的条件是长期边际成本等于边际收益，即 LMC=MR。因此我们可以说，完全竞争厂商（短期及长期）利润最大化的条件是边际成本等于边际收益，即 MC=MR。

实际上，边际成本等于边际收益被经济学家认为是厂商利润最大化条件的同时，也经常被认为是亏损最小的条件。图 6-8 中显示了一个比较特殊的情况，即短期总成本曲线在任意产量水平时都高于总收益曲线，也就是说，无论在哪个产量上，企业的利润都是负数。在短期中，这种情况是很可能发生的，由于短期内厂商的规模不能改变，厂房、设备等固定成本是影响企业经营的重要因素，所以厂商的短期总成本曲线很可能在每一个产量上都高于收益曲线。如果这种情况发生，那么对于企业来说最好的办法是尽可能减少损失。

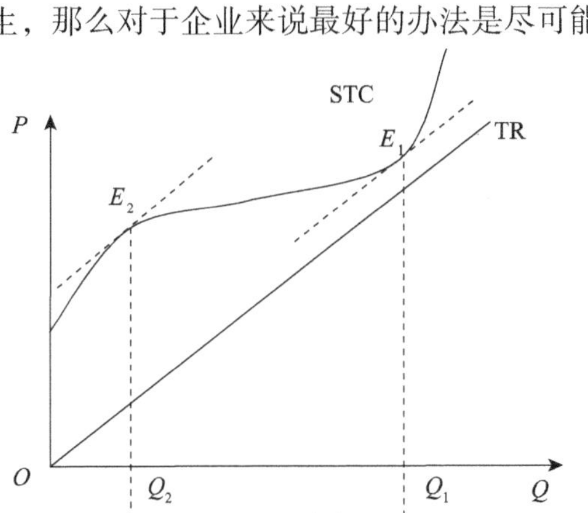

（a）

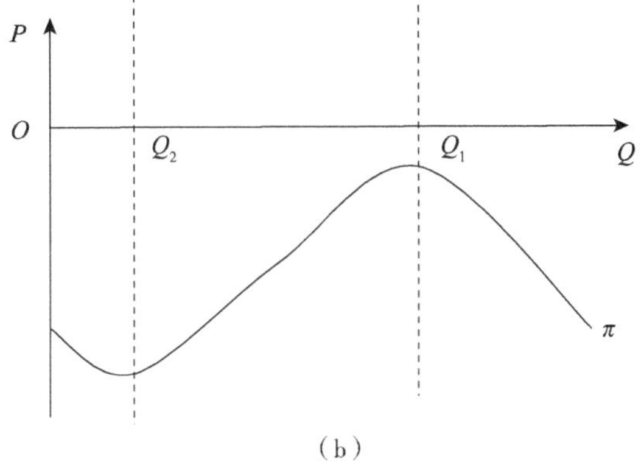

（b）

图 6-8 厂商利润最大化的条件（三）

由以上分析可知，不论是增产还是减产，厂商都是在寻找一个最优产量点。只有实现了最优产量，厂商才能从产量调整的过程中尽可能地增加利润，避免损失，这个最优产量只能是 MR=MC 时的产量，所以，MR=MC 成为厂商实现最大化利润的均衡条件。此外，还需要指出，对于完全竞争厂商来说，在任何产量上都有 MR=P，所以，完全竞争厂商实现利润最大化的条件也可以写成 P=MC。这里需要提醒，最大利润并不一定是正利润，在经济学家的分析中正利润其实是超额利润，对于很多完全竞争市场中的厂商，在长期中获得正利润几乎是不可能的。我们应该这样理解厂商获得最大利润的含义，在 MR=MC 的均衡点，厂商既可能盈利，也可能亏损。但是，如果厂商处于盈利状态，那么 MR=MC 时的产量能让厂商获得最大的盈利；如果厂商处于亏损状态，那么 MR=MC 时的产量能让厂商将损失控制在最小程度上。总之，当厂商实现 MR=MC 的均衡条件时，不管是盈利还是亏损，厂商都得到了由既定的收益曲线和成本曲线所能产生的最好的结果。这正是我们说 MR=MC 是利润最大化或亏损最小化的均衡条件的原因。

6.4 完全竞争厂商的短期均衡

前面我们已经介绍过，短期是指厂商只能变动变动成本，而不能调整固定成本的时期，厂商只能通过调整产量来实现 MR=MC 的利润最大化的条件。尽管完全竞争厂商对产品价格无可奈何，但是能对产品的数量做出最有利的决策。厂商遵循利润最大化原则来确定其应该生产的产量。我们同样也介绍过，厂商实现了短期中的利润最大化并不意味着厂商一定能获取正利润，完全竞争市场上的厂商短期均衡中，厂商极可能盈利，也可能亏损。因此，厂商在短期的均衡可能出现以下几种情况。

6.4.1 获得超额利润的短期均衡

在完全竞争市场条件下，厂商只是给定的市场价格的被动接受者，因此完全竞争厂商的边际收益、平均收益和需求曲线都是出发于市场价格的一条水平直线，即 MR=AR=P。同时，在短期中由于生产中的不变要素投入量是固定的，生产规模是不变的，因此厂商的各种成本曲线也是既定的。所以在短期中，完全竞争厂商只能通过边际成本等于边际收益 MC=MR 来确定对于自己最有利的均衡产量。如果厂商根据边际成本等于边际收益 MC=MR 确定了均衡产量，并且平均成本低于市场价格（平均收益），那么完全竞争厂商此时的短期均衡则存在经济利润，具体如图 6-9 所示。

在图 6-9 中，完全竞争厂商的边际成本曲线 SMC 与厂商的边际收益曲线 MR 相交于 E_1 点。当均衡产量是 Q_1 时，市场价格（平均收益 AR）P_0 大于厂商为生产均衡产量 Q_1 而对每一单位产品所支付的平均成本 SAC，即 P_1，厂商获得了经济利润。此时，每单位产品的经济利润为市场价格与平均成本的差额，即 P_0 到 P_1 的距离，厂商从总产量 Q_1 中得到的经济利润就是（P_0–P_1）Q_1，在图 6-9 中体现为矩形面积 P_0 $P_1E_2E_1$。这里需要注意的是，在短期内完全竞争厂商是可以获得经济利润的，但是这种经济利润存在的时期很短，很快会由于新厂商加入等引起的激烈竞争而消失，因此长期内完全竞争厂商不会存在经济利润。

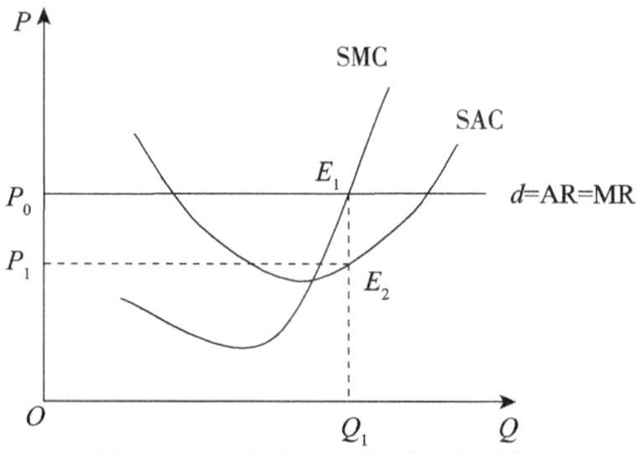

图 6-9　完全竞争厂商的超额利润

6.4.2　收支平衡的短期均衡

完全竞争厂商获得经济利润是因为边际收益曲线 MR（市场价格）与厂商的短期边际成本曲线 SMC 相交于厂商短期平均成本曲线 SAC 的上方。我们知道，完全竞争厂商无法控制市场价格（边际收益 MR），厂商只能根据边际成本等于边际收益（MC=MR）确定均衡产量。如果市场价格下降，厂商的均衡产量正好对应短期平均成本 SAC 的最低点，那么完全竞争厂商就不会再有经济利润（图 6-10）。

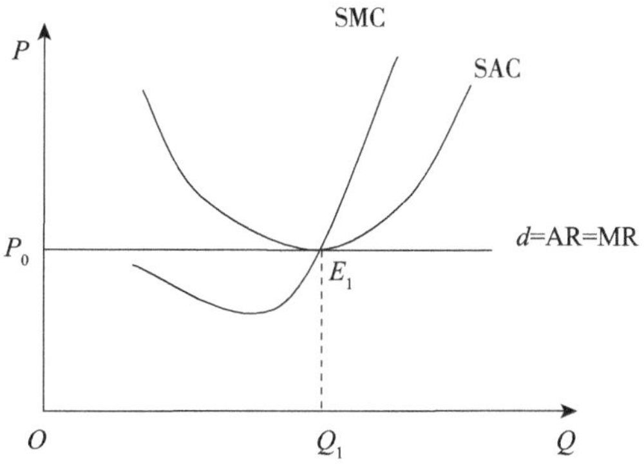

图 6-10　完全竞争厂商的收支平衡点

图 6-10 中，市场价格 P_0 确定的边际收益曲线 MR 与厂商的短期边际成本曲线 SMC 相交于 E_1 点，均衡产量确定为 Q_1。由于 E_1 点也正是厂商短期平均成本的最低点，所以在均衡产量 Q_1 时，厂商的平均收益 AR（市场价格）正好与短期平均成本 SAC 相等，企业没有经济利润。注意，尽管此时厂商没有获得经济利润，但是厂商仍实现了正常利润，所以该均衡点也被称为厂商的收支相抵点。

6.4.3　短期亏损最小的均衡

如果市场价格（边际收益曲线 MR）继续下降，低于厂商的短期平均成本曲线 SAC，尽管厂商仍会坚持以边际成本等于边际收益（MC=MR）为原则来确定自己的均衡产量，但此时厂商已经无利可盈，甚至面临亏损（图 6-11）。

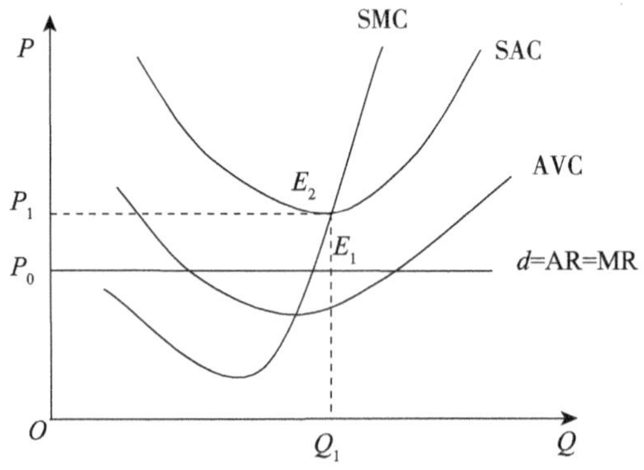

图 6-11 完全竞争厂商的亏损

图 6-11 中，边际收益曲线 MR（市场价格）与厂商的边际成本曲线 SMC 相交于 E_1 点，均衡产量为 Q_1。此时均衡产量所对应的短期平均成本 SAC 要高于厂商的平均收益 AR（市场价格），因此厂商的亏损在所难免。厂商每一单位产量的平均成本为 P_1，每一单位产量的价格是 P_0，这样每出售一单位产品厂商亏损为 P_1-P_2，生产均衡产量 Q_1 时亏损的总量为 $Q_1(P_1-P_2)$，在图形中体现为矩形 $P_1P_0E_1E_2$ 的面积。尽管此时厂商生产的结果是亏损，但是厂商仍会继续生产，原因在于此时的市场价格虽然低于平均成本，但是仍高于平均可变成本 AVC。这表明，在此市场价格下，厂商进行生产不仅可以收回全部可变成本，而且剩余部分还可以弥补部分固定成本。由于固定成本不会因为厂商的停产而消失，此时厂商继续生产只是损失部分固定成本，而如果停产将损失全部固定成本。

6.4.4 短期停止营业点

如果市场价格（边际收益曲线 MR）继续下降，达到了平均可变成本曲线 AVC 的最低点，我们就可以得到完全竞争厂商停止生产的条件，如图 6-12 所示。

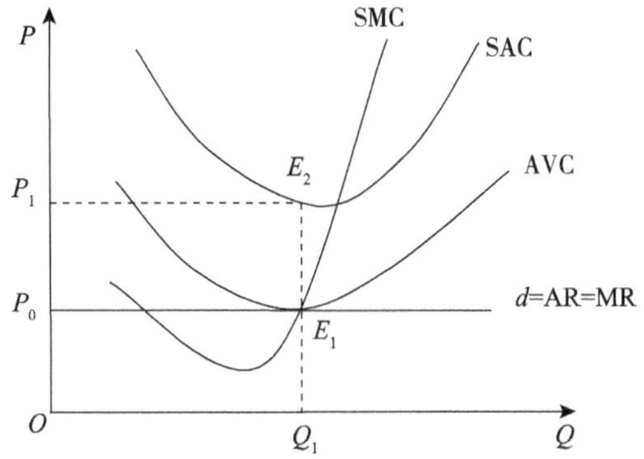

图 6-12 完全竞争厂商的停止营业点

在图 6-12 中，边际收益曲线 MR（市场价格）与厂商的短期边际成本曲线 SMC 相交于 E_1 点，均衡产量为 Q_1。此时边际收益曲线 MR 正好与平均可变成本曲线 AVC 相切于其最低点。在均衡产量 Q_1 上，厂商是亏损的，其亏损为图中矩形 $P_1P_0E_1E_2$ 的面积。此时厂商的平均收益 AR（市场价格）等于平均可变成本 AVC，厂商可以继续生产，也可以不生产。这是因为，如果厂商生产，那么全部收益只能弥补全部的可变成本，不变成本得不到任何的弥补；而如果厂商不生产，那么厂商损失的也同样只是全部不变成本。因此，在这种情况下厂商生产与不生产的决策是没有区别的。平均可变成本 AVC 的最低点也被叫做厂商的停止生产点。如果市场价格继续下降，低于平均可变成本 AVC 的最低点，那么厂商将停止生产。因为如果继续生产的话，厂商不仅损失了全部的不变成本，而且连可变成本也难以弥补，厂商生产带来的损失要比停止生产所面对的损失大得多。

值得注意的是，尽管平均可变成本 AVC 的最低点是停止生产点，理论上讲，厂商此时生产与不生产都是一样的，但是从现实经济上看，即便市场价格已经达到了停止生产点，多数厂商一般也不会选择停止生产，而是继续生产。这是因为，一方面，如果厂商选择了停止生产，那么企业已经占有的市场份额就会丧失，而等生产再次继续时，要恢复以往的市场份额往往难度很大；另一方面，短期市场价格并不能代表长期的市场价格走向，因此为了保持企业的市场份额，以及良好的经营信用，厂商往往会继续生产，甚至在市场价格略低于停止生产点时，也会选择短期内的谨慎生产。

这里应该区分厂商暂时停止生产和厂商长期退出市场。停止生产是指在某个特殊时期，由于当时的市场条件而不生产任何产品的短期决策。退出市场是指离开市场的长期决策。长期决策和短期决策不同，因为大多数厂商在短期内固定成本不可避免，而在长期内可以避开。也就是说，暂时停止生产的厂商仍然必须支付固定成本，而退出的厂商既可以节省固定成本，又可以节省变动成本。在经济学中，将固定成本这一类短期内已经发生而且无法收回的成本称为沉没成本。在某种意义上说，沉没成本是机会成本的反面，机会成本是如果选择做一件事情而不做其他事情时必须放弃的东西，而沉没成本不可避免。因此，当人们做出包括经营战略在内的各种社会生产决策时可以不考虑沉没成本。我们对厂商停止营业决策的分析，是沉没成本无关性的一个例子。假设厂商不能通过暂时停产来收回它的固定成本，那么，在短期内厂商的固定成本是沉没成本，而且厂商在决定生产多少时可以不考虑这类成本。

从完全竞争厂商的短期均衡分析中，我们就可以得到完全竞争厂商的短期供给曲线。由于完全竞争厂商的短期均衡条件为 MR=SMC，而且 AR=MR=P，所以，该均衡条件也可以写成：MR=AR=P=SMC。

6.5　完全竞争厂商的短期供给曲线与短期行业供给曲线

在效用论的学习中，我们知道了需求曲线上每一个价格水平的需求量都是能够给消费者带来最大效用的需求量。之后，从生产论开始，经过成本论及本章市场论的学习，我们将从厂商利润最大化的角度来讨论厂商的供给曲线。本节首先讨论的是完全竞争厂商的短期供给曲线与短期行业供给曲线。

6.5.1　完全竞争厂商的短期供给曲线

厂商的供给曲线是指在不同的市场价格水平上，厂商愿意生产和销售的产品变动曲线。前面已经描述了完全竞争厂商的利润最大化原则，随着市场价格的变动，厂商为了使利润最大或亏损最小，必将遵循 MR=MC 的均衡条件，使产品在均衡点对应的产量上边际成本恰好等于市场价格。也就是说，均衡点 E 总在边际成本曲线上变动。如果厂商进行生产，则它的产量在边际成本等于产品价格决定的水平上，但如果产量在价格低于平均变动成本的水平上时，厂商将停止生产。

完全竞争厂商短期供给曲线表示，短期中，在完全竞争市场条件下，在每一个价格水平上完全竞争厂商愿意而且能够提供的产品数量。现在，我们就从定义出发来寻找完全竞争厂商的短期供给曲线，分析过程如图 6-13 所示。

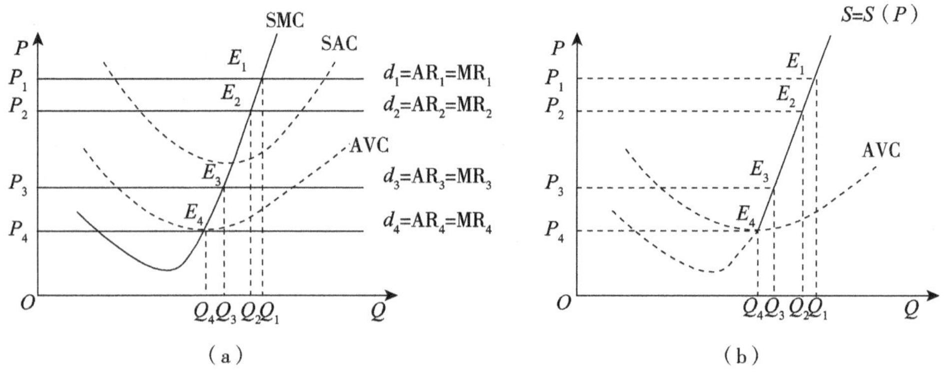

图 6-13 完全竞争厂商的短期供给曲线

所谓短期，就是指完全竞争厂商的规模不能变化，因此完全竞争厂商的成本曲线是既定不变的。同时，在完全竞争市场条件下，价格是由市场供求决定的，厂商只是被动的价格接受者，只能根据市场价格来做出是否生产以及生产多少的决策。在图 6-13（a）中，当市场价格（完全竞争厂商的边际收益 MR）为 P_1 时，根据厂商利润最大化的条件——边际成本等于边际收益（MC=MR），厂商确定了由均衡点 E_1 决定的均衡产量 Q_1。也就是说，当市场价格是 P_1 时，厂商愿意而且能够提供的产量是 Q_1，因此 E_1 是完全竞争厂商短期供给曲线上的第一个点。为了能够单独突出完全竞争厂商的短期供给曲线，我们在图 6-13（a）的右侧建立了一个完全相同的坐标系，把均衡点 E_1 移到了图 6-13（b）中相同的位置上，并标明价格 P_1 和均衡产量 Q_1。同样，当市场价格（边际收益 MR）分别为 P_2 和 P_3 时，厂商根据利润最大化的条件——边际成本等于边际收益（MC=MR），可以分别确定均衡点 E_2 和 E_3，均衡产量也相应地为 Q_2 和 Q_3。也就是说，当市场价格是 P_2 时，厂商愿意而且能够提供的产量是 Q_2；当市场价格是 P_3 时，厂商愿意而且能够提供的产量是 Q_3。E_2 和 E_3 是完全竞争厂商短期供给曲线上的另外两个点。我们继续把 E_2 和 E_3 移动到图 6-13（b）中相同的位置上，并标明价格 P_2 和均衡产量 Q_2，以及价格 P_3 和均衡产量 Q_3。以同样的方式，我们可以找到其他所有不同市场价格下，完全竞争厂商愿意而且能够提供的产品数量。将所有的这些价格和数量组合点连在一起，我们就得到了完全竞争厂商短期供给曲线，如图 6-13（b）中的 S（P）。

对比图 6-13（a）和图 6-13（b），我们可以发现，实际上图 6-13（b）中完全竞争厂商短期供给曲线 S（P）与图 6-13（a）中完全竞争厂商的短期边际成本曲线 SMC 是同一条曲线。这是因为，在完全竞争市场条件下，市场价格就是厂商的边际收益，即 $P=\text{MR}$ 。利润最大化条件 $\text{SMC}=\text{MR}$ 可以写为 $P=\text{SMC}(Q)$ 。因此，在每一个价格水平下完全竞争厂商是根据 $P=\text{SMC}(Q)$ 选择均衡产量从而确定完全竞争厂商的短期供给关系的，这就导致厂商的短期边际成本曲线 SMC 可以正好准确地表明这种价格和厂商的短期供给之间的关系。值得注意的是，我们在学习完全竞争厂商短期均衡时曾研究过，当市场价格低于完全竞争厂商的短期平均可变成本 AVC 时，厂商是要停止生产的。所以厂商的短期供给曲线并不是完整的短期边际成本曲线 SMC，而是 SMC 曲线上大于或等于短期平均可变成本 AVC 曲线最低点的部分，即在图 6-13（b）中所显示的 $S(P)$ 的实线部分。

在完全市场竞争条件下，短期均衡条件为：边际收益等于短期边际成本，即 MR=SMC，而且价格等于边际收益，即 P=MR，所以价格等于短期边际成本，即 P=SMC。该式表明，在每一个给定价格水平 P 和由最优产量决定的短期边际成本曲线 SMC 相等时，厂商能实现最大利润或最小亏损。这就意味着价格 P 和最优产量 Q 之间存在一一对应关系。而短期边际成本曲线 SMC 上的每一点，恰好准确地反映了价格和厂商短期供给量之间的关系。

所以，完全竞争厂商的短期供给曲线是短期边际成本曲线 SMC 上大于或等于平均可变成本曲线 AVC 最低点以上的部分，即短期边际成本曲线 SMC 上大于或等于停止营业点以上的部分。

完全竞争厂商的短期供给曲线表明，厂商在每一个价格水平下厂商愿意而且能够提供的产品数量。在这个供给数量下，厂商可以获得利润最大或者是亏损最小。同时，向右上方倾斜的供给曲线表明产品价格和供给量之间呈同方向变化。

6.5.2　完全竞争行业的短期供给曲线

短期内，市场上厂商的数量是固定的。在任何一个既定的价格下，每个厂商都提供使边际成本等于价格的产量。只要价格高于平均变动成本，每个厂商的边际成本曲线就是其供给曲线。市场供给量等于个别厂商单个供给量之和，因此完全竞争行业的短期供给曲线是所有厂商的短期供给曲线的叠加，即由所有厂商的停止营业点以上部分的 MC 线段在水平方向上相加而成，表示对应于各种价格水平的、行业内所有厂商提供的产量之和。借助图 6-14，我们分析如何通过完全竞争厂商的短期供给曲线来推导完全竞争行业的短期供给曲线。

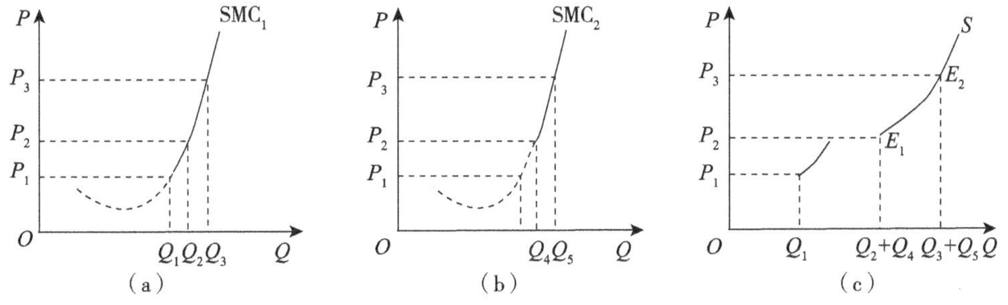

图 6-14　完全竞争行业的短期供给曲线

在图 6-14 中，假设市场中只有两家完全竞争厂商，分别用图 6-14（a）和图 6-14（b）表示它们各自的短期供给曲线。图 6-14（c）则是两家完全竞争厂商所构成的完全竞争行业。当价格是 P_1 时，只有厂商 A 愿意提供数量为 Q_1 的产品，厂商 B 则因市场价格低于它的停止生产点而不提供任何产品，此时图 6-14（c）中整个行业的供给也是 Q_1。只要市场价格低于 P_2，该市场的短期行业供给曲线与厂商 A 的短期供给曲线就是相同的。当市场价格为 P_2 时，除了厂商 A 提供数量为 Q_2 的产品外，厂商 B 也因为市场价格达到了其停止生产点而开始提供数量为 Q_4 的产品，此时整个行业的供给量是两个厂商的供给量之和，体现在图 6-14（c）中就是 E_1 点，价格是 P_2 时，行业的供给数量是 Q_2+Q_4。当市场价格继续上升为 P_3 时，厂商

A 和厂商 B 别提供数量为 Q_3 和 Q_5 的产品，此时整个行业在市场价格 P_3 的供给量是 Q_3+Q_5。以此类推，我们可以得到所有市场价格对应着的整个行业的供给量，将所有这些反映价格和数量对应关系的点连在一起，就得到了整个行业的供给曲线。

虽然我们只是假设有两家完全竞争厂商，但是无论市场中存在多少厂商，我们都可以用同样的方法推导出行业的供给曲线。特殊的，如果行业内所有的厂商都是一样的，那么由单个厂商的短期供给曲线推导行业的短期供给曲线就有一个较为特殊的形式。假设市场中有 n 家厂商并且每家厂商的供给曲线都是 $P=c+dQ_i$。为了方便，我们换算成供给函数的形式：$Q_i=-\frac{c}{d}+\frac{1}{d}P$。所以行业内 n 家厂商的总供给就是 $Q=nQ_i=n\left(-\frac{c}{d}+\frac{1}{d}P\right)$。经过处理，我们可以得到行业内的供给曲线为 $P=c+\frac{d}{n}Q$。

当一个行业中所有产生的供给量之和等于市场的需求量时，这一行业就达到了短期均衡。如前所述，行业的需求曲线就是市场需求曲线，它是一条向右下方倾斜的曲线。

6.5.3 生产者剩余

我们可以利用已经推导出来的完全竞争厂商的短期供给曲线来进一步介绍生产者剩余。生产者剩余是一个与消费者剩余相对应的概念，经济学家将消费者剩余定义为消费者在购买一定量的某种商品时，实际支付的总价格与愿意支付的最高总价格之间的差额。相对应地，生产者剩余是指厂商在提供一定数量的某种产品时实际接受的总支付和它愿意接受的最小总支付之间的差额，它衡量的是厂商在提供利润最大化产量时的经济状况。一家代表性厂商在短期内如果不生产，它损失的就是固定成本，如果市场价格超过了厂商平均可变成本 AVC 的最小值，厂商就可以根据边际成本等于边际收益（MC=MR）这个原则进行生产，从而使自己的经济状况得到最大的改善。那么这种改善的程度是多少呢？换句话说，此时的厂商在生产过程中得到了多少生产者剩余呢？下面，我们借助图 6-15 来详细介绍完全竞争厂商生产者剩余的计算过程。

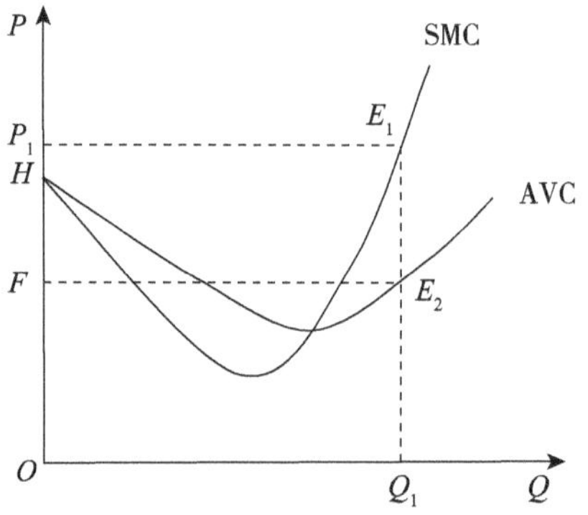

图 6-15 生产者剩余

在生产中，如果厂商不进行生产，厂商将会损失全部的不变成本，因此只要产品的市场价格高于厂商为生产额外一单位产品而付出的边际成本，厂商增加这单位产品的生产就可以使自己的经济状况得到改善。市场价格与边际成本之间的差额，就是厂商生产这单位产品时获得的生产者剩余。当厂商根据利润最大（或者亏损最小）原则确定了自己的最优产量时，这些产品各自获得的市场价格与边际成本之差的总额就构成了生产者剩余的全部，图 6-15 就说明了这点。在图 6-15 中，市场价格 P_1 高于厂商的平均可变成本的最低点，根据 SMC=MR 原则，厂商将 Q_1 确定为均衡产量。此时，短期边际成本曲线 SMC 之上，市场价格线之下的部分就是厂商获得的全部生产者剩余。其中，价格线以下的矩形面积 $P_1OQ_1E_1$ 表示的是厂商实际接受的总支付，短期边际成本曲线 SMC 以下 HOQ_1E_1 的面积是厂商愿意接受的最小总支付，这两部分之间的差额就是我们所说的生产者剩余。如果设短期边际成本 SMC 的函数为 $P=f(Q)$，则图 6-15 中的生产者剩余为

$$\text{PS}=P_1Q_1-\int_0^{Q_1}f(Q)\mathrm{d}Q \tag{6-9}$$

同时，在成本论的分析过程中我们还知道，短期内厂商的不变成本是无法变化的，边际成本的来源只能是可变成本。因此，短期内厂商在生产一定产量的产品时，边际成本的总额必然要等于可变成本的总额。知道了这一点，我们就可以从可变成本的角度来确定厂商的生产者剩余。在图 6-15 中，当均衡产量为 Q_1 时，平均可变成本 AVC 在 E_2 点，即平均每一单位产品所消耗的可变成本是 OF，可变成本总额为矩形 FOQ_1E_2 所围成的面积。所以，厂商的生产者剩余是厂商实际得到的总支付矩形面积 $P_1OQ_1E_1$ 与厂商愿意接受的最小总支付矩形 FOQ_1E_2 面积的差额，即矩形 $P_1FE_2E_1$ 所表示的面积。从这个角度看，我们可以清晰地分辨出生产者剩余和厂商的经济利润之间的不同。经济利润 π 是总收益和总成本之差，而总成本减去总可变成本即为固定的不变成本，因此生产者剩余在短期内要大于经济利润，它们之间的差额是固定的不变成本。

生产者剩余和消费者剩余对于我们分析社会福利问题大有帮助。

6.6　完全竞争厂商的长期均衡和行业的长期供给曲线

我们已经分析了厂商的短期均衡可能有三种状态，即厂商获得超额利润、厂商蒙受亏损和厂商盈亏平衡。这三种短期均衡中只有一种是长期均衡。在长期内，所有要素的投入数量都是可以改变的，厂商不仅可以通过调整产量，而且可以通过调整规模来实现利润最大化目标，因为完全竞争厂商在长期内对生产要素的动态调整表现在以下两个方面：一是厂商进入或退出某一行业；二是厂商对生产规模进行调整。如果厂商短期均衡有超额利润，则厂商可能扩大生产规模或行业中有新厂商加入，结果使行业中供给增加，市场价格下降，单个厂商的需求无限下移，使超额利润减少；如果厂商短期均衡亏损，则厂商可能减少生产规模或行业中有一些厂商退出，结果使行业中供给减少，市场价格上涨，单个厂商的需求曲线上移，直至亏损消失为止。

6.6.1　完全竞争厂商长期中最优规模的调整

完全竞争厂商在长期内可以通过调整生产规模来实现自己的利润最大化目标。假设厂商在初始的短期内拥有一个固定的生产规模，在这个生产规模基础上，企业有相应的短期平均成本曲线 SAC_1 和短期边际成本曲线 SMC_1，具体如图 6-16 所示。当市场价格是 P_1 时，短期

内厂商无法调整自己的生产规模，在现有的规模下依据厂商的边际成本等于边际收益这个利润最大化原则，厂商确定均衡产量 Q_1，在此产量上厂商实现了最大利润。由于均衡点 E_1 高于厂商的平均成本曲线 SAC_1，因此厂商此时获得了经济利润。显然，完全竞争厂商经获得的经济利润总额为矩形 $P_1P_2E_2E_1$ 的面积。但是，如果完全竞争厂商预期这种市场价格会长期持续,那么完全竞争厂商可以通过调整自己的生产规模来获得更多的利润。为什么这么说呢?原因在于，在长期内厂商可以有足够的时间来调整自己的生产规模，此时厂商考虑的不再是边际收益等于短期边际成本（MR＝SMC），而是开始考虑新的利润最大化条件，即边际收益等于长期边际成本（MR=LMC）。根据这个新的条件，厂商确定了新的均衡点 E_3，此时均衡产量为 Q_2，在这个均衡产量时的厂商长期平均成本为 P_3。这里要说明的是，当厂商确定了长期均衡产量，并知道了与该产量相对应的长期平均成本时，厂商在此市场价格下的最优规模也就同时确定了。我们知道长期平均成本曲线 LAC 是无数条短期平均成本曲线 SAC_i 的包络线，在这个包络线（LAC）上的每一个点都代表一个特定的生产规模。当我们确定了在长期平均成本曲线 LAC 上的 E_4 点时，我们就已经找到了生产均衡产量 Q_2 的最优规模，并且能够确定这个最优规模的短期平均成本曲线 SAC_2。

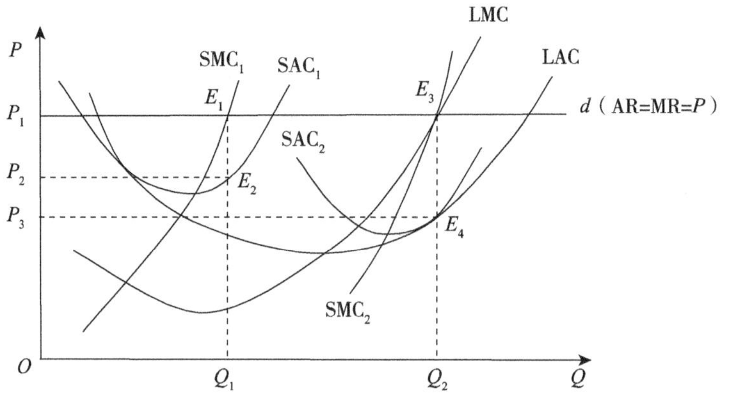

图 6-16 完全竞争厂商长期最优规模

在最优生产规模下，厂商获得了更多的经济利润。经济利润总额在图 6-16 中显示为矩形 $P_1P_3E_4E_3$ 的面积。显然，相对于 SAC_1 代表的初始生产规模而言，SAC_2 代表的新的生产规模所能获得的经济利润要多很多。

总结起来，只要存在经济利润，就会吸引新厂商进入；而只要有经济亏损，就会有厂商退出该行业。厂商长期均衡正是厂商为追逐利润、避免亏损而做出进入或退出决策的结果。

6.6.2 完全竞争厂商的长期均衡

在长期内，厂商通过 MR=LMC 确定最优的生产规模可以获得经济利润。但是，如果这种状况预期会持续下去的话，那么渴望获得经济利润的其他潜在厂商就会大量地进入这个行业，最终完全竞争厂商的经济利润会消失，如图 6-17 所示。

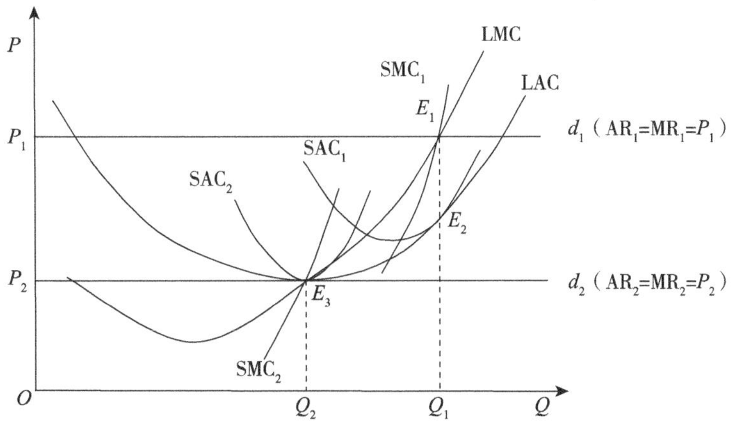

图 6-17　完全竞争厂商的长期均衡

在图 6-17 中，SAC_1 代表的是厂商根据市场价格 P_1 确定的最优规模，此时生产厂商可以获得高于正常利润的经济利润。由于经济利润的存在，其他潜在厂商开始不断进入行业，进行生产，追逐经济利润，因此市场产品的供给开始增加，此时如果市场需求没有变化，那么产品的市场价格将会下降。在新的市场价格下，厂商必须依据新的边际收益等于长期边际成本原则，重新确定均衡产量以及最优规模，以便获得最大的利润。在最优规模的选择过程中，随着市场价格的下降，最优规模一定是沿着长期平均成本曲线 LAC 从 E_2 向下变动。值得注意的是，只要该行业中仍存在经济利润，新厂商的进入就不会停止。显然，这种调整过程会一直延续到市场价格正好降到厂商长期平均成本曲线 LAC 最低点时才停止。此时，厂商选择 SAC_2 所代表的最优规模，均衡产量为 Q_2，这时经济利润已经消失，行业内厂商获得的是正常利润，其他潜在厂商由于没有了经济利润的吸引也就没有了进入该行业的动机，完全竞争厂商此时达到了长期均衡。

只要完全竞争厂商存在经济利润，竞争市场就会调整，直至厂商的经济利润全部消失为止。同样，如果完全竞争厂商初始状况是亏损的话，完全竞争市场也会发生同样的调整，只是方向相反，因为完全竞争市场中的经济损失会持续导致行业内现有厂商的退出，从而通过减少行业供给而使市场价格上升，直至完全竞争厂商的损失减少至零，最终实现正常利润。总而言之，在长期平均成本曲线 LAC 最低点，完全竞争厂商实现了长期均衡。此时，完全竞争厂商只实现了正常利润而没有经济利润，市场价格也正好等于这个最低成本。完全竞争厂商的长期均衡条件可以写为

$$P = \mathrm{MR} = \mathrm{SMC} = \mathrm{SAC} = \mathrm{LAC} = \mathrm{LMC} \tag{6-10}$$

在完全竞争市场结构中，各个厂商的长期均衡实现过程是动态性质的，其变动过程如下：

（1）当行业存在超额利润时，新厂商大量进入或是现有厂商增加投入→行业规模扩大→供给增加→在需求没有变化的情况下，市场价格下降→P=AR=MR 随之下降→超额利润逐渐消失。

（2）当行业出现亏损时，部分厂商退出→行业规模减少→供给减少→在需求没有变化的情况下，市场价格上升→P=AR=MR 随之上升→亏损消除。

（3）当行业既不存在超额利润，又无亏损时，整个行业供求均衡，没有厂商进入或退出行业，各个厂商的产量也不再调整，不扩大也不缩小经济规模，于是就实现了长期均衡。

6.6.3 完全竞争行业的长期供给曲线

完全竞争厂商的短期供给曲线是停止营业点以上那部分的边际成本曲线，而行业的短期供给曲线为厂商供给曲线之和，因而是自左向右上方倾斜的曲线。竞争市场中的长期供给曲线有向上倾斜、向下倾斜及一条水平线三种形状。这三种形状是由任一完全竞争行业中产量增加时，产品的长期平均成本究竟是上升、下降还是不变决定的。这是因为，在完全竞争行业中，各厂商的产品是完全同质的，价格是完全相同的，行业长期均衡时，产品价格都等于长期平均成本，既没有经济利润，也没有亏损。因此，从长期看，如果整个行业产量增加时，产品平均成本上升，则产品价格上升；平均成本下降，则产品价格下降；平均成本不变，则产品价格不变。当行业产量随需求增长时，产品平均成本会由于不同的外部经济情况和生产要素价格变动情况，而呈现出递增、递减和不变三种情况，因而供给曲线也出现三种不同情况，即成本递增行业的长期供给曲线、成本递减行业的长期供给曲线和成本不变行业的长期供给曲线。

经济人对套利的敏感性促使大量的完全竞争厂商进入和退出一个行业，行业内的完全竞争厂商必须不断地调整其规模以及均衡产量，最终在长期内达到均衡。在完全竞争厂商长期均衡的这种实现过程中，我们并没有考虑行业内生产厂商数量的变化可能导致的对生产要素的影响。原因在于，即便行业内厂商的增减对生产要素有影响，从而改变了完全竞争厂商的成本曲线，但是长期均衡的实现条件并不会发生改变，完全竞争厂商仍然是在长期平均成本曲线 LAC 最低点实现长期均衡的。但是，当我们开始考虑完全竞争行业供给曲线的时候，行业产量变化所引起的生产要素价格的变化就必须成为我们关注的重点，因为生产要素价格的变化会直接导致厂商成本曲线的变化。

1. 成本不变行业的长期供给曲线

成本不变行业是指当行业生产规模变化时，生产要素的价格保持不变，从而行业中厂商的长期成本维持不变的行业。也就是说，如果行业产量扩大对生产要素需求增加并不会引起要素价格上涨，或者要素需求增加引起了要素价格上涨，正好被产量扩大时取得的规模经济影响所抵消，则产品的平均成本以及产品价格不会随产量扩大而增加。图 6-18 描述的是一个成本不变行业的长期供给曲线。现在我们就分析一下成本不变行业的长期供给曲线。首先假设初始状态时，完全竞争市场以及市场中的所有厂商都达到了稳态均衡，即图 6-18（b）中，在需求曲线 D_1 和短期供给曲线 SS_1 的共同作用下，市场均衡点是 E_1，此时的市场均衡价格为 P_1，均衡供给量为 Q_3；在市场均衡价格 P_1 的条件下，图 6-18（a）中的代表性厂商实现了长期均衡，均衡产量是 Q_1，市场价格正好位于厂商长期平均成本曲线 LAC 的最低点。其中，所有厂商的均衡产量之和构成整个行业的均衡产量，如果用 n 表示代表性厂商的数量，则 $Q_3=\sum_{i=1}^{n}Q_i$。此时，行业内的厂商只获得了正常利润，潜在厂商也没有进入行业的动机。

假设外在的原因导致市场需求突然增加，需求曲线从 D_1 移动到新的 D_2 位置，在新的需求曲线和市场供给曲线的共同作用下，市场价格从 P_1 上升至 P_2，行业内厂商的均衡将受到影响。在新的市场价格 P_2 下，短期内完全竞争厂商会根据边际收益等于短期边际成本（$MR_2=SMC_1$）来重新确定均衡产量，即 Q_2，由于新的市场价格 P_2 在厂商短期平均成本曲线 SAC_1 之上，所以厂商此时获得经济利润。由于行业内出现经济利润，行业外的其他潜在

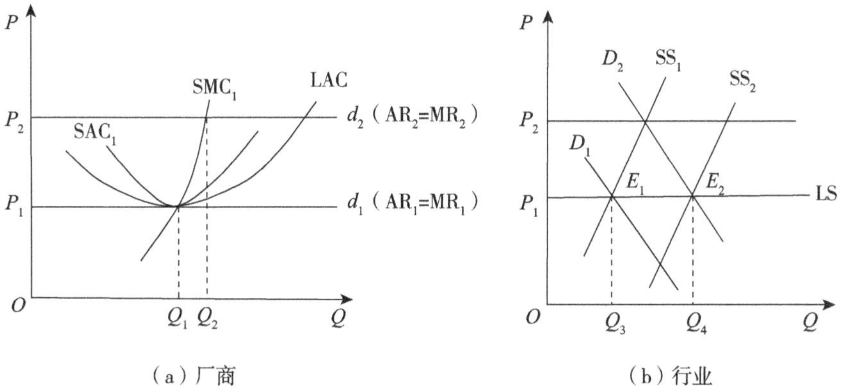

图 6-18　成本不变行业的长期供给曲线

厂商在经济利润的驱动下开始进入行业，行业内的厂商数量因此开始增加，行业供给也同时开始增加，供给曲线表现为向右移动，在新的供给曲线和需求曲线的作用下产品的市场价格逐渐下降。尽管产量的提高增加了对生产要素的需求，但是在该行业中，这种变化不会对生产要素的价格产生任何影响，行业内厂商的长期平均成本曲线保持不变。这样，市场价格随着潜在厂商的进入而不断下降时，行业内厂商的经济利润也逐渐减少，厂商的均衡产量开始逐渐减少。我们知道，完全竞争厂商的长期均衡的条件是 P=SMC=SAC=LAC=LMC，也就是说，市场价格在下降过程中达到厂商长期平均成本曲线最低点时，市场和厂商就会又一次实现均衡。因此，最终市场价格会回到初始的价格水平 P_1，市场在 E_2 点也会达到新的均衡。此时，行业内厂商的产量也恢复到初始状态 Q_1 水平，厂商的经济利润为零，行业外的潜在厂商也停止进入，厂商又一次回到了初始的长期均衡状态。要注意的是，在这次调整过程中，由于新进厂商的原因，整个行业的供给曲线从 SS_1 移动到 SS_2。虽然市场均衡价格仍然为 P_1，但是市场的均衡产量却是 Q_4 。Q_4 与先前的市场均衡 Q_3 的差额，是新进厂商带来的产量增加。连接 E_1 和 E_2 这两个行业内的长期均衡点，直线 LS 就是行业的长期供给曲线。成本不变行业的长期供给曲线是一条水平直线，它反映的是，成本不变行业可以在一个不变的价格水平上提供任意的产量，市场需求的变化只会引起行业长期均衡产量的变化，而不会影响行业的长期均衡价格。

成本不变行业供给曲线表明，在长期中，成本不变行业可以根据市场需求变化而调整其产量供给，但市场价格一直保持在原来的长期平均成本曲线最低点的水平。

2. 成本递增行业的长期供给曲线

成本递增行业是指当行业生产规模扩大时，生产要素的价格上涨，从而行业中厂商的长期平均成本普遍上升的行业。也就是说，如果投入某一行业的生产要素的需求量在整个社会对这种要素的需求量中占很大比重，或者这种投入的要素是专用性的，即只有这种要素才可以生产这种产品，没有别的要素可以替代，那么在这些情况下，行业产量扩大将引起所需生产要素价格的上涨，从而单位产品平均成本将提高。另外，行业产量扩大时，即使所需投入生产要素价格没有什么变化，但是发生了外部不经济情况，也会使产品成本和价格上升，或者即使发生了外部经济情况，但其影响不及要素价格上升的影响大，也会引起产品平均成本和价格上升。图 6-19 就描述了一个成本递增行业供给曲线的形成过程。首先假设初始状态时，完全竞争市场以及市场中的厂商都达到了稳态均衡，即图 6-19（b）中在需求曲线 D_1 和短期

供给曲线 SS_1 的共同作用下，市场在 E_1 点处于均衡，均衡价格为 P_1，均衡供给量为 Q_3；在市场均衡价格 P_1 的条件下，图 6-19（a）中的代表性厂商实现了长期均衡，均衡产量是 Q_1，市场价格正好位于厂商长期平均成本曲线 LAC_1 的最低点。其中，所有厂商的均衡产量之和构成整个行业的均衡产量，如果用 n 表示代表性厂商的数量，则 $Q_3=\sum_{i=1}^{n}Q_i$。此时，行业内的厂商获得了正常利润，潜在厂商没有进入行业的动机。

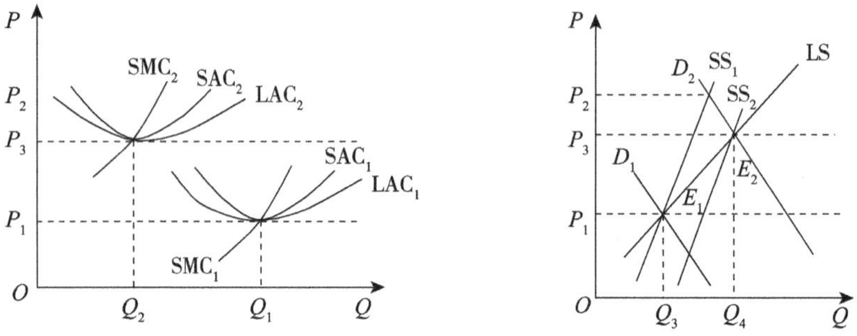

（a）厂商　　（b）行业

图 6-19　成本递增行业的长期供给曲线

假设外在的原因导致市场需求突然增加，图 6-19（b）中需求曲线从 D_1 移动到新的 D_2 位置，在新的需求曲线和市场供给曲线的共同作用下，市场价格从 P_1 上升至 P_2，行业内厂商的均衡将受到影响。在新的市场价格 P_2 下，短期内竞争厂商会根据新的边际收益等于边际成本原则来重新确定均衡产量，由于新的市场价格 P_2 在厂商短期平均成本曲线 SAC_1 之上，所以厂商获得经济利润。此时，有两个方面的趋势需要注意，一方面是潜在厂商在追逐经济利润的动机下开始大量涌入行业，并导致行业的短期供给曲线由于供给能力增加而向右平行移动，市场价格因此出现下降趋势；另一方面，由于行业产量的增加，生产要素的价格也出现了上涨，因此完全竞争厂商的生产成本也同时发生了变化，厂商的长期平均成本曲线开始向上移动。我们知道，完全竞争厂商的长期均衡的条件是 P=SMC=SAC=LAC=LMC，也就是说，市场价格在下降过程中达到厂商长期平均成本曲线最低点时，市场和厂商就会又一次实现长期均衡。最终，在两种趋势的共同作用下，完全竞争市场在 E_2 点实现新的均衡。在新的均衡点 E_2 决定的市场价格下，完全竞争厂商的长期平均成本曲线与市场价格相切于长期平均成本曲线的最低点，即 $P_3=SMC_2=SAC_2=LAC_2=LMC_2$，此时完全竞争厂商也实现了长期均衡状态。由于行业内厂商没有经济利润的存在，所以行业外潜在的其他厂商也停止进入行业，最终市场的均衡产量是 Q_4，并且高于初始的均衡产量。市场均衡产量的增加是由新进厂商的产量带来的。值得注意的是，从图 6-19（a）中我们可以看到，厂商新的均衡数量 Q_2 要比厂商初始的均衡数量 Q_1 小，这是生产要素价格的变化所导致的厂商边际成本曲线的上升造成的。之后，我们连接 E_1 和 E_2 这两个行业内的长期均衡点，直线 LS 就是行业的长期供给曲线。成本递增行业的长期供给曲线是一条向右上方倾斜的直线。它表明，在长期中，成本递增行业根据市场供求调整其产量水平时，市场价格会随之同方向变动。

3. 成本递减行业的长期供给曲线

成本递减行业是指当行业生产规模扩大时，生产要素价格下跌，从而行业中厂商的长期成本普遍下降的行业。成本递减往往存在于一些新兴的行业，或者是某些朝阳行业中。在这些行业中，由于成长的初期阶段行业总产量很小，对生产要素的需求量不高，生产要素市场没有提高效率的外在需求刺激，生产要素的生产过程也就往往不会使用那些具有规模产量的高效设备。而如果行业产量增加，对生产要素有了大量的需求，要素生产厂商就会使用某些高效率的生产设备，使生产要素的价格下降，进而使产品行业内厂商的成本下降，成本曲线向下移动。我们可以借助图 6-20 来分析成本递减行业的长期供给曲线。在图 6-20 中，首先假设初始状态时，完全竞争市场以及市场中的厂商都达到了稳态均衡。即图 6-20（b）中在需求曲线 D_1 和短期供给曲线 SS_1 的共同作用下，市场在 E_1 点处于均衡，均衡价格为 P_1，均衡供给量为 Q_3；在市场均衡价格 P_1 的条件下，图 6-20（a）中的代表性厂商也实现了长期均衡，均衡产量是 Q_1，市场价格正好位于厂商长期平均成本曲线 LAC_1 的最低点。此时，行业内的厂商获得了正常利润，潜在厂商没有进入行业的动机。

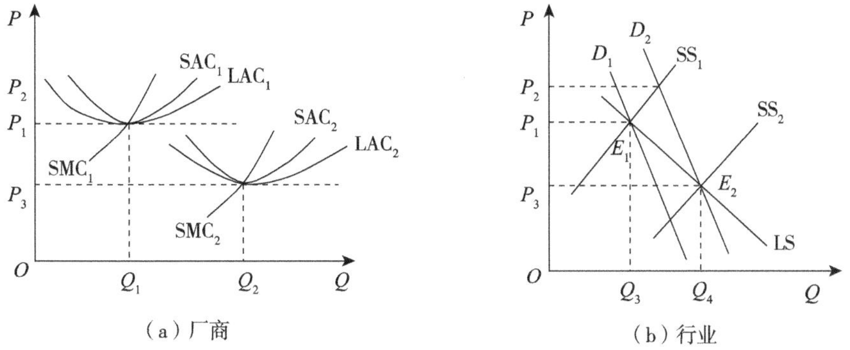

图 6-20　成本递减行业的长期供给曲线

假设外在的原因导致市场需求突然增加，图 6-20（b）中需求曲线从 D_1 移动到新的 D_2 位置，在新的需求曲线和供给曲线的作用下，市场价格从 P_1 上升至 P_2。在新的市场价格 P_2 下，短期内竞争厂商会根据新的边际收益等于边际成本原则来重新确定均衡产量，由于新的市场价格 P_2 在厂商短期平均成本曲线 SAC_1 之上，所以厂商获得经济利润。同样，我们此时也必须同时注意两个方面的趋势：一方面是潜在厂商在追逐经济利润的动机下开始大量涌入行业，并导致行业的短期供给曲线由于供给能力增加而向右平行移动，市场价格出现下降的趋势；另一方面，由于行业产量的增加，行业内生产对生产要素的需求大量增加，这最终会导致成本递减行业中生产要素价格的下降趋势，表现为图 6-20（a）中完全竞争厂商长期平均成本曲线开始向下移动。正如我们知道的那样，完全竞争厂商的长期均衡的条件是 P=SMC=SAC=LAC=LMC，即当市场价格在下降的过程中达到厂商长期平均成本曲线最低点时，市场和厂商就会又一次实现长期均衡。最终，在两种趋势的共同作用下，完全竞争市场在 E_2 点实现新的均衡。在新的均衡点 E_2 决定的市场价格下，完全竞争厂商的长期平均成本曲线与市场价格相切于长期平均成本曲线的最低点，即 $P_3=SMC_2=SAC_2=LAC_2=LMC_2$，此时完全竞争厂商也实现了长期均衡状态。由于行业内厂商没有经济利润的存在，行业外潜在的其他厂商也停止进入行业。在新的均衡点 E_2 上，均衡价格为 P_3，低于初始的均衡价格；均衡产量是 Q_4，高于初始的均衡产量。我们连接 E_1 和 E_2 这两个行业内的长期均衡点，直线 LS 就是行业的长期供给曲线。成本递减行业的长期供给曲线是一条向右下方倾斜的直线。它表明，在长期中，成本递减行业根据市场供求调整其产量时，市场价格会随之向反方向变化。

各个行业的长期供给到底是何种形状，取决于外部经济和外部不经济的状况。外部经济是指随着整个行业产量的增加，不由一个厂商控制的因素导致其平均总成本下降。外部不经济是指随着整个行业产量的增加，不由一个厂商控制的因素导致其平均总成本上升。如果一个行业中外部经济的因素占了上风，那么该行业的长期供给曲线就会向右下方倾斜；如果一个行业中外部不经济的因素占了上风，那么该行业的长期供给曲线就会向右上方倾斜；如果一个行业中外部经济的因素与外部不经济的因素持平，那么该行业的长期供给曲线就会是一条水平直线。相应地，它们分别被称为成本递减行业、成本递增行业和成本不变行业。

从经济学的角度而言，完全竞争市场是最理想的市场结构，并且也被认为是经济效率最高的市场结构。第一，完全竞争厂商按照 P=MC 原则进行生产，从而能够使资源得到最优的配置。当价格高于边际成本时，厂商就应该增加生产，反之就减少生产，均衡代表着最优的产量。第二，完全竞争厂商的长期均衡位于长期平均成本的最低点，保证了整个行业能以成本最低的方式进行生产，保证了留存在完全竞争行业中的厂商都是最有效率的厂商。

本章小结和复习思考题

第7章

完全垄断市场

知识学习目标

1. 理解完全垄断市场的特征及三种形成原因。
2. 掌握完全垄断厂商差别定价的种类、特点及其实质。
3. 重点掌握垄断厂商的短期均衡与垄断厂商的长期均衡。

能力训练目标

1. 具备判断垄断价格歧视程度的能力。
2. 具备将垄断产量在不同市场上分割以获得更大利润的能力。
3. 培养分析垄断厂商在短期内经营时获得超额利润、超额利润为零和蒙受亏损三种情况的能力。

正如我们所知道的，完全竞争市场和完全垄断市场是两种极端的市场结构，因此，完全垄断市场是与完全竞争市场差异最大的一种市场结构。各种经济行为在两种不同的市场结构下会有大相径庭的表现，尽管我们可以运用相同的经济分析工具进行研究。本章我们主要从完全垄断市场的形成原因、特征表现以及厂商的各种经济行为等几个方面进行研究。

7.1 完全垄断市场的特征及成因

7.1.1 完全垄断市场的特征

完全垄断市场是指，市场上只有一家厂商生产和销售某一种商品，并且这种商品不存在任何相近的替代品。在这样的市场结构中，排除了任何的竞争因素，独家垄断厂商控制了整个行业的生产和市场的销售，所以，垄断市场上的厂商可以控制和操纵市场价格。此时，单个生产者面对众多消费者。

虽然我们不能找到可以完全替代某种商品全部用途的替代品，但是却总可以找到替代其部分功能的商品。因此，确定一个市场是否为完全垄断的关键，就是确定这个市场中的厂商所生产或销售的产品是否能唯一地能满足消费者某一特定的需求。从这个角度上就可以很容易地理解为什么说完全竞争和完全垄断是市场结构中的两个极端，它们在现实世界中是几乎不会存在的。

完全垄断市场具有以下特征。

其一，只有唯一的生产者，厂商就是行业。完全垄断市场上只有唯一的一家厂商生产和销售某种产品，所以，厂商就是行业。垄断厂商所在的行业就是垄断行业。

其二，产品不能被替代。市场上不存在任何可与之替代的产品，新厂商不能进入该市场，因而垄断厂商没有来自其他厂商的任何竞争威胁。

其三，独自决定价格。垄断厂商可以控制和操纵市场价格，它可以自行决定自己产品的产量和价格，并由此使自己的利润最大化。

其四，实行差别价格。垄断厂商是价格的制定者，因此可以依据获取最大利润的需要，在不同的销售条件下将市场分割，实行不同的价格，即价格歧视。

7.1.2 完全垄断市场形成的原因

完全垄断市场的假设条件和完全竞争市场一样，都是很严格的，在现实的经济生活中，垄断市场也几乎是不存在的。在西方经济学中，完全竞争市场由于极高的经济效率而通常被用做判断其他类型市场经济效率高低的标准，很明显，垄断市场模型就是从经济效率最低的角度来提供这一标准的。完全垄断市场的形成原因主要有以下几个。

1. 规模经济

规模报酬递增在厂商的长期平均成本曲线上表现为产量增加，长期平均成本曲线向右下方倾斜，我们可以借助图 7-1 进一步分析。

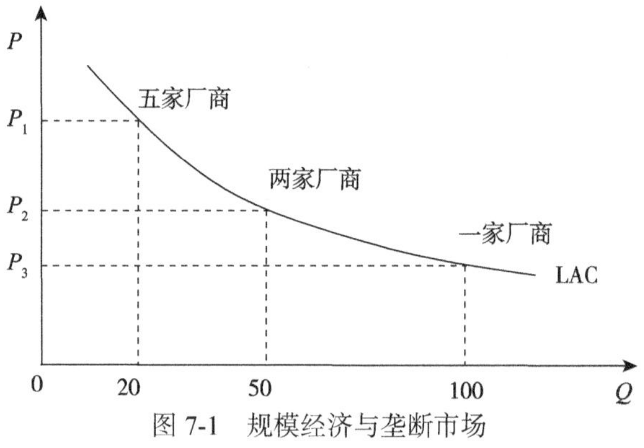

图 7-1 规模经济与垄断市场

图 7-1 中的长期平均成本曲线可以清晰地说明，为生产 100 单位的产品，如果是五家相同的厂商共同生产，则每家厂商生产的数量是 20 单位，而每一单位产品的成本是 P_1；如果是两家厂商生产，则每家厂商生产的数量是 50 单位，此时每一单位产品的成本是 P_2；如果是一家厂商生产，则这家厂商在满足同样的产量时，每一单位产品的成本仅是 P_3。显然，由一家厂商生产这 100 单位产品所消耗的成本最低。如果市场容量恰好也是 100 的话，那么仅存在一家厂商是最有效率的，它的成本低于行业内同时有两家或更多家厂商共同生产时的成本。

一个厂商的产量如果能够满足整个市场的需求，而且这时它的平均成本处于下降阶段，价格又有利可图，那么率先经营该行业的厂商就可以通过增加产量、降低平均成本等手段战胜进入者。规模报酬递增的作用是，使一个大厂商大规模地经营比多个厂商较小规模地经营更为经济。当一个厂商能以低于两个或更多厂商的成本为整个市场供给一种物品或劳务时，这个厂商所在的行业就是自然垄断。在自然垄断情况下，一个厂商可以以最低的成本生产任何数量的产品。

一些公共事业，如电力输送、电话、管道燃气和自来水，以及铁路、公路等以管线网络经营的行业易形成自然垄断。因为主干管道一次性投入的成本很高，随着用户和用量的增加，分摊到每一个用户和每一份用量上的平均成本将持续下降。而且一般而言，一套管网即可满足一个地区的全部需求。例如，就供水而言，为了向城镇上的居民供水，铺设一套遍及整个城镇的水管网即可，如果两个或两个以上的厂商来提供这种服务，每个厂商都必须支付铺设水管网的固定成本，而且铺设两套以上的管网也没有必要。因此，只有一家厂商为整个市场提供服务，水的平均总成本才是最低的。

2. 资源垄断

厂商通过控制生产一种产品所需要的重要生产资源就可以阻断潜在厂商的进入，从而形成垄断地位。所以，垄断产生的最简单的方法就是一个厂商拥有某一种关键的资源。例如，从 1893 年到 20 世纪 40 年代，美国铝业公司一直垄断着美国铝业市场，生产铝的主要原料是铝矾土，在相当长的一段时期内，美国的所有铝矾土都被美国铝业公司控制着，借助于垄断生产的重要资源，美国铝业公司就成为行业的独家垄断厂商。又如，南非的戴比尔斯联合矿业，从 19 世纪 80 年代起就通过几乎控制了全世界的钻石矿而垄断了整个世界的钻石市场。

垄断者比完全竞争市场上任何一家厂商都有更强的市场势力。值得注意的是，虽然关键资源的排他性所有权是形成垄断的一个原因，但是这并不能永远保证厂商的垄断力量，实际上，源于这种原因的垄断是很少存在的。随着科技的发展，现有的由资源独家控制所形成的垄断有可能很快就会被打破。例如，科技的发展使人工钻石越来越逼近天然钻石的质地，当有一天人工钻石和天然钻石可以完全一样时，戴比尔斯联合矿业就不会再对钻石市场拥有垄断的力量了。如果消费者的消费习惯发生了变化，那么现有的行业垄断也可能因为丧失市场而不再存在。而且，现实经济如此巨大，资源往往由多方所有，实际上，由于许多商品可以在国际上交易，它们的自然市场范围往往很广泛，所以，不具有相近替代品的厂商很少。

3. 政府垄断

现实经济生活中很多行业内的垄断多数都是通过政府的特许经营而形成的，如公用事业、有线电视等。政府特许经营是对某种产品排他性使用的一种授权，任何没有经营许可的厂商是不能进入这个行业的，否则会面临政府的处罚。从这个角度来讲，特许经营是政府进行市场干预的一种手段。所以，多数情况下，垄断的产生是因为政府给予一个人或一个厂商排他性地出售某种产品或劳务的权利。同时，在某些时候，政府也会出于公共利益而赋予垄断的权利。中国政府对烟草实行国家专营，中国烟草总公司是唯一的一家能够经营烟草专卖、进出口业务的公司。烟草专卖制度的确立，使烟草行业从分散管理走向集中管理，从自由发展变成国家垄断经营，在扭转当时烟草行业盲目发展的混乱局面、促进产供销协调发展和改善、提高卷烟产品结构质量，以及满足群众消费需求等方面起到了积极作用，尤其是为国家财政积累做出了重大贡献。

专利和版权法是政府为了公共利益而制造垄断的例子。当某一企业进行技术创新发明了一种新产品时，它就可以向政府申请专利。如果政府认为其新产品真正是原创性的，则专利申请将获批准，该专利给予该公司在若干年中排他性地生产并销售这种新产品的权利。同样，版权也是一种政府的保证，它保证未经作者允许，任何人都不能印刷并出售这本书，也就是说，版权使某一作家成为他的书的一个销售垄断者。

专利法和版权法这样的法律使一个生产者成为垄断者，从而也就使产品价格高于竞争时的价格，允许这些垄断生产者收取较高价格并赚取较多利润，鼓励了一些合理的行为。就上面所说的例子而言，它鼓励了垄断者进行医药研究，鼓励了作家写出更多更好的书。但是我们也看到了，施行专利和版权的法律既有利益也有成本。专利和版权法的利益是增加了对创造性活动的激励，但是在某种程度上这些利益被垄断定价的成本所抵消。

在以上原因中，规模经济是形成垄断的最主要的因素，其余各种因素都存在一定的不足。对重要生产资源的独家控制能力会随着技术的发展以及消费者偏好的变化而很快丧失，其只能保证厂商暂时的垄断地位；知识产权的保护本身就是一种时效性的垄断，当保护期限结束时，垄断也就自然不会存在了；至于政府的特许经营，在很大程度上就是由于存在规模经济，政府为防止过度竞争而采取的一种对市场的干预行为。

7.2 完全垄断厂商的均衡

完全垄断厂商和其他任何厂商的目标都是获取最大的利润，尽管与完全竞争市场不同，完全垄断市场中只有一家厂商，但是垄断厂商仍然面临着制约因素，这种制约因素就是垄断厂商的需求曲线。

7.2.1 垄断厂商的需求曲线和收益曲线

在完全垄断市场上，由于市场中只有一家厂商，对垄断者产品的需求就是对整个市场产品的需求，所以，垄断者所面临的需求曲线就是整个市场的需求曲线。完全垄断的厂商是市场价格的决定者，它可以通过改变销量来决定价格。因此，完全垄断厂商面临的需求曲线是一条向右下方倾斜的需求曲线。

厂商要做出正确的决策，必须了解自己所面对的产品需求状况。市场对某一个厂商的产品需求状况，可以用该厂商面临的需求曲线来表示，因为它反映的是在一定的价格水平下厂商可以销售出的产品数量。垄断厂商的需求曲线，就是在一定的市场价格水平下垄断厂商可以销售出的产品数量。为了更好地了解垄断厂商的需求曲线，我们借助图 7-2 来进一步说明。

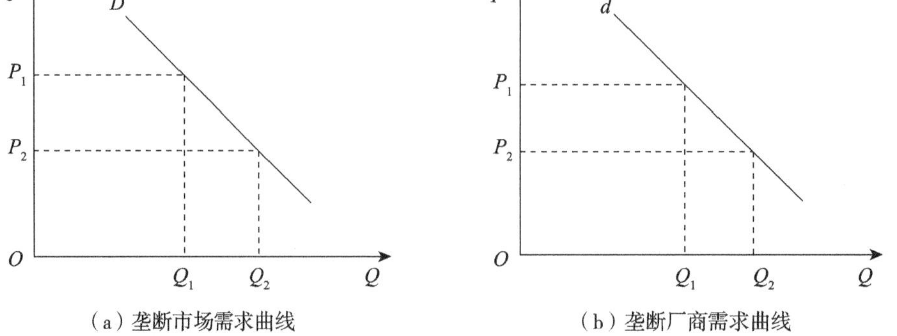

图 7-2　垄断厂商的需求曲线

图 7-2 中，图 7-2（a）反映的是垄断市场需求曲线，图 7-2（b）反映的垄断厂商需求曲线。通过消费者行为和效用论的学习，我们知道无论是哪种市场结构，市场需求曲线都是由消费者决定的，市场需求曲线上的每一点都意味着在一定价格水平下所有消费者都获得最大效用时所需要的商品总量，它与市场结构并无多大关系。因此，垄断市场需求曲线的每一点也都表示这样的一个价格和产品数量的组合，即每一个价格水平都对应着消费者对市场的需求总量。当市场价格是 P_1 时，所有消费者对市场产量的总需求是 Q_1；当市场价格是 P_2 时，所有消费者对市场产量的总需求是 Q_2，以此类推，我们可以得到图 7-2（a）中市场需求曲线上其他所有的价格和数量的组合点。再看图 7-2（b）中垄断厂商需求曲线。我们知道，在完全垄断市场中，只有垄断厂商一家生产和销售产品。因此，垄断厂商的产量就是垄断市场的产量。当市场价格是 P_1 时，所有消费者对市场的总需求 Q_1，就是所有消费者对垄断厂商的总需求；当市场价格是 P_2 时，所有消费者对市场的总需求 Q_2，也就是所有消费者对垄断厂商的总需求。总而言之，完全垄断厂商的需求曲线就是市场的需求曲线，它是一条向右下方倾斜的曲线。

完全竞争厂商和完全垄断厂商的主要差异在于其面对的需求曲线不同。完全竞争厂商是既定价格的接受者，因此其面临的需求曲线是水平的；而完全垄断厂商面临的是市场需求曲线，垄断厂商可以通过减少总产量的方法来提高市场价格，也可以通过增加总产量的方法促使价格下降，因此完全垄断厂商能够在一定程度上选择产品的市场价格。但是，由于产量变动所引起的市场价格的变动是针对市场中所有产品的，所以厂商的每一单位产品都是在市场价格下出售，因此厂商的平均收益 AR 总是等于产品的市场价格 P，平均收益曲线 AR 与厂商的需求曲线 d 重叠，如图 7-3 所示。

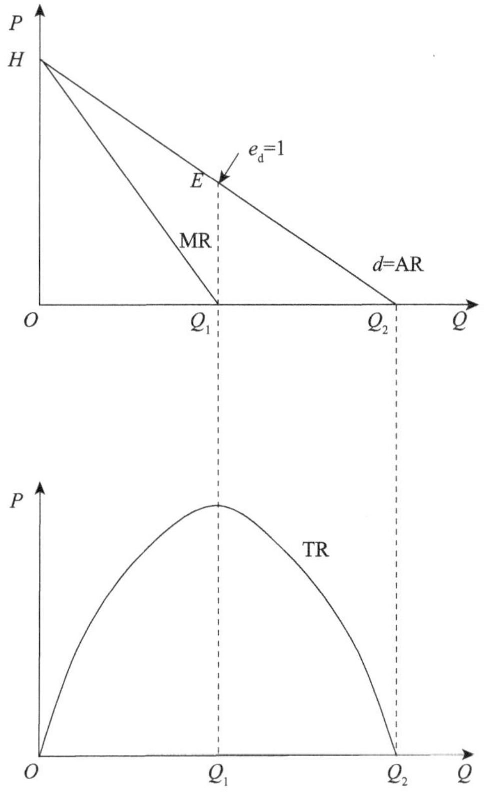

图 7-3　垄断厂商的收益曲线

正如我们所知道的，边际收益是厂商额外销售一单位产品时所获得的收入的增加量。完全垄断厂商面临的是向右下方倾斜的需求曲线，意味着厂商如果额外增加一单位产量，产品的市场价格就会下降，这个下降的价格不仅针对最后这一单位产品，也针对以前的全部产品。因此，额外增加一单位产品所获得的收入增量要小于这单位产品生产出来后的市场价格，即垄断厂商的边际收益 MR 小于平均收益 AR。在图 7-3 中表现为，垄断厂商的边际收益曲线 MR 要在垄断厂商的平均收益曲线 AR 的下方。

边际收益等于总收益变化量与产量变化量的比率，即边际收益是总收益的斜率。我们知道了垄断厂商的边际收益曲线 MR，就可以得到如图 7-3 所示垄断厂商总收益曲线 TR 的一些基本特征。首先，在垄断厂商产量 O 到 Q_1 之间，垄断厂商的边际收益 MR>0。因为边际收益 MR 是总收益 TR 的斜率，也是总收益曲线 TR 的一阶导数，所以当 MR>0 时，TR 曲线必定是递增的，总收益在此产量区间是随着产量的增加而递增的。同时，在此产量区间内，边际收益是下降的，即边际收益曲线 MR 的一阶导数 $\mathrm{MR}'<0$。因为边际收益 MR 是总收益 TR 的一阶导数，即 $\mathrm{MR}=\mathrm{TR}'$，所以边际收益的一阶导数就是总收益的二阶导数 $\mathrm{MR}'=\mathrm{TR}''$。由上述分析可知，在此产量区间内 $\mathrm{TR}''<0$。所以总收益曲线 TR 在 O 到 Q_1 产量之间，是上凸的递增曲线。同样的道理，在 Q_1 到 Q_2 产量之间，MR<0，意味着总收益曲线是递减的；而 Q_1 到 Q_2 区间内，边际收益曲线 MR 仍然是递减的，一阶导数 $\mathrm{MR}'<0$，即在此产量区间内总收益曲线的二阶导数 $\mathrm{TR}''<0$，总收益曲线仍是上凸的，总收益曲线 TR 在 Q_1 点取得最大值。同时，根据以前我们所探讨的平均收益与总收益的关系可知，当平均收益为零时，总收益必然也同样为零，所以总收益曲线在 Q_2 点处与横轴相交，总收益取零值。

7.2.2 垄断厂商的短期均衡

完全垄断市场上，厂商面对的需求曲线就是市场面对的需求曲线，一个厂商就构成了一个市场。因此，这里分析的完全垄断的厂商均衡，也就是完全垄断的市场均衡。也正是因为如此，在垄断市场中均衡价格和均衡产量的确定是在一个决策过程中同时确定的，而不是两个分离的过程。一旦垄断厂商决定了其产出水平，那么根据市场需求曲线，市场的价格也就同时确定了。类似的，一旦厂商决定了其价格水平，根据市场需求曲线，厂商所能销售的最大产量也就同时确定了。也就是说，完全垄断厂商虽然是市场价格的决定者，但它仍然要遵循利润最大化原则来确定其最佳产量，然后再根据它所面对的需求曲线决定价格。

与完全竞争的厂商相同，垄断厂商获得最大利润的条件也是边际成本等于边际收益。在短期内，垄断厂商无法改变其固定要素的投入，因此垄断厂商只能在既定的生产规模下通过对产量或价格的调整来实现利润最大，如图 7-4 所示。

在图 7-4 中，短期平均成本曲线 SAC 和短期边际成本曲线 SMC 是垄断厂商在既定生产规模下的成本曲线。垄断厂商面临的需求曲线为 d，它同样也是垄断厂商的平均收益曲线 AR，并且垄断厂商的边际收益曲线 MR 在其下方。所有的这些曲线都是垄断厂商无法改变的，垄断厂商在此条件下能够做出的决策就是：生产还是不生产；如果生产，均衡产量又是多少。在边际成本等于边际收益（MC=MR）的原则下，垄断厂商确定均衡产量为 Q_1。当均衡产量确定为 Q_1 后，根据垄断厂商的需求曲线，市场价格自然为 P_1。在这种均衡下，垄断厂商的平均收益 AR（市场价格）为 P_1，短期平均成本 SAC 为 P_2，垄断厂商获得了经济利润，经济利润总量为矩形 $P_1P_2E_3E_2$ 的面积。

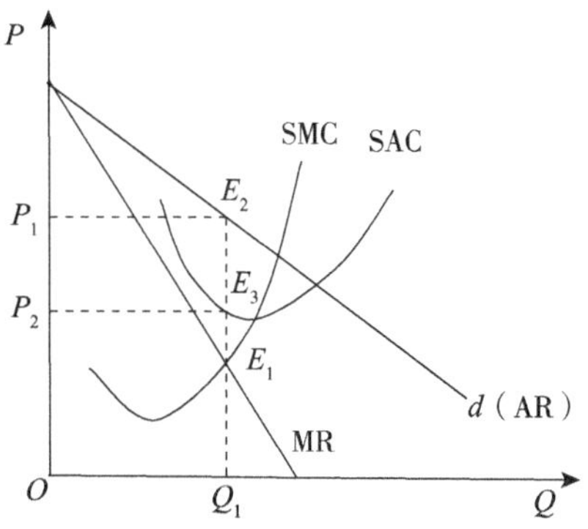

图 7-4 完全垄断厂商的短期均衡（一）

很明显，在图 7-4 所示的情况下，垄断厂商会获得经济利润。但是，正如我们在上面提到的，短期中代表生产规模的成本曲线以及垄断厂商面临的需求曲线都不是垄断厂商所能够控制的，如果需求曲线和各种成本曲线并不在图 7-4 所示的位置，那么垄断厂商的经营状态就不一定很乐观。垄断厂商短期均衡时也可能面临着亏损，具体如图 7-5 所示。在图 7-5 中，根据边际成本等于边际收益（MC=MR）原则，垄断厂商的均衡点为 E_1，即均衡产量为 Q_1，市场价格为 P_1。但是此时的市场价格要低于垄断厂商的平均成本 P_2，因此垄断厂商处于亏损状态，亏损总量为矩形 $P_2P_1E_3E_2$ 的面积。垄断厂商之所以仍要继续生产，是因为此时的市场价格（平均收益）仍高于平均可变成本，垄断厂商在实现了全部可变成本之外，仍可以弥补一部分不变成本，否则垄断厂商停产将造成全部不变成本的损失。

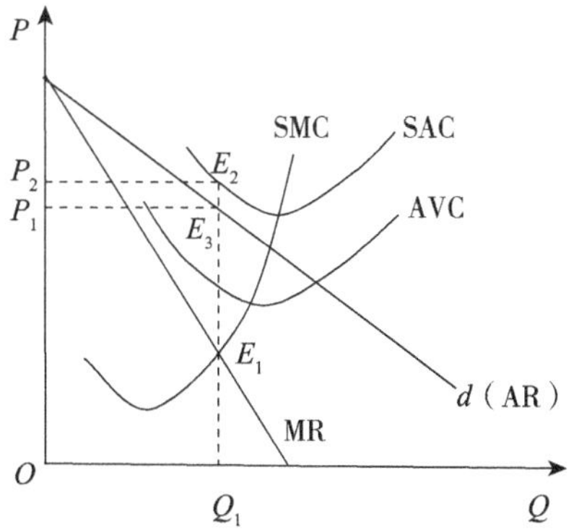

图 7-5 完全垄断厂商的短期均衡（二）

尽管垄断厂商可以通过产量来决定产品价格，但是垄断厂商和完全竞争厂商一样，仍然面临停产的可能。如图 7-6 所示，当垄断厂商根据边际成本等于边际收益（MC=MR）时，确定均衡产量 Q_1，并由垄断厂商的需求曲线确定了市场价格 P_1，此时垄断厂商的平均收益 AR 为 P_1，平均可变成本 AVC 为 P_2。从图 7-6 中我们可以看到，垄断厂商在均衡时平均收益小于平均可变成本，垄断厂商应该停止生产，否则垄断厂商在损失了全部不变成本外，还会额外损失可变成本。这就是垄断厂商停止生产的条件，其与完全竞争厂商的停产条件一样，都是先通过边际收益等于边际成本来确定均衡产量，然后通过平均收益与可变成本进行比较来确定是否停止生产。然而除此之外，垄断厂商的停产条件还可以用另外一种方式来描述：无论在哪个产量下，如果垄断厂商的需求曲线 d 总是位于其平均可变成本曲线 AVC 的下方，那么垄断厂商只能选择停止生产。利用这种标准来判断垄断厂商是否应该停产，就没有必要事先通过边际收益等于边际成本来确定均衡产量，在一些较为复杂的情况下，这种判断标准更加简洁易用。因为这种停产条件的表述避开了利用边际收益等于边际成本原则来确定厂商的利润最大，因此也就回避了边际收益等于边际成本是厂商利润最大化的必要条件而不是充要条件的限制。

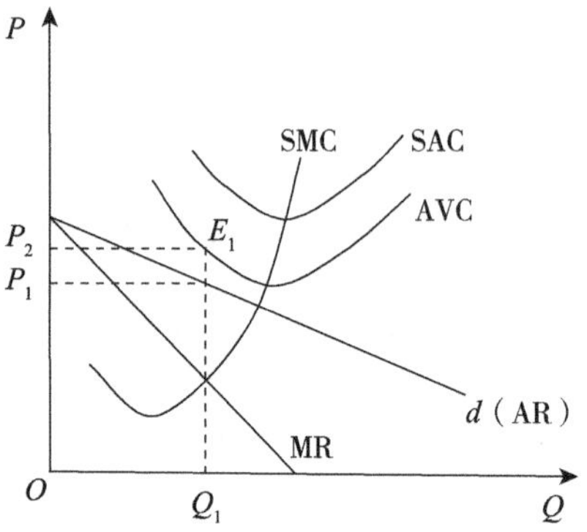

图 7-6 完全垄断厂商的停产条件

由以上分析可知，完全垄断厂商短期均衡的条件为边际收益等于短期边际成本，即MR=SMC。在实现均衡时，厂商大多数情况下能够获得超额利润，但也可能遭受亏损，或者是不盈不亏。

7.2.3 垄断厂商的供给曲线

在前面分析完全竞争厂商均衡中，我们曾经根据厂商短期边际成本曲线推导出厂商的短期供给曲线。但是在完全垄断条件下，由于价格不是固定的，而是要通过产量和价格调整来实现 MS=SMC 原则，并且 P>MR，所以，随着向右下方倾斜的需求曲线位移，价格和产量之间不存在那种一一对应关系，因此不存在具有规律性的厂商供给曲线。

在一个完全竞争的市场中，价格与供给数量之间具有明显的稳定关系，这种稳定关系体现在完全竞争厂商的供给曲线以及完全竞争行业的供给曲线上。而在完全垄断市场中，并不存在垄断厂商的供给曲线。供给曲线表示的是在每一个价格水平上厂商愿意而且能够提供的产品数量，它表现的是产量和价格之间的一一对应关系。这对于完全竞争厂商来说是有意义的，因为完全竞争厂商是价格的接受者，它无法决定市场的价格。完全竞争厂商的任何决策以及所有的经济行为都是在市场价格被确定的条件下才能够进行的。因此，针对每一个价格水平，完全竞争厂商会有不同的经济行为，会根据利润最大（或者亏损最小）的原则来确定自己能够提供的产品数量。不同的价格水平上，完全竞争厂商会有不同的供给数量，这就是完全竞争厂商供给曲线存在的原因。相反，垄断厂商不是价格的接受者，通过自身生产的产量，垄断厂商完全可以控制市场价格。在给定一个市场需求曲线时，垄断厂商要做的决策就是根据这个需求曲线所唯一确定的边际收益曲线来确定自己的均衡产量，而均衡产量一旦确定，由市场需求曲线就可以直接确定市场价格了。从这个角度来说，在完全垄断市场中，不是每一个价格水平都针对一个垄断厂商的供给数量。确切地说，一旦市场需求曲线确定了，垄断厂商的供给数量以及市场此时的均衡价格就是唯一确定的。因此，供给曲线这个概念并不适合垄断厂商。

垄断厂商的均衡数量和均衡价格组合也并不是永远固定不变的，当市场需求变动时垄断厂商的均衡数量也会发生变化，进而市场的均衡价格也会发生变化。但是，市场需求曲线变动所导致的垄断厂商的均衡产量和市场均衡价格之间的变动没有规律而言，更不是一一对应的。随着市场需求曲线的变动，一个均衡的市场价格可能对应着两个或更多的垄断厂商的均衡产量。如图 7-7 所示，短期中垄断厂商的边际成本曲线为 SMC。初始状态时，垄断厂商面临的需求曲线（市场需求曲线）为 d_1，相应的边际收益曲线为 MR_1。在此条件下，垄断厂商根据边际收益等于边际成本原则，确定了均衡产量 Q_1。在均衡产量确定为 Q_1 后，根据垄断厂商的需求曲线 d_1，此时市场价格为 P_1。假设由于市场波动，垄断厂商面临的需求曲线（市场需求曲线）发生了移动，从 d_1 移动到了 d_2，相应的边际收益曲线为 MR_2。此时垄断厂商为获得最大利润开始进行调整，根据边际收益等于边际成本，垄断厂商确定了新的均衡产量 Q_2，同时根据需求曲线 d_2，恰巧市场均衡价格仍然是 P_1。因此，需求曲线变动可以导致垄断厂商的均衡产量和市场均衡价格变动，但是最终的结果可能会是一个均衡的市场价格对应多个垄断厂商的均衡产量。这样的结果进一步说明，供给曲线的概念并不适合垄断厂商。

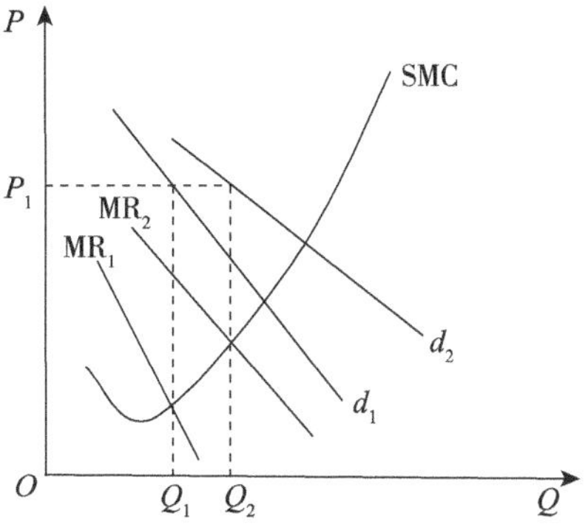

图 7-7　垄断厂商的供给曲线（一）

此外，随着市场需求曲线的变动，一个垄断厂商的均衡产量也可能对应两个或更多的市场均衡价格。如图 7-8 所示，短期中垄断厂商的边际成本曲线为 SMC。假设初始状态时，垄断厂商面临的需求曲线（市场需求曲线）为 d_1，相应的边际收益曲线为 MR_1。在此条件下，垄断厂商根据边际收益等于边际成本原则，确定了均衡产量 Q_1。在均衡产量确定为 Q_1 后，根据垄断厂商的需求曲线 d_1，此时市场价格为 P_1。假设由于市场波动，垄断厂商面临的需求曲线（市场需求曲线）发生了移动，从 d_1 移动到了 d_2，相应的边际收益曲线为 MR_2。此时垄断厂商为获得最大利润开始进行调整，根据新的边际收益等于边际成本，垄断厂商的均衡产量恰巧仍然是 Q_2，同时根据需求曲线 d_2，市场均衡价格是 P_2。因此，需求曲线变动可以导致垄断厂商的均衡产量和市场均衡价格变动，但是最终的结果也可能会是一个垄断厂商的均衡产量对应着多个市场均衡价格。

7.2.4　垄断厂商的长期均衡

在长期内，完全垄断厂商可以调整全部生产要素。通过改变生产要素，厂商从技术、管理等方面取得规模经济，所以厂商总是会使自己获得超额利润，加之完全垄断行业在长期内

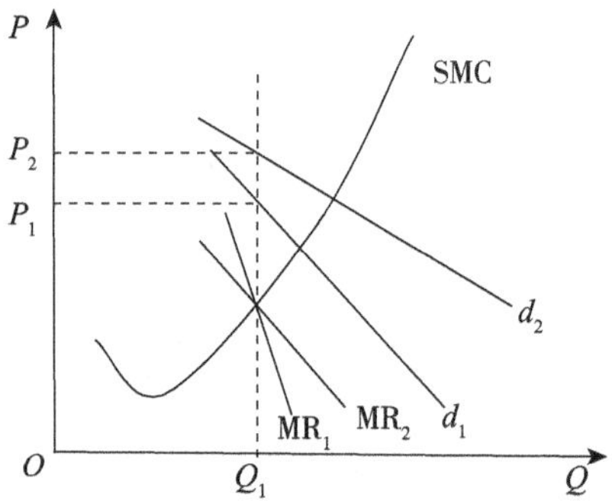

图 7-8 垄断厂商的供给曲线（二）

不可能有其他厂商加入，厂商的超额利润是可以而且能够长期保持的。如果一个完全垄断厂商在长期经营中总收益不能弥补其经济成本，那么，除非政府给予长期补贴，否则它势必会退出此行业。因此，完全垄断行业的长期均衡是以拥有超额利润为特征的。

市场的需求和垄断厂商的生产规模是短期内垄断厂商决定均衡产量的两个决定性因素，在短期内这两个因素都不能由垄断厂商决定。然而在长期中，垄断厂商可以自由地调整所有的要素投入，垄断厂商的生产规模是可变的。为获得更多利润，垄断厂商会根据边际收益等于长期边际成本来确定自己的最优生产规模，进而确定厂商的均衡产量和市场的均衡价格，如图 7-9 所示。

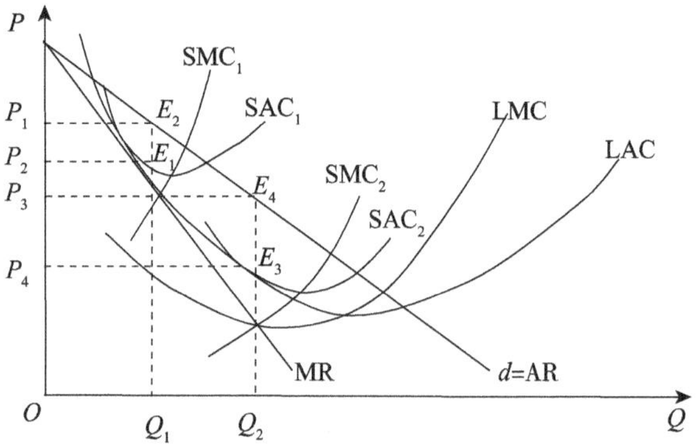

图 7-9 垄断厂商的长期均衡

在图 7-9 中，垄断厂商的需求曲线为 d，垄断厂商的边际收益曲线是 MR。由于这两条曲线取决于市场消费者，因此对于垄断厂商来说，无论是短期还是长期，这两种曲线并不会发生变化。假设短期内厂商拥有一个初始的固定生产规模，在这个生产规模上企业有相应的短期平均成本曲线 SAC_1 和短期边际成本曲线 SMC_1。在短期内厂商无法调整自己的生产规模，在现有的规模下依据厂商的边际收益等于短期边际成本原则，厂商确定均衡产量为 Q_1，并根据垄断厂商的需求曲线，市场价格为 P_1，此时垄断厂商的平均收益（市场价格）为 P_1，垄断厂商的平均成本 SAC_1 为 P_2。由于平均收益 P_1 高于厂商的平均成本 P_2，垄断厂商此时获得了经济利润。显然，完全垄断厂商经获得的济利润总额为矩形 $P_1P_2E_1E_2$ 的面积。但是，如果垄断厂商预期这种市场需求会长期持续，那么它可以通过调整自己的生产规模来获得更多的利润。为什么这么说呢？原因在于，在长期内厂商可以有足够的时间来调整自己的生产规模，此时厂商考虑的不再是边际收益等于短期边际成本，而是开始考虑边际收益等于长期边际成本。根据这个新的条件，厂商确定在长期平均成本 E_3 点处进行生产，生产规模采用短期平均成本曲线 SAC_2 代表的最优规模，平均成本为 P_4，此时均衡产量为 Q_2，并根据垄断厂商的需求曲线，市场价格为 P_3。显然，垄断厂商此时会获得更大的经济利润，利润总量为矩形 $P_3P_4E_3E_4$ 的面积。因此，长期内垄断厂商通过生产规模调整可以获得更多的利润，而最优规模确定的条件是边际收益等于长期边际成本。

我们曾经提到过，垄断厂商短期内有可能面临亏损，并且当垄断厂商均衡时平均收益小于平均可变成本，垄断厂商将会停止生产，否则垄断厂商在损失了全部不变成本外，还会额外损失可变成本。同样，在长期中也并不是所有行业的垄断厂商在长期内都能获得利润。有时，垄断厂商经过生产规模调整后仍然面临亏损，这取决于长期平均成本曲线 LAC 和垄断厂商需求曲线 d 的位置。如图 7-10 所示，当垄断厂商的长期平均成本曲线 LAC 始终高于垄断厂商需求曲线 d 的时候，无论垄断厂商确定哪个产量，垄断厂商都会面临亏损。值得注意的是，当垄断厂商短期内的平均收益 AR 大于平均可变成本 AVC 时，垄断厂商会继续生产，因为此时的垄断厂商在实现了全部可变成本之外，仍可以弥补一部分不变成本，否则垄断厂商停产将造成全部不变成本的损失。但是在长期内，即便垄断厂商平均收益 AR 大于平均可变成本 AVC，垄断厂商也会停止生产。因为垄断厂商在追求利润的动机下，是不会在一个行业中忍受长期亏损状态的。

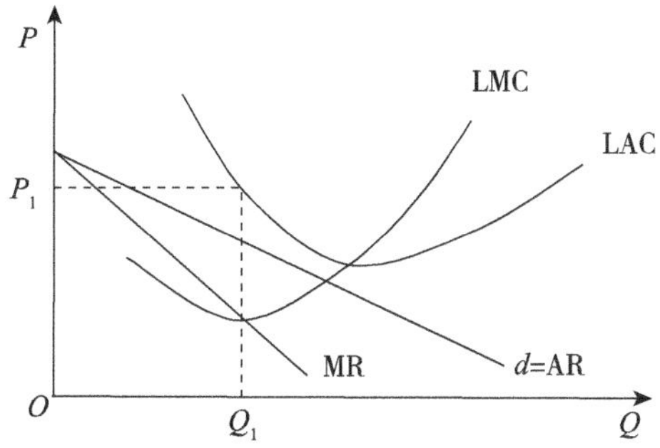

图 7-10　垄断厂商长期的停产条件

最后，在完全垄断市场中垄断厂商所面临的需求曲线就是市场的需求曲线，垄断厂商的供给量就是整个行业的供给量，因此我们现在分析的垄断厂商的长期均衡价格与均衡产量，实际上就是垄断市场的长期均衡价格与均衡产量，这是与完全竞争市场相区别的一个地方。

值得注意的是，完全垄断厂商实现长期均衡时，也未必同时实现了短期均衡，因为长期平均成本曲线是短期平均成本曲线的包络曲线。

综上分析，完全垄断厂商的长期均衡条件是边际收益等于长期边际成本和短期边际成本，可以表示为 MR=LMC=SMC。

7.3　价格歧视

现实生活中，垄断厂商为了获得更大利润，会对不同的市场和不同的消费者实行差别价格，也就是所谓的价格歧视。价格歧视是企业向不同的消费者出售相同的产品时，收取不同的价格的行为。从严格的经济学意义上说，并非所有的价格差异都可以称为价格歧视，如果价格差异反映了产品质量的差异或生产经营成本的差异，就不属于价格歧视。这里分析的价格歧视，是指由企业的市场势力引起的系统性的价格歧视现象。最珍视某种产品的消费者愿意支付比统一价格更高的价格，因此，企业运用价格歧视会有利可图。

在现实生活中，我们可能会发现商家向不同消费者出售同一种产品时索取不同的价格。例如，当走进商场购物时，“买 300 返 100”或“买 500 返 300”的宣传可能会刺激我们的购物热情，使我们感觉到买得越多商品价格就越低，买得越少商品价格就越高；或者，在付账时可能会发现，那些拥有商场金卡的顾客可以打八折，而没有优惠卡的人却必须按全价付款；如果到书店购物，可能也会发现，学生可以凭借学生证以优惠的价格购书，而大多数顾客则必须支付全价；还有，同一种商品在不同等级的市场上售价不同；等等。

7.3.1 价格歧视的必要条件

并非所有的企业都可以实行价格歧视，一般而言，实行价格歧视需要具备以下三个条件。

第一，企业必须具有一定的市场势力，垄断厂商必须是价格的制定者，换句话说，厂商面临的是一条向右下方倾斜的需求曲线，厂商可以通过对产量的控制来决定产品的市场价格。在完全竞争市场中，厂商面临的需求曲线是一条水平线，价格是既定的因素，生产者无法改变产品价格，调高和调低都会使自己收益受损。而在完全垄断市场中，即便垄断厂商提高产品的售价，产品的销售也仅会是减少而已，不会面临零销售的窘境。因此，实施价格歧视的第一个必要条件就是厂商对价格的控制能力。

第二，企业必须了解或者能够推测消费者的购买意愿。价格歧视是针对不同消费者制定不同的销售价格，所以清晰地界定消费者的需求和偏好是价格歧视的前提。但是在现实中，垄断企业不可能完全了解消费者的需求信息。一般来说，如果某厂商试图采取价格歧视，对某些具有特殊偏好的消费者采用较高的产品价格，那么这部分具有特殊偏好的消费者绝不会主动承认自己的偏好，因为没有人会愿意承认自己的特殊偏好从而支付更高的价格。因此厂商必须通过更加间接的方法来识别消费者的偏好。例如，许多公司在报纸和杂志上向公众提供折扣券，买者为了得到下次购买时 0.5 美元的折扣而剪下折扣券。那为什么公司并不把产品价格降低 0.5 美元？回答是，折扣券使公司可以实行价格歧视。公司知道，并不是所有顾客都愿意花时间剪下折扣券。此外，剪折扣券的意愿与顾客对物品的支付意愿是相关的。富裕而繁忙的经理不大可能花时间从报纸上剪下折扣券，而且，他也许愿意为许多物品支付较高价格。一个失业者更可能剪下折扣券并且支付意愿较低。因此，通过只对这些剪下折扣券的顾客收取较低价格，厂商就可以成功地实行价格歧视。同时，垄断厂商在进行歧视定价时要考虑辨别的成本，如果辨别成本很高，接近或超过歧视定价所带来的额外利润，那么垄断厂商也就没有必要再进行歧视定价了。

第三，企业必须能够阻止或限制转卖行为，即以低价购买再以高价出售给另外的消费者，或者说，垄断厂商必须确保消费者不可能进行套利行为。转卖的可能性对于任何类型的价格歧视都是关键性的因素。如果企业实行以价格歧视为手段的营销策略，那么就会刺激转卖行为，转卖行为可能破坏或者至少减少价格歧视的有效性。价格差别越大，对转卖行为的刺激就越强。因此，限制转卖就成了企业实行价格歧视取得成功的决定性因素。针对市场经济活动中不同的产品而言，一般有以下几种方法。

（1）提供不可转卖的服务。由于服务领域中的生产和消费都是同时进行的，所以，与生产和消费可以分离的实物形态领域相比，价格歧视形式更为普遍。例如，某些商店对要发票的顾客收取比不要发票的顾客高的费用，而顾客难以将这种服务转卖给其他消费者。

（2）只对初次购买产品的消费者提供担保。销售商可以宣布，如果产品被转卖，对它的各种担保就自动失效，这样就增加了买方向初次购买者购买的成本。

（3）增加转卖的交易成本。任何经济活动必然都要考虑交易费用或交易成本的问题。在产品转卖过程中，通常需要花费一定的费用，如果这种费用较高，那么就会阻止或限制转卖。例如，关税和运输成本就是转卖过程中的交易费用。假设企业将同一产品销售到两个国家，并制定不同的价格，此时，价格较低国家中的产品就有可能被转卖到价格较高的国家。但在产品从价格较低国家转卖到价格较高国家的过程中，需要运输费用，而且还可能被征收关税，这就会阻止或限制转卖行为。除了关税和运输成本之外，转卖过程中所花费的时间、精力、信息成本等都是阻止和限制转卖行为的交易费用。

（4）合同限制。企业可以在合同中明确写出禁止转卖的条款，并把其作为销售的条件之一。这种行为是否可行，取决于法律的约束力和可操作性。例如，电脑经销商以低于市场价的优惠价格对学生出售电脑。但在购买之前，买方必须签下不得进行转卖的合同。

（5）纵向一体化。企业可以较低的价格向其子公司或分公司出售产品，并通过控制后者而禁止它们将产品转卖给其他企业或者消费者。假设一家经营煤炭的企业出售煤炭时，想向焦炭生产商索取一个较低的价格，而向火力发电生产商索取一个较高的价格。如果煤炭销售商确实设定了两个不同的价格，那么，焦炭生产商就会将煤炭转卖给火力发电生产商。为了制止转卖，煤炭销售商可以选择纵向一体化自行生产焦炭。

（6）政府干预。政府可以通过制定法律，以及允许竞争性产业中的企业通过协议和集体行动来防止转卖。例如，目前我国城市居民住房中的“福利房”或“经济适用房”不可以随意转卖，但是市场价住房（即“商品房”）可以自由转卖。

很明显，如果企业能够成功地限制转卖，那么它就会实行多种类型的价格歧视了。

7.3.2　一级价格歧视

一级价格歧视又被称为完全价格歧视，是指垄断企业向每个消费者索取他愿意为每单位商品支付的最高价格。在一级价格歧视下，企业以较低的价格销售产品不会影响原先以较高价格购买产品的消费者的购买行为，即对一个消费者的低价格不会使其他消费者也要求低价格。在一级价格歧视下，各个消费者支付的价格是不同的，消费者向企业支付了更多的钱。换句话说，一级价格歧视没有降低效率，但是影响了收入分配。

当然，在现实生活中，垄断企业不可能完全了解所有消费者的需求信息，因此，也就难以制定出一种定价政策来攫取所有的消费者剩余，比较有效的方法是进行一对一的交易汇总，监视或者估计买者的最高支付意愿。美国运通公司最初对其所有客户，无论是餐馆、服装店、航空公司、酒店业都实行 3%的提成比率，这首先遭到了餐馆行业的强烈反对，他们抱怨提成比率太高。为此，美国运通公司咨询了全球知名的麦肯锡管理公司，其给美国运通公司的方法就是采取一级价格歧视策略，把餐馆行业的服务提成比率降低到 2%，把服装行业的提成比率降低到 2.5%，把航空公司和酒店业的服务提成比率提高到了 3.5%。结果，美国运通公司获得丰厚的利润。

相对于单一价格策略，执行一级价格歧视的垄断厂商可以获得更多的收益，因此垄断厂商的均衡也会重新进行调整。如图 7-11 所示，垄断厂商的需求曲线为 d，边际收益曲线为 MR，边际成本曲线为 LMC，在单一价格策略下，垄断厂商的均衡产量为 Q_1，均衡价格为 P_1，垄断厂商的经济利润为矩形 P_1GFE_1 的面积。当垄断厂商有能力执行一级价格歧视时，垄断厂商的边际收益曲线就不再是原先的 MR 那条直线了，而是厂商的需求曲线，即 d 是垄断厂商新的边际收益曲线，具体如图 7-12 中所示。需求曲线 d 成为垄断厂商新的边际收益曲线是因为垄断厂商可以进行一级价格歧视，因此在降低价格售出额外产品的时候，原先售出产品的价格不会发生变化，垄断厂商获得的收益的增加额正好等于新增销售的价格。因此，垄断厂商此时的边际收益曲线就是它的需求曲线。根据边际收益等于边际成本原则，执行一级价格歧视的垄断厂商均衡产量为 Q_2，均衡时垄断厂商获得的经济利润为四边形 $HP_2E_3E_2$ 的面积，远远大于单一价格策略时所获得的经济利润。

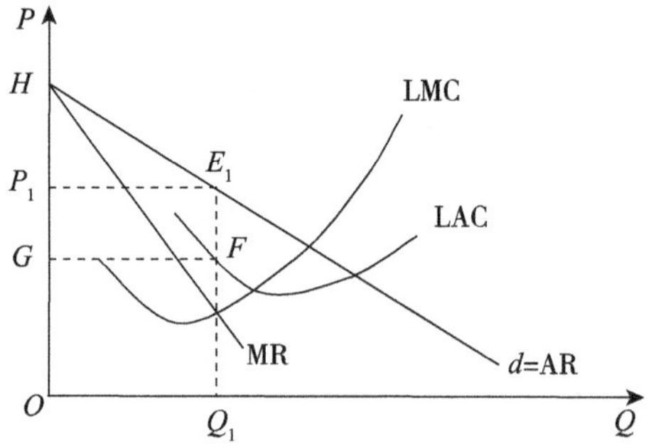

图 7-11 一级价格歧视（一）

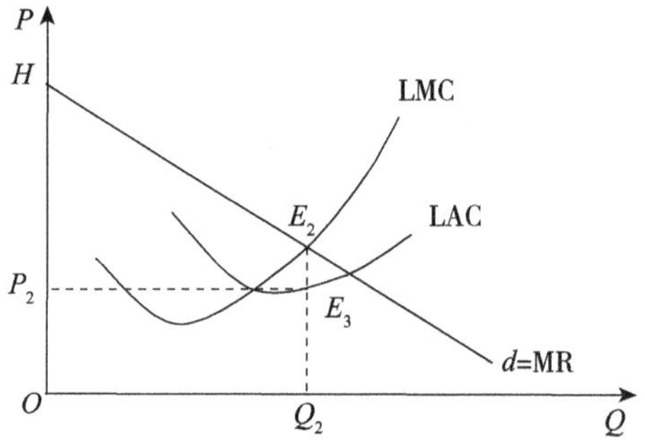

图 7-12 一级价格歧视（二）

执行一级价格歧视的垄断厂商比单一定价时获得了更多的利润，而且对比之后我们还发现，执行一级价格歧视的垄断厂商生产的产量也更多，因为它在无须对先前消费者顾虑更多的情况下，又为那些原本不愿意购买的消费者提供了较低的价格，从而增加了消费者数量。然而，在现实中一级价格歧视这种价格策略是很难实现的，因为试图清晰地分辨出消费者的偏好对于垄断厂商来说是很难的。

7.3.3 二级价格歧视

二级价格歧视是指垄断者对一定数量的产品收取一种价格，对另外一定数量的该种产品收取另一种价格，也就是说垄断厂商对不同的消费数量段规定不同的价格。二级价格歧视中，企业不知道每一个消费者的需求，它所知道的只是人群中的需求分布。我们以电力公司实行的分段定价为例来说明二级价格歧视，具体如图 7-13 所示。电力公司往往规定：当消费者的耗电量在 Q_1 以内时，每千瓦时电的价格为 P_1；当消费者的耗电量超过 Q_1 但不足 Q_2 时，Q_1 以内的用电仍按每千瓦时 P_1 的价格收取，但超过 Q_1 部分的电费按每千瓦时 P_2 的价格收取；当耗电量超过 Q_2 时，超过部分按每千瓦时电 P_3 的价格收取。如果垄断电力公司没有执行二级价格歧视，仍使用单一定价策略，那么电力公司在消费者使用总量为 Q_3 的电时，每千瓦时电售价为 P_3，电力公司总收益为矩形 $P_3OQ_3E_3$ 的面积。而如果执行二级价格歧视的话，电力公司获得的总收益为三个矩形的面积之和，分别为 $P_1OQ_1E_1$、$E_4Q_1Q_2E_2$、$E_5Q_2Q_3E_3$。新的收益要远远大于没有执行二级价格歧视前的总收益。

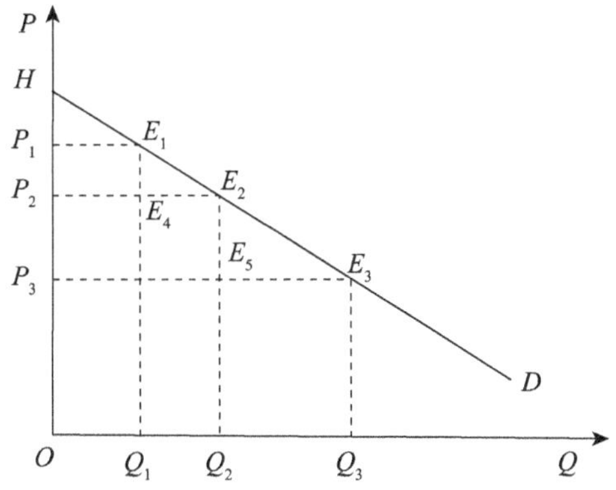

图 7-13　完全垄断厂商的二级价格歧视

一般而言，二级价格歧视有以下两种。

1. 单一两段收费

单一两段收费是指企业先对消费者收取一笔购买权费,然后再收取每单位商品的使用费。企业执行两段收费，就必须能采用某种手段防止转卖的发生，否则，消费者可以先支付一笔固定费用，然后采购下所有产品，再转售给他人，这样，企业就只能收取到一笔固定费用。例如，假设一家企业先要求每个顾客付出 100 元，然后才能按 1 元的单价购买产品。如果 A、B 两人都打算购买 50 单位的商品，则每人需要支付 150 元，两人共计支付给企业 300 元。但是，如果由 A 代表两人购买，两人则只需要支付给企业 200 元，每人只支付 100 元，这就提高了两人的福利。为了防止这种行为的发生，企业通过提高 A 分销给 B 的费用来阻止两个人之间的转卖。平时我们见到的产品往往都是单一价格的，也就是说购买权费为零。

2. 两种两段收费

当企业不知道某一个消费者的确切需求类别时，可以向消费者提供两种不同的收费安排供其选择，每个消费者选择能给他带来最高效用或利益的两段收费安排。例如，很多大型商场向一次性购买量大的顾客发放金卡，而给一次性购买量小的顾客发放银卡或者不发卡。当发生购买时，拥有金卡的顾客就可以在价格上优惠很大的百分点，无卡的顾客就可能优惠很小或者没有优惠。垄断企业可以通过这种方式区分出不同购买量的顾客，并对少量购买的顾客进行歧视，使他们对同样数量的产品或服务比前一类顾客支付更高的价格。还有很多商场推出的“买 300 返 100”“买 500 返 200”的活动也都是二级价格歧视方式。

一般地，两种两段收费可以描述为：如果第二类顾客在一定价格下的需求大于第一类顾客，那么，企业的最佳策略是对第二类顾客收取金额为 T_2 的固定费用，对第一类顾客收取金额为 T_1 的固定费用，而且 $T_2>T_1$；同时，对第二类顾客收取的边际价格为 P_2，对第一类顾客收取的边际价格是 P_1，而且 $P_2<P_1$。这样，企业通过向购买量较多的顾客收取较高的固定费用并为其提供低价而攫取了较大的消费者剩余。高额的固定费用吓跑了第一类顾客，他们宁愿为其购买的数量较少的产品支付高价。这样，企业就区分出了两组顾客群体。

与一级价格歧视一样，通过二级价格歧视，垄断厂商从消费者那里获得了更多的消费者剩余。但是二级价格歧视和一级价格歧视仍有所不同。首先，一级价格歧视的前提是垄断厂商能够清晰地确定消费者的偏好，据此方能执行一级价格歧视；而二级价格歧视下，消费者的偏好就不再是前提条件，无论消费者是什么样的偏好，他们面对的都是相同的价格结构，即都是根据不同的消费数量支付不同的单位价格。其次，一级价格歧视中，垄断厂商获得了全部的消费者剩余；而二级价格歧视是根据数量段制定价格，而不是根据每个产品单独制定价格，因此二级价格歧视只获得部分消费者剩余。

7.3.4 三级价格歧视

三级价格歧视是指垄断企业对同一产品在不同的市场上收取不同的价格，或者对不同的人收取不同的价格。很明显，实行三级价格歧视需要具备两个条件：一是存在可以分割的市场，否则市场上的套利行为不可避免；二是被分割的各个市场上的需求价格弹性不同。基于这两点，三级价格歧视经常被应用于国际贸易中，国内外市场不仅是分割的，而且源于经济、文化、环境等原因，需求弹性也是不同的。

实际上，无论面对多少个子市场，垄断厂商完全可以将它们都看成一个整体的市场。将每一个子市场中的消费者集合在一起，就是垄断厂商面对的所有消费者。从这个角度上说，每一个子市场需求曲线的水平加总，就是垄断厂商所面对的需求曲线。假设垄断厂商面对着两个子市场，市场 A 和市场 B，具体如图 7-14（a）和图 7-14（b）所示。其中，d_A 和 d_B 分别是 A 市场和 B 市场中厂商各自面临的需求曲线；MR_A 和 MR_B 分别是 A 市场和 B 市场中厂商各自的边际收益曲线。将市场 A 和市场 B 中厂商面临的需求曲线水平加总，就得到了图 7-14（c）中垄断厂商面临的总需求曲线 d_{A+B}，相应的 MR_{A+B} 是垄断厂商的总边际收益曲线。在图 7-14（c）中，垄断厂商的边际成本曲线为 MC。垄断厂商根据利润最大化条件（边际收益等于边际成本），确定了均衡产量 Q_A+Q_B。也就是说，垄断厂商在面临市场 A 和市场 B 两个子市场时，如果产量定为 Q_A+Q_B，则可以获得利润最大。

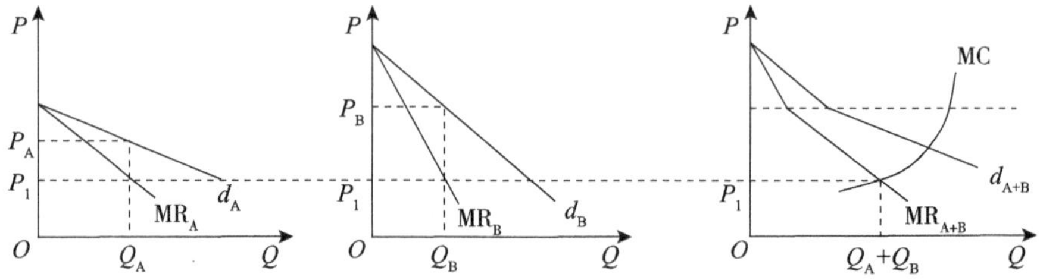

（a）市场A （b）市场B （c）垄断厂商的均衡

图 7-14 完全垄断厂商的三级价格歧视

垄断厂商生产出产量 Q_A+Q_B 后，如何在两个市场中进行分配呢？我们能很容易得出结论，垄断厂商在两个市场分配的原则是使市场 A 和市场 B 各自的边际收益 MR_A 和 MR_B 都等于垄断厂商均衡时的边际成本 $MC=P_1$。首先，两个市场中的边际收益必须相等，即 $MR_A=MR_B$，否则，只要两个市场之间的边际收益不等，那么厂商就会通过在两个市场中进行销量调整来获得更大的收益。例如，当 $MR_A>MR_B$ 时，厂商就会减少市场 B 中的销量而增加市场 A 中的销量，以获得更高的收益，这种调整过程一直持续到 $MR_A=MR_B$ 为止。此外，垄断厂商必须保证其生产的边际成本等于各子市场的边际收益，否则厂商就会通过增加或减少产量来获得更高的收益。所以，垄断厂商在两个市场分配的原则是 $MR_A=MR_B=MC=P_1$。那么在市场 A 中，根据 $MR_A=MC=P_1$，市场 A 中的销售量应该为 Q_A，根据厂商的收益曲线，此时市场 A 中的市场价格为 P_A；同样的道理，市场 B 中的销售量应该为 Q_B，市场价格为 P_B。市场 A 中的价格 P_A 要低于市场 B 中的价格 P_B 是因为市场 A 的需求弹性比市场 B 的需求弹性大。

三级价格歧视是日常生活中普遍存在的一种现象，其实质就是对消费者进行的识别，即对需求价格弹性较高的消费者索取低价，而对需求价格弹性较低的消费者索取高价，如市场上经常出现的讨价还价现象就都是这样的歧视例子。

本章小结和复习思考题

第8章

垄断竞争市场与寡头垄断市场

知识学习目标

1. 了解垄断竞争市场和寡头垄断市场的特征。
2. 掌握垄断竞争市场的均衡特点。
3. 了解寡头垄断厂商博弈的不同类型。
4. 对垄断竞争和寡头垄断市场进行评价。

能力训练目标

1. 了解各种市场的类型。
2. 具有分析市场类型的能力，具备运用古诺模型、贝朗特模型等分析现实经济现象的能力。
3. 具备利用市场垄断特征行为的能力。
4. 具备对垄断竞争的分析判断能力。

完全竞争市场和完全垄断市场是理论分析中两种极端的市场类型。现实中常见的是垄断竞争市场和寡头垄断市场。垄断竞争市场与寡头垄断市场是微观经济学重要的市场结构分析框架，两者既不同于完全竞争市场，也不同于完全垄断市场。垄断竞争市场具备了竞争与垄断的双重特质；而寡头垄断市场则是少数垄断厂商市场实现经济利益与矛盾均衡的博弈舞台。

8.1 垄断竞争市场的特征

8.1.1 垄断竞争的条件

1. 垄断竞争市场的含义

垄断竞争市场是既存在竞争又存在垄断的市场结构，是现实经济生活中最为常见的一种市场结构。该市场中有很多厂商生产和销售有差别的同种产品，由于产品差别化的存在，垄断竞争中整个行业的概念变得相当模糊。

2. 垄断竞争市场的条件

（1）市场上有众多的消费者和厂商，每个厂商所占的市场份额较小。

（2）厂商生产的产品存在差别，即有很大的替代性。而这种差别的存在是垄断竞争形成的基本条件。产品的差别包括产品本身的差别和销售条件等方面的差别，正是这种差别使企业对自己的产品的垄断成为可能，但产品替代性又促使同类产品在市场上激烈竞争。

（3）从长期来看，厂商进入或退出一个行业是自由的。垄断竞争市场是常见的一种市场结构，如肥皂、洗发水、毛巾、服装、布匹等日用品市场，餐馆、旅馆、商店等服务业市场，牛奶、火腿等食品类市场，以及书籍、药品等市场大都属于此类。

8.1.2　垄断竞争厂商的需求曲线

1. 需求曲线

由于垄断竞争厂商生产的是有差别的产品，因而对该产品都具有一定的垄断能力。和完全竞争的厂商只是被动地接受市场的价格不同，垄断竞争厂商对价格有一定的影响力。例如，厂商如果将它的产品的价格提高一定的数额，则习惯于消费该物品的消费者可能不会放弃对该物品的消费，该产品的需求不会大幅度下降。但若厂商大幅度提价的话，由于存在大量的替代品，消费者就可能舍弃这种偏好，转而购买该商品的替代品。因此，垄断竞争厂商所面临的需求曲线相对于完全竞争厂商而言要更陡一些，即更缺乏弹性；而相对于垄断厂商来讲需求曲线要更缓，即更富有弹性。

由于在垄断竞争行业中厂商生产的产品都是有差别的替代品，因而市场对某一厂商产品的需求不仅取决于该厂商的价格-产量决策，而且取决于其他厂商对该厂商的价格-产量决策是否采取对应的措施。例如，一个厂商采取降价行动，如果其他厂商不降价，则该厂商的需求量可能上升很多，但如果其他厂商也采取降价措施，则该厂商的需求量不会增加很多。这样在分析垄断竞争厂商的需求曲线时，就要分两种情况进行讨论。

1）d 曲线

d 曲线表示：在垄断竞争生产集团中的单个厂商改变产品价格，而其他厂商的产品价格保持不变时，该厂商的产品价格与销售量之间的对应关系。因为在市场中有大量的企业存在，所以单个厂商会认为自己的行动不会引起其他厂商的反应，于是它便认为自己可以像垄断厂商那样，独自决定价格。这样，单个厂商在主观上就有一条斜率较小的需求曲线，称为主观需求曲线。

2）D 曲线

D 曲线表示：在垄断竞争生产集团中的单个厂商改变产品价格，而其他所有厂商也使产品价格发生相同变化时，该厂商的产品价格和销售量之间的关系。在现实中，一个垄断竞争厂商降低价格时，其他厂商为了保持自己的市场，势必也会跟着降价，该厂商因而会失去一部分顾客，需求量的上升不会像厂商想象的那么多，因而还存在另外一条需求曲线，称为客观需求曲线或比例需求曲线。

在图 8-1 中，垄断竞争厂商的主观需求曲线为 d_1，厂商最初的产量为 Q_1，最初的价格为 P_1，因而位于主观需求曲线上的 A 点。该厂商将产品的价格由 P_1 下调至 P_2 后，按照其主观需求曲线 d_1，厂商预期销售量将提高至 Q_2。但是，该厂商降价时，其他厂商也将采取同样的措施，以维护自己的市场占有率，因此，该厂商的销售量实际只有 Q_3，即介于 Q_1 和 Q_2 之间，厂商实际只能移动到 B 点。厂商意识到这点之后，厂商的主观需求曲线就会做出相应的调整，改为通过 B

点的 d_2。相反，如果厂商将它的价格由 P_1 提高至 P_3，厂商按照主观需求曲线 d_1 会预期自己的需求量将降低至 Q_4，但由于其他厂商也同样采取提价措施，该厂商需求量的下降并不像预期的那么多，实际的需求量为 Q_5，即厂商实际移动到 C 点，厂商的主观需求曲线也将随之调整至通过 C 点的 d_3。根据客观需求曲线的定义，连接 A、B、C 三点的曲线 D 即是客观需求曲线。

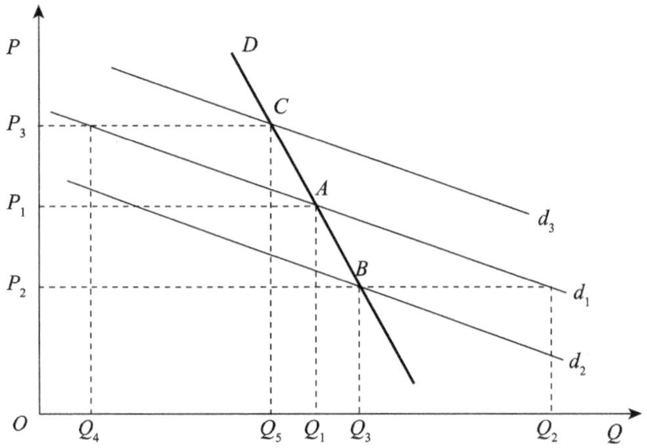

图 8-1　垄断竞争厂商所面临的需求曲线

3）d 曲线与 D 曲线的关系

当所有厂商同样调整价格时，整个市场价格的变化会使单个垄断竞争市场 d 曲线沿着 D 曲线上下移动。

d 曲线表示单个厂商改变价格时预期的产量，而 D 曲线表示单个厂商在每一价格水平上实际面临的市场需求量或销售量，所以 d 曲线与 D 曲线相交，意味着垄断竞争市场的供求平衡状态。

客观需求曲线 D 更缺乏弹性，所以更陡峭一些，主观需求曲线弹性较大，较平坦些。

2. 收益曲线

由于厂商的平均收益 AR 总是等于该销售量时的价格 P，所以平均收益曲线就是厂商的需求曲线。需求曲线向右下方倾斜，则平均收益曲线也是向右下方倾斜的，且两线重合。平均收益递减，则边际收益必定也是递减的，并且小于平均收益。所以与垄断厂商类似，垄断竞争厂商的边际收益曲线也是位于平均收益曲线之下，且较平均收益曲线更为陡峭。

因此，当厂商试图提高产品价格时，其损失掉的需求量（收益）比垄断时要大；相反，当垄断竞争厂商降低价格时，其争取到的需求量（收益）可能更大。

综合两方面的因素，垄断竞争的厂商面临的是一条向右下方倾斜的需求曲线，但曲线比较平坦（图 8-2）。

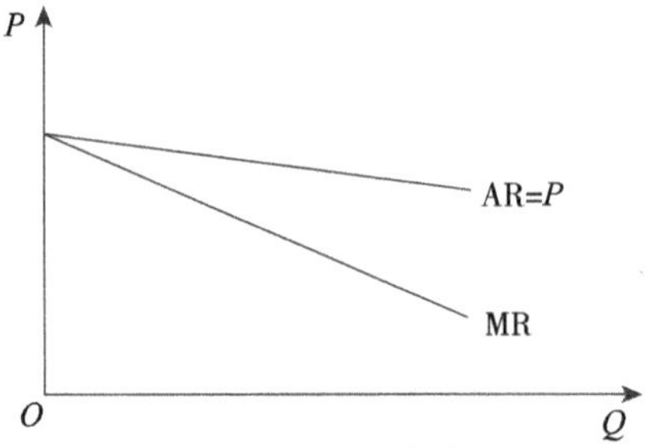

图 8-2　收益曲线

8.2 垄断竞争厂商的均衡分析

8.2.1 垄断竞争厂商的短期均衡

垄断竞争厂商的在短期内会通过调整产量和价格来实现利润最大化目标。

如图 8-3 所示，SMC 是代表性厂商的边际成本曲线，d_1 是厂商的主观需求曲线，D 是厂商的客观需求曲线。假定厂商一开始处于 A 点，此时产量为 Q_0，价格为 P_0。厂商为了实现利润最大化，会按照 $MR_1=MC$ 的原则来调整其价格和产量，即沿着主观需求曲线调整至 B 点，此时价格为 P_1，产量为 Q_1。由于在行业中的其他厂商也面临相同的情况，每个厂商都在假定其他厂商在不改变产量和价格的条件下根据自己的利润最大化原则降低了价格。于是，当其他厂商都降低了自己产品的价格时，代表性厂商实际的需求量不能增加到 Q_1，而只能是 Q_0 和 Q_1 之间的一点 C，需求量只有 Q_2。厂商的主观需求曲线也要修正到通过 C 点的 d_2，边际收益曲线也相应调整至 MR_2。这样该厂商在 P_1 的价格下无法实现最大利润，必须进一步做出调整。按照厂商利润最大化的条件 $MR_2=MC$，厂商将会把价格进一步降低至 P_2，厂商预期自己的需求量将会增加至 Q_3。但是由于其他厂商采取同样的行动，该厂商的需求量实际只能沿客观需求曲线增加到 Q_4，厂商在 P_2 价格下仍无法实现最大利润。以此类推，厂商的价格还需做出进一步的调整，其主观需求曲线也将沿客观需求曲线不断移动。

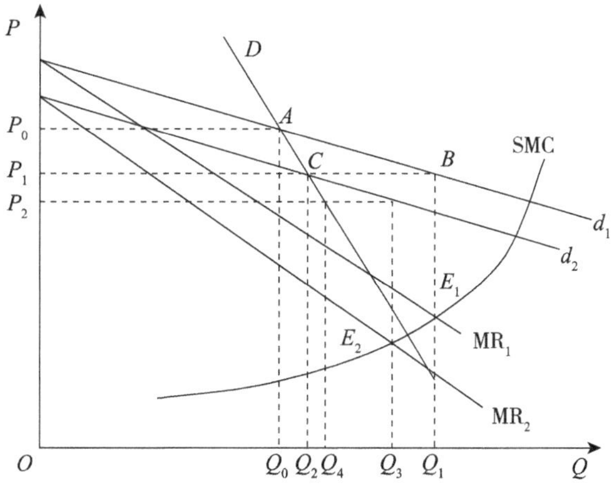

图 8-3　垄断竞争厂商在短期内的生产调整过程

上述调整过程实际是一个“试错”的过程，这一“试错”过程不断进行，一直持续到实现短期均衡状态为止。如图 8-4 所示，厂商实现短期均衡时，必须满足如下条件：①厂商的产量 Q_E 符合边际收益等于边际成本原则，厂商实现了利润最大化，因而厂商没有动力改变目前的状态。②厂商此时的产量和价格决策恰位于主观需求曲线与客观需求曲线的交点 H，亦即厂商按自己能够感觉到的主观需求曲线所做出的价格产量决策恰和其他厂商也做出同样调整的价格产量决策相一致。

垄断竞争厂商实现短期均衡时的利润如图 8-4 中阴影部分所示。当然，和垄断厂商、完全竞争厂商一样，垄断竞争厂商也可能获得经济利润，也可能经济利润为零，甚至是亏损，经济利润为负。这主要取决于厂商所面临的需求曲线与其平均成本曲线的位置，如果厂商的

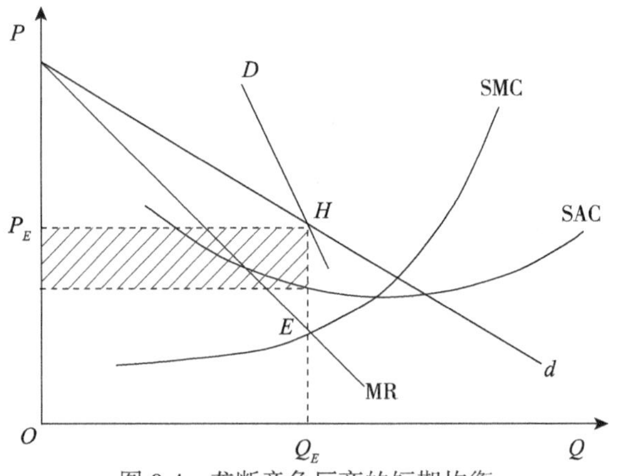

图 8-4 垄断竞争厂商的短期均衡

平均成本曲线位于需求曲线之上，也就是说，若厂商的平均成本太高或者需求太低，则厂商在短期内无论如何调整其价格和产量，都无法摆脱亏损的命运。

8.2.2 垄断竞争厂商的长期均衡

在长期内，垄断竞争厂商可以通过扩大或缩小其生产规模来与其他企业进行竞争，也可以根据自己能否获得经济利润来选择是进入还是退出一个行业。

假设垄断竞争厂商在短期内能够获得经济利润，在长期内所有的厂商都会扩大生产规模，也会有新的厂商进入该行业进行生产。在市场总的需求没有大的改变的情况下，代表性厂商的市场份额将减少，虽然主观需求曲线不变，但客观需求曲线将向左下方移动，从而厂商的产品的实际需求量低于利润最大化的产量。厂商为了实现长期均衡必须通过降低价格和提高产量来适应这种变化，从而主观需求曲线和客观需求曲线都会向左下方移动。这一过程会一直持续到行业内没有新的厂商进入，也没有企业愿意扩大生产规模为止，此时厂商的利润为零。

厂商实现长期均衡时所处状态如图 8-5 所示。在长期均衡时，厂商的主观需求曲线 d 与长期平均成本曲线 LAC 相切于 E 点，客观需求曲线也与 d 和 LAC 曲线相交于 E 点，此时厂商的均衡产量 Q_E 满足厂商利润最大化的要求，即 MR=LMC=SMC。而此时的 P=AR=LAC，所以厂商的利润为零。

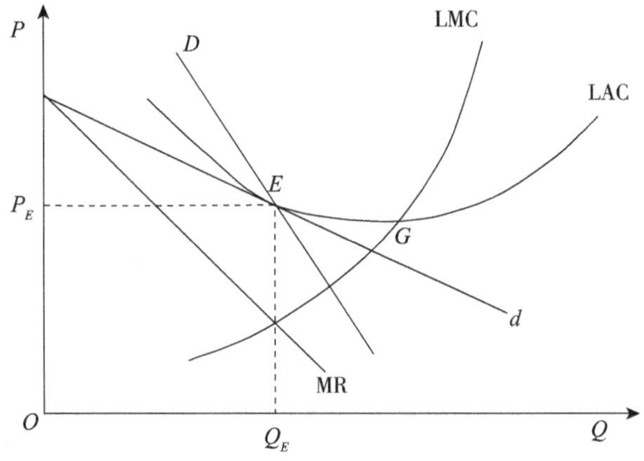

图 8-5 垄断竞争企业的长期均衡

如果考虑行业内厂商亏损，厂商退出行业或者减少产量的过程，与上述的分析过程类似，只不过两条需求曲线的移动方向相反而已，最终均衡的结果都是主观需求曲线与 LAC 曲线相切，利润为零。

因此，垄断竞争市场上长期均衡的条件为：①MR=LMC=SMC；②AR=LAC=SAC。

从长期均衡的条件看，垄断竞争厂商与完全竞争厂商相同，但实际上两者存在很大不同，其差别如下。

其一，完全竞争厂商 D、AR、MR 曲线三线合一，且为平行线；垄断竞争厂商 D、AR、MR 曲线重合，且向右下方倾斜，并且 MR<AR。

其二，完全竞争下长期均衡时的产量的平均成本处于最低点；垄断竞争下长期均衡时的产量的平均成本高于最低点。

其三，完全竞争下长期均衡时价格低于垄断竞争下的均衡价格，且 $P=\text{MC}$；垄断竞争下长期均衡时价格较高，$P>\text{MC}$。

其四，完全竞争下长期均衡的产量高于垄断竞争时的均衡产量。

8.2.3　垄断竞争厂商非价格竞争

1. 非价格竞争的含义

非价格竞争是在不完全竞争市场上，资源企业通过改变产品品质、营销策略、广告等非价格方式来最大化实现自己利润的竞争行为。

2. 非价格竞争的特点

（1）单一因素竞争向多因素竞争的转变。非价格竞争是一种产品单一因素竞争向多因素竞争的转变。在价格竞争阶段，产品竞争主要是通过产品自身的因素完成的，自由竞争阶段的压低价格和垄断竞争阶段的抬高价格都是如此。其原因在于，一方面企业生产力的水平不高，产品数量十分有限，经济竞争只能是数量的竞争，往往通过提高产品的产量，增加产品的市场占有量，以及相应地降低产品的价格的竞争方式就能取得竞争的优势。从经济结构的特点来看，主要是技术含量低和附加值低的产品，企业没有必要花大力气树立名牌和企业形象，也不需要完善的服务。另一方面人们手中的货币也十分有限，社会的有效需求相对不足；同时人们了解商品信息的渠道也不够畅通，在没有其他条件可供选择的情况下，价格是唯一的选择目标。随着产品的逐渐丰富，同类产品之间的可选择性在不断增强，进而产品的质量也成了人们选择商品的主要标准。与此同时，商品的外观、形状、包装等可视性因素及延伸性因素（如服务等）都成了人们选择商品的依据。

（2）产品内外因素相结合的竞争。非价格竞争是从注重产品内在因素竞争向产品内外因素相结合竞争的转化。现代社会是信息爆炸的时代，在数以万计的同类商品面前，消费者选择哪些商品，在很大程度上依赖于人们掌握的信息的情况。现代社会的发展，特别是信息传播技术的大力发展也在客观上为人们多方面、多渠道地选择商品提供了保证。过去产品的竞争主要靠产品的内在因素，即产品的性能、品质、贵贱等因素来完成，产品的宣传和传播主要靠人际传播来进行。而现在随着同类商品的不断增多，人们不可能对每种商品都能有很清楚的了解，也不可能把所有的信息都掌握清楚，在这种情况下，企业或产品通过广告宣传就可以被广大公众所认知，公众也不像过去那样只认识产品而不认识生产者或只认识此产品而不认识彼产品了，而往往是通过产品来了解企业，或有时就是通过企业形象而认识其产品、信赖其产品的。这也正是现代名牌战略和企业形象战略不断得到普及和推广的主要原因。

（3）从推销观念向营销观念再向竞争观念的转化。非价格竞争也实现了销售方式从推销观念向营销观念再向竞争观念的转化。在早期的商品经济发展阶段，产品销售以推销为主，它是以产品为中心的销售方式；而营销则是注意观察消费者不断变化的需求，调整企业的产品、服务和分销方式以适应市场的新的需求的销售方法，这种方法变以产品为中心为以顾客为中心，从而实现了产品竞争中销售模式的改变。目前竞争观念又取代了营销观念。一些企业家认为营销观念片面强调顾客导向，而对竞争者的经营战略，特别是对竞争者即将采取的措施及其潜能重视不够，这就使企业生产的产品和提供的服务不能区别于其竞争对手，从而使相关企业面临的市场相对狭小，彼此之间都无法实现利润极大化。因此企业必须在考虑顾客需求满足的同时又考虑竞争者的经营战略，这样才能在最小风险下实现盈利的持续增加。因而企业的差别潜能、产品的市场定位、产品开发、信息沟通和营销策略就和价格的制定一起成了生产者实现产品竞争不得不考虑的内容。这种营销方法的改变，也正是非价格竞争的主要表现方式之一。非价格竞争是比价格竞争更高层次的一种竞争方式，因为价格竞争主要是生产成本的竞争，即在尽可能减少生产成本条件下的竞争；而非价格竞争所涉及的方面更为广泛，层次更为深入，对生产者的技术、知识、信息及其管理水平都提出了更高的要求。随着时代的进步，对市场营销者来说，产品的制造将不是一个最主要的问题。因此，非价格竞争是一种能够适应商品经济不断发展的要求，并代表市场营销竞争大趋势的竞争方式。

3. 非价格竞争策略

（1）产品创新策略。社会发展飞速前进，在今天知识经济时代的前提下，消费者对产品的要求越来越高，标准化产品、统一的营销方式和水准已经远远不能满足他们的需要。单一的产品品种无法满足消费者，价格因素对竞争的影响降低，消费者开始关注产品的差异化及其更新换代的速度。

（2）产品品牌个性化。每一种产品的不同的质量、价格、外观、品位、内涵都会给客户带来不同的感受和理念，也会给客户带来不同程度的心理上的满足，这些都是影响客户购买产品的重要因素。现代生活水平在不断提高，高技术含量还有高档次的产品在不断增加，产品的差异化、品牌的个性化倾向越来越显著。除了质量、价格、外观等理性方面，消费者越来越强调的是产品的文化内涵、个性等感性方面的影响因素，这种情感因素的增加也加深了消费者对产品及品牌的理解和依赖。

（3）产品服务竞争策略。美国著名市场营销学家莱维特曾说过："未来企业竞争的焦点不再是企业能为消费者生产出具有什么使用价值的产品，而是企业能为消费者提供什么样的附加价值——即服务。"因此，企业为了拥有竞争优势，必须实施销售服务竞争策略。服务策略又包括服务到个性化、服务到精细化、服务到互动化、服务到知识化。

（4）战略联盟。所谓战略联盟就是指两家或两家以上公司为了达到某些共同的战略目标而结成的一种网络式联盟，联盟成员各自发挥自己的竞争优势，相互合作、共担风险，在完成共同的战略目标后，这种联盟一般都会解散，其后为了新的战略目标，公司也可能与新的合作者结成新的联盟。战略联盟是一种适应市场环境变化的新型竞争观念，它以一种合作的态度来对待竞争者，形成商业联盟，通过建立双方的信任关系，在合作中竞争，实现优势互补，借助对方来加强各自的竞争力，在合作的基础上展开竞争，从而不断提高竞争的水平，促进社会经济和技术的不断发展进步。

（5）广告策略。随着经济的不断发展与进步，买方市场格局逐渐稳定，广告越来越显示出其不可替代的价值与作用。广告是以促进销售为目的，付出一定的费用，通过特定的媒体传播商品或劳务等有关经济信息的大众传播活动。广告宣传的基本功能在于向消费者传递商品的信息，加强生产者与消费者之间的联系，以此促进商品销售。而广告之所以能在市场促销过程中起到举足轻重的作用是由广告的功能所决定的。广告的功能特点是高度普及和公开、渗透性强、富于表现力，广告促销既能用于树立企业形象，也能促进快速销售。当前，促销宣传不再是仅以某种优惠或变相优惠来吸引消费者购买，而是以妥善处理公共关系，树立产品和企业的良好形象，增强消费者和社会的信任为其主流的一种商业方式。

通过非价格手段进行竞争，也会引起对方的反应，但这种反应比起价格竞争引起的反应要慢得多。这是因为非价格因素的变化，一般不易被对方发觉，即使在对方发觉之后，到有所反应也要有一个过程。用非价格因素进行竞争，一方面对方反应较慢，另一方面其效果又比较长久。

非价格竞争的效果集中到一点就是，改善消费者对本企业产品的看法，使本企业的产品在消费者头脑中与别的企业的产品区别开来。显然，一旦企业在竞争中取得了这种效果，对方要把顾客重新夺回去不是很容易的，因为这需要把顾客对产品的看法再扭转过来。

8.3　寡头垄断市场的特征

相互依存是寡头垄断市场的基本特征。由于厂商数目少而且占据市场份额大，不管怎样，一个厂商的行为都会影响对手的行为，影响整个市场。所以，每个寡头在决定自己的策略和政策时，都非常重视对手对自己这一策略和政策的态度与反应。作为厂商的寡头垄断者是独立自主的经营单位，具有独立的特点，但是它们的行为又互相影响、互相依存。这样，寡头厂商可以通过各种方式达成共谋或进行协作，其形式多种多样，可以签订协议，可以暗中默契。

8.3.1　寡头垄断市场的含义

寡头垄断又称寡头、寡占，是指为数不多的销售者。在寡头垄断市场上，只有少数几家厂商供给该行业的全部或大部分产品，每个厂家的产量占市场总量的相当份额，对市场价格和产量有举足轻重的影响。

寡头垄断是一种由少数卖方（寡头）主导市场的市场状态。寡头垄断是同时包含垄断因素和竞争因素而更接近完全垄断的一种市场结构。它的显著特点是少数几家厂商垄断了某一行业的市场，这些厂商的产量占全行业总产量中很高的比例，从而控制着该行业的产品供给（以市场集中率显示：20%以下为竞争性市场，20%~39%为弱寡头市场，40%~59%为寡头市场，60%以上为强寡头市场）。

寡头和垄断往往密不可分，如在某一个行业，只有一家经营相关业务，消费者或其他上下游产业没有别的选择余地，只能与其进行交易或者接受其商品或服务，这就叫垄断，而这一家公司就叫寡头，二者结合就是寡头垄断。

8.3.2 寡头垄断市场形成的原因

寡头垄断的形成首先是由某些产品的生产与技术特点所决定的，寡头垄断行业往往是生产高度集中的行业，如钢铁、汽车、石油等行业。其次，寡头厂商为保持自身地位而采取的种种排他性措施，以及政府对某些寡头厂商的扶持政策等，也可促进寡头垄断市场的形成。

具体来说，寡头垄断市场形态的出现主要归因于两点：一是市场竞争的垄断，即企业通过自身的竞争优势所获取的市场垄断，如微软对操作系统软件领域的垄断；二是政府法定的行政垄断，即政府通过法律法规赋予行业中的某个企业以垄断权力，同时对其进行一定的管制，以改善效率。这种市场形态主要出现在一些具有自然垄断属性的行业当中，如供水、管道煤气等行业。

8.4 寡头垄断市场的模型分析

8.4.1 古诺模型

古诺模型最早是由法国经济学家奥古斯丁·古诺于 1838 年提出的，它研究的是一个双寡头垄断市场。古诺以“拥有两个零边际成本的矿泉水市场”为例，提出如下假定：两个寡头厂商 A 和 B 生产同一种产品；厂商产量为独立变量，二者产量总和影响市场价格；每个寡头均以实现利润最大化为目的，以对方产量维持前一时期水平为前提，来决定自己每一时期的产量；两家厂商面临相同的需求曲线。

如图 8-6 所示，假设厂商 A 和厂商 B 所生产的产量分别为 Q_A 和 Q_B，市场需求函数为

$$P=90-Q$$

由于市场供给量为 Q_A+Q_B，所以需求函数也可以写为

$$P=90-Q_A-Q_B$$

由于成本为零，厂商 A 的利润可以写为

$$\pi_A = PQ_A = (90-Q_A-Q_B)\ Q_A = 90Q_A - Q_AQ_B - Q_A^2$$

假定厂商 B 的产量不变，则厂商 A 要实现利润最大化，必须要满足一阶条件：

$$\partial\pi / \partial Q_A = 90 - Q_B - 2Q_A = 0$$

可以得出

$$Q_A = 45 - 0.5Q_B$$

该式称为厂商 A 的反应函数。它表示了在厂商 B 的各种产量水平上，厂商 A 在最大利润原则下所要生产的产量组合。也可以说，对于厂商 B 的每一个产量 Q_B，厂商 A 都会做出最优反应，确定自己能够带来最大利润的产量 Q_A。

用同样的方法，可以求得厂商 B 的反应函数为

$$Q_B = 45 - 0.5Q_A$$

可以看出，只要一个厂商变动产量，另一个厂商也必须跟着变动自己的产量。所以市场实现均衡时就意味着两家厂商的产量引起对方的反应是相容的，这时两个厂商都没有变动产量的意愿。所以上述两个反应函数必须同时成立。将两个反应函数联立即可解得厂商的均衡解为

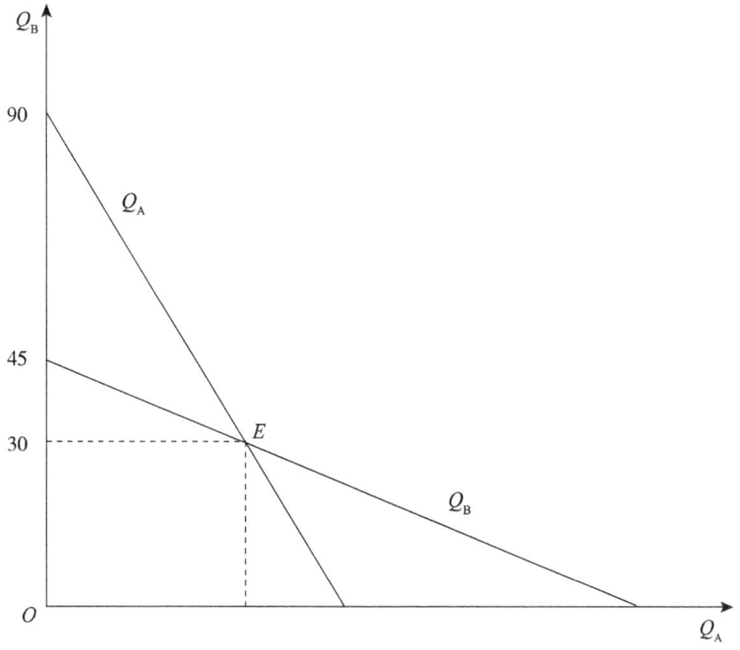

图 8-6　寡头厂商的反应函数

$$Q_B = Q_A = 30$$

由于市场总容量是 90，也就是说，两个厂商均衡的产量都是市场容量的 1/3，两个寡头厂商的总产量实际只有市场总容量的 2/3。剩余的 1/3 的市场容量是寡头垄断的市场所无法满足的，因而可以看做寡头垄断给社会所造成的损失。

由此可以推出：寡头厂商提供的产量=市场容量 × 1/（厂商数目+1）。

8.4.2　贝特朗模型

在贝特朗模型里，企业以价格为决策变量，它们的产品是完全替代品。贝特朗模型关于企业行为的假设是：某企业在制定其价格时，认为其他企业的价格不会因它的决策而改变。

以双寡头市场为例，甲、乙两家商店的价格分别记为 p_1 和 p_2，因为两商店的产品完全相同，顾客自然去价格较低的商店，所以，只要 p_2 比 p_1 低一点，商店乙就可以吸引整个市场，而商店甲的需求为零。同样，当 p_1 低于 p_2 时，所有的人都光顾商店甲。当两个商店的价格一样时，顾客会任意地进入其中一个商店。我们假设两家商店平分需求，每一家商店面临的需求函数如下：

$$D_i\left(p_i, p_j\right) = D\left(p_i\right)/k\begin{cases} D\left(p_i\right), p_i < p_j \\ D\left(p_i\right), p_i = p_j \\ 0, \qquad p_i > p_j \end{cases}$$

谁的价格高，谁就一个顾客也得不到。于是两个商店会竞相削价，那么到什么时候这价格战才停止呢？

如果甲、乙两商店的边际成本相等，均为 C，那么 P_1=P_2=C 便是均衡状态，我们称为贝特朗均衡。在这一状态，商店甲不想提高价格，因为一旦 P_1 大于 P_2，商店甲就将无人问津。当然它也不想将价格定得低于边际成本，当价格低于边际成本时，每生产出售一个单位产品，就损失一点，需求大又有什么好处呢？同样的道理，商店乙也不会再改变价格。所以 $P_1=P_2=C$ 就是一个均衡。

8.4.3 斯塔克伯格模型

斯塔克伯格模型由德国经济学家斯塔克伯格在 20 世纪 30 年代提出。在古诺模型和贝特朗模型里，竞争厂商在市场上的地位是平等的，因而它们的行为是相似的，而且它们的决策是同时的。企业甲在做决策时，它并不知道企业乙的决策。但事实上，在有些市场，竞争厂商之间的地位并不是对称的，市场地位的不对称引起了决策次序的不对称，通常，小企业先观察到大企业的行为，再决定自己的对策。德国经济学家斯塔克伯格建立的模型就反映了这种不对称的竞争。

该模型的假定是：主导企业知道跟随企业一定会对它的产量做出反应，因而它在确定产量时，把跟随企业的反应也考虑进去了。因此这个模型也被称为主导企业模型。

斯塔克伯格模型的假设条件是：假设厂商 1 先决定它的产量，然后厂商 2 知道厂商 1 的产量后再做出它的产量决策。因此，在确定自己产量时，厂商 1 必须考虑厂商 2 将如何做出反应。其他假设与古诺模型相同。

斯塔克伯格模型分析：斯塔克伯格模型是一个价格领导模型，厂商之间存在行动次序的区别。产量的决定依据以下次序：领导性厂商决定一个产量，跟随厂商可以观察到这个产量，然后根据领导性厂商的产量来决定它自己的产量。需要注意的是，领导性厂商在决定自己的产量的时候，充分了解跟随厂商会如何行动——这意味着领导性厂商可以知道跟随厂商的反应函数。因此，领导性厂商自然会预期到自己决定的产量对跟随厂商的影响。正是在考虑到这种影响的情况下，领导性厂商所决定的产量将是一个以跟随厂商的反应函数为约束的利润最大化产量。在斯塔克伯格模型中，领导性厂商的决策不再需要自己的反应函数。

8.5 对各种市场的综合评价

不同的市场类型的效率是不同的，通过对不同的市场的均衡分析可知：市场的竞争程度越高，经济效率越高；市场的垄断程度越高，经济效率越低。完全竞争市场的经济效率最高，常被作为判断其他类型市场经济效率高低的标准，垄断竞争市场的经济效率较高，寡头市场较低，完全垄断市场最低。我们从各种市场的主要特质及相互比较中对市场结构进行综合评价。

1. 垄断竞争市场

（1）垄断竞争是一种介于完全竞争和完全垄断之间的市场组织形式，在这种市场中，既存在激烈的竞争，又具有垄断的因素。垄断竞争市场是指一种既有垄断又有竞争，既不是完全竞争又不是完全垄断的市场，是处于完全竞争和完全垄断之间的一种市场。这是既有竞争又有垄断的市场类型，其经济效率仅次于完全竞争市场。由于产品存在差别，厂商从价格战转向非价格战，丰富了市场，给消费者带来利益，但成本增加。

（2）垄断竞争厂商均衡与其他市场均衡的比较：在经济效率、资源配置和经济福利、消费者剩余方面，垄断竞争厂商均衡优于完全垄断厂商均衡，但不及完全竞争厂商均衡。与完全竞争相比，垄断竞争厂商均衡下，价格较高而产量较低，消费者将丧失部分经济福利，即消费者剩余减少；由于产量低，不能实现成本最低，造成经济效率损失，即资源配置效率低。但垄断竞争较之完全竞争条件下的产品单调性，其产品的多样化能更好地满足不同消费者的不同偏好，同时垄断竞争厂商的实力积累还有利于技术进步。在完全竞争市场条件下，所有厂商的产品是完全相同的，无法满足消费者的各种偏好。在垄断竞争市场条件下，众多厂商之间的产品是有差别的，多样化产品使消费者有更多的选择自由，可满足消费者不同的需要，但产品虚假的差别会给消费者带来损失。

2. *寡头垄断市场*

（1）寡头垄断市场的典型特征是厂商之间的行为相互影响，以至于厂商的决策要考虑竞争对手的反应。寡头垄断市场中的价格不完全是由市场的供求关系决定的。寡头垄断市场中，任何厂商在采取行动前都必须认真研究对手，并考虑对手可能做出的反应。寡头决策时，也要考虑边际收益和边际成本的问题。但是，边际收益情况往往难以确定，原因在于企业间存在具有直接针对性的竞争。

寡头垄断市场是与完全垄断市场比较接近的市场类型，在长期均衡时寡头厂商的产品均衡价格比较高，产品的均衡数量比较低，给消费者和社会带来损失，其效率仅比完全垄断市场高一些，也有开发和创新能力。寡头厂商之间的行为是相互影响的。古诺模型分析寡头垄断市场上每一个寡头以自己的行为来适应其他竞争对手行为的均衡，以及寡头厂商间反应函数的相互作用及结果。斯威齐模型利用拐折的需求曲线和间断的边际收益曲线分析寡头垄断市场上的价格刚性。

博弈论是分析寡头垄断市场的重要方法。博弈基本均衡有最优策略均衡和纳什均衡。“囚徒困境”解释寡头合作的不稳定性；重复博弈“以牙还牙”的策略，使寡头厂商维持合作协议、摆脱困境，并使个体理性与团体理性一致；“市场进入”博弈说明了寡头厂商所采取的威胁策略的可信度的重要性。

（2）寡头垄断市场与其他市场均衡的比较：完全竞争厂商均衡提供了资源有效配置的标准，寡头垄断厂商均衡显然不符合资源配置最优化的原则，价格较高、产量较低，引起经济效率和经济福利的丧失，但介于完全垄断与垄断竞争之间。完全垄断厂商一方面缺乏技术创新的动力，甚至阻碍技术进步；另一方面由于有雄厚的经济实力而利于技术进步和创新。寡头垄断厂商在一定程度上同样如此。寡头垄断市场和完全垄断市场具有规模经济的好处。

本章小结和复习思考题

第9章

生产要素的需求与供给

知识学习目标

1. 了解产品市场与要素市场的联系。
2. 了解要素市场的供求关系。
3. 了解工资、地租和利息理论。
4. 掌握生产要素的边际成本和边际收益的求法。
5. 熟练运用不同竞争环境下厂商使用生产要素的原则来分析和解决实际问题。

能力训练目标

1. 具备判断厂商何种状况下获得最大利益的能力。
2. 运用本章公式，掌握计算要素的边际产品价值的办法。
3. 了解如何利用厂商使用生产要素的边际成本和边际收益之间的动态关系帮助厂商找到最佳的要素使用量，促进企业科学、健康地发展。

微观经济学要说明价格机制如何实现资源配置的问题，因此，价格决定理论便成为微观经济学的中心问题。在市场经济中，无论是商品、劳务，还是生产要素，其价格都是由供给与需求决定的。因此，要探讨微观经济学问题，就必须首先研究供给与需求。

9.1 生产要素市场与生产要素价格

9.1.1 生产要素和要素市场

1. 生产要素

我们知道，厂商进行生产活动需要投入各种经济资源，这些为进行生产和服务活动而投入的各种经济资源被称为生产要素。我们通常将生产要素分为两大类，即中间生产要素和原始生产要素。

中间生产要素是指厂商生产出来用于投入其他生产过程中的产品，这类要素的所有者是厂商，厂商提供中间生产要素的目的是实现利润最大化。对某一个企业来说是产品的东西，对另一个企业来说可能就是中间产品。例如，皮革对于皮革厂来讲是产品，但它对于家具厂来讲只是中间产品。中间产品作为某种产品，它的供求及价格的决定问题在本书的前面各章中已经有所阐述，本章主要研究原始生产要素的供求问题，而对中间产品的问题不再冗述，如不特别指明的话，我们所说的生产要素都是指原始生产要素。

原始生产要素的所有者是消费者，消费者提供要素的目的是实现效用最大化。在经济学中原始生产要素包括以下四种。

（1）劳动（labor）：劳动者在生产活动中所付出的体力或智力活动，是所有生产要素中最能动的因素。劳动者是劳动这一生产要素的基本所有者。

（2）资本（capital）：人类生产出来又用于生产的经济货物，包括机器、厂房、工具等生产资料。从企业的角度看，它既包括有形资产，也包括无形资产，如商标、信誉和专利权等。通常货币资本并不计入生产要素中。

（3）土地（land）：并不单单是指土地，还包括河流、森林、矿藏、野生生物等一切的自然资源，它们来自于大自然的恩赐，是最稀缺的经济资源。

（4）企业家才能（entrepreneurship）：综合运用其他生产要素进行生产、革新、从事企业组织和经营管理的能力，以及创新和冒险精神。

2. 要素市场

生产要素市场就是厂商与消费者从事生产要素交易的场所，可简称为要素市场。要素市场包括劳动市场、资本市场和自然资源市场等，它们的价格分别称为工资、利息和地租等。要素市场分别决定劳动、土地、资本和企业家才能这四种要素的价格——劳动的工资率、资本的利率、土地的地租率和企业家的正常利润。在考察生产要素市场的时候，由于企业家才能难以量化，所以我们通常重点研究前三种要素。

同样为市场，要素市场与产品市场有许多相似之处。二者之间最大的相同点是均衡点都是由供给曲线和需求曲线决定的。但是，二者的最大不同在于，在这两类市场上，参与者的角色正好相反。在产品市场，需求来自消费者，供给出自厂商；而在生产要素市场，需求来自厂商，供给出自消费者，这是产品需求与生产要素需求的重要区别。作为产品市场买方的消费者在要素市场上是卖方，出让劳动、资本、土地等生产要素；而作为产品市场上卖方的生产者在要素市场上是买方，它们购买上述各种要素进行生产。图 9-1 显示了产品市场和要素市场之间的关系。

在产品市场，企业根据市场需求来决定每种产品的供给数量，并依据使这些产品成本最小化的原则来决定它们要使用多少数量的各种投入。为了提供产品和服务，企业需要投入各种经济资源——劳动、资本、土地和自然资源及企业家才能。

在产品市场，产品的供求决定产品的均衡价格和均衡产量。类似的，在要素市场，要素的供求也决定要素的均衡价格和均衡供给量。在研究要素市场的时候，只需把各种供给要素视同产品市场中的产品即可。

9.1.2　要素市场的供给和需求

一般而言，消费者是生产要素的供给者，这一点对劳动要素来说是没有疑问的。对于资

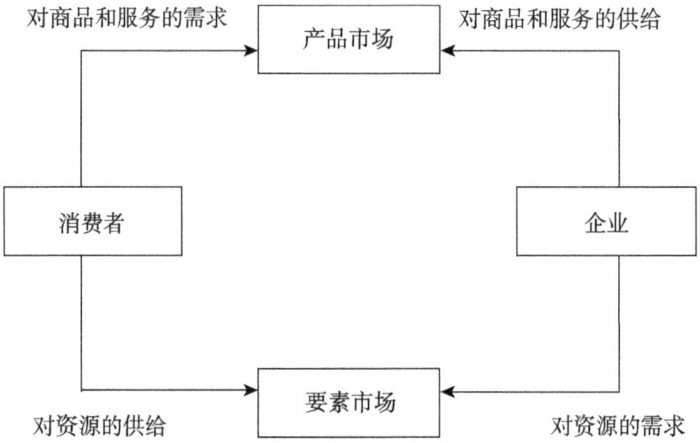

图 9-1 产品市场与要素市场之间的关系

本要素，需要明确的是，我们主要是指货币形式的资本，它可以用来购置各种固定资本。因此，资本的供给者也是民众——消费者。即使厂商的运作资本是从银行借贷的，或者是在证券市场发行股票或债券筹集来的，其最终的供给者也还是消费者。对于自然资源，由于私人拥有自然资源，它的供给者也是消费者。

理论上，正如产品市场上的产品供给者，要素市场上的要素供给者追逐收益最大化的目标。一般来讲，生产要素的供给曲线同其他产品的供给曲线同样具有正的斜率，但是生产要素的供给，在不同的生产要素之间，性质上也有很大差异。例如，劳动的供给情况与土地的供给情况并不一样，而土地的供给情况与资本的供给情况又有差别。我们从市场的竞争性质来区分不同要素的供给。

1. 完全竞争市场中生产要素的供给

当产品市场和要素市场都是完全竞争时，个别要素需求者面临的是一条具有无限弹性的要素供给曲线。因为在这种情况下，每个要素需求者购买的数量只占到整个市场需求量的微不足道的份额，不会对要素的需求量产生太大影响，进而不会影响到要素的市场价格。对于整个市场来说，它的供给曲线不再具有无限弹性。在很多情况下，整个市场的供给量在要素价格上升时增加，如劳动要素市场就会在工资水平提高的情况下增加供给量；在有些情况下，市场供给是完全没有弹性的，不论价格上升多少，供给量几乎不变，如短期内的土地要素市场。

2. 非完全竞争市场中生产要素的供给

在要素市场中，如果某种要素或者资源只有一个购买者，那就叫做买方垄断。要素市场的买方垄断是一个比较常见且富有代表性的情况。

我们以要素市场买方垄断为例来分析要素市场的供给。因为一个垄断者代表了整个市场的买方，所以买方垄断者所面临的生产要素供给曲线就是市场供给曲线。一般来讲，市场的供给曲线大都向右上方倾斜。垄断买主若要增加要素的使用量，就必须支付更高的价格。单位要素价格为平均的要素成本，反映了要素价格与要素供给数量之间的关系，所以要素的供给曲线就是平均要素成本曲线。

我们已经知道，产品市场的需求来自消费者；而在要素市场上，要素的需求来自厂商。厂商购买生产要素并不是为了满足自己的消费需求，而是把生产要素投入生产过程中，最终生产出产品并把产品销售给消费者，满足消费者对产品的需求。因此，消费者对产品的需求导致了厂商对生产要素的需求，故我们称厂商对生产要素的需求是派生需求或引致需求。例如，罐头厂购买山楂用以制作山楂罐头是要满足消费者对这种水果罐头的需求，是派生需求。

同时，生产要素往往是联合起来在生产中发挥作用的，生产要素之间要形成一定的比例结构才能变成生产力，转化出产品。因此，厂商对生产要素的需求也是一种联合需求。这个特点的形式是由于技术上的原因，即生产要素往往不是单独发生作用的。一个人赤手空拳不能生产任何东西；同样，仅凭机器本身也无法创造产品。只有人与机器（以及原材料等）相互结合起来才能达到生产的目的。厂商对生产要素需求的这种联合性特点带来一个重要结果，即对某种生产要素的需求不仅取决于该生产要素的价格，而且取决于其他生产要素的价格。各种生产要素之间可能存在替代关系或互补关系，为了实现最大利润，厂商要根据各种生产要素之间相对价格变动幅度和相互影响的程度进行合理的生产要素组合。

9.1.3　要素市场的价格和均衡数量

由于生产要素价格直接影响消费者的收入，所以生产要素的价格决定问题属于国民收入的分配问题。西方经济学分配论的理论基础是美国经济学家克拉克的边际生产力理论和马歇尔的均衡价格理论。克拉克认为，在其他条件不变和边际生产力递减的前提下，一种生产要素的价格取决于其边际生产力。后来的经济学家对克拉克的理论做了进一步改进。他们认为，边际生产力只是决定生产要素的需求的一个方面。厂商在决定生产要素需求时，还要考虑到要素的边际成本。只有当使用要素的边际成本和边际收益相等时，厂商才能达到利润最大化的目的。马歇尔认为，边际生产力原理只能说明生产要素的需求方面，而生产要素的供给则取决于它的边际成本。各个生产要素在国民收入中所占份额的大小，取决于它们各自的均衡价格。

产品市场的供求原理亦适用于要素市场，我们只需把各种要素视同于产品市场上的产品即可。这里我们通过完全竞争要素市场来分析要素市场如何决定要素的价格和数量。在图 9-2 中，横轴 Q 表示要素的使用数量，纵轴 P 表示要素的价格，曲线 D 表示一种要素的需求曲线。一种要素的需求量取决于其价格 P。在其他条件不变的情况下，生产要素的价格越低，需求量越大，所以，要素的需求曲线可以用一条向右下方倾斜的线来表示。

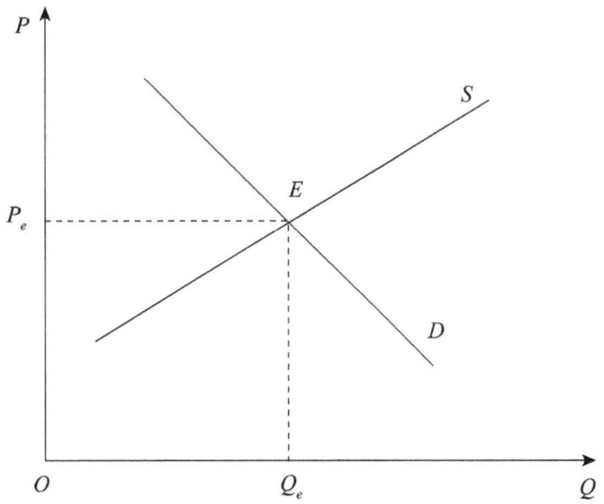

图 9-2　要素的均衡价格和数量的决定

一种要素的供给量也取决于其价格。在其他条件不变的情况下，一种资源的价格越高，该资源的供给量越大。图 9-2 中的曲线 S 表示一种生产要素的供给曲线。要素的供给曲线向右上方倾斜。

均衡的要素价格决定于需求与供给曲线的交点 E。由图 9-2 可知，这种要素的均衡价格是 P_e，使用的数量是 Q_e。

要素所获得的收入是其价格乘以所用的数量。在图 9-2 中，要素的收入就等于矩形 P_eOQ_eE 的面积。这种收入是要素得到的总收入，即提供要素的每个人得到要素价格乘以个人提供的要素数量。需求与供给的变动会改变均衡价格和数量，也会因此改变收入。需求增加时需求曲线向右移动，并提高了价格，增加了数量和收入；供给增加则使供给曲线向右移动，并降低了价格。

9.2 完全竞争厂商使用生产要素的原则

9.2.1 生产要素的边际收益与边际成本

在研究完全竞争厂商使用要素的原则之前，我们首先需要明确厂商使用生产要素的边际收益与边际成本的含义。

1. 生产要素的边际收益

生产要素的边际收益是边际生产力概念中的边际产品价值（value of marginal product，VMP），是指厂商每增加一单位生产要素投入所增加的产品产值。

边际生产力（或边际生产率）的含义是：在其他条件不变的情况下，追加一单位某种生产要素所增加的产量或收益。根据边际报酬递减规律，如果使用多种生产要素生产某一产品，在其他生产要素数量不变的情况下，随着这一可变要素的不断增加，其边际生产力最初上升，超过某一点后，每一单位追加的生产要素的边际生产力将会递减。

边际生产力有两种表示方法：如果以实物来表示某生产要素的边际生产力，则其可称为该要素的边际物质产品（即生产理论中的边际产量）；如果以收益来表示生产要素的边际生产力，则其可以称为该要素的边际产品价值。

在完全竞争的产品市场上，单个厂商无论使用多少生产要素，生产出多少产品，都不会改变产品市场的供求关系，产品价格都不会因此而改变。所以，边际产品价值等于生产要素的边际物质产品（边际产量）与不变的产品价格的乘积，即

$$\mathrm{VMP} = \mathrm{MP} \cdot P$$

在其他生产要素投入不变的条件下，不断增加可变生产要素的投入量，该生产要素的边际物质产品是递减的，边际产品价值也是递减的。

需要注意的是，这里的生产要素的边际收益，即边际产品价值（VMP）不同于在厂商理论中所讨论的产品的边际收益（MR）。产品的边际收益（MR）是产量的函数，一般记为 MP（Q），Q 是产品产量。产品的边际收益（MR）随着产量的变化而变化。生产要素的边际产品价值（VMP）是生产要素使用量的函数，如果可变的生产要素是劳动（L），边际产品价值函数可以记作 VMP（L）。边际产品价值 （VMP）随着生产要素使用量的变化而变化。由于收益是产量的函数，产量又是生产要素使用量的函数，因而，收益就是生产要素使用量的复合函数，基于以上关系，于是有

$$VMP(L) = MP(L) \cdot P$$

表 9-1 是一张完全竞争厂商的边际产量和边际产品价值表，表中给出了厂商使用不同的生产要素需求量（L）与其各自的边际产量（MP）和边际产品价值（VMP）的数量关系。

表 9-1 边际产量和边际产品价值

要素需求量 L	边际产量 MP	产品价格 P	边际产品价值 VMP=MP · P	要素价格 W
1	10	3	30	10
2	9	3	27	10
3	8	3	24	10
4	7	3	21	10
5	6	3	18	10
6	5	3	15	10
7	4	3	12	10
8	3	3	9	10
9	2	3	6	10
10	1	3	3	10

图 9-3 是根据表 9-1 的数据绘制的。图 9-3 中横轴表示劳动要素需求量 L，纵轴表示边际产量 MP 和边际产品价值 VMP。由图 9-3 可知，由于边际收益递减规律，边际产量曲线与边际产品价值曲线均向右下方倾斜，但二者的位置不同。一般来说，边际产品价值曲线的位置高低取决于两个因素，即要素的边际产量函数 MP（L）和产品价格 P。随着价格水平的上升或要素的边际产品函数上升，边际产品价值曲线将向右上方移动；反之则相反。边际产品价值函数与边际产量函数的相对位置关系则取决于产品价格是大于 1、小于 1 还是等于 1。如果产品价格大于 1，如上例中 P=3，则对于给定的某个要素数量，边际产品价值大于边际产量，因而整个边际产品价值曲线高于边际产量曲线。如果产品价格小于 1，则情况恰好相反，边际产品价值曲线将位于边际产量曲线的下方。特别是，产品价格恰好等于 1 时，边际产品价值的数量与边际产量的数量相等，两条曲线完全重合。

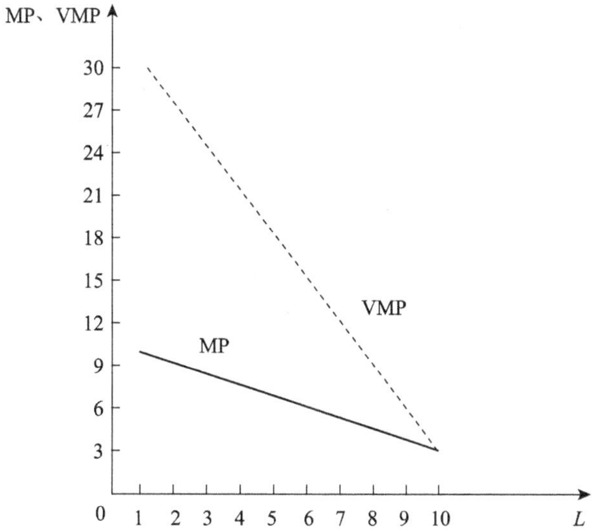

图 9-3 厂商的边际产量曲线与边际产品价值曲线

2. 生产要素的边际成本

本书的成本理论章节中曾讨论过厂商的成本函数。不过在那里，成本函数表示厂商的成本与产量水平之间的各种关系，或者说，成本被看做产量的函数，即

$$C = C(Q)$$

不过，由于产量本身又取决于所使用的生产要素的数量，所以成本也可以表示成为生产要素的函数，这一函数即是在生产理论中提到过的成本方程。根据成本方程便可以得到要素使用的成本概念。若设所使用的劳动要素的价格（即工资）为 W，则使用要素的成本就可表示为

$$C = W \cdot L$$

即使用要素的成本等于要素价格和要素使用数量的乘积。其中，要素价格 W 是既定不变的常数。这是因为，在完全竞争条件下，要素买卖双方数量很多且要素毫无区别，任何一家厂商单独增加或减少其要素购买量都不会影响要素价格。换句话说，要素价格与单个厂商的要素使用量没有关系。由于要素价格为既定常数，使用要素的边际成本，即增加使用一单位生产要素所增加的成本恰好就等于要素价格。例如，设劳动价格为固定的每小时 10 元，则厂商每增加使用一小时劳动就需要增加 10 元的成本，于是它所使用的要素的边际成本为 10 元，等于不变的生产要素价格。

在图 9-4 中，以横轴表示生产要素（劳动）的使用数量，以纵轴表示成本 W，边际成本曲线就是一条平行于横轴的直线。其与横轴的截距就是单位劳动的价格，即工资率 W_0。它表示，在完全竞争的生产要素市场上，单个厂商每增加使用一单位生产要素所增加的成本（即边际成本）是一成不变的。

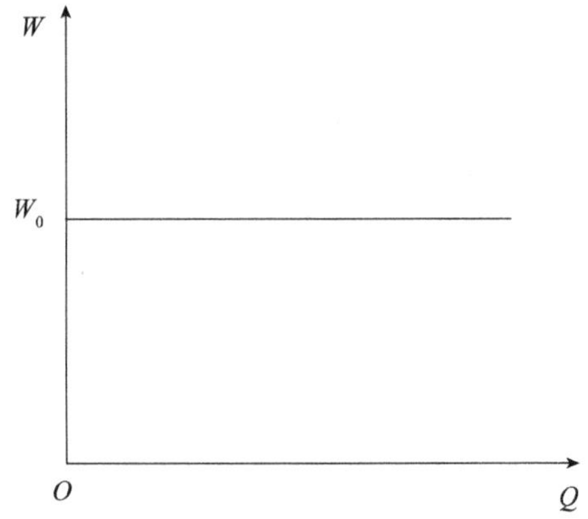

图 9-4 生产要素的边际成本曲线

9.2.2 完全竞争厂商使用要素的原则

完全竞争厂商使用要素的原则仍遵循利润最大化这个一般原则。它可以简单地表述为：使用要素的边际成本和相应的边际收益相等。根据上面的讨论，在完全竞争条件下，厂商使用要素的边际成本等于要素价格 W，而使用要素的边际收益是边际产品价值 VMP，因此，完全竞争厂商使用要素的原则可以表示为

$$\text{VMP}=W$$

或

$$\mathrm{MP}\cdot P=W$$

当上述条件被满足时，完全竞争厂商达到了利润最大化，此时使用的要素数量为最优要素数量。

在图 9-5 中，向右下方倾斜的边际产品价值曲线 VMP 与要素价格曲线 W_0 相交于 A 点，A 点所表示的要素使用量 L_0 就是利润最大化的要素使用量。厂商使用多于或少于 L_0 的要素都不能实现最大利润。

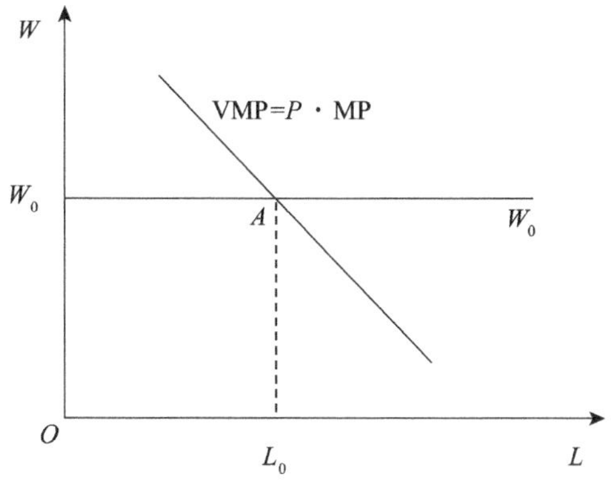

图 9-5　完全竞争厂商的要素需求

为了更好地理解这个原则，不妨先来考察 $\mathrm{VMP}\neq W_0$ 时的情况。在图 9-5 中，如果劳动使用量少于 L_0，则 $\mathrm{VMP}>W_0$，这时增加使用一单位劳动所增加的收益（边际产品价值 VMP）会大于增加的成本（要素价格 W_0）。显然，厂商增加劳动使用量可以增加利润。随着劳动使用量的增加，劳动的价格 W_0 不变，而劳动的边际产量递减，从而劳动的边际产品价值将递减，最终使 $\mathrm{VMP}=W_0$，厂商增加劳动使用不再能增加利润，厂商实现了要素使用上的利润最大化。反之，如果劳动使用量多于 L_0，则 $\mathrm{VMP}<W_0$，减少使用一单位劳动所减少的收益（边际产品价值 VMP）会小于所节省的成本（要素价格 W_0），因而厂商应该减少劳动的使用以增加利润。随着劳动使用量的减少，劳动的边际产量递增，从而边际产品价值将上升，最终也将达到 $\mathrm{VMP}=W_0$，实现利润最大化。总而言之，只要 VMP 和 W_0 不相等，厂商不能达到利润最大化，其劳动使用量就都不是最优数量，厂商都将调整劳动使用量。只有当 $\mathrm{VMP}=W_0$，即边际产品价值恰好等于要素价格时，厂商的劳动使用量才使利润达到最大。

我们也可以使用数学方法来推导上述要素使用原则。

假设 π 代表完全竞争厂商的利润，它是要素使用量 L 的函数，则由利润的定义（总收益减总成本）有

$$\pi(L)=P\cdot Q(L)-W\cdot L$$

为了实现利润最大化，应该使`

$$\frac{\mathrm{d}\pi(L)}{\mathrm{d}L}=P\cdot\frac{\mathrm{d}Q(L)}{\mathrm{d}L}-W=0$$

即

$$P\cdot\frac{\mathrm{d}Q(L)}{\mathrm{d}L}=W$$

可以推导出

$$P \cdot \mathrm{MP} = W$$

$$\mathrm{VMP}=W$$

完全竞争厂商使用生产要素的利润最大化原则还可以通过表 9-1 来加以说明。根据表 9-1，当要素价格 W 为 10 时，利润最大的要素投入量为 8 单位，因为只有在这时 VMP 与 W 最接近。如果要素投入量小于 8 单位，则厂商还有潜在的利润没有得到；如果要素投入量大于 8 单位，则厂商会有利润损失。如果生产要素的市场价格发生变化，则厂商的要素投入量也应相应调整。例如，要素价格上涨到 12，则最佳投入量应该减少到 7 单位。

9.2.3 完全竞争厂商的生产要素需求曲线

生产要素需求曲线表示：在其他条件不变的情况下，厂商根据生产要素的价格变化来决定对生产要素的需求量的变化，它反映了生产要素的价格与需求量之间的对应关系。

在不考虑行业内其他厂商的情况下，完全竞争厂商对一种生产要素的需求曲线与该要素的边际产品价值曲线恰好重合。或者说，要素的边际产品价值曲线就是完全竞争厂商的要素需求曲线。这个关系可以用要素需求表来说明。

表 9-2 与表 9-1 相比，除了最右边一栏要素价格 W 以外，其他完全相同。在表 9-2 中，要素价格 W 是一组变动的量，我们要考察在不同的要素价格 W 条件下，厂商的要素需求量 L 会有什么样的调整。

表 9-2 完全竞争厂商的要素需求表

要素需求量 L	边际产量 MP	产品价格 P	边际产品价值 $\mathrm{VMP}=\mathrm{MP}\cdot P$	要素价格 W
1	10	3	30	30
2	9	3	27	27
3	8	3	24	24
4	7	3	21	21
5	6	3	18	18
6	5	3	15	15
7	4	3	12	12
8	3	3	9	9
9	2	3	6	6
10	1	3	3	3

根据表 9-2，如果市场上的要素价格 W 很高，如为 30，则厂商会根据边际产品价值 VMP 等于要素价格 W 决定要素需求量 L 为 1，以实现最大利润。要素价格 30 与要素需求量 1 的组合点一定在边际产品价值曲线 VMP 上。如果要素价格 W 降低到 27，厂商还会根据 $\mathrm{VMP}=W$ 来确定利润最大化的要素需求量 2，要素价格与要素需求量的组合点仍然在边际产品价值曲线 VMP 上。以此类推，随着要素价格 W 的不断变化，厂商总是要根据 $\mathrm{VMP}=W$ 来调整要素需求量，以获得最大利润。因此，要素价格 W 与要素需求量 L 的组合点会一直在边际产品价值曲线 VMP 上。根据以上分析，我们可以得出结论：在完全竞争市场上，生产厂商对一种生产要素的需求曲线就是该要素的边际产品价值曲线 VMP（参见图 9-5 中的 VMP 线）。

需注意，尽管要素的需求曲线与其边际产品价值曲线重合为一条线，但这同一条线在这两个场合的含义却是截然不同的。首先，它所包含的变量的含义不同。作为边际产品价值曲线，它的 L 表示要素使用量；而作为要素需求曲线，这个 L 却表示最优要素使用量或要素需求量。其次，它反映的函数关系也不同。在边际产品价值曲线场合，自变量为要素使用量 L，边际产品价值是要素使用量的函数。而在要素需求曲线场合，自变量却是要素价格 W，要素需求量 L 是要素价格的函数。

另外，要素需求曲线等于边际产品价值曲线的结论实际上依赖于两个潜在假定。第一，要素的边际产量曲线 MP 不受要素价格变化的影响。第二，产品价格不受要素价格变化的影响。如果局限于讨论只有一种生产要素的情况（如上文所假定的那样），则第一个假定自然满足；如果局限于讨论只有一个厂商进行生产要素调整，而并不考虑其他厂商调整的情况，则第二个假定自然满足。但是，讨论一旦扩大到考虑使用多种生产要素或者多个厂商的调整行为，则上述假定就不再存在，从而不能再用边际产品价值曲线代表要素需求曲线。换句话说，在考虑多要素共同使用以及多个厂商共同调整时，完全竞争厂商对要素 L 的需求曲线一般来说就不再等于该要素的边际产品价值曲线。

由于本章假定只使用一种生产要素，下面只讨论多个厂商共同调整生产要素时对要素需求所造成的影响。

9.2.4　完全竞争市场的要素需求曲线

在完全竞争市场当中，如果不考虑其他厂商的调整，而只有一个厂商根据要素市场价格的变化调整要素需求量，则要素价格的变化就不会影响产品的价格，从而不会改变要素的边际产品价值曲线。这是由于当要素价格发生变化时，该厂商会因此增加或减少要素的使用量，所生产的产品数量也随之而变，但其他厂商并不因此而调整要素的需求量，也不会因此而改变产量，再加之产品市场是竞争性的，这一个厂商的产量变化不会改变整个市场的产品供求关系，所以该厂商产品产量的变化并不会影响到产品的价格。

不过，如果其他厂商也调整，则情况会完全不同。要素价格的变化会导致所有厂商的一致行动。所有厂商的要素使用量和产量的变化会影响到产品价格，产品价格的变化反过来又使每一个厂商的边际产品价值发生改变，进而单个厂商的要素需求曲线也不再与其边际产品价值曲线完全重合，这是一个动态均衡的过程。

如图 9-6 所示，设给定的初始要素价格为 W_0，相应的产品价格为 P_0，边际产品价值曲线为 $P_0 \cdot \text{MP}$，从而要素需求量为 L_0，于是 H 点为需求曲线上的一点。如果这时没有其他厂商的调整，则 $P_0 \cdot \text{MP}$ 曲线就是要素需求曲线。假定要素价格降为 W_1，则要素需求量会增加到 L_2。但现在由于要素价格下降，其他厂商也会因此而增加要素使用量，增加产量，产品市场供给增加，产品价格下降，于是该厂商的边际产品价值曲线将向左下方移动到 $P_1 \cdot \text{MP}$ 的位置。这样，在要素价格为 W_1 时，L 的值不再是 L_2，而是稍少一些的 L_1。于是又得到需求曲线上的一点 I。重复上述过程，可以得到需求曲线的其他各点。将这些点连接起来，就得到了厂商在其他厂商也调整时的要素需求曲线 d_m。d_m 表示经过多个厂商相互作用的调整，即经过行业调整之后得到的这个厂商的要素需求曲线，因此称为行业调整曲线。一般来说，行业调整曲线仍向右下方倾斜，但比边际产品价值曲线要陡峭一些，缺乏弹性一些。

到目前为止，讨论的内容仍然是完全竞争市场上单个厂商的要素需求曲线。紧接着的一个工作就是把要素的需求理论从单个厂商推广到整个市场。如果已经求得了在行业调整情况

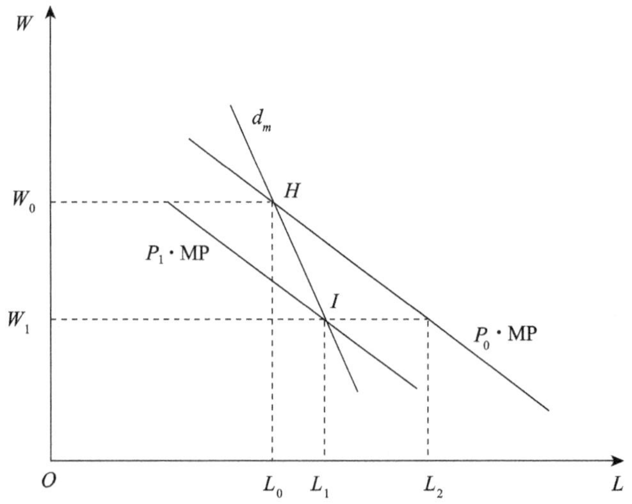

图 9-6　多个厂商调整时单个厂商的要素需求曲线

下的每个单个厂商的行业调整曲线 d_m，则整个市场的要素需求曲线就是所有单个厂商的行业调整曲线的水平相加。

例如，假定完全竞争要素市场中包含有 n 个厂商，其中，每个厂商的经过行业调整后的要素需求曲线分别为 d_1，d_2，…，d_n。整个市场的要素需求曲线 D 可以看成是所有这些厂商的要素需求曲线的水平相加，即

$$D=\sum_{m=1}^{n}d_m$$

特别是，如果这些厂商的情况都一样的话，则要素市场的需求曲线就是

$$D=\sum_{m=1}^{n}d_m=n\cdot d_m$$

式中，d_m 可以为任何一个厂商的要素需求曲线。

图 9-7（a）是某单个厂商的要素需求曲线，图 9-7（b）是 n 个厂商的要素需求曲线水平相加的市场要素需求曲线。需要特别强调的是，被水平相加的单个厂商的要素需求曲线，是考虑了全体厂商共同行动所引起的行业调整下的单个厂商的要素需求曲线，而不是不考虑其他厂商调整的单个厂商的要素需求曲线，即不是边际产品价值曲线 VMP。

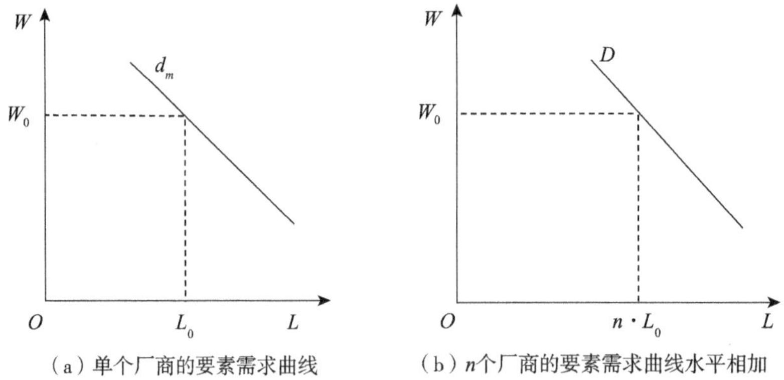

（a）单个厂商的要素需求曲线　　（b）n个厂商的要素需求曲线水平相加的市场要素需求曲线

图 9-7　由单个厂商的要素需求曲线到整个市场的要素需求曲线

9.3　劳动的供给和工资率的决定

9.3.1　劳动的供给

1. 劳动供给的一般原则

消费者向市场提供劳动这种生产要素，其目的是获得收入。设所有消费者在任何时候所提供的劳动为同质的，则消费者通过提供劳动所获得的收入是劳动时间的函数。工作的时间越长，则收入越多；反之则越少。在这种情况下，消费者是否会每日提供 24 小时的劳动来获取尽可能多的收入呢？一般来说不大可能。因为消费者除了工作之外最起码还要睡眠和休息，否则会影响劳动的边际生产力，更不用说还要吃饭、娱乐和社交了。也就是说，消费者会把自己既定的时间资源分为两个部分，即工作时间和闲暇时间。劳动给消费者带来收入，从而带来间接效用；闲暇给消费者带来直接效用。劳动的代价是减少娱乐和休闲，闲暇的代价是减少收入，劳动收入是闲暇的机会成本。消费者将在收入和闲暇之间做出选择。

消费者一天拥有的时间是固定的 24 小时，在这固定的时间内，有一部分必须用于睡眠，这个时间一般为 8 小时。因此，除了这 8 个小时，消费者可以自由支配的时间资源为 16 小时。消费者可能的劳动供给只能来自 16 小时，但是劳动者还必须留有一定的闲暇时间来处理日常生活问题，假设 H 表示闲暇，则 $16-H$ 就代表消费者的劳动供给量。消费者选择一部分时间作为闲暇时间来享受，其余时间则作为劳动供给时间。前者增加了效用，后者则可以带来收入，而收入可用于消费从而再增加消费者的效用。为了使消费者供给劳动，厂商就需要提供足够高的工资率。为了使消费者愿意供给劳动，企业提供的工资率至少要等于消费者对用于非市场活动的最后一个小时的评价。这种工资率，即消费者愿意向市场提供劳动的最低工资率，被称为保留工资。工资率低于保留工资，消费者不会供给劳动；一旦工资率达到了保留工资，消费者就开始供给劳动；当工资率高于保留工资时，消费者也会改变其供给的劳动量。

2. 劳动供给的无差异曲线

闲暇和货币收入均可以向人们提供一定程度的效用，而且两者之间存在某种替代关系。如果人们认为闲暇时间能提供更大的效用，在保证效用水平不变的前提下，人们就会倾向于缩短工作时间，从而使货币收入水平有所降低，就是以闲暇替代货币收入；反之，则增加工作时间，提高货币收入水平，以工作或货币收入替代闲暇。因为闲暇和收入之间可以相互替代，所以可以用无差异曲线来分析闲暇和劳动的分配，即在一个既定的效用水平上，人们可以选择不同的闲暇-收入组合方式。无差异曲线如图 9-8 所示。

图 9-8 中纵轴代表货币收入，横轴代表每日的闲暇时间，某人可支配的时间总量体现在横轴上，每天是 16 小时。假设作为拥有闲暇时间的消费者，某人每日乐于赋闲 8 小时，工作 8 小时，按每小时工资 5 元计算，所得到的货币收入是 40 元。我们将这种情况下的效用水平定义为 I_1，如图 9-8 中的 A 点所示。当工作时间为 10 小时、货币收入为 50 元时，某人为达到原来的效用水平而情愿将闲暇时间缩短两小时，从而得到了图 9-8 中的 B 点。以此类推，在保证效用水平不变的前提下，可以得到很多闲暇-货币收入的组合点，将这些点连接起来，就形成了一条对应既定效用水平的闲暇-货币收入无差异曲线 I_1。

当闲暇时间保持不变，但货币收入水平相对提高（如每小时工资提高至 10 元），或货币收入水平不变，但闲暇时间有所增加时，人们的效用水平或满足程度将会提高，如图 9-8 中

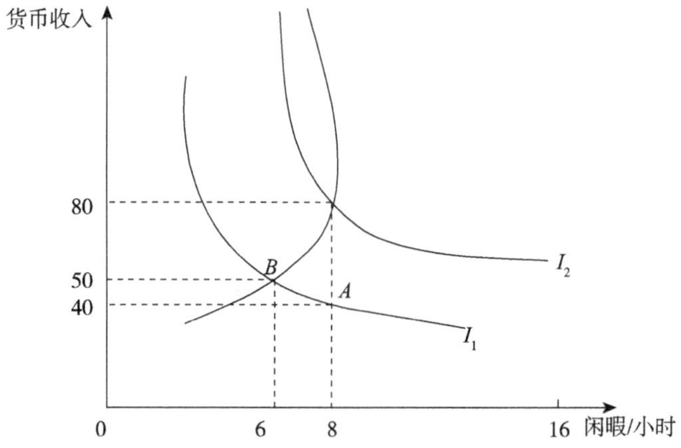

图 9-8 闲暇-货币收入无差异曲线

I_2所示。确定效用水平为I_2时的无差异曲线，其方法与确定无差异曲线I_1完全相同。

上面无差异曲线上的点反映了消费者主观上对劳动和闲暇的偏好关系，当这种主观上的偏好关系正好与客观上的两者之间的替代关系相等时，就能够达到实际上的效用最大化。客观上，劳动和闲暇的替代关系是通过市场上的工资来确定的，这要通过消费者时间的预算约束线来表现。以横轴 Q 代表提供劳动的数量，纵轴 W 代表工资率，当工资上升时，消费者就倾向于减少闲暇时间用于工作，这使预算约束线向右上方偏离。不断地提高工资，就得到一系列的均衡点，把这些均衡点连接起来就得到劳动供给曲线。当工资达到一定的高度时，劳动供给曲线 S 就会发生向后的弯曲。其弯曲的原因将在后文做解释。

9.3.2 完全竞争市场上的工资率决定

完全竞争的劳动市场是指无论是劳动的买方——厂商，还是劳动的卖方——劳动者，都不存在对劳动的垄断，劳动的价格——工资率完全由劳动的供求关系决定。

在完全竞争劳动市场上，劳动的需求曲线就是劳动的边际收益产品的向下倾斜部分，而经济学家认为劳动的供给曲线是一条具有正的斜率然后又向后弯曲的曲线。如图 9-9 所示，图中纵轴代表工资率 W，横轴代表劳动的供给数量 Q，曲线 S 为劳动的供给曲线。它表明，在工资率比较低的时候，随着工资率的上升，劳动的供给量增加；但是在工资率高到一定程度以后，随着工资率的进一步提高，劳动的供给量不升反降。

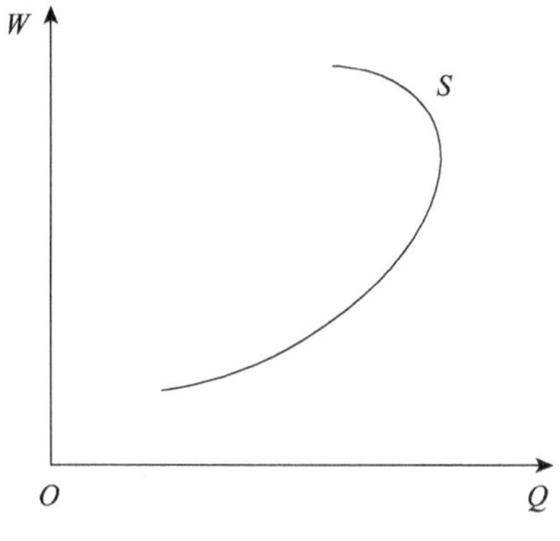

图 9-9 完全竞争市场上的劳动供给曲线

为什么会有这种现象呢？我们先来考察影响劳动要素供给的因素。影响劳动供给的因素可以分为两个方面：一是能够工作的总人数，这涉及人口的数量、人口中参加劳动的年龄、性别和教育程度等方面的因素；二是劳动报酬率的高低，包括不同职业、行业和工种的不同工资率，以及不同等级的劳动的不同工资率。经济学家认为，人们会根据劳动报酬的高低来调整劳动的供给。

人们会根据工资的高低选择其工作的时数，实际上是表示人们是在劳动与闲暇之间进行选择。劳动的收入代表一定效用的商品和服务，但劳动就牺牲了闲暇，而闲暇则必须放弃从事劳动会取得的收入。所以人们在劳动与闲暇之间的选择实际上包含两种效应，即替代效应和收入效应。替代效应表示，当工资率上升时，闲暇会造成的牺牲相对提高，因而人们愿意用劳动替代闲暇，从而增加劳动的时数。收入效应的作用则与替代效应相反。因此，工资率提高到底是刺激人们增加劳动时数还是促使人们减少劳动时数，取决于由此产生的替代效应和收入效应的共同作用。当工资比较低下时，供给曲线的斜率是正的，但是当工资提高到一定水平时，利用闲暇时间从事体育锻炼、娱乐活动、旅游所提供的效用可能超过再增加的收入提供的效用，这时劳动的供给曲线就很可能向后弯曲，曲线的斜率由正数变成负数。

（1）同一等级的劳动工资率的决定。根据劳动都是同质的假定，劳动都是同一等级的劳动。它的均衡工作水平和均衡劳动交换量由劳动的需求曲线和劳动的供给曲线的交点决定。如图 9-10 所示，劳动需求曲线 D 和劳动供给曲线 S 的交点 E 对应的工资率 W_1 和劳动数量 Q_1，就是同质的单一等级的劳动价格与劳动的均衡量。

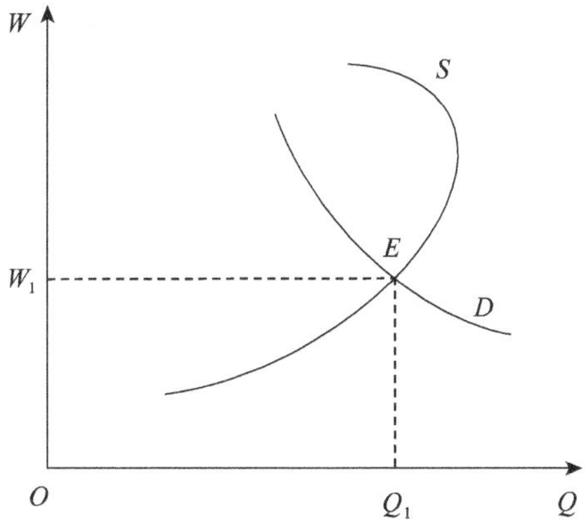

图 9-10　均衡工资的决定

（2）完全竞争条件下工资率的差别。实际上，即便在完全竞争的劳动市场条件下，也存在不同行业、不同职务、不同工种的劳动工资率之间的差别，一般认为这主要是由以下两方面原因造成的。

首先是劳动质量的差别。这主要表现在劳动的熟练程度和技术水平上的差别，而这些差别又是由劳动的训练时间和所需费用不同引起的。因而高质量的劳动比低质量的劳动的需求曲线和供给曲线处于更高的位置上，因而其均衡点也处于更高的位置，由该均衡点决定的工资率也就处于更高的水平。

其次是补偿性的差别。所谓补偿性的差别是指单纯用来补偿不同职业之间的非金钱的差异而形成的工资差别。各职业之间的非金钱的差异包括行业的危险程度不同、就业的稳定程度不同、人们的厌恶程度不同、失败的风险程度不同等。因而对那些人们不愿从事的劳动，就有必要提高工资补偿，以吸引人们从事该劳动。

9.3.3 不完全竞争市场上的工资决定

在现实生活中，劳动市场存在不完全竞争，主要表现如下。

（1）自由进入某一职业劳动市场的条件受到限制。例如，由于接受训练的能力有限、工会的反对或其他的障碍，能够进入该市场的人总比希望进入该市场的人少。

（2）雇主的市场力量。当某一劳动市场的雇主只是少数几个厂商时，就会形成买方垄断。这些雇主可以通过协议或单方面行动，把工资压低到竞争性市场通常的水平。

（3）工会的力量。通过组织工会，工人能够对抗雇主的买方垄断，使工资接近甚至高于竞争性的工资水平。

（4）工资法律的限制，如政府实行的最低工资标准。

（5）习惯的限制，如种族、性别等方面的歧视。

在西方国家，工会的力量非常强大。工会的目的主要是增加工会工人的福利，但具体目标可能表现为提高工会工人的工资率水平、工会的就业量最大化或使工会的总收入最大，在工会追求的各种目标中，最重要的仍是增加工资率。工会可以通过以下几种方式来影响工资水平。

（1）限制劳动的供给。工会通过支持移民限制、缩短每周工时、延长休假期、限制雇佣童工和女工、降低劳动强度等办法可以限制劳动供给量，从而使劳动供给曲线沿劳动需求曲线上升，以提高工资水平。这种情况如图 9-11 所示。

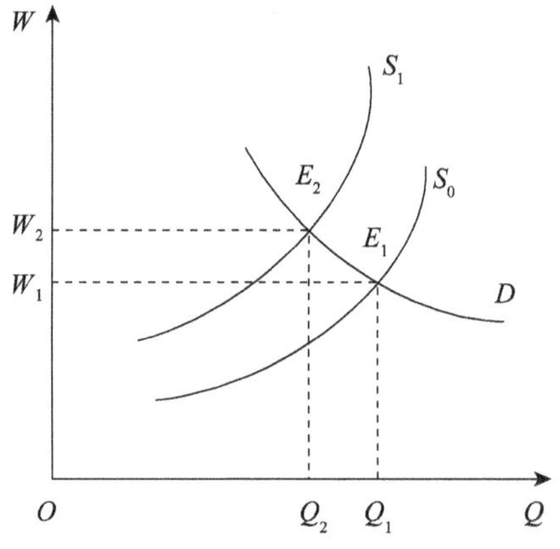

图 9-11 限制供给导致工资提高

由于工会对劳动供给的限制，劳动供给曲线由 S_0 移到 S_1，从而使工资率由原来的 W_1 上升到 W_2。

工会限制劳动供给的办法如下。

其一，限制劳动力供给的法案。工会极力劝导国会通过限制移民的法案、禁止使用童工的法案，以及劝导国会采取强制性退休的政策。

其二，严格的会员准入限制。某些行业的工人通过工会采取了旨在限制其会员数量的机制。这些工会在几乎完全控制了市场中的劳动力供给时，往往就会要求雇员雇用工会会员，然后通过严格的会员准入政策，如长期学徒制、极高的入门费等人为手段限制劳动力的供给。

其三，执业许可。执业许可的初衷是保护消费者，防止无能的执业人员危害消费者的利益，但有时其也能变成一种限制劳动力供给的手段。处于某一职业的一群工人给地方政府施压，要求通过特定的法律要求只有在新进入者满足特定的要求后才能执业（如理发师、医生、美容师、资产评估师等），这些要求可能包括受教育程度、工作年限、通过专业考试等。执业许可管理人员通常由该行业成员主宰，结果这些规定往往成为限制职业进入者的政策。

（2）增加劳动需求量。工会可以通过提高劳动生产率和帮助厂商改善管理来降低商品价格，要求政府提高进口税进而限制进口、扩大出口等办法，使劳动需求曲线向上移动，从而提高工资水平。如图 9-12 所示，由于劳动需求曲线由 D_1 向上移动到 D_2，工资率由 W_1 上升到 W_2。

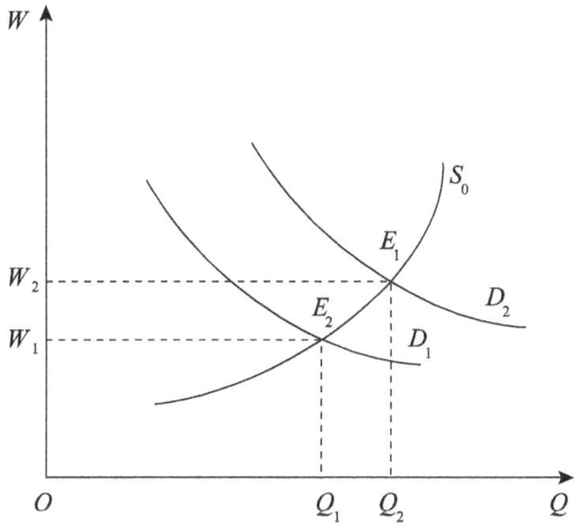

图 9-12　移动需求导致工资提高

工会提高劳动需求的途径主要有提高产品需求、提高劳动生产率和改变其他生产要素的价格。

其一，提高产品需求。工会可以通过广告、政治游说来提高对其所生产的产品的需求，从而增加对他们自身劳动服务的引致需求。在历史上，国际成衣工会曾与其雇主一起共同资助广告运动，以增强对其产品的需求；美国通信工人协会曾出资 200 万美元开展“使用或购买工会所提供的长途电话服务”的广告活动，说服电话用户选择 AT&T 和西部联合公司的长途电话服务与通信设备，这两家公司为美国通信工人协会提供了大约 100 000 个就业机会。

其二，提高劳动生产率。工会可以通过培训等形式来提高工人的劳动生产率。提高劳动的边际生产率会使劳动的边际收益产品曲线向右移动，从而也就使劳动的需求曲线向右移动。

其三，改变其他生产要素的价格。工会可以通过提高替代资源的价格来增加对劳动的需求。例如，工会极力支持提高工资标准，其动机之一就是提高非工会劳动者的劳动价格，这将阻止雇主用非工会劳动者代替工会工人，从而增强了对工会工人的需求。

（3）直接提高工资率。有很多工会并不限制会员的数量，而是努力扩大工会会员的数量，因为限制会员可能损害自己的利益，可能会把就业机会拱手让给非工会工人。如果行业工会的会员包括了几乎所有该行业的工人，企业将承受很大的压力来接受工会的要求，因为一旦工会工人举行罢工，企业全部的劳动供给将被割断。强大的工会可以直接与资方谈判并迫使资方同意提高工资率的要求，通常工会要求资方将工资率提高到均衡工资率以上。

9.4 土地的供给和地租的决定

西方经济学所讲的土地，是一个广义的概念，不仅包括土地，还包括江河、山川、海洋、矿藏等，其特点被描述为“原始的和不可毁灭的”。土地这一生产要素是大自然所赋予的，西方经济学家把可以人为地进行再生产的物质称为资本，而把那些非人为因素的自然赋予称为土地。

马歇尔指出，土地有两个基本性质。

（1）土地的地理位置是固定的，不能移动的。这样，就形成了土地在分布、天然肥沃程度等方面的各种不同的自然差别。土地的不流动性影响人们生产活动的方便程度，进而影响土地的收益。

（2）土地的数量（即供给量）是固定的，与市场对土地的需求无关。由于土地是大自然所赋予的，因此它没有生产成本。

土地的肥沃程度可以分为两种特性：一种是自然所赋予的原有基本特性，这是指地理位置、阳光、空气、土质、降雨量等自然因素对生产物的影响；另一种是人们在土地上从事生产活动的人为追加特性，这是指由于人们在土地上进行改良土质活动而对生产物的影响。因此，土地的总收益也相应地分为两部分，而前者所获得收入是主要部分，是地租的真正来源。

9.4.1 土地的供给

依照西方现代经济学的解释，地租率是对土地提供的“劳务”的报酬，即人们使用土地所要支付的价格。

土地的自然供给（即自然赋予的土地数量）是固定不变的，它不会随着土地价格（即地租）的变化而变化。现在要考虑土地的市场供给情况，它是否也与土地价格没有关系呢？为了回答这个问题，我们从分析单个土地所有者的行为开始。

假定土地所有者是消费者，从而其行为的目的是效用最大化，他所拥有的土地数量在一定时期内也是既定的和有限的。与 9.3 节分析的劳动者一样，土地所有者现在要解决的问题是：如何将既定数量的土地资源在保留自用和供给市场这两种用途上进行分配以获得最大的效用。

与供给劳动的情况类似，供给土地本身不直接增加效用。土地所有者供给土地的目的是获得土地收入，而土地收入可以用于各种消费目的，从而增加效用。因此，土地所有者实际上是在土地供给所可能带来的收入与自用土地之间进行选择。于是土地所有者的效用函数可以写为

$$U = U(Y, q)$$

式中，Y、q 分别为土地收入和自用土地数量。

现在的问题是，自用土地是如何增加土地所有者的效用呢？显然，如果土地不用来供给市场的话，则可以用来建造花园或高尔夫球场等。土地的这些消费性使用当然增加土地所有者的效用，就像劳动者的闲暇时间的作用一样。不过一般来说，土地的消费性使用只占土地的一个很微小的部分，不像时间的消费性使用那样占去全部时间的一个较大的部分。如果假定不考虑土地消费性使用这个微小部分，即不考虑土地所有者自用土地的效用，则自用土地

的边际效用等于零，从而效用函数简化为

$$U = U(Y)$$

换句话说，效用只取决于土地收入，而与自用土地数量的多少无关。在这种情况下，为了获得最大效用就必须使土地收入达到最大（因为效用总是收入的递增函数），而为了使土地收入最大，又要求尽可能多地供给土地。由于土地所有者拥有的土地为既定的，如为 $\bar{Q}$，故它将供给 $\bar{Q}$ 数量的土地——无论土地数量 R 是多少。因此，土地供给曲线中 $\bar{Q}$ 垂直于横轴（图 9-13）。

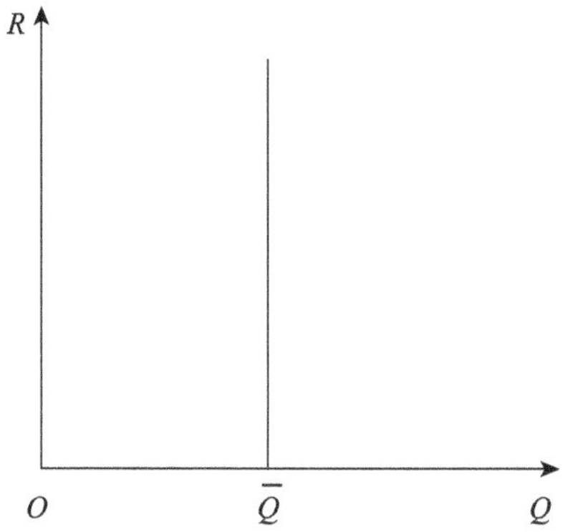

图 9-13　土地的供给曲线

在上面的讨论中，之所以得到土地供给曲线与代表土地量的横轴垂直的结论，并不是因为自然赋予的土地数量是固定不变的，而是因为我们假定了土地只有一种用途，即生产性用途，而没有自身用途，即没有自用价值。如果土地只存在生产性用途，则它对该用途的供给曲线当然是垂直的。

由此可见，土地数量本身的固定不变并不能说明土地供给曲线是垂直的。要使土地供给曲线是垂直的，必须假定土地没有自身用途、没有自用价值，假定土地在生产性使用上的机会成本等于零。这个假定显然并不完全符合实际，因为土地对土地所有者确实有某些消费性用处，尽管这些用处相对于其拥有的全部土地使用量来说也许很小。如果将土地的自身价值也考虑进来的话，则土地的供给曲线就可能不再是那么垂直的，而是略微向右上方倾斜。

9.4.2　租金、准租金和经济租金

1. 租金

地租是土地供给固定时的土地服务价格，因而地租只与固定不变的土地有关。在很多情况下，不仅土地可以看成是固定不变的，而且许多其他资源在某些情况下也可以看成是固定不变的。例如，某些人的天赋才能就像土地一样，其供给是固定不变的。这些固定不变的资源也有相应的服务价格，这种服务价格显然与土地的地租非常相似。为与特殊的地租相区别，可以把这种固定不变的一般资源的服务价格叫做租金。换句话说，地租是当所考虑的资源为土地时的租金，而租金则是一般化的地租。

2. 准租金

租金及特殊的地租均与资源供给固定不变相联系。这里的固定不变显然对（经济学意义上的）短期和长期都适用。但是，在现实生活中，有些生产要素尽管在长期中可变，但在短

期中却是固定的。例如，由于厂商的生产规模在短期内不能变动，所以某些固定生产要素对厂商来说就是固定供给，它不能从现有的用途中退出而转到收益较高的其他用途中去，也不能从其他相似的生产要素中得到补充。这些要素的服务价格在某种程度上也类似于租金，通常被称为准租金。其正式的定义为：所谓准租金就是对供给量暂时固定不变的生产要素的支付，即固定生产要素的收益。

3. 经济租金

与租金和准租金相关的另一个概念是经济租金。固定供给意味着要素价格的下降不会减少该要素的供给量，或者说，要素收入的减少不会减少该要素的供给量。据此，也可以将租金看成是这样一种要素收入：其数量的减少不会引起要素供给量的减少。有许多要素的收入尽管从整体上看不同于租金，但其收入的一部分却可能类似于租金，即如果从该要素的全部收入中减去这一部分并不会影响该要素的供给，我们将这一部分要素收入称为经济租金。经济租金的几何解释类似于所谓的生产者剩余，其大小显然取决于要素供给曲线的形状。供给曲线越陡峭，经济租金部分就越大。特别的，当供给曲线垂直时，全部要素收入均变为经济租金，它恰好等于租金或地租。由此可见，租金实际上是经济租金的一种特例，即要素供给曲线垂直时的经济租金；而经济租金则是更为一般的概念，它不仅适用于供给曲线垂直的特殊情况，也适用于不垂直的一般情况。

9.5 资本的供给和利息的决定

9.5.1 资本和利息

1. 资本

资本是那些被生产出来作为投入要素以便生产更多商品和劳务的物品。例如，机器、厂房、卡车、电脑等都是资本的表现形态。除了上述的物质资本以外，还有银行贷款、股票、债券等金融资本形态。在现代经济学中，又衍生出了人力资本的概念，但其不属于本节讨论的范畴。

作为与劳动和土地并列的一种生产要素，资本具有如下特点。

第一，资本的数量是可以改变的，它可以被人们的经济活动创造出来。土地资源和劳动资源都是“自然”给定的，不能被人们的经济活动生产出来。

第二，资本是一种生产投入品，它不同于普通的消费品。

第三，资本用于生产，可以创造出更多的商品与劳务，即资本具有增值的可能。

2. 利息

在讨论利息之前，首先应区分资本和资本服务这两个概念。资本是资本服务的源泉，资本本身具有一个市场价格，即资本价值。例如，一间厂房、一台机器在市场上可以按一定的价格出售。资本也可以像劳动、土地一样在市场上被出租出去，并获得相应的报酬。因此，作为一种生产服务，资本也有一个提供生产服务的价格，这就是利息率。可以说，利息是资本服务的报酬，利息率是资本服务的价格。

9.5.2 资本的供给

资本供给是指在任各种可能的利率条件下，人们愿意提供的资本数量。资本供给来自人们为获得利息而进行的储蓄。一般来说，利息率越高，人们越愿意进行储蓄；反之，人们越愿意进行现期消费。

为什么人们储蓄一定要有利息呢？西方经济学认为，人们具有一种时间偏好，即在现期消费和未来消费的选择中，人们是偏好现期消费的。换句话来说，对于同一单位货币，现期消费所带来的效用大于未来消费所带来的效用。原因在于，储蓄会使资金使用不便，放弃有可能出现的投机机会，而且未来消费还有很多不可预期的因素等。为了鼓励人们进行储蓄，满足社会的资本需求，就必须对储蓄支付利息。因此，也可以把利息看成是人们“节欲”的报酬。于是，资本供给问题可以归结为资本所有者如何将既定收入在现期消费和未来消费之间进行选择的问题，也就是如何在消费与储蓄之间进行选择的问题。经济学把这个问题称为消费者的长期消费决策问题。

如图 9-14 所示，横轴 Q 代表资本的供给量，纵轴 r 代表利率，S 是资本的供给曲线，D 是资本的需求曲线。资本的供给曲线 S 在正常阶段是向右上方倾斜的，它表示利息率和资本供给量同方向变动。资本的供给曲线和资本的需求曲线的交点 E 所决定的利息率是市场均衡利息率 r_1。

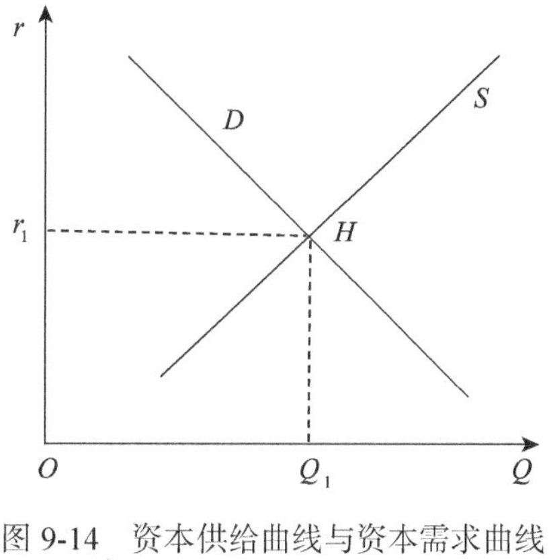

图 9-14　资本供给曲线与资本需求曲线

9.5.3 资本需求及利息率的决定

1. 资本需求

资本需求是指在各种可能的利率条件下，厂商对资本的需求量。厂商投资的目的是实现利润最大化，厂商实际获得的经济利润是利润率与利息率之间的差额。在利润率既定的情况下，利息率越高，经济利润越少，厂商对资本的需求就越少；反之，利息率越低，经济利润越多，厂商对资本的需求越多。因此，资本的需求曲线和一般商品的需求曲线一样，也向右下方倾斜，具体如图 9-14 中的资本需求曲线 D 所示。

2. 利息率的决定

均衡的利息率是由对资本的供给和对资本的需求共同决定的。在图 9-14 中，资本的供给曲线 S 与资本的需求曲线 D 的交点 H 所表示的利率水平 r_1，就是供求均衡的利率水平。如果市场利率低于均衡利率，则对资本的供给会小于对资本的需求，反之亦然。

需要注意的是，上述由资本供求关系所决定的均衡利率一般被称为纯粹利率，它反映了资本的净生产力，但在资本市场上实际利率还要受其他因素的影响。例如，在利息中还要包括贷款时的风险因素，如债务人不偿还贷款的风险、通货膨胀使货币贬值的风险等。

3. 利率差异

在现实经济生活中，我们可以看到许多不同的利率。利率产生差异的原因如下。

第一，贷款期限。一般而言，期限越长的贷款其利率越高，原因在于其风险较大；反之，短期贷款的利率较低。

第二，债务人的信誉或者投资项目的风险。债务人的信誉越高，或者投资项目的风险越小，则利率会越低；反之则越高。

第三，金融资产的流动性或者变现能力。流动性越强、变现越方便的金融资产的利率越低，反之则越高。流动性和变现能力与金融资产的风险大小有关。

第四，管理成本。不同的贷款和投资需要不同的管理成本，金融机构当然要把管理成本转移到利息之中。相对于小额贷款，大额贷款的平均管理成本较低，因此其利率就可以较低，而小额贷款的利率较高。

4. 名义利率与实际利率

上面提到的利率都是名义利率，即以资本的货币单位直接计算的利率。但是，如果存在通货膨胀，则名义利率不能真实反映资本的收益，这时需要考察实际利率的情况。实际利率是名义利率减去通货膨胀率的差。例如，若名义利率为 5%，通货膨胀率为 3%，则实际利率为 2%。只有实际利率才能反映资本的真实收益。

本章小结和复习思考题

第 10 章

国民收入核算

知识学习目标

1. 掌握国内生产总值（GDP）的概念及其含义，明确区分名义 GDP 和实际 GDP。
2. 把握价格指数的含义，了解价格指数的种类。
3. 学习生产法、支出法、收入法等国民收入核算的基本方法。
4. 系统掌握 GDP、GNP、国内生产净值、国民收入、个人收入和个人可支配收入等基本概念及其相互关系。
5. 了解国民收入核算中的缺陷，认识绿色 GDP 的含义。

能力训练目标

1. 能够正确判断数据指标所反映的真实经济。
2. 能够熟练运用国民收入核算的两种方法——收入法和支出法。

国民经济总体是由很多经济系统构成的，各系统的运动及其互相联系形成了国民经济的循环流转。国民经济收入流量循环模型就是说明国民经济各系统之间是如何联系和运行的，它是宏观经济分析的框架，也为国民收入核算提供了理论基础。宏观经济学是通过分析和研究以国民收入为核心的总量指标，来揭示国民经济总体运行规律的。因此，如何衡量国民收入，即国民收入核算，就成为宏观经济学最基本、最基础的问题。

10.1 国内生产总值

10.1.1 国内生产总值的概念及内涵

GDP 是核算国民经济运行的核心指标，它反映一个国家的整体经济运行情况，因此我们先从 GDP 开始学习。

GDP 是指在某一既定时期，一个国家内生产的所有最终物品与劳务的市场价值。这一看似简单的定义却隐含着深刻的含义。为了对 GDP 这一概念进行全面而深入的理解和认识，有必要对它进行细致的分析。

关于 GDP，美国著名经济学家萨缪尔森说：“GDP 是 20 世纪最伟大的发现之一。”没有 GDP 这个发明，我们就无法进行国与国之间经济实力的比较、贫穷与富裕的比较；没有 GDP 这个总量指标，我们无法了解中国的经济增长速度是快还是慢，是需要刺激还是需要控制。因此，GDP 就像一把尺子、一面镜子，是衡量一国经济发展和生活富裕程度的重要指标。如果要判断一个人在经济上是否成功，首先要看他的收入，高收入的人享有较高的生活水平。同样的逻辑也适用于一国的整体经济，当判断经济是富裕还是贫穷时，要看人们口袋里有多少钱，这正是 GDP 的作用。

下面从以下几个方面理解该概念。

1. GDP 是一个市场价值的概念

有这样一句谚语：你不能比较苹果与橘子。如果从个体消费者的角度去分析问题，苹果与橘子满足的是人们不同的消费需求。由于个人的口味不同，对苹果与橘子的评价也会有所不同。有的人可能认为苹果更有价值，而有的人可能认为橘子更有价值。在这里，对苹果与橘子贡献大小的比较很难进行。现在要从整个国民经济角度去考察，苹果和橘子谁对 GDP 的贡献较大，对比结果会有一个明确的答案。除了相同贡献（这样的情况较少），要么是苹果贡献大，要么是橘子贡献大。为什么会有这样的结果呢？

引入市场价值的概念之后，这个问题就可以迎刃而解。由于市场价值是衡量人们愿意为各种不同物品支付的货币量（这里假设市场价值由市场价格真实反映），所以可以对不同物品对 GDP 贡献的大小进行比较和衡量。如果一单位苹果的价值是一单位橘子价值的两倍，那么，一单位苹果对 GDP 的贡献就是橘子的两倍。

从 GDP 的定义可以看出，GDP 反映的是产出情况。而各种物品具有不同的使用价值，无法将其加总求和，只能用其共同认可的衡量指标——市场价值（这里仍旧假设市场价值可以由市场价格真实反映）。不同的物品具备了可以加总的市场价值之后，就能统计出 GDP 的总和。

2. GDP 测量的是最终产品的价值

我们首先要认识两个概念，一个是最终产品，另一个是中间产品。所谓最终产品，是指在一定时期内生产的并由其最后使用者购买的产品或劳务；而中间产品是指用于再出售而供生产别种产品用的产品或劳务。

为了更好地理解这两个概念，举一个简单的例子。假设一个国家只生产一种消费品——棉布，作为消费品的棉布经历了植棉、纺纱和织布三个生产阶段，其分别由不同的人进行生产。在不同环节的产品中，棉花、棉纱为中间产品，棉布为最终产品。假设植棉阶段创造的价值体现在棉花的价值上，为 100（假设这只包括当年新生产的价值，从而只形成当年投入的生产要素的收入：工资、利息、地租和农场主利润，至于生产出这些棉花所消耗的上年度已有的生产资料价值已被扣除在外，所以棉花的销售价值当中并不包括中间产品的价值，即全部是增加价值）。纺纱厂买进棉花纺成棉纱出卖的价值为 180，这样，棉纱的增加价值为 80（由 180 减去 100 得出）。假设织布厂买进这些棉纱织成棉布，出售的价值为 250，则织布过程的增加价值为 70（由 250 减去 180 得出）。这样，计入当年 GDP 的增加价值或棉布这种最终产品的价值为 100 加上 80 再加上 70，即 250 元。

此处，如果对农场主、纺纱厂、织布厂整体销售额进行核算，则会出现 100 加上 180，再加上 250，得到 530 的重复计算，从而不能体现一个国家真实的产出情况。所以，在 GDP 核算过程中，要核算的是最终产品的价值，即核算在一定时期内生产的并由其最后使用者购买的产品或劳务。而中间产品的价值体现在最终产品价值中，所以不用单独核算。这里需要强调的是，在对 GDP 进行核算时，分清中间产品与最终产品是真实反映 GDP 的关键所在，而往往在实际工作中很难做到这一点，所以采取核算各生产环节增值的价值部分，最后求增值的价值总和，最后核算出 GDP 的方法。

3. GDP 是一定时期内所生产的价值

这里的一定时期通常指一年，它表明 GDP 是一个流量而不是存量概念。所谓流量是指一定时期内发生的变量；存量是一定时点上存在的变量。既然是流量概念，所以要求 GDP 包括现期生产的所有物品与劳务，不包括涉及过去生产的。例如，2009 年通用汽车公司生产并销售一辆新汽车时，这辆汽车的价值包括在当年的 GDP 当中，而当一个人把一辆二手车出售给另一个人时，二手车的价值不包括在当前的 GDP 当中，因为这辆二手车在生产它的当年已经核算进 GDP。同样，既然 GDP 是一定时期生产的，所以就不用管它是否在当期实现销售。例如，某企业生产 1 000 万元的产品，当期只卖掉了 700 万元的产品，所剩 300 万元的产品可看做该企业自己买下来的存货投资，同样可计入当期的 GDP。如果卖掉了 1 300 万元的产品，其中包括上年的 300 万元的产品，则 300 万元不能再计入当期的 GDP，仅能把 1 000 万元计入当期的 GDP。

4. GDP 是在一国范围内生产的价值

GDP 是一个地域概念，反映的是在本国内生产的产品和劳务的总和。当一个中国公民暂时在美国工作时，他所创造的价值就构成了美国 GDP 的一部分，而不能将其核算到中国的 GDP 当中。同样，当一个美国公司在中国境内进行生产经营时，它所创造的价值也构成了中国 GDP 的一个内容，却不能计入美国的 GDP 当中。

与 GDP 相联系的还有另外一个概念——GNP，它是指一国公民在一定时期内所产出的全部最终产品和服务的价值总和。尽管 GDP 与 GNP 是两个不同的概念，但是它们在核算时很多内容是重合的。在实际的经济活动中，外国公民可以拥有该国的部分 GDP，那么在核算 GNP 时，就应该将这部分产出从 GDP 中扣除。同样，本国公民通过各种方式从国外获取的收入，在核算本国的 GDP 时就应该去除这部分内容，但在核算 GNP 时要加入这部分内容。

5. GDP 衡量的是有形产品和无形劳务创造的价值总和

GDP 作为国民经济的核算指标，带有它的全面性。它不仅包括有形的物品，如衣服、食物、住房、汽车等，还包括无形的劳务，如理发、洗浴、看病、家政服务、看电影、听演唱会等。作为一个全面的衡量指标，GDP 包括在经济中生产并在市场上合法出售的所有情形。

10.1.2 名义 GDP 和实际 GDP

前面我们已经了解了 GDP 是国民经济的一个重要核算指标，它反映一个国家在一定时期内的产出情况，而通过对比一个国家在不同时期的产出情况来检验经济运行的基本状况，其意义是重大的。由于 GDP 是用货币计算出来的，理论上它是由不同商品的数量与其价格之积加总而求出来的。因此，可以说影响 GDP 的变动因素有两个：一是所生产的物品和劳务的数量的变动；二是物品和劳务的价格的变动。为了弄清 GDP 变动究竟是由产量还是由价格变动引起的，需要区分名义 GDP 和实际 GDP。

名义 GDP（或货币 GDP）是用生产物品和劳务的当年价格计算的全部最终产品的市场价值。实际 GDP 是用从前某一年作为基期价格计算出来的全部最终产品的市场价值。为了更好地理解什么是名义 GDP 与实际 GDP，举一个简单的例子（表 10-1）。

表 10-1　名义 GDP 与实际 GDP

产品	1999 年的名义 GDP			2014 年的名义 GDP			2014 年的实际 GDP		
	产量	价格	产值	产量	价格	产值	产量	价格	产值
苹果	100	3	300	200	4	800	200	3	600
衣服	300	5	1 500	500	6	3 000	500	5	2 500
总产值			1 800			3 800			3 100

表 10-1 假设一个经济只生产苹果和衣服，由 2014 年与 1999 年的名义 GDP 的对比可以看出，GDP 上涨了 111%［由（3 800−1 800）÷1 800 得到］。如果以 1999 年为基期，用 2014 年实际 GDP 与 1999 的实际 GDP 进行比较（此时 1999 年的名义 GDP 与实际 GDP 相等），就会发现，实际 GDP 只增加了 72.2%［由（3 100−1 800）÷1 800 得到］。在这里，111%的结果表明 GDP 的增加更多的是由价格上升导致的，而在不变价格的基础上核算的 72.2%的增加幅度，才是真正的实际产出增加所带来的结果。

10.1.3　价格指数

1. GDP 平减指数

如上文所说，名义 GDP 既反映经济中生产的物品与劳务的数量，又反映其价格。通过把价格固定在基年水平上，真实 GDP 只反映生产的数量，而 GDP 平减指数与其正好相反，它反映的是物品与劳务的价格变化情况。经济学家经常用 GDP 平减指数来监测经济中平均物价水平，从而使其成为监测通货膨胀率的一个重要指标。GDP 平减指数的得名也是由于它可以从名义 GDP 中剔除通货膨胀对 GDP 的影响。接下来，我们将考察物价水平的另一个衡量指标——消费物价指数，这里先学习 GDP 平减指数。GDP 平减指数的计算公式如下：

$$\text{GDP平减指数}=\frac{\text{名义GDP}}{\text{实际GDP}}\times 100\%$$

由于基年的名义 GDP 与真实 GDP 必定是相同的，所以，基年的 GDP 平减指数总是等于 100，以后各年的 GDP 平减指数衡量的是相对于基年价格的现期物价水平。举一个简单的例子，设想经济中的产量一直在增加，但价格保持不变。此时，不同时期的名义 GDP 和真实 GDP 是相同的，GDP 平减指数是不变的，为 100。现在假设物价水平一直在上升，但产量保持不变。此时，名义 GDP 增加，而真实 GDP 保持不变，因此，GDP 平减指数会上升，大于 100。所以我们说 GDP 平减指数反映的是价格的变动情况，而不会反映产量的变动情况。

表 10-2 是关于 GDP 平减指数计算的举例，假设全社会只生产苹果和橘子两种物品，以 2008 年为基期，可以计算出 2009 年的 GDP 平减指数为 243，2010 年的 GDP 平减指数为 380。

表 10-2　GDP 平减指数

价格与产量（价格：美元　产量：个）（基年是 2008 年）					
年份	苹果产值	橘子产值	计算名义 GDP	计算实际 GDP	计算 GDP 平减指数
2008	1×200	2×100	1×200+2×100=400	1×200+2×100=400	400/400×100=100
2009	3×300	4×200	3×300+4×200=1 700	1×300+2×200=700	1 700/700×100≈243
2010	5×400	6×300	5×400+6×300=3 800	1×400+2×300=1 000	3 800/1 000×100=380

2. 通货膨胀率

经济学家往往用通货膨胀来描述经济中整体物价水平上升的情况。通货膨胀率是从一个时期对比上一个时期某个物价水平衡量指标变动的百分比。这里选用 GDP 平减指数来反映价格的变化情况，具体公式为当期通货膨胀率=（当期 GDP 平减指数-上期 GDP 平减指数）÷上期 GDP 平减指数 × 100%。

公式反映的是不同时期物价的变动情况。由表 10-2 可计算出 2009 年较 2008 年的价格变动情况，即 2009 年通货膨胀率=（2009 年 GDP 平减指数-2008 年 GDP 平减指数）÷2008 年 GDP 平减指数 × 100% =（243-100）÷100 × 100%=143%。

同样，可算出 2010 年较 2009 年的物价变动情况，即 2010 年通货膨胀率=（2010 年 GDP 平减指数-2009 年 GDP 平减指数）÷2009 年 GDP 平减指数 × 100% =（380-243）÷243 × 100%=56.38%。

3. 消费物价指数

居民消费价格指数（consumer price index，CPI）简称消费物价指数，是用来监测生活费用随着时间的推移而发生的变动的情况。当消费物价指数上升时，一般家庭必须支出更多的货币才能维持同样的生活水平；相反，当消费物价指数下降时，人们可减少支出的货币量。认识消费物价指数，对人们了解自己的生活水平变化状况，以及对政府针对指数变化而采取的政策的理解具有重要的意义；同时，它对于旨在增加人们收入水平的政策制定者来说具有重要的指标参考价值。本部分旨在让人们在理解什么是消费物价指数的基础上，学会用该指数计算通货膨胀率。

消费物价指数是普通消费者所购买的物品与劳务的总费用的衡量标准。美国劳工统计局计算消费物价指数和通货膨胀率时，要使用成千上万种物品与劳务的价格数据。为了说明如何编制这些统计数字，我们考虑消费者只购买两种物品——汉堡与上衣。

表 10-3 向我们展示了消费物价指数计算的基本原理。例子中 2008 年是基年，这一年一篮子汉堡和上衣的费用是 8 美元。因此，各年的消费物价指数等于各年的一篮子物品价格除以 8 美元并乘以 100。2008 年的消费物价指数是 100，2009 年的消费物价指数是 175，这意味着，2009 年一篮子物品的价格是基年的 175%。换个说法，基年价值 100 美元的一篮子物品在 2009 年值 175 美元。同样，2010 年的消费物价指数是 250，表示 2010 年的物价水平是基年物价水平的 250%。

表 10-3 消费物价指数及通货膨胀率的计算

第一步：调查消费者，以确定固定的一篮子物品，这里我们假设人们所处的是一个简单经济社会，消费者仅消费 4 个汉堡与 2 件上衣；第二步：找出每年每种物品的价格，价格单位用美元表示；第三步：计算每年一篮子物品的费用；第四步：选择一年作为基年（2008 年）并计算每年的消费物价指数；第五步：用消费物价指数计算自上一年以来的通货膨胀率

年份	汉堡价格/美元	上衣价格/美元	一篮子物品的费用/美元	消费物价指数	通货膨胀率
2008	1	2	1 × 4+2 × 2=8	（8/8）× 100=100	
2009	2	3	2 × 4+3 × 2=14	（14/8）× 100=175	（175-100）/100 × 100%=75%
2010	3	4	3 × 4+4 × 2=20	（20/8）× 100=250	（250-175）/175 × 100%=43%

消费物价指数的目的是衡量生活费用的变动。换句话说，消费物价指数是要确定为了保持生活水平不变，收入应该增加多少。但是，消费物价指数并不是生活费用的完美衡量指标，

这个指数存在三个得到广泛承认但又难以解决的问题。

第一个问题称为替代偏向。当价格年复一年地变动时，它们并不都是同比例变动的：一些物品的价格上升得比另一些快。消费者对此的反应是，少购买价格上升相对较快的物品，多购买价格上升较慢甚至是价格下降的物品。这就是说，消费者倾向于用那些变得不太昂贵的物品来替代。如果计算消费者物价指数时假设一篮子物品是固定不变的，那么就忽略了消费者替代的可能性，从而高估了从某一年到下一年生活费用的增加。

我们来看一个简单的例子。设想在基年苹果比梨便宜，因此，消费者购买的苹果比梨多。当劳工统计局编制一篮子物品时，它包括的苹果就比梨多。假设下一年梨变得比苹果便宜了，消费者对价格变动的反应自然是多买梨少买苹果。但劳工统计局在计算消费物价指数时仍在使用固定的一篮子物品，这实际上就是假设消费者仍然购买和以前同样数量而现在变贵的苹果。由于这个原因，消费物价指数所衡量的生活费用的增加就大于消费者实际感受到的。

第二个问题是新产品引进。当引进了一种新产品时，消费者有了更多的选择，这就减少了维持相同经济福利水平的费用。为了说明原因，考虑一种假设的情况：假设消费者可以在提供各种物品的大商店的 100 美元礼品券和物品价格相同但选择范围有限的小商店的 100 美元礼品券之间做出选择，他们会偏好哪一个？大多数人会选择品种更多的商店。实际上，可选择范围的扩大使每美元更值钱，这对经济进步同样适用。当引入新产品时，消费者就有更多选择，每一美元也就更值钱了。但由于消费物价指数基于固定不变的一篮子物品和劳务，所以它就没有反映出因引进新物品而引起的美元价值的增加。

再来看一个例子。20 世纪 70 年代末，引进了录像机后，消费者可以在家里看自己喜欢的电影。虽然这不是在大屏幕前看首轮放映的电影的完全替代品，但在自家的房间看一部老电影是增加消费者机会的一种新选择。对于任何既定的美元量而言，录像机的引进使人们的状况变好；反过来说，为达到同样的福利水平，要求的美元量少了。一个完美的生活费用指数应该能够反映出录像机的引进所带来的生活费用的减少，但是，消费物价指数并没有因录像机的引进而下降。最终，劳工统计局真的调整了这一篮子物品，以便包括录像机，而且以后的指数也反映了录像机价格的变动。但是，与最初录像机引进相关的生活费用的减少从不反映在指数中。

第三个问题是无法衡量的质量变动。如果一种物品的质量逐年变差，那么，即使该物品的价格保持不变，一美元的价值也下降了，因为支付同样的货币量得到的东西变差了。同样，如果一种物品的质量逐年上升，一美元的价值也就上升了。劳工统计局尽可能地考虑了质量变动，当篮子里一种物品的质量变动时，如从某一年到下一年，当一种车型马力更大或更省油时，劳工统计局就要根据质量变动来调整物品的价格。实际上，这是力图计算一篮子质量不变的物品的价格。尽管做了这些努力，但质量变动仍然是一个问题，因为质量是难以衡量的。

关于这些衡量问题有多严重以及对此应该做些什么，在经济学家中仍然存在许多争论。20 世纪 90 年代发表的几项研究的结论是，消费物价指数每年高估了 1%的通货膨胀。针对这种批评，劳工统计局采取了一些技术性变动以改善消费物价指数，许多经济学家相信，现在这种偏差只是以前的一半。这个问题之所以重要，是因为许多政府计划是用消费物价指数来调整物价总水平的变化。例如，社会保障领取者每年补助的增加就与消费物价指数相关。一些经济学家建议修改这些计划，如通过减少补助自动增加的数量纠正衡量中存在的问题。

GDP 平减指数反映的是名义 GDP 与实际 GDP 的比率。名义 GDP 是按现期价格评价的现期产出，而真实 GDP 是按基年价格评价的现期产出，所以，GDP 平减指数反映了相对基年物价水平的现期物价水平。经济学家和决策者为了判断物价上升的速率，既要关注 GDP 平减指数，又要关注消费物价指数。通常，这两个统计数字说明相似的情况，但也存在两个重要的差别，使这两个数字不一致。

第一个差别是，GDP 平减指数反映国内生产的所有物品与劳务的价格，而消费物价指数反映消费者购买的所有物品与劳务的价格。例如，假设由波音公司生产并出售给空军的一架飞机价格上升了，尽管这架飞机是 GDP 的一部分，但它并不是普通消费者购买的物品与劳务篮子中的一部分，因此，反映在 GDP 平减指数中的物价上升了，但消费物价指数并没有上升。

再举一个例子，假设沃尔沃公司提高了其汽车的价格。由于沃尔沃汽车是瑞典生产的，所以这种汽车并不是美国 GDP 的一部分。但是，美国消费者购买沃尔沃汽车，所以，这种汽车是普通消费者一篮子物品中的一部分。因此，像沃尔沃汽车那样，进口消费品价格的上升反映在消费物价指数中，但并未反映在 GDP 平减指数中。

当石油价格变动时，消费物价指数和 GDP 平减指数之间的第一种差别特别重要。虽然美国也生产一些石油，但美国用的大部分石油是进口的。因此，石油和汽油、燃料油这类石油产品在消费者支出中的比例远远大于在 GDP 中的比例。当石油价格上升时，消费物价指数上升的速率比 GDP 平减指数大得多。

第二个差别反映在如何对各种价格进行加权以得出一个物价总水平的数字上。消费物价指数比较的是固定的一篮子物品和劳务的价格与基年这一篮子物品和劳务的价格，而劳工统计局只是偶尔改变这一篮子物品的构成。与此相反，GDP 平减指数比较的是现期生产的物品和劳务的价格与基年同样物品和劳务的价格。因此，用来计算 GDP 平减指数的物品和劳务的组合自动地随着时间的推移而变动。当所有价格都同比例变动时，这种差别并不重要。但是，如果不同物品和劳务价格的变动量不同，那么人们对各种价格加权的方法对整个通货膨胀率就会是至关重要的。

10.2 国民收入核算的方法

关于 GDP 的核算方法有很多，如总支出法、总收入法、增值法、产品流动法。增值法又称部门法、生产法，它是按生产物质产品和提供劳务的所有部门的产值来计算 GDP 的方法，反映国民收入的来源。国民经济活动各个部门存在错综复杂、纵横交错的投入产出关系，要避免重复计算，各部门应把使用的中间产品的价格扣除，只计算新增加的价值。物质生产部门、商业、服务业都要按增值法计算，同时，依据西方核算体系，卫生、教育、行政等部门也创造国民收入，应把其获得的工资收入加总计到 GDP。产品流动法就是对图 10-1 所示的经济活动流程图的上半部分进行测量，即从产品市场上加以统计，实际上就是根据 GDP 的定义，将一个社会中一年内所生产出来的最终产品和服务的总量按该时期内市场价值计算出总值。这种直接得出 GDP 的核算方法在逻辑上是成立的，但是正如前面介绍 GDP 定义时所讲述的那样，在许多情况下，很难对最终产品加以确定，因而对实际资料的收集和统计非常困难，实际工作很难展开。

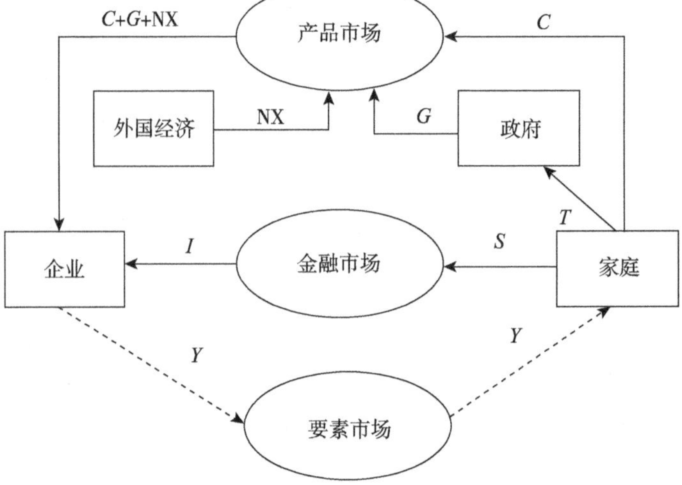

图 10-1 收入和支出循环流动图

10.2.1 收入与支出的循环流动

图 10-1 是一个简单的收入和支出循环流动图。这个模型假定整个国民经济中有：四个经济部门，即家庭、企业、政府和外国经济；三个市场，即产品市场、要素市场和金融市场。在要素市场上，家庭向企业提供生产要素（如劳动），然后在企业那里获得要素报酬，也就是国民收入（national income），用 Y 表示。家庭用获得的部分收入在产品市场上向企业购买产品和服务，这构成了家庭的消费支出（consumption expenditures），用 C 表示。家庭剩下收入中的一部分成为储蓄（saving），用 S 表示，储蓄通过金融市场转化为企业的投资支出（investment），用 I 表示；另一部分则成为政府的税收（taxes），用 T 表示。政府获得税收后在产品市场上进行采购，形成政府购买支出（government purchases），用 G 表示。外国经济的存在会产生对外贸易，我们用净出口（net exports，用 NX 表示）表示这种对外贸易关系。

10.2.2 支出法核算 GDP

从图 10-1 中可以看出，用总支出法来衡量国民收入，GDP 可以分为四大部分，即消费支出（C）、投资支出（I）、政府购买（G）和净出口（NX）。用国民收入 Y 代表 GDP，可以用公式表达 GDP，即 $Y=C+I+G+\text{NX}$ ，这是一个必须无条件成立的恒等式，左边是总收入，右边是总支出，因此称为国民收入恒等式。下面针对支出的不同部分做出必要的解释。

（1）消费支出（C）。消费支出是指本国居民对最终产品和服务的购买，是一个国家总支出中最主要的一个部分。消费支出又可以进一步分为三类，即耐用消费品支出、非耐用品支出和对服务的支出。耐用消费品是指汽车、彩电、冰箱等使用寿命比较长的消费品（注意：耐用消费品不包括住房，住房支出在总支出中作为投资处理）。非耐用消费品，如食物、衣服、燃料等使用期较短。服务可经由个人或企业提供给消费者，服务包括理发、医疗、保险等。

（2）投资支出（I）。投资支出由企业固定投资（business fixed investment）、住房投资（residential investment）和存货投资（inventory investment）三个部分组成。企业固定投资是指企业购买新增资本品的支出，包括企业购买机器设备的支出（固定设备投资）和购买厂房与办公楼的支出（企业住房投资）。住房投资是购买新居民住宅的支出。在 GDP 的统计中，居民的住房投资属于企业投资的一部分，因为住房为人们提供了一种长期服务（居所），可看做资本品。投资支出还包括企业存货的变动。将存货的变动作为企业的存货投资来处理，是为了使企业的支出与生产要素得到的收入一致。如果企业的存货增加，存货投资就是正的；相反存货投资就是负的。

（3）政府购买（G）。政府购买是指各级政府购买产品和服务的支出，包括政府在国防上的支出、修建公共设施的支出，以及提供警察、法院等服务的支出。政府购买只是政府财政支出的一部分，政府财政支出中对个人的转移支付就不计入 GDP，因为转移支付只是简单地把收入进行重新分配，从一个人或一个组织转移到另一个人或另一个组织，并没有相应的产品或服务的交换发生。例如，政府给残疾人发放救济金，并不是因为残疾人创造了收入。

（4）净出口（NX）。净出口是指出口额减去进口额的差额，用 X 表示出口，用 M 表示进口，净出口 NX 就是 $X-M$。出口是外国居民和企业对本国产品与服务的支出；而进口是本国居民和企业对外国产品与服务的支出。因此，在开放经济条件下，国民收入恒等式又可写成 $Y=(C+I+G-M)+X$，整理可写成 $Y=C+I+G+(X-M)$，或 $Y=C+I+G+\text{NX}$。

10.2.3 收入法核算 GDP

总收入法即用要素收入（亦即企业生产成本）核算 GDP。严格来说，最终产品市场价值除了生产要素收入构成的成本外，还有间接税、折旧、公司未分配利润等内容，因此用收入法核算的 GDP 具体包括以下项目。

（1）工资、利息和租金等生产要素的报酬。工资包括所有对工作的酬金、津贴和福利费，也包括工资收入者必须缴纳的所得税及社会保险税；利息在这里是指人们给企业提供的货币资金所得的利息收入，如银行存款利息、企业债券利息等，但政府公债利息及消费信贷利息不包括在内；租金包括出租土地、房屋等租赁收入及专利、版权等收入。

（2）非公司企业主收入，如医生、律师、农民和小店铺主的收入。他们使用自己的资金，自我雇用，其工资、利息、利润、租金常混在一起作为非公司企业主收入。

（3）公司税前利润，包括公司所得税、社会保险税、股东红利及公司未分配利润等。

（4）企业转移支付及企业间接税。这些虽然不是生产要素创造的收入，但要通过产品价格转嫁给购买者，故也应视为成本。企业转移支付包括对非营利组织的社会慈善捐款和消费者呆账；企业间接税包括货物税或销售税、周转税。

（5）资本折旧。它虽不是要素收入，但包括在应回收的投资成本中，故也应计入 GDP。

将上述收入情况加总可得如下：国民总收入=工资+利息+利润+租金+间接税和企业转移支付+折旧。通过收入法核算的国民总收入理论上应该与总支出法核算的国民收入相等，但在实际核算中常有误差，因此还要加上一个统计误差。

10.3 国民收入核算中的总量指标

10.3.1 GDP

一定时期内，一个国家或地区的经济中所生产出的全部最终产品和服务的市场价值的总和就是 GDP。它计量一定时期内一个国家的所有生产活动的价值。GDP 反映的是国民经济各部门的增加值的总额，而它的变化反映的是最终产品和服务的数量变化及价格变化的共同结果。不过，GDP 没有扣除当年的资本耗费，如果扣除资本耗费，那就是国内生产净值了。

10.3.2 国内生产净值

从 GDP 中减掉折旧就可以得到国内生产净值（net national product，NDP）。折旧是对一定时期内由经济活动引起的固定资本消耗的补偿。GDP 作为最终产品价值并未扣去资本设备消耗的价值，因为总投资是一定时期内的全部投资，即建设的全部厂房设备和住宅等，而净投资是总投资中扣除了资本消耗或者说重置投资部分。例如，某企业某年购置 10 台机器，其中 3 台用来更换报废的旧机器，则总投资为 10 台机器，净投资为 7 台机器。用等式表示这种关系即为 GDP=NDP−折旧。

10.3.3 国民收入

从国内生产净值中减去企业间接税，就可以得到国民收入（national income，NI），这里的国民收入指狭义的国民收入，而广义的国民收入 Y 一般就代表 GNP 或 GDP。企业间接税是指企业交纳的营业税、货物税等税额，它是消费者支付的产品价格与企业得到的收入之间的差额。公式表示为 NI=NNP[①]−间接税。企业间接税不构成企业的收入，所以不包括在国民收入内，而其他所有生产要素所有者的收入总和由五部分收入组成，用公式表示为 NI=劳动收入+业主收入+租金收入+公司利润+净利息收入。其中，劳动收入包括工人的工资、补贴及雇主向社会保险机构交纳的社会保障金；业主收入是指非公司制小企业的收入，以及不受人雇佣的独立生产者的收入，因此业主收入既包括企业利润，又含有劳动收入；租金收入是指个人在出租土地、房屋等资产时的租金收入；公司利润是指公司的销售收入中扣除工资、租金及其他成本项目后的利润；净利息是指个人从企业获得的因资金借贷所产生的净利息，不包括个人之间因借贷关系而发生的利息和由购买政府公债而得到的利息。

10.3.4 个人收入

在宏观经济学中，我们使用个人收入（personal income，PI）这个概念来表示个人实际得到的收入，以区别于国民收入，用公式表示为 PI=NI−公司利润−社会保障金+政府转移支付+红利+利息调整。为了获得个人收入指标，必须对国民收入加以调整。首先，要从国民收入中减去公司利润和交纳的社会保障金，公司利润是指公司向政府纳税前的利润，这部分不可能完全是个人收入，因此要减去。另外，个人获得的一部分实际收入未被列入国民收入，需要再加进去，这部分收入包括：政府转移支付，即政府对个人支付的退休金、失业保险金、社会救济金等；红利，即公司税后的利润中作为红利分配给个人的部分；利息调整，即个人总的利息收入减去上述净利息收入后的余额。

① 即国民生产净值，英文全称为 net national product。

10.3.5 个人可支配收入

个人收入再减去个人税和其他非税收性支付，就可以得到个人可支配收入（disposable personal income，DPI），这部分收入可直接用做家庭的消费或储蓄。用公式表示为 DPI=PI-个人税-非税收性支付。个人税包括个人所得税、财产税、房地税等；非税收入包括交通罚单、教育费和医疗费等。个人可支配收入一是用于个人消费，包括食品、衣物、居住、交通、文娱和其他杂项；二是个人储蓄，包括个人存款、个人购买债券等，用公式表示为个人可支配收入=个人消费支出+个人储蓄。

10.4 GDP指标的缺陷及其校正

国内生产总值 GDP 作为一个最基本的总量指标，被称为 20 世纪最伟大的发明之一，能够全面反映一个国家或地区的总体经济水平、科技水平和国民生活水平，并具有国际可比性。但是，GDP 的统计中还存在一些不足。

10.4.1 GDP 指标的缺陷及其校正

1. GDP 无法核算财富总量

GDP 代表了一个国家或地区一定时期内新创造的财富价值总量。一个国家，社会财富能否有效地增长，不仅取决于 GDP 中固定资本形成总额的大小，还取决于其质量，如果固定资本的质量不好，没有到使用期限就不得不报废，那么固定资本形成总额再多都不能有效地提高一国的社会财富。一国的国民财富是维持国家政权的基本保障，但是 GDP 只反映在一段时间内所发生的价值量，无法体现在期末所留存的价值额，即国民财富。例如，在 2002 年建造了一座桥梁，在 2004 年由于工程质量问题拆除了这座桥梁，2005 年又重新建造了一座同样的桥梁。2002 年建造桥梁增加了 2002 年的 GDP，2004 年拆除增加了 2004 年的 GDP，2005 年重建又增加了 2005 年的 GDP，然而三年总的财富就是 2005 年的那座桥梁，而且资源被消耗了两次，所以说 2005 年的社会财富较 2002 年没有增加反而减少了，因此说，GDP 指标不能准确地反映一个国家社会财富的积累。

2. GDP 不能全面地反映社会经济福利

英国著名经济学家 A.C.庇谷认为，一国的经济福利是个人经济福利的总和，而每个人的经济福利又由他所得到的商品和劳务的效用构成。宋小川认为，理想的 GDP 应当反映一国居民的"净经济福利"，它不仅应当计算增进人们经济福利的"好的"产品，还应当减去降低人们经济福利的"坏的"产品。"坏的"产品就是指那些危害人类健康或造成人们财产损失的产品，主要包括：①法律禁止、违背社会公德的产品。②法律允许生产的危害产品。对此，黄焕山、刘帆建议，GDP 应当扣除生产烟草所占的耕地、生产香烟所耗的资源，同时还应扣除烟草致病的医疗费、香烟诱发火灾的损失费与救灾费。③伪劣产品、变质产品。

3. GDP 没有核算某些经济活动，尤其是非市场经济的经济活动

是否产生市场价格即是否有交易的发生，是 GDP 核算的依据和范围，因此 GDP 在统计范围上存在一些缺口，所以，那些虽然属于经济意义上的生产性活动，由于没有涉及交易行

为的非市场交易活动就被排除在 GDP 指标的统计核算范围之外。例如，家庭劳动，志愿者的义务劳动，部分服务业的流量，如计算机服务、电子商务、中介服务、信息咨询和物业管理等，以及非法生产和地下经济活动就属于这类活动。对于非法生产和地下经济活动，1993 年版的 SNA 中已将其纳入了生产核算的范围，但是我国到目前为止还没有对这部分进行核算，据估算，我国的非法生产和地下经济活动折算成当年的 GDP 占当年 GDP 总量的比例高达百分之十几。这个数字可谓是相当惊人的，在越不发达、法律越不完善的国家，非法生产和地下经济就越猖獗，其影响 GDP 的力度就越大。而且对于这一部分经济活动政府也无法控制，只是大规模地下经济的存在，会扰乱国家的宏观管理，破坏国民经济核算平衡原则，危及一国金融的安全，对社会和国家经济产生一系列影响。因此，有必要对地下经济规模进行测算。

4. GDP 无法反映居民的生活水平

我国的 GDP 每年都在以 8%左右的速度增长，这两年甚至达到 10%以上，但是我国国民的贫富差距却在日益增大，也就是说，GDP 不能反映人们收入分配的差异。从宏观上来看，一个国家的人均 GDP 增加了，就意味着一国的居民平均收入水平得到了改善。但是，从微观上来看，收入水平不均等，可能只是小部分人得到了更多的收入，大多数的人收入并没有增加或者增加很少，因此他们的收入水平并没有得到改善，或没有得到明显的改善，这就是人均 GDP 掩盖下的贫富差距。到 2011 年年底，我国的基尼系数已达到 0.5，超过了 0.4 的国际警戒线。新中国成立初期，我国经济基础就比较薄弱，因此提出了一部分人先富起来、先富带动后富的国家政策，大力支持上海、深圳及东部沿海地区，造成了现在的地区之间的发展的不平衡，同时也影响了人均收入分配的均衡。

10.4.2 GDP 指标的完善——绿色 GDP 的提出

GDP 即国内生产总值，它是国民核算体系 SNA（system of national accounts）中的一个高度综合的中心性指标。但传统 GDP 的核算并没有考虑自然资源的耗减和环境质量的降级。随着可持续发展的理念深入人心，20 世纪 90 年代，人们提出了一个包含自然环境资源在内的核算指标——绿色 GDP。我国提出“新的发展观”，体现了以人为本、经济社会环境协调可持续发展的观念；最近又提出要实施节能减排，为减缓温室效应和全球变暖做出贡献。因此，实施绿色 GDP 有重要和关键的意义。考虑了资源耗减和环境降级成本的绿色 GDP 是引导人们合理利用自然资源、积极保护生态环境的一个重要指标，它使人类的发展建立在“全面、协调与可持续”的基础上，积极改善人类的生存环境和健康水平。当经济增长是以资源的过度消耗、环境的损害为前提的话，绿色 GDP 的数值就会比 GDP 数值小；相反，在经济增长的同时，资源得到合理利用，环境得到改善，那么绿色 GDP 的数值就会比 GDP 数值大，这就会给决策者们以正确的信息，有利于他们制定宏观调控的政策。所以笔者结合我国的实际情况，讨论具有较高操作性的狭义绿色 GDP。

1. 绿色 GDP 的构成

虽然人们认为绿色 GDP 是在 GDP 的基础上考虑了自然资源环境因素，将其纳入核算体系，但是由于研究者们的目的和角度的不同，绿色 GDP 的具体构成因子是不一致的。有的学者认为绿色 GDP=经济总产生-中间投入-环境投入；有的认为绿色 GDP=现行 GDP+外部影响因素=现行 GDP+外部经济因素-外部不经济因素；有的认为绿色 GDP=GDP-自然部分的虚数-人文部分的虚数；有的认为绿色 GDP=GDP-治理生产性和消费性污染的费用-不可再生资源的价值−超过数量限制的可再生资源的价值+环保产业的环境产值。透过绿色 GDP 构成的“菜单”越来越长的表象，我们可以知道其原因是研究者所设的前提条件是不同的。有的是以经济福利为前提的；有的是遵循国民经济核算的定义；但有的其前提条件比较含糊，甚至出现两种前提条件的交叉，这样极易造成重复计算，甚至核算尺度的不同，人为地导致操作的难度提高。

具有较高操作性的狭义绿色 GDP 的构成如下：

绿色 GDP=GDP−中间投入的生态系统服务价值+环保部门的产值

生态系统服务价值是指生态系统与生态过程所形成及维系的人类赖以生存的自然生态环境条件与效用，包括对人类生存及生活质量有贡献的生态系统产品和生态系统功能。生态系统功能服务包括提供人类生活需要的产品和保证人类生活质量的功能。

2. 绿色 GDP 的核算体系

本书讨论的生态系统服务价值主要是指自然资源耗减成本和环境降级成本。环保部门的产值是指环保部门的活动所产生的总经济成果。

1）自然资源耗减的成本

关于自然资源是否已经进入 GDP 核算体系，绿色 GDP 是否应该扣除自然资源的耗减成本已有过热烈的讨论，而笔者讨论的主要是作为中间投入的水资源、土壤资源、森林资源和地下矿产资源，这四种自然资源的耗减成本没有进入传统 GDP 的核算。

（1）水资源的核算。自然资源里的水资源通常指淡水资源。水资源是可再生资源，如果在其循环能力可接受的范围内，水资源就是取之不尽、用之不竭的，所以 GDP 没有计算水资源的价值。随着人类生产活动对水资源的破坏和对水资源不恰当利用，水资源已经严重短缺，制约着人类的经济发展。水资源跟人们的生产、生活是紧密联系在一起的，绿色 GDP 应该将水资源按实际情况进行估价后计入其中。

（2）土壤资源的核算。人类不恰当的生产活动，如滥砍滥伐，致使水土流失严重，沙漠化或者荒漠化日益突出。随着我国城市化的发展，滥占农林业用地的现象屡见不鲜，原因是多方面的，GDP 没有将环境资源的价值纳入核算体系是其中最重要的原因之一。商业用地机制发展得比较完善，所以在此主要是计算农林用地的价值然后将其计入绿色 GDP。

（3）森林资源的核算。森林是一个可以自己更新的生态系统，当人类对其的利用是建立在可持续经营的基础上且不破坏其生态系统时，我们直接核算森林所提供的进入市场的物品或服务的价值；如果人类在利用过程中过度采伐，破坏了森林生态系统的平衡，造成水土流失、生物多样性的丧失等生态系统功能的价值的损失及其造成的一连串的灾害的损失都必须从 GDP 中扣除。

（4）矿产资源的核算。地下矿产属于不可再生资源。有的研究表明，GDP 只是计算了地下矿产资源的开采成本而没有计算其本身的价值。笔者认为应从 GDP 中扣除中间投入的地下矿产资源的价值。

2）环境降级成本

（1）环境污染导致的健康成本。环境质量的降级导致人类的疾病或者死亡所损失的成本是人类的健康成本。GDP 核算体系将人类的健康成本转变为医疗部门的产值而计入 GDP 中，这就变成了原本损害人类福利的行为使 GDP 增加。绿色 GDP 应将环境质量的降级使人类生存或生活质量降低或丧失的成本从 GDP 中扣除。

（2）防护支出。由于生态系统具有“公共性”，现阶段的防护行为主要是在环境受到严重破坏的情况下发生的，绿色 GDP 应该减去防护支出。即使人们在人类福利没有受到损害的环境里，为了改善现有的环境条件而发生的防护行为，也是人类以前“透支”生态环境所造成的。而区分出其时空界限的成本可能会远远大于防护成本，绿色 GDP 应该将防护支出从 GDP 中减去。

3）环保部门产值

环境保护部门是生产部门，环保活动是促进社会经济福利水平提高的一种活动，所以绿色 GDP 不能将环境部门创造的产值剔除，而应该加上环保部门的产值。如果环保部门治理环境污染的费用是对企业进行罚款或是课税所得，这些费用用于治理企业所制造的污染，那么环保部门得不到收益而只有中间投入，在计算现有 GDP 时应减去；如果环保部门治理环境污染时改善了环境而使环境质量得到提升，那么其收益应该加入绿色 GDP 中。

本章小结和复习思考题

第 11 章

简单国民收入的决定

知识学习目标

1. 熟练掌握均衡产出、消费函数、储蓄函数、乘数等概念。
2. 掌握简单的国民收入决定模型。
3. 区分不同国民收入决定模型的前提条件、影响因素和变动情况。
4. 用收入–支出模型分析经济问题。
5. 掌握乘数理论的实际运用。

能力训练目标

1. 能够运用收入–支出模型分析经济问题。
2. 能够实际运用乘数理论分析经济问题。

在宏观经济学中，市场按交易对象的不同可以划分为产品市场、货币市场、劳动市场和外汇市场四种类型。本章撇开其他市场，仅仅分析产品市场上国民收入的决定，所以习惯上称为简单国民收入决定理论，以后将在产品市场收入决定的基础上，依次引进其他市场，更深入地探讨国民收入的决定。

11.1 均衡产出

11.1.1 最简单的经济关系

要说明一个国家的生产或收入是如何决定的，需要从分析最简单的经济关系入手。我们遵循逻辑实证方法的一般程序，首先设定一些假设条件，主要假设条件如下：①假设经济中只有两部门，即家庭和企业。消费和储蓄行为都发生在家庭部门，生产和投资行为都发生在企业部门（这样简单的经济关系称为二部门经济）。②假设投资不随利率和产量而变动。③假设折旧和公司未分配利润等于零。这样，GDP=NDP=NI= PI。④假设社会总需求的变动只会引起产量变动，不会引起价格变动（有时被称为凯恩斯定律）。在价格既定的条件下，所有变量值都是与名义变量值相对的实际变量值。

11.1.2 均衡产出的概念

为了进行深入的分析，我们有必要进一步明确总需求（aggregate demand，AE）、总供给、总产出、总支出和总收入这些变量的关系。总需求和总供给属于理论概念，总产出、总支出和总收入属于统计概念。其中，总支出是总需求的度量指标，总产出和总收入是总供给的度量指标。

在上述情形下，总需求决定了社会的产量或者说国民收入。和总需求相一致的产出（或国民收入）称为均衡产出（或均衡的国民收入），也就是经济社会的收入正好等于全体家庭和企业想要有的支出。当产出（国民收入）水平等于总需求水平时，企业的生产就会稳定下来。如果生产低于需求，企业库存就会减少，企业就会增加生产；如果生产超过需求，企业所不愿有的过多的存货会增加，企业就会减少生产。由于总需求是表示在一定的收入水平和价格水平条件下，消费者、企业、政府和其他国家想要购买的本国生产的最终产品与劳务的总和，反映的是经济中不同经济实体的总支出计划，所以，它由消费、投资、政府支出和净出口四个部分构成。在二部门经济中，由于没有政府和对外贸易，总需求就只由家庭消费和企业投资构成。于是，均衡产出（国民收入）可用公式表示为 $Y=C+I$。举例来说，假定企业生产 200 亿元产品，家庭和企业要购买产品的支出也是 200 亿元，那么这 200 亿元的产出就是均衡产出，或者说是均衡国民收入。

11.1.3 均衡产出的实现

均衡产出是指与总需求相等的产出这一点，其可在图上得到表现。在图 11-1 中，纵轴表示支出，横轴表示收入，从原点出发的 45° 线上的各点都表示支出和收入相等。假定总支出（总需求）为 200 亿元，则总产出（总收入）为 200 亿元时就是均衡产出，A 点为此均衡点。但在宏观经济实现均衡的过程中，实际发生的产出和支出很可能是不相等的。例如，企业部门预测失误，生产了 220 亿元的产品，而实际的需求只有 200 亿元的产品，在这种情况下，我们把多出来的 20 亿元产品视为企业非意愿存货投资（或称非计划存货投资），图 11-1 中用 IU（unintended inventory）表示。此时，企业会减少生产，直到非意愿增加的存货为零。如果实际产出是 180 亿元，则存货非意愿地减少 20 亿元，企业将增加生产，使存货恢复到意愿的水平。只有当实际产出为 200 亿元，与总支出相等时，存货才不会发生变化，均衡产出即为 200 亿元。还可假定总需求为 190 亿元，则均衡产出必为 190 亿元；若总需求为 210 亿元，则均衡产出为 210 亿元。

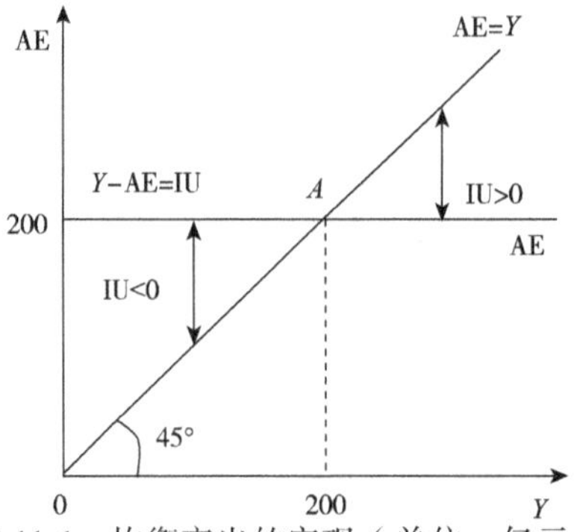

图 11-1 均衡产出的实现（单位：亿元）

11.2　凯恩斯的消费理论

均衡产出既然是指与总需求相一致的产出，那么，要分析均衡产出是如何决定的，就要分析总需求各个组成部分是如何决定的。在简单的国民收入决定理论中，我们假设总需求中的其他部分不变，仅仅考虑总需求中消费的变动对总需求的影响，这样就先要了解消费函数以及相关的储蓄函数。在论述消费理论时，通常假设消费者的所有可支配收入用于消费和储蓄。消费是居民购买商品和劳务的支出，储蓄则为没有用于消费的那部分收入。

11.2.1　消费函数

1. 消费函数的含义

消费是人们为满足各种需要而享用商品和劳务的经济行为与活动。很多因素都影响消费，如收入水平、商品的价格、利率的高低、风俗习惯、消费者偏好等。凯恩斯在研究消费时假定：在影响消费的各种因素中，收入是决定消费的唯一因素，收入的变化决定消费的变化。凯恩斯进一步认为，存在一条基本的心理规律，即随着人们收入的增加，消费也会增加，但消费的增加不及收入的增加多，也就是说，消费增加没有收入增加快。我们把消费和收入两个经济变量之间的依存关系称为消费函数，如果用 C 代表消费，Y 代表收入，则消费函数可以表示为

$$C=C(Y)$$

消费和收入之间的关系可以用表 11-1 来表示。

表 11-1　消费表

不同收入水平	（1）收入（Y）/元	（2）消费（C）/元	（3）平均消费倾向（APC）	（4）边际消费倾向（MPC）
A	9 000	9 110	1.01	
B	10 000	10 000	1.00	0.89
C	11 000	10 850	0.99	0.85
D	12 000	11 600	0.97	0.75
E	13 000	12 240	0.94	0.64
F	14 000	12 830	0.92	0.59
G	15 000	13 360	0.89	0.53

由表 11-1 中的数据可知，当收入是 9 000 元时，消费是 9 110 元，入不敷出；当收入是 10 000 元时，消费也是 10 000 元，收支正好相抵；当收入依次增加到 11 000 元、12 000 元、13 000 元、14 000 元和 15 000 元时，消费依次增加到 10 850 元、11 600 元、12 240 元、12 830 元和 13 360 元。我们发现，消费随着收入的增加而增加，但是增加得越来越少。在表 11-1 中，随着收入依次增加 1 000 元，消费依次增加的数额为 890 元、850 元、750 元、640 元、590 元和 530 元。

根据表 11-1 可以绘出消费曲线（图 11-2）。

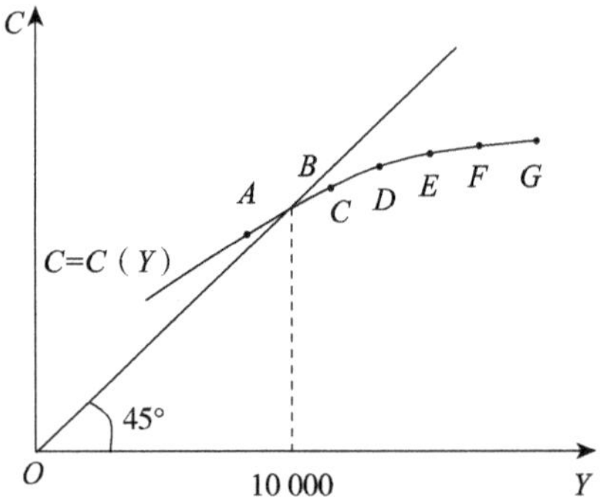

图 11-2 消费曲线（单位：元）

图 11-2 中，横轴表示收入 Y，纵轴表示消费 C，坐标上 45° 线上的任意一点到横轴和纵轴的垂直距离都相等，表示收入全部用于消费。$C=C(Y)$ 曲线就是表示消费和收入之间函数关系的消费曲线。消费曲线与 45° 线的交点为 B，此时，收入和消费都是 10 000 元，收支平衡。在 B 点的左方，消费曲线位于 45° 线的上方，表示消费大于收入；在 B 点的右方，消费曲线位于 45° 线的下方，表示消费低于收入。随着消费曲线向右延伸，消费曲线和 45° 线的距离越来越大，表示消费随着收入的增加而增加，但消费增加的幅度越来越小于收入增加的幅度。

2. 平均消费倾向和边际消费倾向

收入中用于消费的比例叫做消费倾向。凯恩斯进一步把消费倾向分为平均消费倾向（average propensity to consume，APC）和边际消费倾向（marginal propensity to consume，MPC）。

平均消费倾向是指一定收入水平上消费在收入中所占的比率。其公式为

$$\mathrm{APC}=C/Y$$

一般而言，人们在任何情况下都要消费，只不过消费有多有少而已，所以 APC 肯定是大于 0 的。例如，在表 11-1 中的 D 点上，C=11 600 元，Y=12 000 元，APC=Y/C≈0.967。以此类推，在 A 点，消费大于收入，APC 大于 1；在 B 点，消费等于收入，APC 等于 1；从 C 点起，消费小于收入，APC 小于 1。由此可见，APC 是递减的，随着收入的增加，消费在收入中的比例是减小的。从表 11-1 第（3）列的平均消费倾向也可以看出这个规律。

边际消费倾向是指在增加的一单位收入中用于增加消费的比率，也就是消费增量对收入增量的比率。其公式为

$$\mathrm{MPC}=\Delta C/\Delta Y$$

例如，在表 11-1 中，从 A 点到 B 点，收入增加 1 000 元，消费增加 890 元，那么 MPC=0.89；从 B 点到 C 点，收入增加 1 000 元，消费增加 850 元，MPC=0.85。表 11-1 中第（4）列即为边际消费倾向。由于消费增量只是收入增量的一部分，所以 $0<\mathrm{MPC}<1$。

再回到图 11-2，由 APC 和 MPC 的定义可知，消费曲线上任一点切线的斜率，就是与这一点相对应的 MPC；消费曲线上任一点与原点相连而成的射线的斜率则是与这一点相对应的 APC。从图 11-2 中可以看出，随着消费曲线向右延伸，曲线上各点的斜率越来越小，说明 MPC 是递减的。同时，消费曲线上各点与原点的连线的斜率也越来越小，说明 APC 也是递减的。但 APC 始终大于 MPC，这和表 11-1 中所得的数据也是一致的。

3. 线性消费函数

为了便于分析，西方经济学家常假定消费函数是线性的，即假定消费和收入两个经济变量之间存在线性关系，边际消费倾向为一常数，那么消费函数就可用下列方程表示：

$$C=a+bY$$

式中，C 表示消费；Y 表示收入；a 和 b 都为常数，a 表示自发消费（autonomous consumption）。自发消费是指满足人的基本生理需要的消费，如维持吃、穿、住等的消费，它不依存于收入，这部分消费无论有无收入都是必不可少的，也就是说当收入等于零时，消费等于 a。b 表示边际消费倾向。b 和 Y 的乘积 bY 是随着收入变化而变化的消费，称引致消费（induced consumption）。那么，公式 $C=a+bY$ 的经济含义就是，消费等于自发消费与引致消费的总和。假设 a=200，b=0.70，则 C=200+0.70Y。这就是说，如果收入增加 1 单位，其中就有 70%用于消费，只要 Y 为已知，就可以计算出全部消费量。

当消费和收入之间呈线性关系时，消费函数就是一条向右上方倾斜的直线。消费函数上每一点的斜率都相等，并且大于 0 小于 1。当收入为零时，消费为自发消费 a，具体如图 11-3 所示。

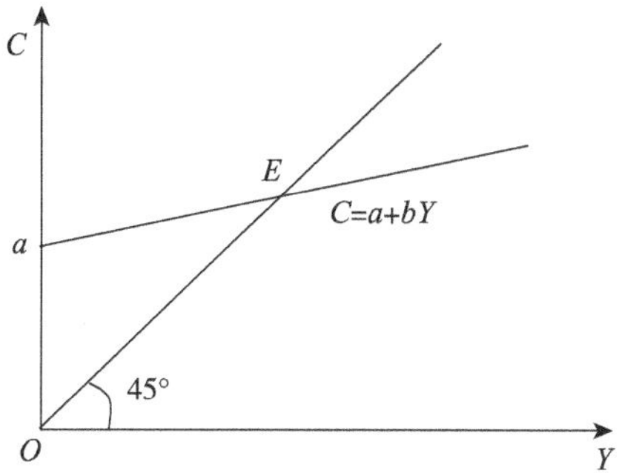

图 11-3　线性消费函数

11.2.2　储蓄函数

1. 储蓄函数的含义

与消费函数相联系的还有一个储蓄函数（saving function）的概念。储蓄是收入中没有用于消费的剩余部分。储蓄受到很多因素（如利息率、收入、消费者预期等）的影响，但凯恩斯假定，收入是储蓄的唯一决定因素，收入的变化决定储蓄的变化。凯恩斯认为，随着收入的增加，消费的增加越来越少，储蓄的增加越来越多。反映储蓄与收入之间关系的函数叫做储蓄函数。储蓄函数可用下式表示：

$$S=S(Y)$$

这一公式的经济含义是，储蓄是收入的函数，储蓄随着收入的变化而变化。表 11-2 是基于表 11-1 形成的一个储蓄表，从中可以看出储蓄和收入之间的函数关系。

表 11-2　储蓄表

不同收入水平	（1）收入（Y）/元	（2）消费（C）/元	（3）储蓄（S）/元	（4）平均储蓄倾向（APS）	（5）边际储蓄倾向（MPS）
A	9 000	9 110	−110	−0.01	
B	10 000	10 000	0	0.00	0.11

续表

不同收入水平	（1）收入（Y）/元	（2）消费（C）/元	（3）储蓄（S）/元	（4）平均储蓄倾向（APS）	（5）边际储蓄倾向（MPS）
C	11 000	10 850	150	0.01	0.15
D	12 000	11 600	400	0.03	0.25
E	13 000	12 240	760	0.06	0.36
F	14 000	12 830	1 170	0.08	0.41
G	15 000	13 360	1 640	0.11	0.47

表 11-2 中的数字表明，当收入为 9 000 元时，消费为 9 110 元，入不敷出，这时出现负储蓄，为−110 元；当收入与消费都为 10 000 元时，收支相抵，出现零储蓄。此后，随着收入依次增加 1 000 元，储蓄增加越来越多，依次增加到 150 元、400 元、760 元、1 170 元、1 640 元。根据表 11-2 可以绘出储蓄曲线，具体如图 11-4 所示。

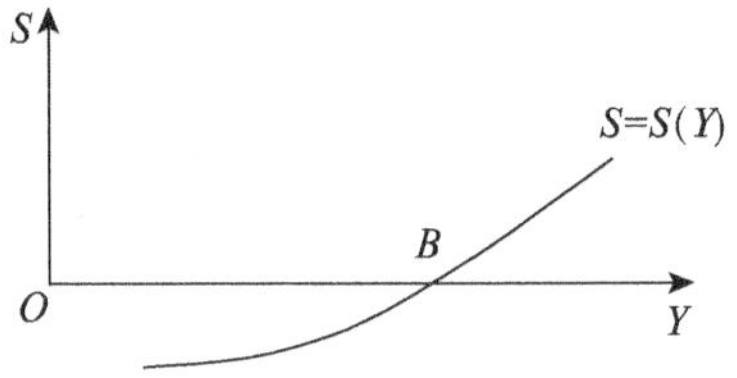

图 11-4 储蓄曲线

图 11-4 中的横轴表示收入 Y，纵轴表示储蓄 S。坐标平面上的 $S=S(Y)$ 曲线是储蓄曲线，表示储蓄和收入之间的函数关系。B 点是 $S=S(Y)$ 曲线和横轴的交点，表示这时消费等于收入，即储蓄为零。在 B 点的左边，储蓄曲线位于横轴的下方，表示入不敷出，出现负储蓄。在 B 点的右边，收入高于消费，有正储蓄。随着储蓄曲线向右延伸，这条曲线和横轴的距离越来越大，表示储蓄随收入增加而增加，且增加的幅度越来越大。

2. 平均储蓄倾向和边际储蓄倾向

储蓄函数反映的储蓄量占收入的比例叫储蓄倾向。凯恩斯把储蓄倾向分为平均储蓄倾向（average propensity to save，APS）和边际储蓄倾向（marginal propensity to save，MPS）。

平均储蓄倾向是指在任意收入水平上储蓄在收入中所占的比率。其公式为

$$APS=S/Y$$

例如，在表 11-2 的 D 点上，S=400 元，Y=12 000 元，则 APS=S/Y=0.03。表 11-2 第（4）列即为 APS，可以看出，随着收入的增加，APS 是递增的。

边际储蓄倾向是指在增加的一单位收入中用于增加储蓄的比例，也就是储蓄增量对收入增量的比率。其公式为

$$MPS=\Delta S/\Delta Y$$

例如，在表 11-2 中，从 A 点到 B 点，收入增加 1 000 元，储蓄增加 110 元，MPS=$\Delta S/\Delta Y$=11%；从 B 点到 C 点，收入增加 1 000 元，储蓄增加 150 元，MPS=$\Delta S/\Delta Y$=15%，以此类推。表 11-2 中第（5）列即为边际储蓄倾向，可以看出，随着收入的增加，MPS 是递增的。MPS 是储蓄曲线的斜率，由于 MPS 只是收入增量的一部分，所以 0<MPS<1。

3. 线性储蓄函数

如果收入和储蓄两个经济变量之间存在线性关系，那么储蓄函数就可用下式表示：

$$S=-a+(1-b)Y$$

式中，S 表示储蓄；Y 表示收入。a 和 b 都是常数，a 表示自发储蓄（autonomous saving），也就是说，当收入等于零时，储蓄等于 a。b 表示边际储蓄倾向，$(1-b)Y$ 表示收入引致的储蓄。因此，公式 $S=-a+(1-b)Y$ 的经济含义就是，储蓄等于收入引致的储蓄减去自发储蓄。假设 $a=200$，$b=0.70$，$(1-b)=0.30$，则 $S=-200+0.30Y$。这就是说，如果收入增加 1 单位，那么其中就有 30%用于储蓄。只要 Y 为已知，就可以计算出储蓄数值。

当收入和储蓄之间呈线性关系时，储蓄函数就是一条向右上方倾斜的直线。储蓄函数上每一点的斜率都相等，具体如图 11-5 所示。

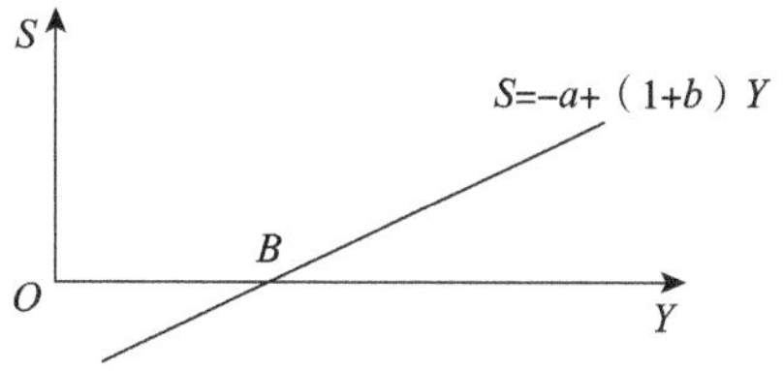

图 11-5　线性储蓄函数

11.2.3　消费函数与储蓄函数的关系

以上分别说明了消费函数和储蓄函数。现在我们来分析消费函数和储蓄函数的关系。

根据定义，收入等于消费与储蓄之和。如果用于消费支出的多了，则储蓄减少；如果用于消费支出少了，则储蓄增加。消费与储蓄存在相互补充的关系，两个函数只要有一个确立，另一个也就随之确立。

消费和储蓄的关系可在图 11-6 上得到表现。

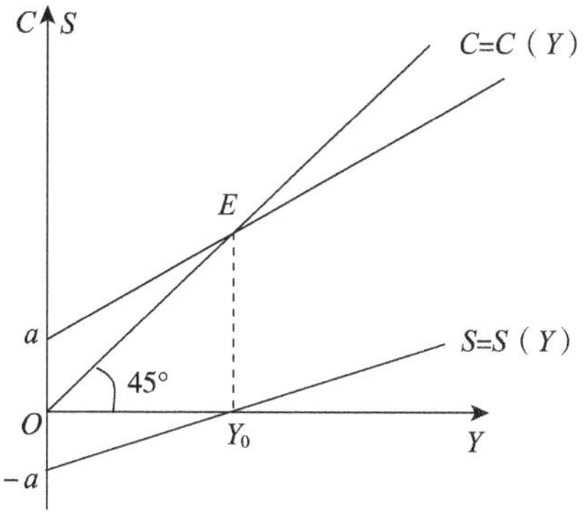

图 11-6　消费曲线和储蓄曲线的关系

在图 11-6 中，当收入为 Y_0 时，消费支出等于收入，储蓄为零；在 E 点左方，消费曲线 C 位于 45° 线之上，消费大于收入，因此，储蓄曲线 S 位于横轴下方，这意味着存在负储蓄；在 E 点右方，消费曲线 C 位于 45° 线之下，消费小于收入，因此，储蓄曲线 S 位于横轴上方，这意味着存在正储蓄。

根据消费和储蓄之间的关系，可以得出两个重要结论：第一，平均消费倾向与平均储蓄倾向之和为 1（因为全部的收入分为消费和储蓄），即 APC+APS=1；第二，边际消费倾向与边际储蓄倾向之和也等于 1（因为全部增加的收入分为增加的消费与增加的储蓄），即

MPC+MPS=1。

11.2.4 消费理论的发展

1. 凯恩斯的绝对收入理论

绝对收入理论的基本观点是家庭消费在收入中所占比例取决于其收入的绝对水平。最初论述这一理论的是凯恩斯，他在《就业、利息和货币通论》一书中提出的一条所谓适用于社会消费的基本心理法则认为，在其他情况保持不变的情况下，随着家庭收入的提高，平均消费倾向趋于下降。家庭收入水平越高，平均来看，其消费所占的比例则可能越小，而平均储蓄倾向趋于上升。由此推导出，低收入的家庭可能把其收入的绝大部分用于消费；高收入家庭的消费可能仅占其收入的较小比例。

2. 杜森贝利的相对收入理论

该理论包括两方面的含义：一是指消费支出不仅受自身收入的影响，也受别人消费和收入的影响。如果一个人收入增加了，但周围人的收入也同比例增加了，则他的消费在收入中的比例不会变化；反之，如果他的收入并没有增加，但他周围的人的收入增加了，则他的消费在收入中的比例会提高。因为在消费方面，人们总是与别人看齐，为了保持与周围人的相对地位，体面地生活着，他将提高消费在收入中所占的比例。因此，他的消费倾向取决于他的收入的相对水平，即与周围的人相比的水平。二是指消费支出不仅受目前收入的影响，还受过去收入和消费的影响。如果某人当期收入高于以前收入，则其消费与当期收入有关；如果他的当期收入低于以前的收入，为了维持消费水平不变，他会提高消费倾向，在当期增加消费在收入中的比例。

示范效应和棘轮效应是相对收入假说得出的两个推论。人要在社会上维护自己的自尊，自尊通过人的社会地位表现出来。在市场经济社会中，人的社会地位取决于收入，并通过消费表现出来。高收入集团的收入和消费方式被作为高社会地位的象征，成为成功的标志，他们的消费方式成为其他人模仿的目标，这种高收入水平者的消费方式对其他人所起的示范作用就是示范效应。另外，各个阶级的人在长期中形成与自己相对收入相称的消费习惯，难以在短期内改变。短期收入减少时，人们为保持原有的消费习惯，并不会迅速减少消费。这种收入习惯引起的消费减少慢于收入减少的现象称为棘轮效应。

3. 弗里德曼的持久收入理论

该理论认为消费水平与当期收入无关，而只与持久收入相关。持久收入是人们一生中所有收入的一种平均值，包括现有财富与所有可以预期取得的收入。与此对应的是暂时收入，暂时收入是人们预期的不可持续的收入。持久收入和暂时收入之和构成人们的当期收入。根据该理论，消费比收入更加稳定，暂时性的收入将被分配到各个时期，而消费将保持在稳定的水平。收入的任何暂时性变化，如减税带来的收入增加或者增税带来的收入减少，都不会对消费水平产生实质性的影响。

4. 莫迪利安尼的生命周期理论

该理论是从对个人消费行为的研究出发的。消费者是具有理性的，能以合乎理性的方式使用自己的收入进行消费，且消费者行为的唯一目标是使自己获得最大的满足。消费者根据这一目标来使用一生的收入，安排一生的消费与储蓄，以便在他们整个生命周期内实现消费的最佳配置，从而把储蓄看成是主要源于个人想为他们年老时的消费作准备的愿望的结果。

这样，消费不是取决于现期收入，而是取决于一生的收入。该理论把人的生命划分为三个阶段，即青年、中年和老年。一般来说，青年时期收入比较低，人们依靠举债维持消费水平；中年时期收入比较高，一部分用来当期消费，另外还要偿还债务，并为老年进行储蓄；老年时期的收入又比较低，需要动用储蓄来进行消费。

11.3　国民收入的决定

11.3.1　两部门经济中国民收入的决定

1. 使用消费函数决定均衡国民收入

两部门经济只包括家庭部门和企业部门，因此，在总支出方面，只包括消费和投资。在收入决定的简单模型中，总是先假定计划投资是一个给定的量，不随利率和国民收入水平的变化而变化。根据这一假定，只要把收入等式和消费函数结合起来就可求得均衡收入：

$$AE=Y=C+I\text{（收入恒等式）}$$

$$C=a+bY\text{（消费函数）}$$

联立方程，就可以得到均衡的国民收入：

$$Y=(a+I)/(1-b)$$

可见，知道了消费函数和投资量，就可以得到均衡的国民收入。假定消费函数 C=1 000+0.8Y，自发的计划投资始终为 600 亿元，那么，均衡的国民收入就是

$$Y=(1\,000+600)/(1-0.8)=8\,000\text{（亿元）}$$

我们还可以使用列表和图形来加以说明。当消费函数 C=1 000+0.8Y 及自发的计划投资为 600 亿元时，均衡国民收入的决定情况见表 11-3。

表 11-3　均衡国民收入的决定（单位：亿元）

（1）收入（Y）	（2）消费（C）	（3）储蓄（S）	（4）投资（I）
3 000	3 400	−400	600
4 000	4 200	−200	600
5 000	5 000	0	600
6 000	5 800	200	600
7 000	6 600	400	600
8 000	7 400	600	600
9 000	8 200	800	600
10 000	9 000	1 000	600

表 11-3 的数据说明，当 Y=8 000 亿元时，C=7 400 亿元，I=600 亿元，因此，$Y=C+I$=8 000 亿元，这说明 8 000 亿元是均衡的国民收入。如果收入小于 8 000 亿元，如为 7 000 亿元，则 C=6 600 亿元，加上投资 600 亿元，总支出为 7 200 亿元，超过了总供给 7 000 亿元，这意味着总需求大于总供给，企业的销售量大于生产量，存货出现了意外的减少，这时企业扩大生产是有利可图的。于是，企业会增加产量，使收入向均衡收入 8 000 亿元靠拢；如果收入大于 8 000 亿元，如为 9 000 亿元，则总支出为 8 800 亿元，此时，总供给大于总需求，存货出

现了意外的增加，这时企业会减少生产，使收入仍向均衡收入靠拢。只有当收入达到均衡水平时，经济中没有非计划存货投资，也没有非计划存货负投资，产量正好等于销售量，存货保持正常水平。这时，经济就处于企业愿意保持的产量水平上。

均衡国民收入的决定也可以用图形来表示（图 11-7）。

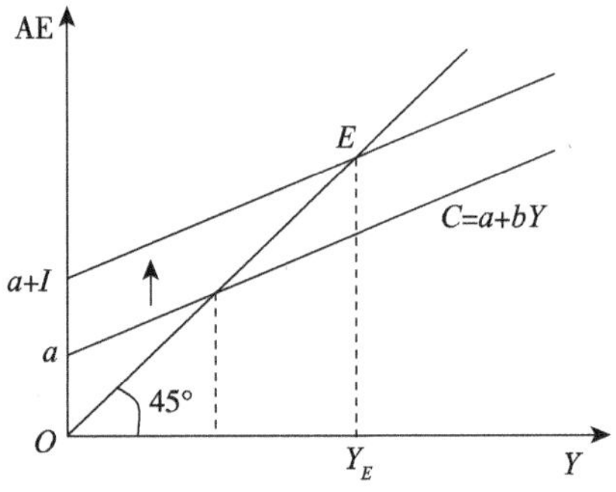

图 11-7 消费投资曲线和 45° 线相交决定收入

图 11-7 中横轴表示收入 Y，纵轴表示消费加投资（$C+I$），即 AE。在消费曲线 C 上加上投资曲线 I 就可得到消费投资曲线 $C+I$，这条曲线也就是总支出曲线。由于投资被假定为始终等于 600 亿元的自发投资，所以，消费曲线加投资曲线所形成的总支出曲线与消费曲线相平行，二者之间的垂直距离为 600 亿元投资。总支出线和 45° 线的交点 E 所决定的收入水平就是均衡国民收入为 8 000 亿元。此时，家庭想要有的消费支出与企业想要有的投资支出总和，正好等于国民收入（即产出）。若经济离开了这个均衡点，则企业的销售量就会大于或小于它们的产出，出现意外的存货减少或增加，引起企业生产的扩大或收缩，直至回到均衡点。

2. 使用储蓄函数决定均衡国民收入

上面是使用消费函数决定均衡国民收入的方法，也就是使用总支出等于总收入（总供给）来决定均衡收入的方法。使用储蓄函数同样可以决定均衡国民收入。

由于均衡产出或收入的条件为 $AE=Y$，而 $AE=C+I$，生产中所创造的收入 $Y=C+S$，因此 $AE=Y$ 就是 $C+I=C+S$，从恒等式两边消去 C，就得到 $I=S$。因此两部门的均衡产出或收入条件，也可用 $I=S$ 表示。通过 11.2 节的学习，我们已经知道，储蓄函数为 $S=Y-C=-a+(1-b)Y$。

$$I=S \text{（投资等于储蓄）}$$

$$S=-a+(1-b)Y \text{（储蓄函数）}$$

于是有

$$I=-a+(1-b)Y$$

求解可得均衡的国民收入：

$$Y=(a+I)/(1-b)$$

上例中，当 $C=1\,000+0.8Y$ 时，$S=600$，令 $I=S$，即 $600=-1\,000+(1-0.8)Y$，得 $Y=8\,000$ 亿元。这一结果也可从表 11-3 中得到，从表中可知，只有当收入 $Y=8\,000$ 亿元时，I 和 S 才正好相等，为 600 亿元，从而达到了均衡。

这种决定国民收入的方法也可用图 11-8 表示。

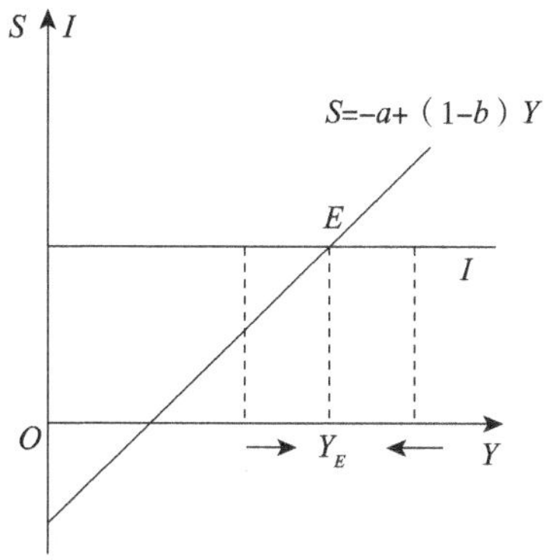

图 11-8　储蓄曲线和投资曲线相交决定收入

图 11-8 中，横轴表示收入 Y，纵轴表示储蓄和投资（S，I），S 代表储蓄曲线，I 代表投资曲线。由于投资是不随收入变化而变化的自发投资，所以，投资曲线与横轴平行，两者之间的距离始终等于一个固定的数值。投资曲线与储蓄曲线的交点 E 对应的收入即为均衡的国民收入。如果实际产量大于均衡的国民收入，则表明投资小于储蓄，社会上产量供过于求，企业存货意外地增加，企业会减少生产，从而使国民收入水平向左移动，直至达到均衡国民收入；如果实际产量小于均衡国民收入水平，则表明投资大于储蓄，社会生产供不应求，企业存货意外地减少，企业会扩大生产，从而使国民收入水平向右移动，直至达到均衡的国民收入。只有在均衡国民收入水平上，企业的生产才会最终稳定下来。

以上两种方法其实是从同一关系中引申出来的，因为储蓄函数本来就是从消费函数中派生出来的。因此，无论使用消费函数，还是使用储蓄函数，求出的均衡国民收入都一样。

11.3.2　三部门经济中国民收入的决定

我们已经讨论了两部门经济中国民收入的决定问题，现在我们进一步放宽条件，引入政府部门，使我们的分析更加接近现实。

1. 政府部门行为对经济的影响

首先我们来分析三部门经济中的情况，即引入政府部门以后，会怎样影响总需求，从而影响均衡收入。

我们知道，政府部门的收入主要通过税收取得。从不同角度可以对税收进行不同的分类，在这里，我们把税收分为定量税和比例税两种形式。定量税是指无论收入是多少，税收总额都不变，税收与收入无关；比例税是指按照收入的多少征税，税收总额占收入的一定比例，这个比例就是税率（t）。政府部门征税会带来可支配收入的减少，进而降低总支出水平，收缩总需求。

政府部门的支出包括购买性支出（G）和转移支付（TR）。政府购买会直接促成总需求的提高；政府进行转移支付，实际上是国民收入的再分配，即把国民收入的一部分从边际消费倾向较低的富人手里转移到边际消费倾向较高的穷人手里，增加他们的可支配收入，间接带来总需求水平的提高。

2. 三部门经济中均衡条件

在有政府参与的三部门经济中，从总支出的角度看，国民收入包括消费、投资和政府购买；而从总收入角度看，则包括消费、储蓄和税收（这里的税收是从总税收中减去政府转移支付以后所得到的净税收）。所以，三部门经济模型中宏观均衡的条件可以表示为

$$\text{AE}=Y=C+I+G=C+S+T$$

消去该等式两边的 C，得到

$$I+G=S+T$$

整理可得

$$I=S+(T-G)$$

式中，S 表示私人储蓄；$T-G$ 表示政府储蓄，两者之和为经济中的总储蓄。这个等式表明只有经济中的投资等于储蓄时，总体经济才能实现均衡。

3. 三部门经济国民收入的决定（定量税）

在定量税的情况下，我们假设税收为常数 $T=T_0$。对于家庭来说，一方面要向政府纳税，另一方面可从政府取得转移支付，可支配收入应该是从国民收入中减去税收加上转移支付。个人可支配收入可以用公式表示为 $Y_d=Y-T+\text{TR}$。

这时，居民消费就表示为 $C=a+b\cdot Y_d=a+b\cdot Y-b\cdot T+b\cdot \text{TR}$。

将消费函数 C 的表达式代入 $Y=C+I+G$ 中，化简后得到均衡国民收入：

$$Y=[a-b(T_0-\text{TR})+I+G]/(1-b)$$

与两部门经济情况相比较，由于政府部门的存在，总支出发生了变化，反映在图形上（图 11-9），总支出曲线的斜率不变，截距变大。

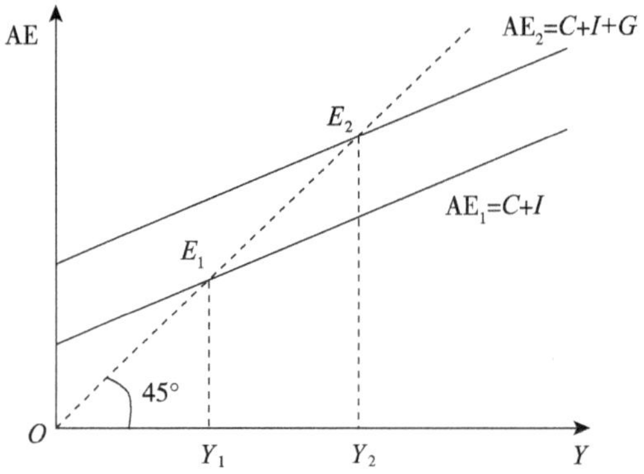

图 11-9 两部门和三部门国民收入决定比较

在图 11-9 中，AE_1 是两部门经济中的总支出曲线，AE_2 是三部门经济中的总支出曲线，AE_1、AE_2 与 45° 线的交点的横坐标 Y_1、Y_2 分别为两部门和三部门的均衡国民收入。

4. 三部门经济国民收入的决定（比例税）

政府征收比例税可以表示为 $T=T_0+tY$，其中，T_0 为常数，表示自发税收；t 表示税率，是一个介于 0 和 1 的常数，表示收入每增加 1 单位，会有多少缴纳给政府（这个税收表达式可理解为政府采取的是定量税和比例税相结合的征税方式。如果取 $t=0$，则政府部门采取了定量税的征收方式；如果取 $T_0=0$，则政府部门采取了比例税的征收方式）。这时，可支配收入表示为

$$\begin{aligned} Y_d &= Y-T+\text{TR} \\ &= Y-(T_0+tY)+\text{TR} \\ &= (1-t)Y-T_0+\text{TR} \end{aligned}$$

此时，消费函数变为

$$\begin{aligned}C &= a + bY_d \\ &= a + b\left[(1-t)Y - T_0 + \mathrm{TR}\right] \\ &= a - bT_0 + b\mathrm{TR} + b(1-t)Y\end{aligned}$$

从这里可以看出，政府部门对家庭部门征税，造成家庭部门的边际消费倾向从 b 下降到 $b(1-t)$，而且自发消费变为 $a-bT_0+b\mathrm{TR}$。

总支出为

$$\begin{aligned}\mathrm{AE} &= C+I+G \\ &= b(1-t)Y+(a+I+G-bT_0+b\mathrm{TR})\end{aligned}$$

进而，由 $\mathrm{AE}=Y$，可得到三部门经济中均衡国民收入：

$$Y=[a-b(T_0-\mathrm{TR})+I+G]/[1-b(1-t)]$$

与两部门经济的情况相比较，由于政府部门的存在，总支出发生了很大的变化，反映在图形上，总支出曲线的斜率减小了，而截距则增大了。在图 11-10 中，AE_1 为两部门经济中的总支出曲线，AE_2 为三部门经济中的总支出曲线，AE_1、AE_2 与 45° 线的交点的横坐标 Y_1、Y_2 分别为两部门和三部门的均衡国民收入。

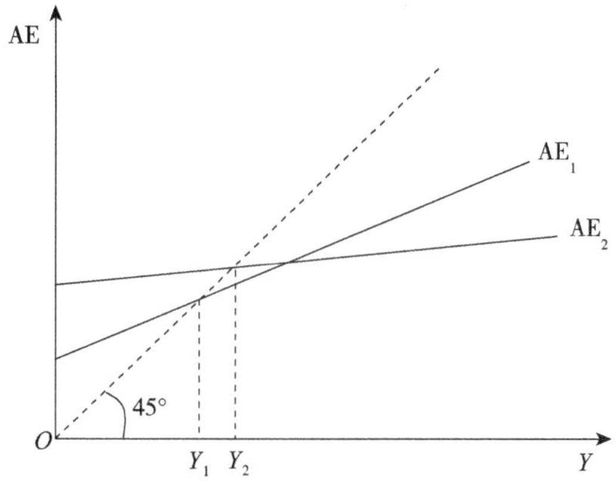

图 11-10　三部门经济国民收入的决定（比例税）

在求解中，只要已知消费函数、投资支出和政府购买就能确定总支出，就可以算出均衡的国民收入。反映在图上，已知消费函数、投资支出和政府购买就能确定总支出曲线，结合 45° 线就可以确定经济均衡点，从而确定均衡国民收入水平。

例如，设消费函数为 $C=100+0.75Y_d$，政府税收为 $T=40+0.2Y$，投资为 $I=200$（亿元），政府购买 $G=130$（亿元），则三部门经济的均衡国民收入为

$$Y=[100-0.75\times 40+200+130]/[1-0.75\times(1-0.2)]=1\,000\text{（亿元）}$$

11.3.3　四部门经济中国民收入的决定

以上三部门经济是假定不包括国外部门。其实，市场经济的发展必然导致对外贸易和其他对外经济关系，进出口是一国经济活动的重要组成部分。现在，我们在三部门经济中引入国外部门，便成了四部门经济。

在四部门经济中，一国总支出 $\mathrm{AE}=C+I+G+\mathrm{NX}$，其中，NX 代表净出口，为出口与进口

的差额，即 $NX=X-M$，它现在成了总需求的一部分。本国的出口便是外国的进口，它主要由外国的收入、消费习惯、经济结构等因素决定。本国对出口的影响很小，从这个意义出发，我们在分析中一般把出口 X 看做一个常量。

进口受到一系列因素的影响，包括本国收入、消费习惯、经济结构等，其中收入是主要的影响因素。一般来说，一个国家的进口会随着本国收入的变动而变动。因为随着本国收入的增加，人们对进口消费品和投资品的需求会增加。这样，可以把进口看成是国民收入的函数，即所谓进口函数就是表示进口和国民收入的依存关系。进口需求函数可以表示为

$$M=M_0+mY$$

式中，M_0 表示自发进口，即不随国民收入变动而变动的进口部分，如本国不能生产但又为国计民生所必需的产品，不管收入水平如何，是必须进口的；m 表示边际进口倾向，即收入每增加 1 元，进口会增加多少，m 为一个大于 0 小于 1 的常数，表示进口与收入是正相关关系；mY 称为引致进口，表示由收入变动引起的进口量。

当四部门经济中的总产出等于总支出时，宏观经济就达到了均衡。四部门经济中的均衡条件可以表示为

$$AE=Y$$

$$C+I+G+NX=C+S+T$$

整理得

$$I=S+(T-G)+(M-X)$$

式中，S 表示本国私人储蓄；$T-G$ 表示本国的政府储蓄；$M-X$ 表示净进口的部分，可以理解为外国在本国的储蓄；三项之和为经济中总的储蓄。这个均衡条件表明只有经济中的投资等于所有储蓄时，才能实现均衡。

我们刚才是用储蓄–投资法来确定均衡收入，同样也可以用收入–支出法来确定均衡收入。

在四部门经济中有

$$AE=C+I+G+(X-M)\text{（均衡收入）}$$

$$C=a+bY_d\text{（消费函数）}$$

$$Y_d=Y-T+TR\text{（可支配收入）}$$

$$T=T_0+tY\text{（税收函数）}$$

$$M=M_0+mY\text{（进口函数）}$$

根据以上公式，可以得到四部门经济的均衡收入，即

$$Y=AE=C+I+G+(X-M)$$

$$=[b(1-t)-m]Y+(a-bT_0+I+G+X-M_0+bTR)$$

最后解得均衡国民收入为

$$Y=[a+I+G+X+b(TR-T_0)-M]/[1-b(1-t)+m]$$

以上便是四部门经济的均衡收入，也是完整的简单国民收入决定模型。

11.4 乘数原理

虽然前面的分析说明了总支出的变动会引起国民收入的变动，但是却没有说明这些变动

的数量关系。当投资增加 100 万元时，国民收入会增加多少呢？回答这个问题需要借助乘数概念。乘数的概念最早是由英国经济学家哈恩在 1931 年提出的，后来被凯恩斯加以利用，成为凯恩斯主义和其他宏观经济学派用来分析宏观经济的一个重要工具。

11.4.1　乘数效应

乘数效应通常是指自变量的变化对因变量具有倍数作用，即因变量的该变量是自变量增量的倍数。

通过前面的学习我们知道，总支出决定总产出，如果总支出中投资增加，则必然会带来总产出的增加。但投资的增加与产出的增加是不是等同的呢？如果投资支出增加 100 亿元，那么总产出是不是也增加 100 亿元呢？

我们可以借助一个具体的例子来探讨这个问题。已知在一个两部门的经济中，消费函数为 $C=1\,000+0.8Y$，自发投资为 600 亿元，则均衡收入为

$$Y=(a+I)/(1-b)=(1\,000+600)/(1-0.8)=8\,000\text{（亿元）}$$

现在，企业部门决定将投资增加到 700 亿元，则国民收入会增加到 8 500 亿元。在这里，投资增加 100 亿元，收入却增加 500 亿元，增加的收入是增加的投资的 5 倍，可见，当总投资增加时，收入的增量将是投资增量的倍数，这个倍数就被称为乘数，用 K 表示。总支出增加对经济总产出的放大效应被称为乘数效应。总支出中每一项增加都能产生乘数效应，形成不同的乘数。本例中产出增加是由投资增加引起的，相应的乘数称为投资乘数，用 K_I 表示。在上例中，$K_I=5$。

乘数效应也可用图 11-11 来表示。在图 11-11 中，初始的总支出曲线是 AE_1，初始的国民收入水平为 Y_1；企业决定增加投资 ΔI，使总支出曲线从 AE_1 向上移动到 AE_2，总产出水平也从 Y_1 增加到 Y_2。我们从图 11-11 中可以看出，投资支出的增加 ΔI 明显小于总产出水平的增加 ΔY，一个较小的支出增加带来了总产出的一个较大的增加。

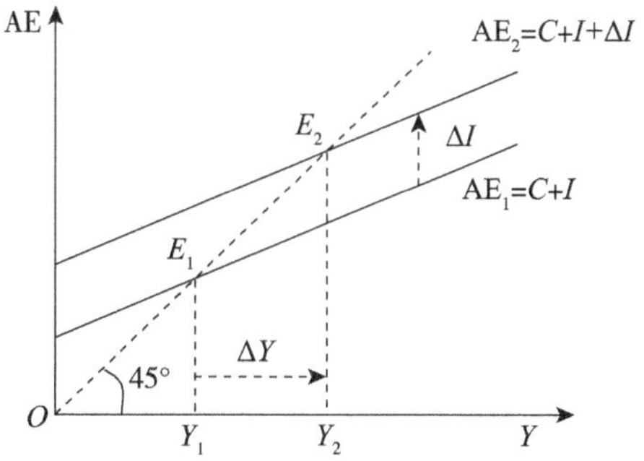

图 11-11　乘数效应

11.4.2　乘数效应的形成机制

为什么投资增加 100 亿元时，收入会增加 5 倍呢？我们以两部门经济为例，来说明投资乘数的传导过程。

增加 100 亿元投资用来购买资本品时，实际上是用来购买制造投资品所需要的生产要素。所以，这 100 亿元以工资、租金、利息和利润的形式流入生产要素所有者手中，即居民手中，

这样居民收入增加了 100 亿元，这 100 亿元是投资对国民收入的第一轮增加。

假设该社会的边际消费倾向是 0.8（这在消费函数 C=1 000+0.8Y 中为已知），那么增加的这 100 亿元中就有 80 亿元用于购买消费品。于是，这 80 亿元又以工资、租金、利息和利润的形式流入生产消费品的生产要素所有者手中，这一过程使该社会居民收入又增加 80 亿元，这是国民收入的第二轮增加。

同样，当收入增加了 80 亿元时，这 80 亿元中的 64 亿元又被用于消费，从而这笔消费代表国民收入的第三轮增加，这个过程不断继续下去，最后使国民收入增加到 500 亿元，其过程是

$$100+100\times 0.8+100\times 0.8\times 0.8+\cdots+100\times 0.8^{n-1}=100\,(1+0.8+0.82+\cdots+0.8^{n-1})$$
$$=[1/(1-0.8)]\times 100=500\text{（亿元）}$$

这就表明，当投资增加 100 亿元时，收入最终会增加到 500 亿元。如果我们用 ΔY 代表增加的收入，ΔI 代表增加的投资，则二者的比率就是乘数 $K=\Delta Y/\Delta I=5$。需要指出的是，投资减少也会引起收入若干倍地减少，可见，乘数效应的发挥是两方面的。

11.4.3 影响乘数效应大小的因素

从上面的例子，根据乘数定义可知 $K=\Delta Y/\Delta I$，其中，$\Delta Y=Y_2-Y_1$；$\Delta I=I_2-I_1$。由于 $Y=(a+I)/(1-b)$，所以 $\Delta Y=Y_2-Y_1=(a+I_2)/(1-b)-(a+I_1)/(1-b)=(I_2-I_1)/(1-b)=\Delta I/(1-b)$，那么 $K=\Delta Y/\Delta I=1/(1-b)$。这说明：

$$\text{乘数}=1/(1-\text{边际消费倾向})\text{ 或 }K=1/(1-\mathrm{MPC})$$

从分析中可以看出，在两部门经济中，边际消费倾向决定了每一轮总支出增加的大小，从而决定乘数效应的大小。每一轮总支出的增加都会小于上一轮，这是因为有一部分没有被消费而成为储蓄从经济中漏出。边际消费倾向越小，这种漏出就越多，乘数效应就越小；边际消费倾向越大，每一轮的漏出就越少，乘数效应就越大。

在三部门经济中，同样存在乘数效应，但其扩张效果要比两部门经济小，这是因为多出了一项漏出。在三部门经济中，家庭要向政府纳税。每一轮总支出增加，都会使总收入增加，收入增加的一部分以税收形式交给政府，从而不能形成下一轮的支出。税收成为储蓄之外的另一个漏出，税率越高漏出越严重，乘数效应越小；税率越低漏出越少，乘数效应越大。

在四部门经济中，进口则成为另一个漏出，使乘数效应进一步减小。对于每一轮增加，总有一部分收入用于购买外国的商品，从而把一部分收入转移了出去，使其不能参与下一轮的循环。边际进口倾向越大，漏出越多，乘数效应越小；边际进口倾向越小，漏出越少，乘数效应越大。

11.4.4 三部门经济中的乘数

由于加入了政府部门，不仅仅投资支出变动有乘数效应，政府购买、税收和政府转移支付的变动同样具有乘数效应。下面我们来讨论各种乘数的计算问题。

我们已经知道，三部门经济中均衡国民收入为

$$Y=[a-b(T_0-\mathrm{TR})+I+G]/[1-b(1-t)]$$

利用上式，可以求出各种乘数。

1. 政府购买乘数

政府购买乘数是指均衡收入变动对引起这种变动的政府购买变动的比率，如果用 ΔY 表示均衡收入的变动，用 ΔG 表示政府购买的变动，用 K_G 表示政府购买乘数，则

$$K_G=\Delta Y/\Delta G$$

若其他条件不变，只有政府购买变动，政府购买从 G_0 变为 G_1，相应的均衡收入分别为

$$Y_0=\left[a-b\left(T_0-\mathrm{TR}\right)+I+G_0\right]/\left[1-b(1-t)\right]$$

$$Y_1=\left[a-b\left(T_0-\mathrm{TR}\right)+I+G_1\right]/\left[1-b(1-t)\right]$$

则

$$\Delta Y=Y_1-Y_0=\left(G_1-G_0\right)/\left[1-b(1-t)\right]=\Delta G/\left[1-b(1-t)\right]$$

所以

$$K_G=\Delta Y/\Delta G=1/\left[1-b(1-t)\right]$$

由于加入了政府的作用，投资乘数也发生变化。投资乘数的公式为 $K_I=\Delta Y/\Delta I$，在只有投资变动，其他条件不变的情况下，投资从 I_0 变为 I_1，相应的均衡收入分别为

$$Y_0=\left[a-b\left(T_0-\mathrm{TR}\right)+I_0+G\right]/\left[1-b(1-t)\right]$$

$$Y_1=\left[a-b\left(T_0-\mathrm{TR}\right)+I_1+G\right]/\left[1-b(1-t)\right]$$

则

$$\Delta Y=Y_1-Y_0=\left(I_1-I_0\right)/\left[1-b(1-t)\right]=\Delta I/\left[1-b(1-t)\right]$$

所以

$$K_I=\Delta Y/\Delta I=1/\left[1-b(1-t)\right]$$

可见，在三部门经济中，投资乘数变小了，没有政府部门时的投资乘数为 $K_I=1/(1-b)$，有了政府的作用，投资乘数变为 $K_I=1/[1-b(1-t)]$。从计算结果还可以看出，在三部门经济中，政府购买乘数与投资乘数相等。

2. 税收乘数

税收乘数是指均衡收入变动与引起这种变动的税收变动的比率。税收乘数有两种，一种是定量税对总收入的影响，一种是税率变动对总收入的影响，这里仅说明前者。如果用 ΔY 表示均衡收入的变动，用 ΔT 表示税收的变动，用 K_T 表示税收乘数，则

$$K_T=\Delta Y/\Delta T$$

不考虑税率，只有定量税，三部门经济中的均衡国民收入为

$$Y=\left[a-b\left(T_0-\mathrm{TR}\right)+I+G\right]/(1-b)$$

在上式中，如果其他条件不变，只有定量税变动，则税收从 T_0 变为 T_1，相应的均衡收入分别为

$$Y_0=\left[a-b\left(T_0-\mathrm{TR}\right)+I+G\right]/(1-b)$$

$$Y_1=\left[a-b\left(T_1-\mathrm{TR}\right)+I+G\right]/(1-b)$$

则

$$\Delta Y=Y_1-Y_0=\left[-b\left(T_1-T_0\right)\right]/(1-b)=-b\Delta T/(1-b)$$

所以

$$K_{\mathrm{T}} = \Delta Y / \Delta T = -b/(1-b)$$

税收乘数是负值，表示均衡收入与税收反方向变动。

3. 政府转移支付乘数

政府转移支付乘数是指均衡收入的变动与引起这种变动的政府转移支付变动的比率。增加政府转移支付对收入的影响和减税的影响是一样的。用 K_{TR} 表示政府转移支付乘数，则

$$K_{\mathrm{TR}} = b/(1-b)$$

可见，政府转移支付乘数与税收乘数，二者计算过程及公式相同，但符号相反。这是因为增加税收使总需求下降，而增加政府转移支付使总需求上升。

11.4.5 四部门经济中的乘数

加入国外部门以后，形成了开放经济，我们已经知道四部门经济中的均衡国民收入为

$$Y = \left[a + I + G + X + b\left(\mathrm{TR} - T_0\right) - M_0\right] / \left[1 - b(1-t) + m\right]$$

利用上式，我们可以得出各种乘数。

1. 对外贸易乘数

对外贸易乘数是指均衡收入的变动与引起这种变动的出口变动之间的比率。如果用 ΔY 表示均衡收入的变动，用 ΔX 表示出口的变动，用 K_{X} 表示对外贸易乘数，则

$$K_{\mathrm{X}} = \Delta Y / \Delta X$$

若其他条件不变，只有出口发生变动，出口从 X_0 变为 X_1，相应的均衡收入分别为

$$Y_0 = \left[a + I + G + X_0 + b\left(\mathrm{TR} - T_0\right) - M_0\right] / \left[1 - b(1-t) + m\right]$$

$$Y_1 = \left[a + I + G + X_1 + b\left(\mathrm{TR} - T_0\right) - M_0\right] / \left[1 - b(1-t) + m\right]$$

则

$$\Delta Y = Y_1 - Y_0 = \left(X_1 - X_0\right) / \left[1 - b(1-t) + m\right] = \Delta X / \left[1 - b(1-t) + m\right]$$

所以

$$K_{\mathrm{X}} = \Delta Y / \Delta X = 1 / \left[1 - b(1-t) + m\right]$$

2. 四部门经济中的其他乘数

与封闭经济相比，不仅出口的变动形成对外贸易乘数，而且投资、政府够买、转移支付和税收的变动对均衡收入的变动的影响也发生了相应的变化。在四部门经济中，投资乘数、政府购买乘数、税收乘数和政府转移支付乘数的计算公式分别如下。

投资乘数：

$$K_{\mathrm{I}} = 1 / \left[1 - b(1-t) + m\right]$$

政府购买乘数：

$$K_{\mathrm{G}} = 1 / \left[1 - b(1-t) + m\right]$$

税收乘数：

$$K_{\mathrm{T}} = -b / \left[1 - b(1-t) + m\right]$$

政府转移支付乘数：

$$K_{\mathrm{TR}} = b / \left[1 - b(1-t) + m\right]$$

可以看出，在四部门经济中，各种乘数进一步变小了，这是因为增加的收入一部分要用在进口商品上。

本章小结和复习思考题

第 12 章

货币供给和货币需求

知识学习目标

1. 明确基础货币的概念。
2. 明确货币乘数及其影响因素。
3. 掌握派生存款的计算方法。
4. 了解凯恩斯流动性偏好理论的内容。

能力训练目标

能够分析银行体系的资金供给和社会中的资金需求。

对社会而言，货币不是财富，而是提高效率的工具，因此社会对货币的需求有一个量的限制。而对于经济个体而言，货币是一种财富，从这个层面上来看，对货币的需求是无限的。货币、股票、债券、房地产等都是人们持有财富的形式，其中只有货币具有交易媒介的功能，因此人们愿意把财富的一部分以货币的形式持有，这就形成了对货币的需求。

12.1 货币的层次划分

12.1.1 货币层次划分的现实意义

现金货币、存款货币和各种有价证券均属于货币范畴，随时都可以转化为现实的购买力，但绝不等于现金、存款货币、有价证券的流动性相同，货币性一样。例如，现金和活期存款是直接的购买手段和支付手段，随时可以形成现实的购买力，货币性或流动性最强。而储蓄存款一般必须转化为现金才能用于购买，定期存款到期方能用于支付，如要提前支付，还要蒙受一定损失，因而流动性较差。票据、债券、股票等有价证券，要转化为现实购买力，必须在金融市场出售之后还原为现金或活期存款。由于上述各种货币转化为现实购买力的能力不同，从而其对商品流通和经济活动的影响有别。因此，有必要对这些货币形式进行科学的分类，以便中央银行分层次区别对待，提高宏观调控的计划性和科学性。

我国对货币层次的研究起步较晚，但发展迅速。划分货币层次须按照以下原则：①划分货币层次应把金融资产的流动性作为基本标准；②划分货币层次要考虑中央银行宏观调控的要求，应把列入中央银行账户的存款同专业银行的存款区别开来；③货币层次要能反映出经济情况的变化，要考虑货币层次与商品层次的对应关系，并在操作和运用上有可行性；④宜粗不宜细。

货币是引起经济变动的一个因素。随着经济的发展，货币与经济的联系日益密切，货币供求的变化对经济的运行产生了重大的影响。调节货币供给量，使其适应经济发展的需求，已成为各国中央银行的首要任务。通过对货币供给量指标的分析，可以观察和分析国民经济的变动情况。此外，通过考察具有不同货币性的资产对经济的影响，并选定一组与经济的变动关系最密切的货币资产作为中央银行控制重点，有利于中央银行调控货币供给，并及时观察货币政策的执行结果。

12.1.2　货币层次划分的含义

货币层次的划分是把流通中的货币量，根据其流动性的大小进行排列，分成若干层次并用符号代表的一种方法。其目的是把握流通中各种货币的特定性质、运动规律及其在整个货币体系中的地位，进而探索货币流通和商品流通在结构上的依存关系，便于商业银行拟定有效的货币政策。

随着货币和经济关系的日益密切，客观上要求政府对现金的发行及信用扩张加以控制，使货币的供给适应经济发展的需要，避免产生经济波动与危机。因此，货币层次的划分和划分的标准尤为重要，这是中央银行执行货币政策的重要手段。

所谓狭义货币，是指主要充当交换媒介（即流通手段）的流动性最强的那部分货币，它包括流通中的现金和商业银行活期存款。商业银行的活期存款又称为支票账户，存款人通过签发支票即可实现支付或提现，其流动性和现金差不多。

广义货币，既包括高流动性的现金、活期存款，又包括流动性较差但是有收益的存款货币。按照金融资产流动性的不同，可将货币划分为三个不同层次。金融资产的流动性也称货币性，它是指一种金融资产能迅速转换成现金而对持有人不发生损失的能力，也就是变为现实的流通手段和支付手段的能力，也称变现力。

现实经济中存在着形形色色的货币，许多新的金融工具也都不同程度地具有一定的货币性。这就为货币供给和货币供给量的计量带来新的问题，即货币供给的层次划分的口径问题。在各国对货币供给的层次划分中，普遍都把金融资产的流动性，也就是金融资产能够及时转化为现实购买力而使持有者不遭受损失的能力作为划分的依据。

世界上大多数国家根据货币流动性差异对货币进行了层次划分。

$$M0=\text{流通中的现金}$$

$$M1= M0+\text{商业银行的活期存款}$$

$$M2= M1+\text{商业银行的定期存款}+\text{商业银行的储蓄存款}$$

$$M3= M2+\text{其他金融机构的存款}$$

式中，M0、M1 称为狭义货币；M2、M3 称为广义货币。

1994 年，中国人民银行正式决定将货币供应量作为我国货币政策的中介目标，并于 1994 年第三季度开始，正式确定货币供应量的指标并按照季度公布，我国将其划分为以下层次：

M0=流通中的现金

M1=M0+企业活期存款+机关团体部队存款+农村存款+个人持有的信用卡类存款

M2=M1+城乡居民储蓄存款+企业存款中具有定期性质的存款+信托类存款+其他存款

M3=M2+金融债券+商业票据+大额可转让定期存单

式中，M1 为狭义货币；M2 为广义货币；两者之差为准货币。

准货币是在金融市场高度发达的情况下，各种短期的流动性资产，如国库券、人寿保险公司保险单、承兑票据等，它们在金融市场上贴现与变现的机会很多，都具有相当程度的流动性（根据国际货币基金组织的划分，M1 以外的短期金融资产都是准货币）。

美国现行货币供给各层次的定义如下。

M1 包括：①处于国库、联邦储备系统和存款机构之外的通货；②非银行发行的旅行支票；③商业银行的活期存款，不包括存款机构、美国政府、外国银行和官方机构在商业银行的存款；④其他各种与商业银行活期存款性质相近的存款。

M2 等于 M1 加以下各项：①存款机构发行的隔夜回购协议和美国银行在世界上的分支机构向美国居民发行的隔夜欧洲美元；②货币市场存款账户；③储蓄和小额定期存款；④货币市场互助基金金额。

M3 等于 M2 加以下各项：①大额定期存款；②长于隔夜的限期回购协议和欧洲美元。

12.2 货币需求和需求理论

12.2.1 货币需求的含义及影响因素

1. 货币需求的含义

要了解货币需求的含义，我们必须先清楚货币需求是什么。具体而言，货币需求是人们在选择资产持有形式的时候，必须根据自己的具体情况和偏好，通过对各种资产的流动性、盈利性和安全性进行比较，使自己的资产组合能够保持最佳的状态时，人们所愿意持有的货币量。

我国的经济学者认为货币需求是一种有效需求。有效需求是指人们既有需求的愿望，又有获得或持有货币的能力，这种解释虽然充分考虑了货币需求的微观决定因素，但是它并没有考虑货币需求的宏观经济决定因素，如 GNP 和财富总量等因素。因此，一些学者对此做出了进一步的说明，指出货币需求是指在一定的经济条件（如经济约束）下，整个社会应有多少货币来执行有关的职能。这个概念既考虑到微观因素对货币需求的影响，也考虑到宏观因素的影响。因此，经济意义上的货币需求包含以下三点内容：①需求能力与需求愿望的结合；②需求能力可以理解为占有货币对应的收、借款或其他形式的资金来源；③需求愿望可以理解为由需求主体经济利益决定的各种动机与行为。

谈到货币需求，我们必须要说说社会总需求，货币需求和社会总需求是两个既有联系又有区别的概念，社会总需求是指在一定时期内以货币表示的社会有支付能力的购买力总量。它既是国民收入的结果，也是货币供给的结果，它是客观的存在量。货币需求是由经济运行过程的内在因素所决定的货币客观需求量。

研究货币需求还应注意名义货币需求和实际货币需求的区别。名义货币需求是按现行价格计算出来的，反映社会微观经济主体持有的货币单位数量。实际货币需求是根据不变价格计算出来的，反映一定数量的货币购买力，它等于名义货币需求除以商品的价格。名义货币需求与商品价格成正比，而实际货币需求与商品价格无关，它是随着实际收入的变化而变化的。对于货币持有者来说，重要的是货币的购买能力。

2. 货币需求的影响因素

在不同的货币需求模型中，以自变量的形式反映的货币需求函数中，对货币需求的影响因素是有不同的说明的。例如，在凯恩斯的货币需求函数中，影响货币需求的是利率和实际收入情况；在弗里德曼的货币需求函数中，要考虑到实际持久收入、货币债券股票的预期报酬率、非人力财富占总财富的比率等因素。我们在这里把相关的影响因素进行了总结，以此得出结论。

1）居民的资产选择

在进行资产选择的时候，一般目的应该有两个：一是生利，二是保值。选择不同的资产组合对整个社会的货币需求会产生重要的影响，除了收入水平外，还有其他三个因素也在影响货币需求的数量，即金融市场的发达程度、市场利率和人们预期。预期物价上涨时，人们就会减少对货币的需求，而增加对实物资产的需求；当预期投资利润率上升时，人们也会减少对货币的需求；预期利率上升时，人们则会增加对货币的需求。人们偏好货币，会增加社会货币需求，偏好其他金融资产或实物资产，也有可能减少社会货币需求。

2）收入状况

在一般状况下，货币需求量与收入水平成正比，当居民、企业等经济主体的收入增加时，他们对货币的需求也会增加；当其收入减少时，他们对货币的需求也会减少。如果人们取得收入的时间间隔延长，则整个社会的货币需求也会增大；如果人们取得收入的时间间隔缩短，则整个社会的货币量就会减少。

3）营业因素

企业部门要购买生产要素、维持企业的正常生产活动，就必须维持一定量的货币量来满足各项成本的支出。但是当企业产品的销售情况受到市场需求的不确定因素影响时，有可能会使企业货币收入增加，则整个社会的货币需求量就会增大。

4）信用的发达程度

在信用发达的社会，人们更容易获得现金和贷款，且对持有货币的需求小，许多交易通过债权的相互抵消来结算，也减少了货币的需求量。

5）心理预期

当人们预期市场利率将要上升时，会增加货币需求；当人们预期物价水平将要上升时，则会减少货币持有；当人们预期投资收益上升时，也会减少货币持有。

6）市场利率水平

在正常情况下，货币需求与市场利率呈负相关关系。市场利率上升，一方面会增加持有货币的成本，另一方面会使有价证券价格下降，吸引投资者购买有价证券，导致货币需求减少；反之，则货币需求增加。

12.2.2　西方货币需求理论

1. 传统的货币数量论

1）费雪的货币数量说——现金交易说

费雪是美国经济学家，被认为是第二次世界大战前美国最伟大的经济学家（有人甚至认为他是美国历史上最伟大的经济学家)。他的全部学术生涯是在耶鲁大学度过的。在费雪对经济学众多的贡献之中，最突出的当数关于货币、资本和效用的理论。通过把数学和统计学应用到经济学中来，费雪为使经济学成为一门真正的科学做出了自己的贡献。有两个概念是以他的名字命名的，一个是我们已经熟悉的费雪方程，另一个是费雪效应，即预期通货膨胀发生变化，会使名义利率相应发生类似的变化。

费雪在他 1911 年出版的《货币的购买力》一书中，对古典的货币数量论进行了很好的概括，并提出了著名的“交易方程式”，即

$$MV_T=PT$$

式中，M 代表在一定时期内经济中所流通的货币的平均量；V_T 代表货币的平均流通速度，也就是在一定时期内货币被从交易的一方支付给另一方的次数；P 代表所有交易商品或劳务的平均价格水平，T 为该时期内商品或劳务的交易总量，因此，PT 代表的是该时期内按市场价格计算的商品或劳务交易的总市场价值。

这里在计算 PT 的过程中应包括所有中间产品和最终产品的交易，而中间产品的交易量难以计算。由于中间产品的交易量与最终产品的交易量一般保持相对稳定的比例，所以有时可以以最终产品的交易量来代替中间产品和最终产品的交易量总和，也即用名义国民收入来代替原来的 PT，所以交易方程式通常被写成下面的形式：

$$MV=PY$$

式中，Y 代表以不变价格表示的一年中生产的最终产品和劳务的总价值，也就是实际国民收入；P 代表一般物价水平（用价格指数表示），因此 PY 即为名义国民收入；V 为货币的收入流通速度，它代表一年中每一元用来购买最终产品或劳务的平均次数。

为了说明交易方程式 $MV=PY$ 的理论意义和实际应用价值，费雪分析了决定方程式中 M、V、P、Y 的各种因素及方程式中各变量的变化情况：①M（流通中的货币数量）是由法定准备金率、银行的超额准备金数量、货币政策和借贷情况等条件决定的，特别是中央银行对其有较大的控制权，因此具有很强的外生性，可以看做自变量。②V（货币流通速度）是由社会环境（如支付制度）、个人习惯、技术发展状况（如交通运输和通信技术）及人口密度等因素决定的。由于这些因素在短期内是稳定的，在长期内变动也极慢，所以，V 在短期内是稳定的，故可视为不变的常数。③在充分就业条件下，实际国民收入 Y 变动极小，故也可视为常数。这样，由于 V、Y 是常数，而 M 是自变量，所以可得出结论：货币数量 M 的变动导致物价 P 的同比例变动。货币数量的变动是因，物价水平的变动是果。由于存在这种因果关系的推论，恒等式 $MV=PY$ 便为物价水平的控制提供了理论上的依据。

根据交易方程式 $MV=PY$ 不难得出货币需求的表达式。只要将等式两边同除以 V，就可得

$$M=\frac{1}{V}PV$$

在货币市场均衡的情况下，货币存量 M 就等于人们所愿意持有的货币量，即货币需求 M_d。因此，可以得出

$$M_d=\frac{1}{V}PV$$

这就是由传统货币数量论导出的货币需求函数。从中可以看出，货币需求取决于货币流通速度和名义国民收入。而根据货币数量论的观点，货币流通速度是一个相对稳定的量，所

以货币需求就取决于名义国民收入，也就是为了满足交易需要而必须持有的货币量，故该交易方程式也被称为“现金交易说”。

但费雪的交易方程式也受到了不少的批评，因为它缺乏经验证明。实证结果表明，实际的价格水平变动与货币存量的变动方向有可能不一致，也不一定存在同比例的变化关系。而且，其假定货币流通速度不变也不现实，在现实生活中，货币流通速度的稳定性较差，货币供给的变化被货币流通速度及实际产出的变化抵消，并不会完全被价格变动吸收。

2）剑桥货币理论——现金余额说

现金余额说是以马歇尔和庇古为首的英国剑桥大学经济学家创立的。庇古根据马歇尔的观点，于 1917 年写了《货币的价值》一文，马歇尔则于 1923 年写了《货币、信用与商业》一书。他们都从另一角度研究货币数量和物价水平之间的关系。

剑桥经济学家不仅仅将交易水平和影响人们交易方式的制度作为研究货币需求的关键性决定因素，还探讨了在不同环境中人们愿意持有的货币数量。这样，在剑桥模型里，个人在持有货币的数量上具有一定的弹性，并不完全受他们是否使用信用卡购物等制度的约束。与此相对应，剑桥的理论没有排除利率对货币需求的影响。

剑桥经济学家认为，人们之所以持有货币，是由于货币具有以下两个属性：①交易媒介。货币作为交易的媒介，人们用它来完成交易。剑桥的经济学家同意费雪的观点，即货币需求与交易水平相关（但并非完全相关），由交易引起的货币需求与名义收入成比例。②财富贮藏。货币的财富贮藏功能使人们的财富水平也能够影响人们的货币需求。财富增加，个人需通过持有更多数量的财产来贮藏，而货币也是财产的一种，因而财富增加，对货币财产的需求也增加。由于剑桥经济学家认为名义财富与名义收入成比例，所以他们还认为货币需求中由财富引起的对货币的需求也与名义收入成比例。他们进一步认为，经济主体愿意持有的平均货币数量或现金余额，也即人们对货币的需求 M_{d} 在名义国民收入 Y_n 中存在一个稳定的比例 k，因此货币需求可以用公式表示为

$$M_{\mathrm{d}} = kY_n$$

由于名义国民收入是实际产量或实际收入 Y 与物价的乘积，即 $Y_n = PY$。因此上式又可以写为

$$M_{\mathrm{d}}=kPY$$

这就是剑桥学派建立的货币需求方程式，该方程式表示人们愿意持有的货币存量 M_{d} 与名义国民收入保持一个固定的或稳定的比例。式中，k 表示国民收入中以货币形式持有的比例，与现金交易方程相比，它是货币流通速度 V 的倒数。剑桥学派采用 k 而不采用 V，与剑桥方程式强调货币需求有关。因为研究 k，就要研究人们持有货币的动机，即研究决定人们货币需求的因素，因此，k 的引入开创了对货币需求理论的研究。

如果 k、Y 都为常数，则物价水平与货币存量同比例且同方向变化，这就从另一方面得出了与费雪相同的结论。

但是现金余额说和现金交易说的货币需求方程式的内涵有较大的不同。首先，现金交易说看重货币的交易媒介功能，强调货币的支出，而现金余额说则强调货币的持有，即储藏功能。其次，现金余额说重视人们持有货币的动机，现金交易说则注重货币流通速度及经济社会等制度因素。最后，现金交易说所指的货币数量是某一时期的货币流通量，是一个流量概念，而现金余额说所指的货币数量是某一时点人们手中所持有的货币存量，是一个存量概念。

尽管存在上述的诸多区别，但现金交易说和现金余额说都是以传统的货币数量论为基础的，因而它们都是属于传统的货币需求理论。

剑桥货币理论和费雪货币数量说的主要区别如下。

第一，对货币需求的分析侧重点不同。费雪货币数量说强调的是货币的交易媒介功能；而剑桥货币理论强调的是货币的财富贮藏，即资产的功能。

第二，强调的货币需求决定因素不同。费雪货币数量说强调货币流通速度对货币需求量的决定作用;剑桥货币理论强调人们持有货币数量占收入的比例是决定货币需求的重要因素。

但是作为传统的货币数量说，它们都有共同的缺陷。

第一，传统的货币数量说将利率排除在货币分析之外，忽略了利率的作用。

第二，传统的货币数量说没有研究方程式中各项因素的相互关系，除了认为物价同货币量的同方向变化外，对剩余的因素考虑的不是很细致，在方程式中的各个变量是有相互关联的。

第三，传统的货币数量说是以充分就业的假定为前提的，但是这种假定在实际生活中是不多见的。

2. 凯恩斯的流动性偏好理论

20 世纪 30 年代，英国著名的现代资产阶级经济学家凯恩斯，在其著作《货币改革论》（1923 年）、《货币论》（1930 年）和《通论》（1936 年）的基础上创立了凯恩斯宏观经济理论。就业理论是该理论体系的核心，它认为，有效需求不仅决定了国民收入的高低，也决定了就业量的大小，而有效需求不足是存在非自愿失业的根本原因。在有效需求理论的基础上，凯恩斯进一步提出了经济危机理论、投资乘数理论、利息理论和工资理论、物价理论。基于以上理论，凯恩斯主张国家干预经济，并且应以财政政策为主，货币政策为辅，在对外经济方面应保持贸易顺差。

1936 年，凯恩斯在《就业、利息和货币通论》一书中提出了他的货币需求理论。他指出所谓流动性偏好，是指人们宁愿持有流动性高但不能生利的货币，也不愿持有其他能生利但不易变现的资产，这是人们对货币的需求。在这里，凯恩斯的货币需求由三方面构成，分别是交易动机、预防动机和投机动机。

1）交易动机

人们为了交易而持有货币就会形成货币的交易需求。一般而言，为了满足交易动机的货币需求数量取决于收入水平，同时和收入水平成正比，所以货币需求可以看成是收入的增函数，用公式表示就是 $M_1=L_1(Y)$，式中，L_1 表示货币的交易需求。交易需求随着收入的增加而增加，故交易需求曲线向右上方倾斜；另外，如果收入为零，则无须为交易目的而保留货币，交易需求也等于零，故交易需求曲线经过坐标轴原点。

2）预防动机

货币的预防性需求是指企业或个人为了应付突然发生的意外支出，或者捕捉一些突然出现的有利时机而愿意持有的一部分货币。凯恩斯认为，未来是不确定的，现实经济生活中经常会有各种各样的意外发生，所以需要货币。因此人们必须在持有交易所需的货币之外，保留一部分的货币余额。由于这部分货币主要也是作为流通手段和支付手段，所以其也受到收入水平的影响。根据凯恩斯的观点，货币的预防性需求也是同收入成正比的，因而其需求函数与交易动机函数相似。

3）投机动机

投机动机是指人们根据对市场利率变化的预测,需要持有货币以便从中获得利益的动机。凯恩斯在《就业、利息和货币通论》中假定，人们只能在货币和债券两种资产之间进行选择。在任何时候货币的持有者都可以在市场上将货币转换成债券，债券的持有者也可以在市场上将债券转换成货币。但持有债券是可以获得收益的，而持有货币只能获得流动性。如果某人预计将来利率不会上升而可能下降，则他会购买债券；如果预计未来利率要高于现在，则他宁愿暂时持有无息但安全的货币，而不愿购买有息但危险的债券。由于人们对未来利率的预测主要取决于当前利率的高低变化（当前利率越高，预期未来利率越低；当期利率越低，预期未来利率越高），所以投机动机的货币需求是当前利率的反函数。其表达式为 $M_2=L_2(r)$。

将两种货币需求函数加总在一起，则得到货币需求总函数：$M=M_1+M_2=L_1(Y)+L_2(r)$。式中，M 表示货币总需求；L 表示货币总需求 M 与收入 Y 和利率 r 的函数关系。

3. 货币主义的现代货币数量论

现代货币主义也叫货币学派，货币学派是由美国芝加哥大学教授米尔顿・弗里德曼所领导和创立的，其他代表人物还有卡尔・布朗纳、艾伦・梅尔泽、艾伦・沃尔斯特、戴维・莱德勒、迈克尔・帕金、赫尔姆特・弗里希等。货币主义的理论基础是现代货币数据论，认为货币供应量的变动将直接影响名义国民收入水平的变动。货币主义坚持认为通货膨胀是货币增加的速度超过产量增加的速度的结果，主张政府实行以控制通货膨胀、稳定物价为主要目标的宏观经济政策。

货币学派是以对抗凯恩斯的革命目的出现的，作为货币学派的代表人物，弗里德曼在吸收了前人成果（如费雪方程式中的货币数量和物价的关系、剑桥方程式中对微观主体经济行为的货币需求和凯恩斯的货币是一种受利率影响的资产）的基础上，建立了独特的货币需求函数：

$$M_d/P=f\left(Y,\ W,\ r_m,\ r_b,\ r_e,\ \frac{1}{P}\cdot\frac{dP}{dt},\ u\right)$$

式中，M_d/P 表示实际货币需求；Y 表示实际持久性收入，用来代表财富总额；W 表示非人力财富占总财富的比率；r_m 表示货币的预期名义收益率；r_b 表示债券的预期名义收益率，包括债券的资本利得；r_e 表示股票的预期名义收益率，包括股票的资本利得；$\frac{1}{P}\cdot\frac{dP}{dt}$ 表示商品价格的预期变化率，也就是实物资产的预期名义收益率；u 表示其他影响货币需求的因素。

在上述影响货币需求的因素中，Y、r_m 与货币需求呈正向关系，W、r_b、r_e、$\frac{1}{P}\cdot\frac{dP}{dt}$ 与货币需求呈反向关系。

现在我们来具体分析一下弗里德曼的需求函数中的各个变量以及它们的意义。

第一，总财富 Y。在这里总财富不是指当期收入，而是按不变价格计算的实际收入，是相对稳定的恒久性收入。什么是恒久性收入呢？在实际生活中，对总财富很难加以估计，而收入可以发挥财富指标的作用。但是，可以表示财富状况的当期收入又常常增减变动，无一定的规律，故不适合用于代表总财富，因此，弗里德曼就采用较稳定的恒久性收入作为总财富的代表。所谓恒久性收入是指过去、现在和将来的收入的平均数，即长期收入的平均数，利用这一变量可以排除一些暂时性的扰动因素。弗里德曼认为，货币需求与持久性收入 Y 呈正相关关系。

第二，非人力财富份额 W。它与货币需求呈负相关。

第三，货币和其他资产的预期收益。人们持有多少货币，在很大程度上是由货币与其他资产收益的大小决定的。在一般情况下，货币收益为零时，其他资产都有收益，其他资产收益提高，则货币需求将减少。

斯坦福大学的经济学教授罗伯特·霍尔指出，永久性收入假设会产生不确定的结果。他还指出，个人选择的消费水平，取决于他的永久性收入，而永久性收入又包括所有预期的工资收入和其他收入。因此，消费量仅仅是由于难以预料的收入变化而发生相应的变化。从概念上来看，这种难以预期的收入变化是随机的和不可预测的（如果这些收入可预期的话，那么应归入预期收入之中）。因此，永久性收入理论认为消费水平的变化是随机的和不可预测的，这对致力于研究和预测消费规律的经济学家而言，无疑是个糟糕的消息。

4. 马克思的货币需求理论

马克思的货币需求理论是通过货币流通规律揭示出来的。根据马克思的货币流通规律，一定时期内货币必要量取决于商品价格的高低、商品总量和货币流通速度的快慢三个因素。用公式表达即

一定时期流通总的货币必要量=一定时期待实现的商品价格总额/同名货币的平均流通次数=PT/V

即

$$M = PT / V$$

式中，M 为执行流通手段职能的货币量；P 代表商品价格水平；T 代表流通中商品数量；V 代表商品的流通速度。

马克思的货币必要量反映了商品流通决定货币流通这一基本规律。在金属货币流通条件下，金属货币的贮藏手段可以自动调节社会上的货币量，使其与商品流通相适应。但是在纸币流通条件下，货币流通量是不可以自动进行调节的，它是通过国家来宏观调控的。针对纸币流通条件下货币量对商品价格的影响，马克思在金属货币流通规律的基础上揭示了纸币的流通规律。如果流通中金属货币必要量一经确定，单位纸币代表的价值就由纸币的发行量来决定。纸币发行量越多，单位纸币代表的价值量越少，商品的价格就越高。用公式表达如下：

单位纸币代表的货币金属量=流通中的金属货币必要量/流通中的纸币总量

12.3 货币供给和货币创造

12.3.1 货币供给和货币供给量

货币供给是指经济主体把创造的货币投入流通的过程，货币供给量是指一国经济中的货币存量，由货币性资产组成。货币性资产是指在货币层次划分中的 M1 所包含的一系列内容。

1. 基础货币

1）基础货币的含义

在货币供给过程中，中央银行扮演着至关重要的角色，它直接控制基础货币的规模。作为发行货币的银行、银行的银行和国家的银行，中央银行在一国银行体系中居于主导地位。基础货币又称为高能货币，是指在部分准备金制度下能够通过银行体系创造多倍的存款货币，

它等于流通中货币 C 加上银行体系中准备金 R 的总额。以 MB 表示基础货币，则有 $MB=C+R$。由于基础货币是中央银行的负债，因此可以使用中央银行资产负债表来考察基础货币大小及其影响因素（表 12-1）。

表 12-1　中央银行资产负债表

资产	负债
黄金、外汇及特别提款权	流通中的货币
政府债券	商业银行的存款
对商业银行贷款和贴现	财政部存款
在途资金	外国存款
其他资产	资本及其他负债
合计	合计

根据会计相关准则，即资产=负债+所有者权益，我们可以推导出基础货币数量的表达式为基础货币=流通中货币+商业银行的准备金=（黄金、外汇及特别提款权−外国存款）+（政府债券−财政部存款）+对商业银行贷款和贴现+（其他资产−资本及其他负责）+在途资金=国外资产净额+对政府债权净额+对商业银行债权+其他金融资产净额+在途资金。

从以上表达式可以看出，基础货币的多少等于上述各项资产净额之和。在任意时间内，基础货币的增减变动等于各项资产增减相抵后的净额变动。中央银行可以通过公开市场操作，调整再贴现率及存款准备金比率来控制自己资产的规模，从而直接决定基础货币的多少，进而影响货币供给。

2）基础货币的决定因素

第一，政府的财政支出。当政府的财政收支发生恶化时，就会出现财政赤字，政府若通过增发通货或直接向中央银行透支，则都会扩大基础货币的供给量。另外，在财政收支出现赤字时，财政部持有的现金和中央银行的存款倾向于减少，这也会扩大基础货币。当财政支出出现盈余时，财政部在中央银行的存款和持有现金的数量增加，财政部偿还部分政府债券会减少财政部在外的通货或减少中央银行的政府债券持有量，这些变化都倾向于减少货币供给量。

第二，黄金存量变化和国际收支状况。中央银行在市场收购黄金的同时，还会投放等值的通货。当国际收支出现持续逆差或中央银行为了调控汇率，在外汇市场购入外汇时，其效果和收购黄金是一样的，也会增加基础货币的投放量。

第三，商业银行的再贴现行为。尽管中央银行可以通过再贴现率来影响贷款的需求，并具有发放贷款的决定权，但是有时中央银行也处于被动地位，中央银行可以通过降低再贴现率来鼓励商业银行的贴现行为，但它不能强迫商业银行去办理贴现，因此可以看出商业银行的再贴现行为对基础货币的影响是通过商业银行自身态度产生的。

第四，技术和制度因素。建立计算机网络和通信形式的结算中心，会大大缩短结算在途票据数额，减少基础货币。

第五，中央银行的行为。中央银行通过公开市场操作买卖证券（政府债券），调节基础货币量，抵消其他因素造成的基础货币量的变动。

2. 货币乘数

1）货币乘数的含义

货币乘数也称为货币扩张倍数，是用来说明货币总量与基础货币之间倍数关系的一种系数。关于这个系数的大小，我们需要通过 M1 和 M2 来进行确定。

设 C 为流通中的现金，R 为准备金总额，Rt 为法定存款准备金，Re 为超额存款准备金，则有

$$R=\mathrm{Re}+\mathrm{Rt}$$

$$\mathrm{MB}=C+R=C+\mathrm{Re}+\mathrm{Rt}$$

再设法定存款准备金率为 r，超额存款准备金率为 e，活期存款总额为 Dd，定期存款总额为 Dt，则有

$$D=\mathrm{Dd}+\mathrm{Dt}$$

$$\mathrm{Re}+\mathrm{Rt}=D\cdot r+D\cdot e=D\cdot(r+e)$$

流通中的现金比率为 c，则 $C=c\cdot D$，所以有

$$\mathrm{MB}=D\cdot(c+r+e)$$

根据货币层次划分，有

$$\mathrm{M1}=C+\mathrm{Dd}=D\cdot c+\mathrm{Dd}$$

再假定定期存款在存款总额中所占比率为 t，则 $\mathrm{Dd}=D\cdot(1-t)$，因此有

$$\mathrm{M1}=C+\mathrm{Dd}=D\cdot(1+c-t)=k_1\cdot D\cdot(c+r+e)$$

从而 M1 的货币乘数 $k_1=(1+c-t)/(c+r+e)$，同理，M2 的货币乘数 $k_2=(1+c)/(c+r+e)$。

2）货币乘数对货币供给的影响

根据现代货币供给理论，货币乘数是货币供给里的一个影响因素，甚至是比基础货币更重要的因素，在基础货币一定的情况下，货币乘数和货币供给成正比。也就是说，货币乘数越大，一定的基础货币变化所引起的货币供给量变化也就越大；货币乘数越小，则同样的基础货币变化所引起的货币供给量变化也就越小。决定货币乘数的因素很多，同时也很复杂，因此在货币供给理论的研究中，对货币乘数的研究要比对基础货币的研究更为重要。从现代货币理论研究中提出的各种各样的模型来看，大多数的货币供给模型实际上主要是货币乘数的模型。

12.3.2 货币供给模型

各国的研究学者一般以货币供给为方程做出理论模型，进而用数理方法来演绎和验证货币供给模型，并对各变量进行系统的分析。其中具有代表性的货币供给模型有弗里德曼-施瓦兹模型、卡甘模型和乔顿模型。

1. 弗里德曼-施瓦兹模型

弗里德曼和施瓦兹将现实的货币分为两种类型：一是货币的负债，即流通中的现金；二是商业银行的负债，即银行存款。若用 M、C 和 D 分别代表货币存量、非银行公众所持有的通货和商业银行的存款，则有 $M=C+D$。此外，根据基础货币的定义，又有 $B=C+R$，式中，B 和 R 分别代表基础货币和商业银行存款准备金，由此可知

$$M/B=(C+D)/(C+R)=\left[D/R\cdot(1+D/C)\right]/(D/R+D/C)$$

即

$$M=\{[D/R\cdot(1+D/C)]/(D/R+D/C)\}\cdot B$$

所以，货币乘数 $m=[D/R\cdot(1+D/C)]/(D/R+D/C)$。

上式说明了货币供给存量的大小取决于三个因素：一是中央银行决定的基础货币 B 的规模；二是中央银行与商业银行共同决定的存款与准备金之比；三是非银行公众决定的存款和通货之比 D/C。

他们认为，基础货币的规模、存款与准备金之比和存款与通货之比这三个决定货币存量的因素既分别取决于中央银行、商业银行与非银行公众的行为，同时又受其他因素的影响。在信用货币制度下，基础货币量取决于政府行为，即取决于政府（在美国就是财政部及联邦储备系统）关于发行大小信用货币作为公众持有通货和银行的准备金政策。银行存款与其他准备金之比首先取决于商业银行，商业银行虽然不能决定其存款之外准备金的绝对量，但是却能通过改变其超额准备金来决定两者之比。同样，公众也只能决定其存款与通货之比，而无法决定各自的绝对量，这一比率还受到商业银行所提供的与存款有关的服务及所支付的利息的影响。

弗里德曼和施瓦兹通过实证研究得出，在决定货币供给存量的三个因素中起决定性作用的是基础货币。他们认为，中央银行能绝对控制基础货币的数量，商业银行和公众分别为满足对存款准备金或超额准备金及通货的需要，必须争取得到有限的基础货币，因此，一旦基础货币的供给规模改变，商业银行所希望的超额准备金与实际的超额准备金就发生了差异，从而引起货币供给的变化。至于商业银行调整超额准备金的行为所引起的货币供给的变动，以及存款与通货比率的变化所引起的货币供给的变动，则是次要的。同样的，他们认为，虽然 B、D/R、D/C 取决于若干经济主体和其他因素的影响，但是中央银行可以预测并可以通过采用相应的措施来抵消这些因素对货币供给的影响。

2. 卡甘的货币供给模型

卡甘的货币定义为公众手中持有的通货及商业银行的活期存款和定期存款，所以由 $M=C+D$，$D/M=1-C/M$，得出 $R/M=R/D\cdot D/M=R/D(1-C/M)$，又因为基础货币是由公众持有的通货（$C$）和商业银行准备金（$R$）组成的，所以又有

$$B=C+R$$

$$B/M=(C+R)/M=C/M+R/M=C/M+(R/D)\cdot(1-C/M)=C/M+R/D-(R/D)/(C/M)$$

$$M=[1/(C/M+R/D-R/D\cdot C/M)]\cdot B$$

卡甘的货币供给模型和弗里德曼-施瓦兹的货币供给模型较为相似，两者之间的不同是卡甘以通货比率 C/M、准备金和存款比率 R/D 分别取代弗里德曼和施瓦兹的存款与通货之比 D/C 及存款与准备金之比 D/R。

卡甘还认为，中央银行控制基础货币，而公众和商业银行共同决定基础货币为公众所持有和为银行所持有的比例。公众通过变化手中的通货为银行存款货币，变银行存款为手持通货来改变其基础货币持有额，商业银行体系则可通过贷款及投资或收回贷款和投资来改变其所持有的基础货币额度。公众的上述行为会改变通货比率，而商业银行体系的行为则会改变准备金利率。很明显的是，当公众减少通货持有量而相对增加银行存款时，银行准备金就会增加，如果此时准备金比率不变，则货币存量将会增加。同样的，当银行贷款增加时，如果存款不变，则准备金就会减少，货币存量则会增加。卡甘的货币供给模型比弗里德曼-施瓦兹模型更能说明货币供给的决定因素。

3. 乔顿的货币供给模型

20 世纪 60 年代，美国的经济学家乔顿进一步研究了弗里德曼-施瓦兹模型和卡甘的货币供给模型，推导出了较为复杂的货币供给模型。乔顿认为，基础货币为公众（包括商业银行）所持有的中央银行的净货币负债，它由公众所持有的通货（C）和商业银行的存款准备金（R）组成。中央银行对商业银行的活期存款（D）、定期存款（T）分别规定了不同的法定存款准备金率 r_d 和 r_t，设超额准备金（E）和活期存款（D）的比率为 e，定期存款（T）和活期存款（D）的比率为 t，通货（C）与活期存款（D）的比率为 k，即 $e=E/D$，$t=T/D$，$k=C/D$，则有

$$E=D\cdot e,\ T=D\cdot t,\ C=D\cdot k$$

所以

$$B=R+C=r_d\cdot D+r_t\cdot T+E+C=r_d\cdot D+r_t\cdot t\cdot D+e\cdot D+k\cdot D$$

$$M=B\cdot m$$

$$m=M/B=(C+D)/(r_d\cdot D+r_t\cdot t\cdot D+e\cdot D+k\cdot D)$$

$$M=(1+k)B/(r_d+r_t\cdot t+e+k)$$

这就是著名的乔顿货币供给模型，其中基础货币（B）、活期存款的法定存款准备金比率 r_d、定期存款的法定存款准备金率 r_t 都是可以直接由中央银行控制的，超额存款准备金比率 e 由商业银行控制，定期存款（T）与活期存款（D）的比率 t 及通货（c）与活期存款比率（D）的比率 k 由社会公众的资产选择行为决定。由这个模型可以知道，影响货币供给量的经济主体有三个。

（1）中央银行。中央银行负责货币的发行、制定和执行国家的货币信用政策，实行金融监管和管理，因此对货币供给的变动起到了极大的作用。

（2）商业银行。作为存款货币的创造者，它既是中央银行负债的接受者，同时也是存款负债的发行者，所以对一个国家的货币供给规模多倍增减有着决定性的作用。

（3）非银行公众。他们对货币和其他资产的需求及选择也会对货币乘数 m 产生影响。

12.3.3 货币创造

在现代不兑现的信用货币制度下，流通中的货币不论是现金还是存款都是通过银行的信用活动形成的。因此银行是货币供给的主体，在货币供给过程中商业银行和中央银行分别发挥不同的作用。

在金融体系中，商业银行最重要的特征是，商业银行能以派生存款的形式创造和收缩货币，从而强烈地影响货币供给量，因为商业银行是唯一可以经营活期存款（支票存款）的金融中介机构，而活期存款是货币的组成部分。商业银行通过其经营活期存款的机构，创造活期存款，从而创造了货币，这个特征也是商业银行与其他金融机构最重要的区别。

1. 存款创造的前提条件

现代银行采用部分准备金制度和非现金结算制度构成商业银行创造信用的基础，这也是商业银行创造的前提条件。

部分准备金制度又称为法定存款准备金制度，是国家以法律形式规定存款机构的存款必须按一定比例，以现金和中央银行存款形式留有准备的制度。对吸收的货币资金，银行必须按照相应的比例提留存款准备，剩余的可以用于放款。中央银行通过控制存款准备金率来调

节社会上的货币供给量，当需要货币供给增大时，就降低存款准备金率；当需要货币供给减少时，就调高存款准备金率。

非现金结算制度是指人们能通过开出支票进行货币支付，银行之间的往来进行转账结算，无须使用现金。如果不存在非现金结算，银行不能用转账方式去贷款，一切贷款都必须支付现金，那么就不可能派生存款，银行的信用创造也就无从谈起。因此非现金结算是商业银行信用创造的另一前提。

2. 多倍存款扩张的过程

为了说明商业银行派生存款创造的过程，我们先做出以下的假定。

一是每家银行只保留法定存款准备金，其余部分全部贷出，超额存款准备金为零。

二是每一客户收入的一切款项均存入银行活期存款账户，不提取现金，即没有现金漏出。

现假定某厂商 A 将 100 万元存入甲银行，设法定存款准备金率为 20%，甲银行收到 100 万元存款后，将 100 万 × 20%=20 万元留作法定存款准备金，其余 80 万元贷给厂商 B，那么甲银行的资产负债表业务如表 12-2 所示。

表 12-2　甲银行的资产负债业务（单位：万元）

资产		负债	
法定存款准备金	20	存款（厂商 A）	100
贷款（厂商 B）	80		
合计	100	合计	100

当厂商 B 得到 80 万元贷款时，即向厂商 C 支付贷款，厂商 C 将这 80 万元存入乙银行，乙银行保留 80 × 20%=16（万元）法定存款准备金后，又将其余 80−16=64（万元）贷给厂商 D，那么乙银行的资产负债业务情况如表 12-3 所示。

表 12-3　乙银行的资产负债业务（单位：万元）

资产		负债	
法定存款准备金	16	存款（厂商 A）	80
贷款（厂商 B）	64		
合计	80	合计	80

厂商 D 取得 64 万元贷款后，又支付贷款给厂商 E，厂商 E 又将这 64 万元存入丙银行，相应丙银行保留存款准备金，同时将派生存款继续创造下去，派生情况如表 12-4 所示。

表 12-4　丙银行的资产负债业务（单位：万元）

银行名称	存款总额	法定存款准备金（20%）	贷款总额
甲银行	100	20	80
乙银行	80	16	64
丙银行	64	12.8	51.2
丁银行	51.2	10.24	40.96
…	…	…	…
合计	500	100	400

从表 12-4 可以看出，每一银行的存款数量是一个无穷递减等比数列，我们可以引入无穷递减等比数列的求和公式：

$$S_N=a_1/1-q$$

式中，S_N代表活期存款总额；a_1代表原始存款。

如果用 r 表示法定存款准备金率，则 $q=1-r$，进一步推导得出

$$S_N= a_1/［1-（1-r）］= a_1/r$$

将表 12-4 中的数字代入，则活期存款总额 $S_N=100\times1/20\%=500$（万元），由此可知派生存款为 500−100=400（万元）。

从结果可以看出，这 100 万元的原始存款创造出了 500 万元的活期存款总额，其中派生存款 400 万元，存款数量按 $1/r$ 倍进行扩张。这里 $1/r$ 成为存款乘数（通常用 K 表示存款乘数，即 $K=1/r$），它是在规定有法定存款准备金的条件下，存款准备金变动引起存款总量增减变动的倍数或比例关系。

3. 影响信用创造的因素

1）现金漏损

现金漏损是指客户从活期存款账户中提取现金，使一部分现金流出银行系统。现金漏损使存款乘数缩小，派生存款量减少。现假定现金漏损率为 $c=5\%$，则前例中甲银行吸收 100 万元原始存款、保留 20%法定存款准备金后，还要保留 5%的现金以备提现，此时，甲银行的放款是 75 万元。甲银行贷出 75 万元，通过厂商间支付存入乙银行、丙银行……，则商业银行体系中的活期存款总额为 $S_N=100/(20\%+5\%)=400$（万元），推导出的公式为 $S_N= a_1/(r+c)$，其中派生存款为 400−100=300（万元）。

2）超额准备金

当实际准备金超过法定存款准备金的时候，我们把剩余的部分称为超额准备金，为应付提现及其他临时性急用，超额准备金一般不能全部贷出，而需要保留一部分，这样又会使派生存款数量受到限制。现假设超额准备金率 $e=15\%$，那么前例中甲银行吸收的 100 万元存款，除保留 20%的存款准备金和 5%的现金漏损，还要保留 15%的超额准备金，这时甲银行实际能放款 60 万元。甲银行贷出 60 万元，经过厂商间的支付，再存入乙、丙、丁等各家银行，以上各家银行按上述比例分别提取法定存款准备金、保留现金和超额存款准备金，则商业银行体系的活期存款总额为 $S_N= a_1/(r+c+e)$，代入数值得到 $S_N=100/(20\%+5\%+15\%)=250$（万元），其中派生存款为 250−100=150（万元）。

3）活期存款转化为定期存款

企业收入的款项不一定都存入其活期存款账户，其中的一部分还会以定期存款的形式存在。因为定期存款的法定存款准备金率通常低于活期存款的，所以定期存款比例越大，要求法定存款准备金越低，则对存款总额加权平均的法定存款准备金率就要降低，存款的扩张倍数将会更大。

现假定定期存款占活期存款的百分比为 50%，定期存款的准备金率为 3%，则前例中，甲银行吸收的 100 万元存款，除保留的 20%的存款准备金、5%的现金漏损及 15%的超额准备金外，还要保留 $50\%\times3\%=1.5\%$的定期存款准备金。此时，甲银行实际贷出 58.5 万元。这 58.5 万元贷款经过厂商间的支付，再存入乙、丙、丁等各家银行，则商业银行体系的活期存款总额为 $S_N= a_1/(r+c+e+r_1\times t)$，代入数值得到 $S_N=100/(20\%+5\%+15\%+1.5\%)\approx241$（万

元），其中派生存款为 241−100=141（万元），所以商业银行派生存款不仅受法定存款准备金的影响，也受到上述三个因素的制约。

本章小结和复习思考题

第 13 章

产品市场与货币市场的一般均衡

知识学习目标

1. 了解 IS 曲线、LM 曲线的含义及其移动。
2. 掌握 IS 曲线和 LM 曲线的形成过程、影响其斜率的因素及其移动的原因。
3. 掌握产品市场和货币市场同时均衡时的利率和国民收入。
4. 了解 IS 曲线和 LM 曲线移动对均衡利率与收入的影响。

能力训练目标

具备通过 IS-LM 模型这一分析工具分析两个市场均衡如何决定均衡国民收入的能力，以及分析均衡国民收入与其影响因素之间的关系的能力。

在简单的国民收入决定模型中，我们只考察了在产品市场上，消费、投资、政府购买支出和税收如何决定国民收入问题，但没有考虑货币市场上利率的变化对国民收入决定的影响。产品市场和货币市场并非相互独立的，而是相互影响、相互依存的。均衡国民收入不但取决于产品市场的均衡，而且取决于货币市场的均衡。英国的经济学家 J. R. 希克斯和美国的经济学家 A. H. 汉森同时考察了产品市场和货币市场的均衡，提出了著名的 IS-LM 模型，以说明在产品市场和货币市场同时均衡时，国民收入和利率之间的相互关系，这一模型分析基本勾勒出了凯恩斯主义的整体思想体系，因而长期以来被看做对凯恩斯理论的标准解释。

13.1 投资的决定

投资需求是总需求的一个重要组成部分，在简单的国民收入决定这一章中，我们把投资仅作为既定的外生变量参与总需求决定，但毋庸置疑的是，投资需求的变化会对经济产生重要的影响，是经济波动的一个重要因素，因此应当将其作为一个内生变量予以研究。

广义的投资是指将一定的资金或资源投入某项事业，以期未来获得收益或效用的活动，它应该包括增加厂房、设备、存货和住宅等支出及购买各种有价证券的支出等。但经济学中的投资，是指资本的形成，即在一定时期增加到资本存量中的资本的流量。这些资本流量一般包括机器、设备、存货、新住宅和厂房的建设等固定资本的增加，其中厂房、设备和存货的增加是总投资的主要部分。资本是存量，是指某一时点厂房、机器设备、住宅和存货的总和；而投资是流量，是指在某一定时期内用于增加或维持资本存量的支出。投资的决定因素很多，本书主要从实际利率水平、预期收益率和投资风险等几个方面去分析。

13.1.1　实际利率与投资

凯恩斯认为，一项投资是否可行，首先要对其成本和收益进行比较，即对该项投资的预期利润率和为购买新的实物资本而必须借进的款项所要求的利率相比较。若后者小于前者，则投资是值得的；反之，则投资是不值得的。因此，利率在投资预期利润率既定时成为决定投资的首要因素，其中利率是指实际利率，即名义利率扣除物价波动后的实际值，其大体上等于名义利率减去通货膨胀率。因此，投资需求量将会随着利率上升而减少，随着利率下降而增加。投资需求和利率的这种反方向的变动关系称为投资函数，可记作

$$i=i(r) \tag{13-1}$$

一般而言，假定投资需求与利率存在线性关系，如假定 $i=i(r)=1\,000-150r$。这里的 1 000 表示利率等于零时存在的投资量，也就是自主投资。150 表示利率每上升或下降一百分点，投资会减少或增加的数量。如果将投资函数表示为 $i=e-dr$，其中，e 代表自主投资；d 代表利率对投资需求的影响系数。这种函数关系可用图 13-1 表示。

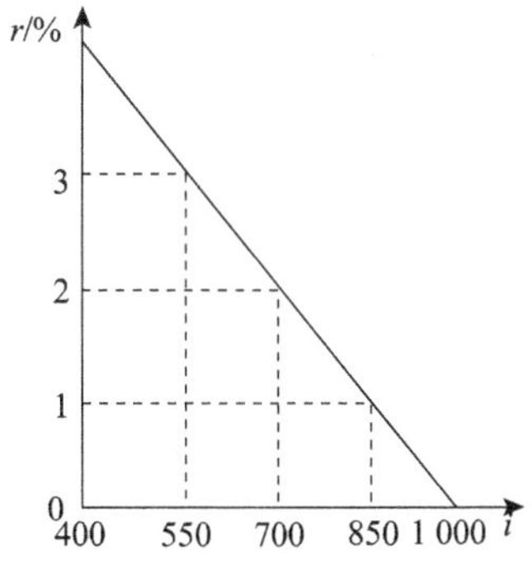

图 13-1　投资函数

图 13-1 中的投资需求曲线又可以称为投资边际效率曲线，并且投资边际效率是根据资本边际效率的概念引申而来的。

13.1.2　资本边际效率与投资

1. 资本边际效率

凯恩斯提出了资本边际效率的概念，即资本边际效率（marginal efficiency of capital，MEC）是使一项资本物品在使用期内各预期收益的现值之和等于这项资本品的供给价格或重置成本的贴现率，可被视为将一项投资按复利方法计算得到的利润率，其公式是

$$R=\sum_{i=1}^{n}\frac{R_i}{(1+r)^i}+\frac{J}{(1+r)^n} \tag{13-2}$$

式中，R 为资本品的供给价格或重置资本；R_i 为试用期内各年份的预期收益；J 为资本品在第 n 年年末的报废价值；r 为资本边际效率。

为了更好地说明贴现率和现值，下面举一个例子。

假定本金为 100 美元，年利率为 8%，则

第 1 年本利和为 100×（1+8%）=108（美元）

第 2 年本利和为 108×（1+8%）=116.64（美元）

第 3 年本利和为 116.64×（1+8%）≈125.97（美元）

以此类推，以 r 表示利率，R_0 表示本金，R_i 表示第 i 年的本利和，则各年的本利和为

$$R_1=R_0(1+r)$$
$$R_2=R_1(1+r)=R_0(1+r)^2$$
$$R_3=R_2(1+r)=R_0(1+r)^3$$
$$\cdots\cdots$$
$$R_n=R_0(1+r)^n$$

现在把问题反过来，假设利率和本利和为已知，利用这一公式来求本金。假设利率为 8%，1 年后本利和为 108 美元，则利用公式 $R_1=R_0$（$1+r$）求得本金：

$$R_0=\frac{R_1}{1+r}=\frac{108}{1+8\%}=100(\text{美元})$$

也就是说，在利率为 8%时，1 年后 108 美元的现值为 100 美元，同样计算，2 年后 116.64 美元的现值以及 3 年后 125.97 美元的现值都是 100 美元。一般来说，n 年后的 R_n 现值是

$$R_0=\frac{R_n}{(1+r)^n}$$

现在我们来讨论资本边际效率的问题。假定某企业投资 30 000 美元购买 1 台机器，这台机器的使用年限是 3 年，3 年后全部耗损。再假定把其他成本扣除以后，各年的预期收益是 10 500 美元、11 025 美元和 11 576.25 美元，这也是这笔投资在各年的预期毛收益，3 年合计 33 101.25 美元。如果贴现率是 5%，那么 3 年内全部预期收益 33 101.25 美元的现值正好是 30 000 美元，即

$$\begin{aligned}&\frac{10\,500}{1+r}+\frac{11\,025}{(1+r)^2}+\frac{11\,576.25}{(1+r)^3}\\&=\frac{10\,500}{1+5\%}+\frac{11\,025}{(1+5\%)^2}+\frac{11\,576.25}{(1+5\%)^3}\\&=10\,000+10\,000+10\,000\\&=30\,000(\text{美元})\end{aligned}$$

这一贴现率使 3 年的全部预期收益现值正好等于这项资本品的供给价格，因此，这一贴现率就是资本边际效率，它表明一个投资项目的收益按何种比例增长才能达到预期的收益，所以，它也代表投资项目的预期利润率。

2. 资本边际效率曲线

假设 R、J 和各年的预期收益都能估算出来，我们就可以算出资本边际效率 r 的值。如果

资本边际效率 r 大于市场利率 i，那么该项投资就值得进行；否则，就不值得进行。从资本边际效率的公式推导可知，r 的数值受制于资本物品供给价格和预期收益：当预期收益既定时，供给价格越大，r 越小；而供给价格既定时，预期收益越大，r 越大。实际上，每一个投资项目的资本边际效率都是不同的，每个企业都会面对一些可供选择的投资项目。图 13-2 列出了这些项目的资本边际效率。

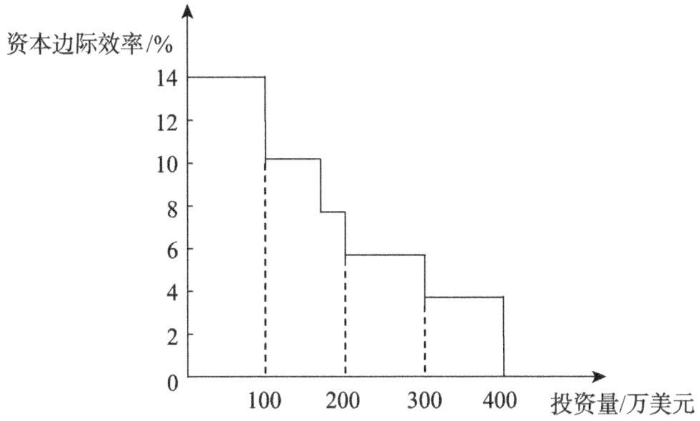

图 13-2　某企业可供选择的投资项目

某企业有可供选择的5个投资项目:项目A的投资量为100万美元,资本边际效率为14%;项目 B 的投资量为 60 万美元，资本边际效率为 11%；项目 C 的投资量为 40 万美元，资本边际效率为 9%；项目 D 的投资量为 100 万美元，资本边际效率为 7%；项目 E 的投资量为 100 万美元，资本边际效率为 5%。显然，如果市场利率为 14%，只有 A 值得投资；如果市场利率为 11%或稍低些，则 A 和 B 都值得投资，投资总额可达 160 万美元；如果市场利率降到 9%或 9%以下，则 C 也值得投资，投资总额可达 200 万美元。可见，对这企业而言，利率越低，投资需求量会越大。

可见，一个企业的资本边际效率曲线是阶梯形的，但如果我们把经济社会中所有企业的资本边际效率曲线加在一起，分阶梯的折线就会逐渐变成一条连续的线。这条曲线就是凯恩斯所说的资本边际效率曲线，具体如图 13-3 所示。

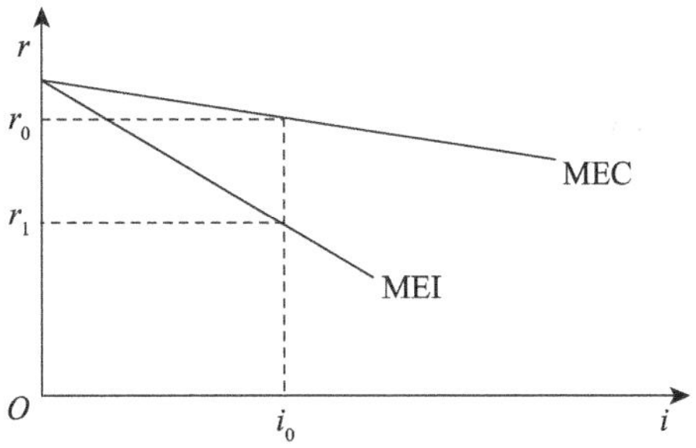

图 13-3　资本边际效率曲线（MEC）和投资边际效率曲线（MEI）

这条资本边际效率曲线表明，投资量和利率之间存在反方向的关系：利率越高，投资量越小；利率越低，投资量越大。同时，它也表明资本效率之值随着资本存量的增加而下降。

3. 投资边际效率曲线

许多经济学家认为，资本边际效率曲线还不能够完全准确地代表企业的投资需求曲线。当利率下降时，如果每个企业都增加投资，则资本品的价格会上涨，则在相同的预计收益情况下，r 必然变小，否则，上述公式左右两边就无法相等，即这一贴现率（资本边际效率）无法使未来收益折合成等于资本供给价格的现值。这样的话，由于 R 上升而被缩小了的 r 的数值被称作投资边际效率（marginal efficiency of investment，MEI）。所以，在相同的预期收益下，投资边际效率小于资本边际效率。如图 13-3 所示，一笔投资量 i_0 所带来的预期收益量，其资本边际效率是 r_0，投资边际效率是 r_1，但是 $r_1<r_0$。因此按资本边际效率，市场利率为 r_0 时就有 i_0 的投资量，但是按投资边际效率，市场利率要降为 r_1 时才会有 i_0 的投资量。

因为投资边际效率小于资本边际效率，所以投资边际效率曲线相对资本边际效率曲线更为陡峭。虽然如此，投资边际效率曲线和资本边际效率曲线同样都能表示利率与投资量之间所存在的反方向的变动关系。西方学者认为，投资边际效率曲线能够更加精确地表示投资和利率间的关系，因此，西方经济学著作一般都用投资边际效率曲线表示利率与投资量的关系。投资需求曲线指的就是投资边际效率曲线，也就是前面所说的投资需求函数。

13.1.3 预期收益与投资

预期收益是指投资项目在未来各个时期估计可得到的收益，是影响投资需求量的一个不可忽视的重要方面，其影响因素有很多，我们主要分析以下四点。

1. 产品成本

投资项目的产品成本在很大程度上决定了投资的预期收益，尤其是劳动者的工资成本。因为工资成本是生产成本中最重要的构成部分，特别是对劳动密集型产品而言，劳动者的工资成本上升，必然会使投资需求下降。然而，在可以用机器设备代替劳动力的投资项目中，多用机器设备比多用劳动力在工资上升时更加有利可图，所以实际工资的上升会进一步增加投资需求。显而易见，工资成本的波动对投资需求的影响具有不确定性。但大多数情况下，随着劳动者的工资成本的上升，企业会更多地采用新设备，所以投资需求会增加，因此新古典经济学会认为投资会随工资上升而上升也是有道理的。

2. 对投资项目的产出的需求预期

市场对某项目的产品在未来的需求是企业决定对某项目是否投资和投资多少的因素之一，因为这种需求不仅影响产品价格的走势，还影响产品的销售。若投资产品的市场需求预期减少，企业就会减少投资；反之，则会增加投资。这说明市场需求预期增加或减少多少会直接影响投资需求的多少。

3. 税收和投资

实际上税收制度会从多方面影响投资，尽管之前我们把它看成既定因素。企业在投资时，需要充分考虑税收的因素，公司所得税和投资税收信贷是其中的主要变量。

公司所得税是针对企业所得利润而征收的一种比例税，假设所得税税率为 t，资本价格为 P^k，资本的边际成本等于资本的租用价格 Rk，折旧率为 δ，名义利率为 i，通货膨胀率为 π，则实际利率 $r=i-\pi$。投资税收信贷使企业在投资时能够得到某些税收优惠政策，如加速折旧使实际消耗慢于加速折旧率的水平，税收支付减少。投资税收信贷是指从应纳税额中扣除每年投资支出的一定部分，假设为 u。考虑这两种因素后，应使税后租用价格等于税后出租成本。税后租金收入为（1−t）Rk，税收信贷投资的成本为（1−u）（r+δ）p^k。税后出租收入等于税后出租成本时，便得到

$$(1-t)Rk=(1-u)(r+\delta)P^k，\text{即 } Rk=[(1-u)/(1-t)](r+\delta)P^k$$

上式与前面提到的资本租用价格和资本的使用成本相等的情况唯一区别在于：在出租成本前乘以（1−u）/（1−t）。如果 u=t，则公司所得税恰好与企业所得的税收优惠相互抵消，资本的租用价格 $Rk=(r+\delta)P^k$。此时，投资决策没有受到税收政策的影响，但是这种情况不是很常见。如果 u>t，则没有税收时的价格高于税后资本价格，这种税收体系会增加企业的投资；如果 u<t，则没有税收时的价格低于税后资本租用价格，这时会降低企业的投资兴趣。

税收信贷对投资的影响不仅与企业的预期有关，同时与政策实施的时间长短有关。由于投资一般需要几年时间才能完成，所以实施投资的时间就有一定的灵活性。当企业预见到税率变动时，自然就能重新安排投资时间。同时，由于企业指导投资信贷是持久的，所以不会出现集中投资的现象，不过如果税收信贷是暂时的，企业会在当期利用较好的优惠政策进行投资。众所周知，税收的暂时变化相对于它的持久变化对消费的影响更小，然而，同一时期，实行等量持久性税收信贷情况下的投资低于税收信贷的暂时变化试用期的投资。

总而言之，税收对投资传导机制的作用是很复杂的，如税收信贷被看做控制总需求的工具，税收信贷的减少增加了投资的成本，从而减少了总需求。企业在考虑税收的预期后，税收信贷的这种反周期就不存在了。因此，宏观经济活动受税收政策调整的影响是不确定的，宏观经济政策的制定者需要结合多方面的因素来调整税收体系。

4. 投资税抵免

投资税抵免是政府鼓励投资的一项税收优惠政策，是政府的硬性规定，投资厂商可从它们的所得税单中减去其投资总值的一定百分比。例如，某企业在某一年投资 10 亿元，若规定投资抵免率为 10%，则该企业就可少缴所得税 1 亿元，这 1 亿元是政府为企业投资支付的投资成本。而且，这种抵免还可以一直往后推，假如该企业在第一年的所得税只有 6 000 万元，则所余 4 000 万元还可到下年甚至再下年，直到抵扣完毕。值得一提的是，该政策对投资的影响在很大程度上取决于其是短期的还是长期的，如果是短期的经济政策，则只会使投资短期内旺盛，所以这种政策对投资的影响是不确定的。

13.1.4　风险与投资

影响投资需求的风险包括通货膨胀率的变动、政府的宏观决策、经济的波动、生产成本的价格及产品的需求趋势变动等。企业在进行某项投资时，必须要考虑未来的市场走势，并根据对市场的预测决定投资的方案。由于无法准确预测将来的结果，所以当经济趋势繁荣时，人们对未来的预期会更好，进而会加大投资力度；然而当经济萧条时，人们对未来持悲观态度，认为投资的风险会大于投资的收益，就会减少投资。这说明投资需求随人们承担风险的意愿和能力而变动，不过，通常而言，高的投资风险往往会伴随高的投资收益。

13.2　产品市场均衡与IS曲线

所谓产品市场均衡，是指产品市场上总供给等于总需求时的状态。产品市场的供给是储

蓄，产品市场的需求是投资，我们可以根据产品市场上投资等于储蓄的恒等式来建立利率和国民收入之间的相互关系。

13.2.1 IS 曲线及其推导

正如我们已经讨论过的，三部门经济中的总需求等于总供给，即$C+I+G=C+S+T$，均衡条件是$I+G=S+T$；而两部门经济中的总需求等于总供给，即$C+I=C+S$，均衡条件是$I=S$。

现在我们仅以两部门经济为例，假定消费函数$C=\alpha+\beta y$，投资函数$I=e-dr$，两部门经济中产品市场的均衡模型可以表示为

$$I=S\ （均衡条件）$$
$$I=e-dr\ （投资函数）$$
$$S=-\alpha+(1-\beta)y\ （储蓄函数）$$

国民收入均衡时，均衡条件为I=S，因此，均衡国民收入为

$$y=\frac{\alpha+e-dr}{1-\beta} \tag{13-3}$$

举个例子，假设两部门经济中的投资函数为$I=100-10r$，消费函数为$C=50+0.8y$，即储蓄函数为$S=y-C=-50+0.2y$，则由均衡条件$I=S$可得

$$y=\frac{\alpha+e-dr}{1-\beta}=\frac{50+100-10r}{1-0.8}=750-50r$$

当$r=1$时，$y=700$；当$r=2$时，$y=650$；当$r=3$时，$y=600$；……

如果用纵轴代表利率，横轴代表收入，则可得到一条反映利率和国民收入之间关系的曲线。这条曲线上任何一点都代表一定的利率和收入的组合，在这样的组合下，投资和储蓄是相等的，即i=s，从而产品市场是均衡的，因此这条曲线称为 IS 曲线（图 13-4）。

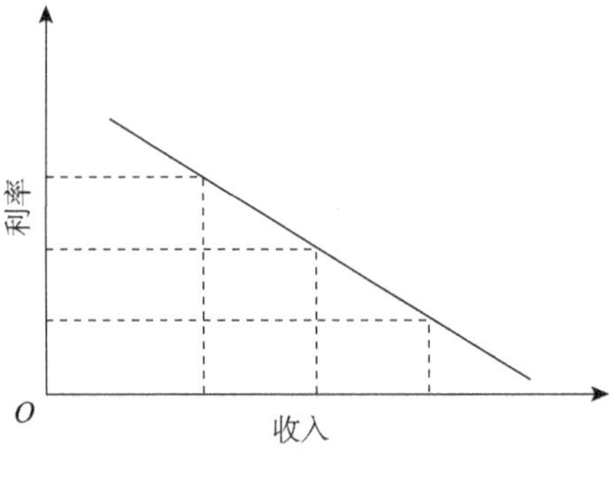

图 13-4 IS 曲线

从上例中可以看到，IS 曲线是从投资与利率的关系（投资函数）、储蓄与利率的关系（储蓄函数）及储蓄与投资的关系（储蓄等于投资）中推导出来的。西方经济学者常常用含有四个象限的图形来描述这个推导过程，如图 13-5 所示。

在图 13-5（a）中，纵轴表示利率r，横轴表示投资量i，该曲线表示投资需求是利率的减函数，且该曲线是根据上面例子中的投资需求函数i=100−10r画出来的。

在图 13-5（b）中，纵轴表示储蓄s，横轴表示投资i，该曲线表示投资于储蓄的均衡状

态。45° 线上任意一点到横轴与纵轴的距离相等，表示储蓄等于投资。

在图 13-5（c）中，纵轴表示储蓄 s，横轴表示收入 y，该曲线表示储蓄是国民收入的增函数。该曲线是根据上例中 $S=-50+0.2y$ 画出的。例如，在图 13-5（a）中，当 $r=2\%$时，$i=80$；在图 13-5（b）中，由于 $I=S$ 必然有 80 亿美元的储蓄；在图 13-5（c）中，根据 $S=-50+0.2y$ 得出，应有 650 亿美元的收入才能有 80 亿美元的储蓄。若利率上升到 3%，则投资下降到 70 亿美元，因此，均衡的储蓄也变为 70 亿美元，从而均衡收入为 600 亿美元。

在图 13-5（d）中，可以得到产品市场的均衡点，即当 $r=2\%$时，使投资与储蓄相等的国民收入是 650 亿美元；若利率 r 下降到 1%，则投资和储蓄上升到 90 亿美元，因此，均衡的国民收入为 700 亿美元；若利率 r 上升到 3%，则投资和储蓄下降到 70 亿美元，此时的均衡国民收入为 600 亿美元。将满足产品市场均衡条件的利率和收入的各个组合点连接起来即为一条向右下方倾斜的 IS 曲线。

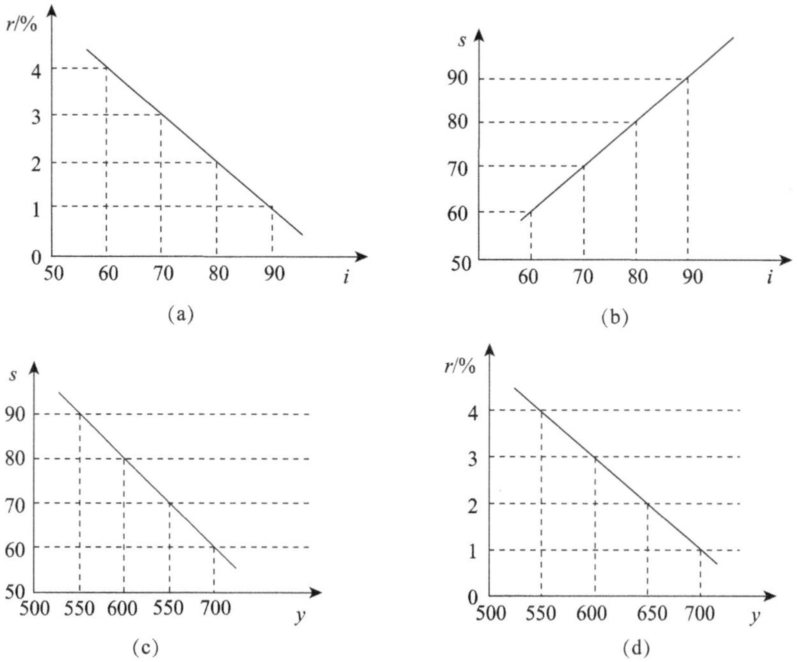

图 13-5　IS 曲线推导图示

13.2.2　IS 曲线的斜率

我们已经知道，如果已知一个经济体系的消费函数和投资函数，就很容易得到 IS 曲线。从上面的图形中可以看到，IS 曲线的斜率的大小（或者说倾斜的程度），取决于投资函数的斜率，这从 IS 曲线的代数表达式中可以看出。

正如式（13-3）提到的，在两部门经济中，均衡收入的代数表达式为 $y=\dfrac{\alpha+e-dr}{1-\beta}$，该表达式可以转化为

$$r=\frac{\alpha+e}{d}-\frac{1-\beta}{d}y \tag{13-4}$$

IS 曲线的代数表达式中 y 前面的系数 $\frac{1-\beta}{d}$ 就是 IS 曲线的斜率；在存在税收和政府支出的三部门经济中，消费为可支配收入的函数，即 $C=\alpha+\beta(1-t)y$ ，于是 IS 曲线的斜率就相应地变为 $\frac{1-\beta(1-t)}{d}$ ，显然，IS 曲线的斜率和 d、β 及 t 的大小有关。

d 是投资对利率变动的反应程度，表示利率变动一定幅度时投资的变动程度。若 d 值较大，即投资对利率变化较为敏感，则国民收入对利率变化较为敏感，IS 曲线的斜率的绝对值较小，IS 曲线较为平缓；反之，若 d 值较小，IS 曲线的斜率的绝对值较大，IS 曲线较为陡峭。

β 是边际消费倾向，若 β 值较大，则 IS 曲线的斜率的绝对值较小，IS 曲线较为平缓，表示利率的变动对国民收入的影响较大；反之，β 值较小，则 IS 曲线的斜率的绝对值较大，IS 曲线较为陡峭。

t 是边际税率，若 t 较大，则 IS 曲线斜率的绝对值较大，IS 曲线较为陡峭，表示税收增加，人们的可支配收入减少，消费支出相应地减少，企业负担增加，投资也会相应地减少，从而减少了收入的增加幅度；反之，若 t 较小，则 IS 曲线斜率的绝对值较小，IS 曲线较为平缓。

13.2.3 IS 曲线的移动

很多因素都能引起 IS 曲线发生移动，如投资函数或储蓄函数变动，IS 曲线就会变动。斜率变动，会影响 IS 的倾斜度；若截距变动，则导致 IS 曲线本身发生位移。其中主要的影响因素包括以下四个。

1. 投资需求变动

若其他条件不变，当投资者对经济前景预期乐观或投资边际效率提高时，其信心就会随之增加，使自发性投资 e 上升，在每一利率水平上，增加投资需求，IS 曲线会相应地右移，同时在每一利率水平上的国民收入也会相应增加，且 $\Delta y=k\bullet\Delta i$ 。

如图 13-6 所示，投资需求曲线从 i_1 移动到 i_2，相应地 IS 曲线由 IS_1 移动到 IS_2。

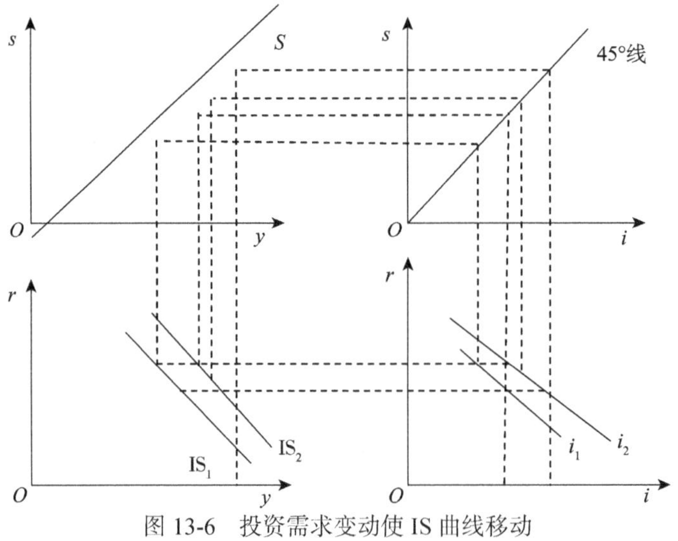

图 13-6　投资需求变动使 IS 曲线移动

2. 储蓄函数变动

若其他条件不变，当人们的储蓄意愿增强时，引起自发性消费 α 下降，则在每一储蓄水平上所需的国民收入也相应地减少。因此，IS 曲线相应地向左移动；反之，则向右移动。

如图 13-7 所示，当储蓄意愿增加，s_1 左移到 s_2 时，IS_1 相应地左移到 IS_2。

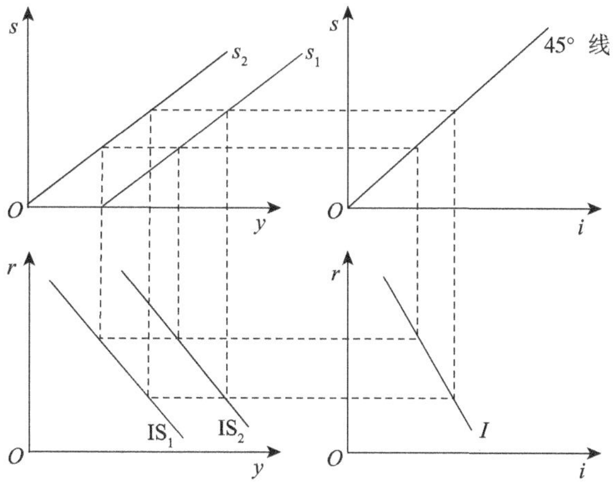

图 13-7　储蓄变动使 IS 曲线移动

3. 政府购买性支出变动

若其他条件不变，当政府增加购买支出时，会使 IS 曲线向右移动。其原因是，增加政府购买支出，在自发支出量变动的作用中等于增加投资支出，使总需求增加，而总产出等于总需求。因此，总产出增加，国民收入增加，从而导致 IS 曲线向右移动；反之，则向左移动。

4. 税收变动

若其他条件不变，政府增加一笔税收会使 IS 曲线向左移动。原因在于，如果税收的增加是增加了居民个人的负担，则会使他们的可支配收入减少，消费支出也相应地减少，从而使 IS 曲线向左移动；同样，如果税收的增加是增加了企业的负担，则会使投资相应地减少，最终导致 IS 曲线向左移动。反之，IS 曲线则向右移动。

增加政府支出和减税都属于增加总需求的扩张性财政政策，而减少政府支出和增税都属于降低总需求的紧缩性财政政策。所以，政府实行扩张性财政政策就表现为 IS 向右上方移动；政府实行紧缩性财政政策就表现为 IS 向左下方移动。

13.3　货币市场及利率的决定

我们已经知道利率能够对国民收入产生重要的影响，那么利率又是由什么决定的呢？

13.3.1　货币需求

1. 货币需求动机

现实生活中，人们可以选择以各种不同的方式持有财富，除了货币以外，还有各种固定资产、有价证券等。固定资产和有价证券都可以给人们带来收益，甚至只是简单地将货币存入银行也是会带来利息收入的，但人们往往宁可放弃所持有财富带来的收益也要持有货币。凯恩斯认为，货币具有一种使用上的灵活性，也正是这种灵活性使人们对货币有了需求，人们因此具有宁肯牺牲货币带来的收入也要持有货币的心理倾向。货币需求是指人们愿意以货币这一特殊的资产形态持有的那部分财富，因而，它实质上反映的是人们对资产持有形态的选择关系。货币的灵活性可以满足人们的三类动机。

1）交易动机

交易动机是指人们为了日常交易的方便而在手头上保留一部分货币。这种动机的产生是由于收入和支出存在时间上的不同步性。很显然，这种动机带来的货币需求取决于人们收入的高低。社会分为高收入阶层和低收入阶层，高收入阶层收入越高，他们的交易动机越大，用于交易的货币量也越多，货币需求也就越大；反之，低收入阶层货币需求小。交易需求是收入的函数。

2）谨慎动机

谨慎动机是指人们为了应付意外发生的事件而保留的一部分货币，又称预防性动机。谨慎动机的产生主要是由于人们无法准确地预测未来一段时期中难以避免的事件，如疾病、事业和其他天灾人祸。出于预防动机而形成的货币需求仍然与收入水平有关，是收入的函数。一个有较高收入的人，有必要并有能力比低收入者持有较多货币以备不时之需。

3）投机动机

投机动机是指人们为了抓住购买有价证券等生息资本的有利机会而持有货币的动机。一般地，利率越高，有价证券的价格越低，人们若认为价格已降低到正常水平以下，预计很快就会回升，就会抓住有利机会及时买进有价证券，因而人们手中出于投机动机而持有的货币数量就会减少。对有价证券的需求增加，通过货币向有价证券转换，投机性的货币需求相应减少；反之，低利率条件下有价证券的价格则较昂贵，人们对有价证券的需求减少，因而投机性的货币需求相应增加。因此，投机需求是利率的反函数，同利率的高低呈反方向变动。前两种动机都是收入的函数，我们可以用式（13-5）表示：

$$L_1=L_1(y)$$

或

$$L_1=ky \qquad (13\text{-}5)$$

式中，k 为出于交易动机和谨慎动机所需货币同实际收入的比例关系；y 为具有不变购买力的实际收入。第三种动机取决于利率，是利率的反函数，我们用式（13-6）表示：

$$L_2=L_2(r)$$

或

$$L_2=-hr \qquad (13\text{-}6)$$

式中，h 表示投机需求关于利率的系数，又称作流动性偏好的利率系数；负号表示反向关系。

2. 流动偏好陷阱

投机需求是利率的反函数，因此人们是否持有有价证券的依据之一就是对利率的预期。当利率极高时，人们预期利率不大可能再上升，有价证券市场价格也就不大有可能再下降，因此，人们会将货币全部换成有价证券。而当利率极低时，人们会认为利率不大可能再下降，进而有价证券市场价格上升的可能性很小，人们预期其只会跌落，因此就会将所持有的有价证券全部换成货币，不管有多少货币也愿意持在手中，以免证券价格下降而遭受损失，从而进入流动偏好陷阱（凯恩斯陷阱）。

3. 货币需求函数

货币总需求是指人们对交易需求、预防需求和投机需求的总和。我们可以用式（13-7）来描述：

$$L=L_1+L_2=L_1(y)+L_2(r)=ky-hr \tag{13-7}$$

值得注意的是，式（13-7）中 L、L_1、L_2 均为货币的实际需求，实际需求是具有不变购买力的实际货币量。但是在现实生活中还存在名义货币量，它是不管货币购买力如何而仅计算其票面价值的货币量。因此，把名义货币量折算成实际货币量，需要用价格指数加以调整。我们用 M、m 和 p 依次表示名义货币量、实际货币量和价格指数，可以得到式（13-8）：

$$m=\frac{M}{P}$$

或

$$M=mp \tag{13-8}$$

于是，我们得到名义货币需求：

$$L=(ky-hr)P \tag{13-9}$$

即实际货币需求乘以价格指数。我们可以用图 13-8 来描述货币需求。

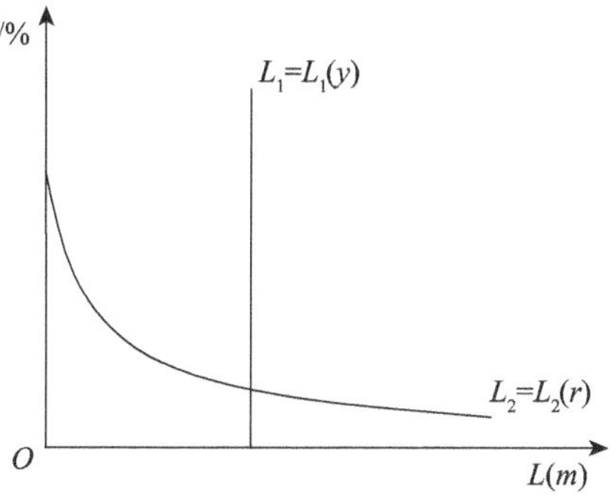

图 13-8　交易动机和谨慎动机引起的货币需求

图 13-8 中，L_1 表示满足交易动机和谨慎动机的货币需求曲线，因为它与利率无关，所以是与纵轴平行的垂线。L_2 表示满足投机动机的货币需求曲线，它是利率的反函数，向右下方倾斜，最后陷入流动偏好陷阱，曲线呈水平状。

图 13-9 中的 L 线是包括 L_1 和 L_2 在内的全部货币需求曲线，纵轴表示利率，横轴表示货币需求量，m 一般表示具有不变购买力的实际货币，因此横轴也可用 m 表示。这条货币需求曲线表示在一定收入水平上货币需求量和利率的关系：利率下降时，货币需求量增加；利率上升时，货币需求量减少。

货币需求量与收入的关系该如何表现呢？在此，我们将通过不同收入的货币需求曲线图（图 13-10）来揭示这种关系。

图 13-10 中 L_1、L_2、L_3 分别表示收入为 y_1、y_2、y_3 时的货币需求曲线。从图 13-10 中我们可以知道，在同一利率水平 r_1 的条件下，由于收入水平不同，货币需求曲线也不同。当 $Y=y_1$ 时，$L=L_1$；$Y=y_2$ 时，$L=L_2$；$Y=y_3$ 时，$L=L_3$。货币需求量与收入的正向变动关系是通过货币需求曲线向右上方和左下方移动来表示的。而当收入水平相同时，如都为 L_3 时，因为利率不同，实际货币需求曲线也不同，当 $r=r_1$ 时，$L=L_3$；$r=r_2$ 时，$L=L_2$。货币需求量与利率的反向变动

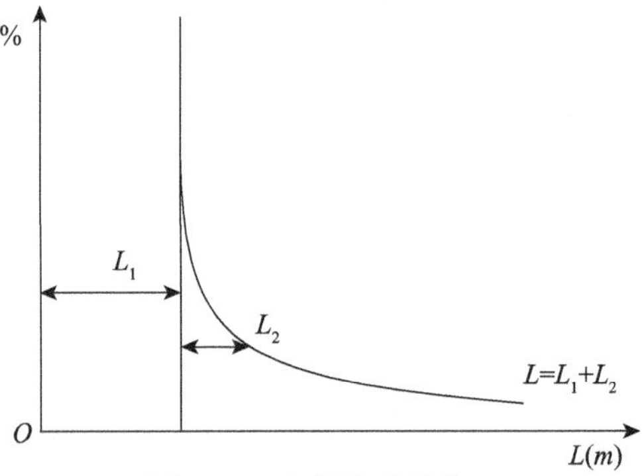

图 13-9　全部货币需求

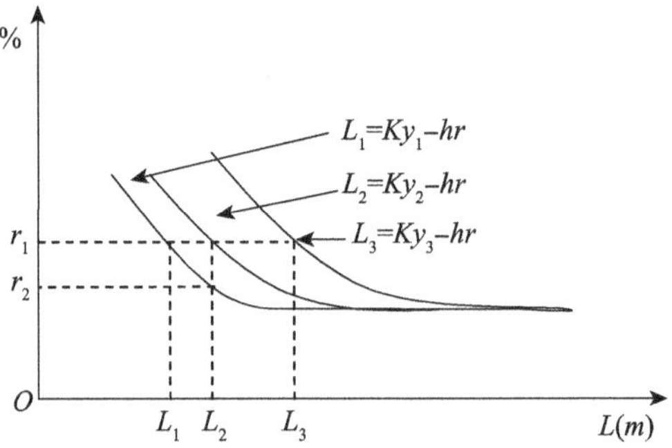

图 13-10　不同收入的货币需求曲线

关系则是通过需求曲线都向右下方倾斜来表示的。

13.3.2　货币供给

货币供给即货币的发行数量。对于货币数量，要区分其存量和流量，货币存量是某时点累计的货币数量，货币流量是某一时期内货币的流通数量，即货币存量与货币流通速度的乘积。货币供给量通常指货币存量。

货币供给有狭义和广义之分。狭义的货币供给（M1）包括硬币、纸币和银行活期存款，广义的货币供给（M2）是指 M1 加上定期存款。当然还有更广泛意义上的货币供给，它是指 M2 加上个人和企业所持有的政府债券等流动资产或“货币近似物”。货币供给表明一个国家或地区在某一时点上拥有的货币数量。现代经济中，政府或国家控制着货币的发行权，它们通过银行系统影响社会货币总量。需要说明的是，政府发行的货币是名义货币，即货币量是按照货币的面值计量的，但经济学讨论的货币市场所涉及的货币是实际货币，因此，需要将名义货币量折算为实际货币量。假定政府发行的名义货币量是 M，而经济中的价格总水平为 P，那么实际发挥作用的货币是 $m=M/P$。

一般来说，政府不以营利为目的，因而货币的供给量与利息率的高低无关，于是，货币的供给可以认为是一个政府可以控制的常量。因此，货币供给曲线就是一条垂直线，具体如图 13-11 所示。

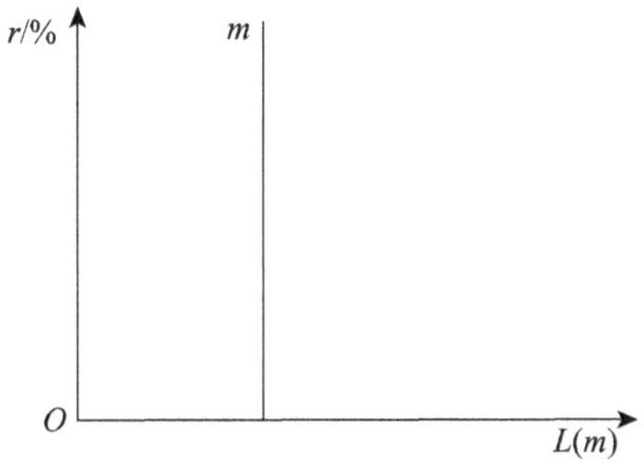

图 13-11　货币供给曲线

13.3.3　货币供求均衡和利率的决定

古典经济学派认为，投资和储蓄只与利率相关，当投资和储蓄相等时，利率就得以确定。但凯恩斯认为储蓄不仅受利率影响，主要还受收入水平的影响。收入是消费和储蓄的源泉，如果不掌握收入水平，储蓄与利率的函数关系就无法建立起来，更无法确定利率，自然也就不能确定投资水平和国民收入水平。所以，凯恩斯认为利率不是由投资和储蓄决定，而是由货币的供给量和货币的需求量决定的（图 13-12）。

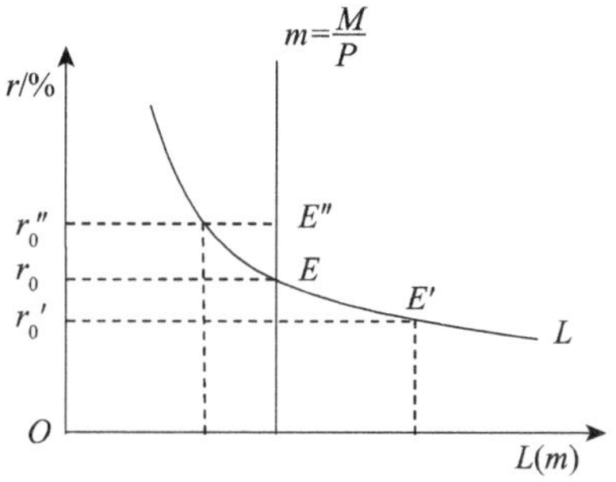

图 13-12　货币供给和需求的均衡

货币供给曲线 m 与货币需求曲线 L（m）相交的点 E 决定了利率的均衡水平 r_0。在该点处，货币需求等于货币供给，货币市场达到了均衡状态。若市场利率低于均衡利率，则说明货币需求超过供给，如图 13-12 中的 E' 点，L（m）$>m$，人们手中的货币不足，就会卖出有价证券，于是证券价格下降，也就是利率会上升，直至回到 r_0 点，即货币需求减少到与货币供给相等的状态。同样，当市场利率高于均衡利率时，货币供过于求，即图 13-12 中的 E'' 点，L（m）$<m$，人们手中持有的货币太多，就会买进有价证券，于是证券供不应求，证券价格上升，即利率下降，直至回到 r_0 点。因此，我们得出结论：货币供求相等时，利率就被决定。

最后我们来看货币需求曲线和货币供给曲线变动时利率的变动情况。

货币供给和需求曲线是会移动的。例如，当政府增加货币供应量时，供给曲线将向右移动，从 m 移到 m'。而当人们对货币的需求增加时，货币需求曲线将向右移动，从 L 到 L'。在这两种情况下都将产生新的均衡利率，具体如图 13-13 所示。当货币供给增加时，m 右移到 m'，而需求曲线不变，会产生新的均衡点 E，均衡利率也由 r_2 降为 r_3。相反，当供给曲线不变，需求曲线由 L 右移到 L' 时，新的均衡点变为 E'，利率也随之上升为 r_1。如果需求和供给同时变动，利率就由新的需求曲线和新的供给曲线的交点决定。

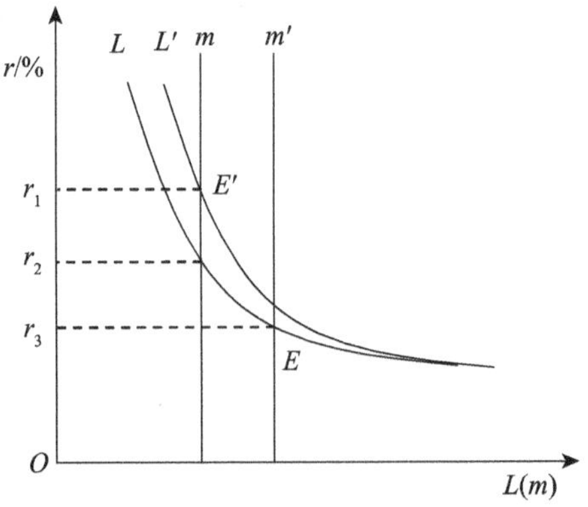

图 13-13　货币需求曲线和货币供给曲线的变动

值得注意的是，在上述移动过程中仍然有流动偏好陷阱存在。当利率下降到一定程度时，货币需求曲线将趋于水平状态，陷入流动偏好陷阱，这时候不论供给曲线怎么右移，利率都不会再下降。

13.4　货币市场均衡与LM曲线

13.4.1　LM 曲线及其推导

正如我们已经知道的，利率是由货币市场上的供给和需求决定的，而货币当局控制货币的供给量，也就是货币由代表政府的中央银行所控制。为了方便研究问题，我们假定货币的供给量是一个外生变量。在货币供给量既定的情况下，货币市场的均衡只能通过调节对货币的需求来实现。

假定 m 代表实际货币供给量，那么 $m = L = L_1(y) + L_2(r) = ky - hr$ 表示在货币市场达到均衡时，利率 r 与国民收入 y 之间的关系。在通常情况下，随着国民收入 y 增加，货币的交易需求 L_1 将增加，在货币供给不变的情况下，为保持货币市场均衡，即 $L=M$，货币的投机需求 L_2 必须减少，而 L_2 是利率的减函数，L_2 要减少，r 必须上升。因此，国民收入 y 上升，利率必然要上升；反之，y 减少，r 必然要下降。这样才能在货币供给量既定的情况下，通过使 y 和 r 保持同方向变化的关系来调节对货币的需求，使调节后的货币需求等于既定的货币供给量，来保持货币市场的均衡。

如果以纵轴代表利率，横轴代表国民收入，则可画出一条由左下方向右上方倾斜的曲线。这一曲线可以写成 $m=ky-hr$ 这一公式，它表示在满足货币市场的均衡条件下收入 y 与利率 r 的关系，这一关系的图形就被称为 LM 曲线。货币市场均衡时，$m=ky-hr$,所以 LM 曲线的代数达式可以写为

$$y = \frac{hr}{k} + \frac{m}{k} \tag{13-10}$$

或

$$r = \frac{ky}{h} - \frac{m}{h}$$

由于纵轴代表的是利率，横轴代表的是国民收入，因此一般用公式 $r=\frac{ky}{h}-\frac{m}{h}$ 表示 LM 曲线。

假定对货币的交易需求函数为 $m_1=L_1(y)=0.6y$，对货币的投机需求函数为 $m_2=L_2(r)=1\ 200-300r$，货币供给量为 $m=1\ 500$（亿美元），并假定这一实际货币供给量就是名义货币供给量 M（价格指数 $p=1$），则货币市场均衡时，$1\ 500=0.6y+1\ 200-300r$，得 $y=500+500r$ 或 $r=0.002y-1$。因此，当 $r=1$ 时，$y=1\ 000$；当 $r=2$ 时，$y=1\ 500$；当 $r=3$ 时，$y=2\ 000$；当 $r=4$ 时，$y=2\ 500$；……

根据上面得出的数据可以画出如图 13-14 所示的曲线。其中横轴表示收入，纵轴表示利率。图 13-14 中这条向右上方倾斜的曲线就是 LM 曲线，曲线上任一点都代表一定利率和收入的组合，在这样的组合下，货币需求和供给是相等的，亦即货币市场是均衡的。

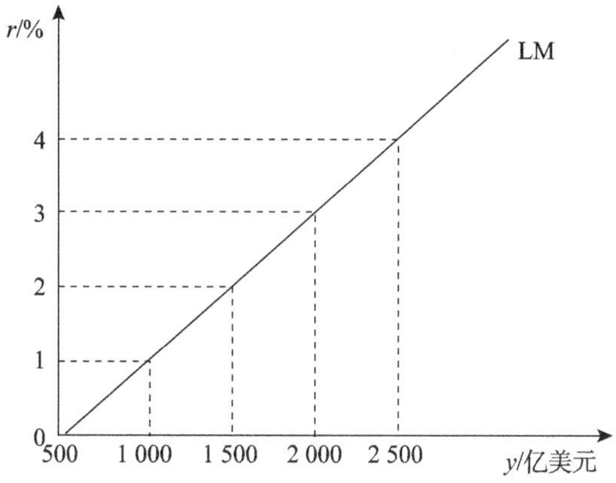

图 13-14　LM 曲线

实际上，LM 曲线是从货币投机需求与利率的关系、货币交易需求与国民收入的关系，以及货币需求与供给相等的关系推导出来的。经济学家常用下面这样一个包含四个象限的图形（图 13-15）来推导 LM 曲线。

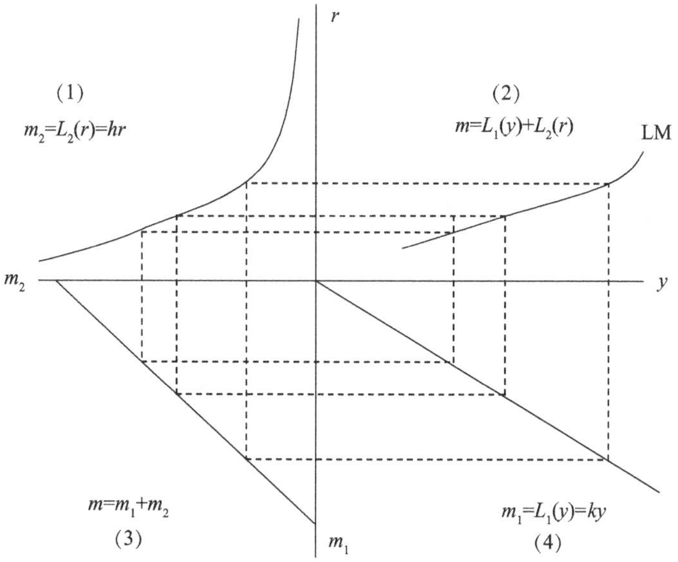

图 13-15　LM 曲线的形成

图 13-15 中第（4）象限中的 $m_1=L_1$（y）表示货币的交易需求是收入的增函数。这里，纵轴表示货币的交易需求，横轴表示收入水平。第（1）象限中的 $m_2=L_2$（r）曲线表示货币的投机需求是利率的减函数。该象限中纵轴表示利率，横轴表示货币的投机需求水平。

第（3）象限中的和纵、横轴都成 45° 夹角的直线表示货币需求总量（用于交易需求的货币和用于投机需求的货币之和）。这里，纵轴表示交易需求，横轴表示货币投机需求。假定货币供给 $m=\dfrac{M}{P}$ 全部用于交易需求，即令 L_2（r）=0，我们就可以在纵轴上找到一个等于全部货币供给的点；同理，假定货币供给全部用于投机需求，即令 L_1（y）=0，我们就可以在横轴上找到一个等于全部货币供给的点。将这两个点连起来，我们就找到了一条和纵、横轴都成 45° 夹角的直线。

第（2）象限中，只要任意给定收入水平，我们就可以借助货币的交易需求曲线、投机需求曲线，以及表示货币市场均衡的那条与纵、横轴都成 45° 夹角的直线函数，找到与收入水平相对应的利率水平。相反，如果任意给定利率水平，就可以借助上述三条曲线找到与给出的利率水平相对应的收入水平。将这一系列使货币市场均衡的利率和收入的组合点连接起来，就构成了我们所要推导的 LM 曲线。它之所以叫 LM 曲线，是由于这条曲线上的任一点所表示的利率与所对应的国民收入都会使货币供给（M）等于货币需求（L）。

13.4.2 LM 曲线的斜率

LM 曲线的表达式为 $r=\dfrac{k}{h}y-\dfrac{m}{h}$，其中，$\dfrac{k}{h}$ 为 LM 曲线的斜率，由表达式可以看出，LM 曲线的斜率取决于 k 和 h，即货币交易需求曲线的斜率和货币投机曲线的斜率。

当 k 为定值时，h 越大，即货币需求对利率的敏感度越高，斜率 $\dfrac{k}{h}$ 越小 $\left(\dfrac{k}{h}\to 0\right)$，曲线越平缓。从图 13-15 的第（1）象限中可以看到，货币投机需求曲线越平缓，LM 曲线就越平缓。

当 h 为定值时，k 越大，即货币需求对收入变动的敏感程度越高，斜率越大 $\left(\dfrac{h}{k}\to \infty\right)$，曲线越陡峭。从图 13-15 的第（4）象限中可以看到，货币交易需求曲线越陡峭，LM 曲线就越陡峭。

我们一般认为货币的交易需求较稳定，因此，LM 曲线的斜率主要取决于货币的投机需求函数。投机动机的货币需求是利率的减函数（$L_2=-hr$）。

13.3 节里已经说过，当利率降到很低的水平时，货币投机需求趋于无限大，因此这时货币的投机需求曲线就成为一条水平线，从而使 LM 也成为水平的。这就是凯恩斯区域或流动性偏好陷阱。

在图 13-16 中，如果利率降到 r_1 的水平，可以看到象限（1）中货币投机需求曲线成为一条水平线，因而在 LM 曲线上也相应有一段水平状态的区域，这一区域就被称为凯恩斯区域或萧条区域。在此区域内，无论如何改变货币供给量也不能增加收入或降低利率，此时货币政策无效。若此时实行扩张的财政政策，IS 曲线向右移动，会使收入水平在利率不发生变化的情况下提高，此时财政政策效果很大。在 20 世纪 30 年代西方大萧条时期 LM 曲线就处于水平状态。

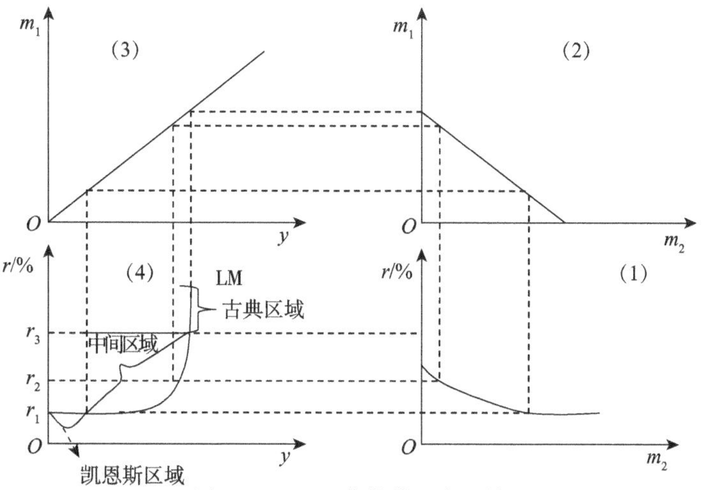

图 13-16　LM 曲线的三个区域

与上述相反的是，当利率升到一定高度后就进入古典区域，货币的投机需求量将为零，此时，人们除了为满足交易需求而持有一定货币外不会为投机而持有货币。因为利率很高，人们的预期收益多，所以人们都会选择投资，此时投资比将货币持在手中的资本利用率更高。在图 13-16 的象限中，货币投机需求曲线表现为，从利率大于 r_3 以上是一条与纵轴相平行的垂直线，即不管利率如何上升货币投机需求均为零，人们所持有货币均是为满足交易需求，所以象限（4）中，LM 曲线从 r_3 开始就为一段垂直线。此时如果实行扩张的货币政策使 LM 曲线右移，不但会降低利率还能提高收入；但如果实行扩张性的财政政策使 IS 曲线向右上方移动，则只会提高利率但不会增加收入，因此在古典区域财政政策无效而货币政策有效。因而 LM 曲线呈垂直状态的这一区域被称为古典区域。

在凯恩斯区域和古典区域之间的 LM 曲线为中间区域。由于 LM 曲线的斜率在凯恩斯区域为零而在古典区域为无穷大，所以在中间区域 LM 曲线的斜率大于零，为正值。这从图 13-16 中可清楚地看出，从 LM 曲线的表达式 $r=\frac{k}{h}y-\frac{m}{h}$ 也能得到说明。LM 曲线的斜率为 $\frac{k}{h}$，h 为货币需求关于利率变动的系数，当 h=0 时，$\frac{k}{h}$ 为无穷大，LM 曲线在古典区域是垂直线；当 $h\to\infty$ 时，$\frac{k}{h}$ 为 0，LM 曲线在凯恩斯区域为水平线；所以当 h 在 0 与 ∞ 之间时，因为 k 总是大于 0 的，所以 $\frac{k}{h}$ 为正。

LM 曲线斜率为正也可用数学方法证明。

已知 $m=L(y)+L(r)$，等式两边取全微分：$\mathrm{d}m=\frac{\mathrm{d}L}{\mathrm{d}y}\mathrm{d}y+\frac{\mathrm{d}L}{\mathrm{d}y}\mathrm{d}r$。

因为 m=0，因此 $0=\frac{\mathrm{d}L}{\mathrm{d}y}\mathrm{d}y+\frac{\mathrm{d}L}{\mathrm{d}r}\mathrm{d}r$，即 $\frac{\mathrm{d}L}{\mathrm{d}y}\mathrm{d}y=\frac{\mathrm{d}L}{\mathrm{d}r}\mathrm{d}r$ 或 $=-\frac{\mathrm{d}L}{\mathrm{d}y}/\frac{\mathrm{d}L}{\mathrm{d}r}$。

由于 $\frac{\mathrm{d}L}{\mathrm{d}y}>0,\frac{\mathrm{d}L}{\mathrm{d}r}<0$，所以 $\frac{\mathrm{d}r}{\mathrm{d}y}>0$。

显然，LM 曲线斜率为正，即$\frac{\mathrm{d}r}{\mathrm{d}y}>0$，要以货币需求与收入呈正方向变动$\left(即\frac{\mathrm{d}r}{\mathrm{d}y}>0\right)$及货币需求与利率呈反方向变动$\left(\frac{\mathrm{d}r}{\mathrm{d}y}>0\right)$为前提。

13.4.3 LM 曲线的移动

上述分析表明，LM 曲线说明以下问题：其一，LM 曲线上的所有点表明货币市场均衡，即货币供给等于货币需求；其二，LM 曲线上的每一点又表明在货币市场均衡条件下利率和国民收入的关系。如果某一时期利率和国民收入的组合点在 LM 曲线上，则表明货币市场均衡。这时 LM 曲线反映货币市场均衡条件下国民收入和利率的关系。如果某一时期利率和国民收入组合点不在 LM 曲线上，则意味着货币市场不均衡。为了实现货币市场均衡，我们有必要研究 LM 曲线的移动。从前面 LM 曲线的推导图及 LM 曲线三个区域图中我们可以知道，LM 曲线会随着货币投机需求、交易需求和货币供给量的变化而发生相应的移动。在 LM 曲线的表达式$h=\frac{ky}{h}-\frac{m}{h}$中，$\frac{k}{h}$是 LM 曲线的斜率，而$\frac{m}{h}$是 LM 曲线的截距值。在这里我们讨论的是 LM 曲线的移动，而不是 LM 曲线的转动，所以我们假定 LM 曲线移动是在货币的投机需求曲线和交易需求曲线斜率不变时发生的，即 h 和 k 值都不变。

货币投机需求的变动会使 LM 曲线发生相反方向的移动。如果货币的投机需求减少，而其他情况不变，则会使 LM 曲线向右下方移动。原因是，同样的利率水平上现在的投机需求量减少了，在满足社会全部货币需求的货币供给量不变时，如果社会同意货币的投机需求必须满足的话，货币的交易需求必须增加，才能保证货币市场的均衡。这样，从货币市场均衡的角度出发，就要求社会的国民收入水平上升，LM 曲线向右下方移动；反之，则向左上方移动。

货币交易需求的变动会使 LM 曲线发生相同方向的移动。如果货币的交易需求增加，而其他情况不变，则会使 LM 曲线向左上方移动。原因是，同样的国民收入水平上现在的交易需求量增加了，在满足社会全部货币需求的货币供给量不变时，如果社会同意货币的交易需求必须满足的话，货币的投机需求必须减少，才能保证货币市场的均衡。这样，从货币市场均衡的角度出发，就要求社会的利率水平上升，LM 曲线向左上方移动；反之，则向右下方移动。

在使 LM 曲线移动的三个因素中，特别要重视货币供给量变动的因素。上面我们假定公式$h=\frac{ky}{h}-\frac{m}{h}$中 h 和 k 值都不变，那么 LM 曲线的移动就被看做实际货币供给量 m 的移动。而$m=\frac{M}{P}$，即实际货币供给 m 是由名义货币供给量 M 和价格 P 决定的，因此，LM 曲线移动还受以下两个因素的影响。

（1）名义货币供给量 M 的变动。在价格水平不变时，名义货币供给量 M 增加会使实际货币供给量 m 增加，LM 曲线向右下方移动。原因是，在货币需求不变时，货币供给量增加必然会使利率下降，从而使投资和消费增加，进而使 LM 曲线向右下方移动。反之，则会使 LM 曲线向左上方移动。我们可以用图 13-17 表示。在图 13-17 中，当货币供给量从 m 增加

到 m' 时，LM 曲线从 LM 右移到 LM′。

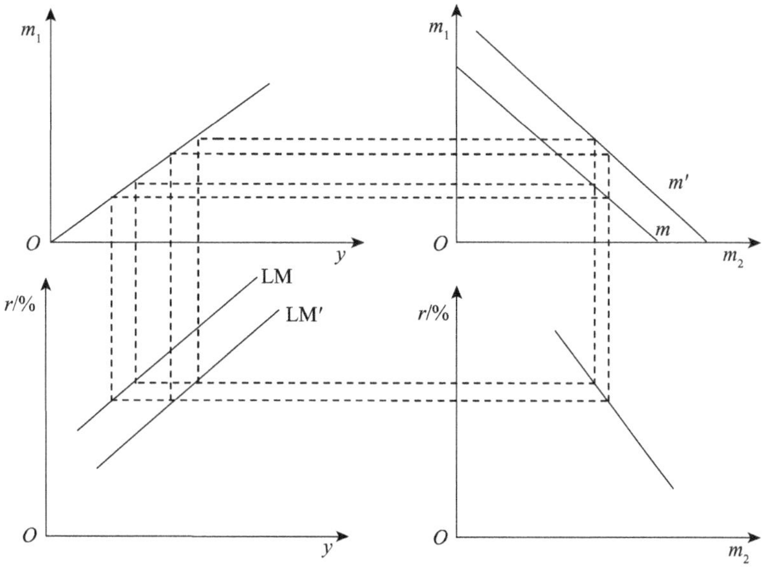

图 13-17　货币供给量变动使 LM 曲线移动

（2）价格水平 P 的变动。名义货币供给量 M 不变，价格水平上升，会使实际货币供给量 m 减少，LM 曲线向左上方移动；反之，LM 曲线就向右下方移动。实际上，从 IS-LM 模型推导总需求曲线，说明总需求曲线为什么一般向右下方倾斜，即价格水平和收入水平具有反方向变动关系，原因也就在这里。

13.5　IS-LM模型分析

13.5.1　产品市场和货币市场同时均衡的利率与收入

无论是产品市场的均衡，还是货币市场的均衡，都是单个市场的局部均衡，只有两个市场同时均衡时，整个经济才能实现均衡。在产品市场上，国民收入决定总支出或者说总需求水平，其中，投资需求受利率影响，利率由货币市场供求决定，也就是说，货币市场会影响产品市场。另外，产品市场的国民收入又会影响货币需求，进而影响利率，这是产品市场对货币市场的影响。可见，产品市场和货币市场是相互联系、相互作用的。IS-LM 模型是产品市场和货币市场一般均衡的模型，也是反映在产品市场和货币市场同时均衡条件下，国民收入和利率关系的模型。

1. IS-LM 模型的推导

我们以两部门经济为例推导出 IS-LM 模型：

$$\text{IS 曲线：} r=\frac{\alpha+e}{d}-\frac{1-\beta}{d}y$$

$$\text{LM 曲线：} r=\frac{ky}{h}-\frac{m}{h}$$

将以上两个方程联立即可求出两个市场同时均衡时的均衡利率与均衡收入。

2. 非均衡时的情况

在图 13-18 中，坐标平面被相交的 IS 曲线和 LM 曲线分割为四个区域，在这四个区域中的每个点都代表产品市场和货币市场处于非均衡状态。产品市场不均衡会导致国民收入的变动，货币市场不均衡会导致利息率的变动。在任何失衡状态下，国民收入和利息率水平都会从非均衡状态向均衡状态调整。仅以区域Ⅰ为例说明。

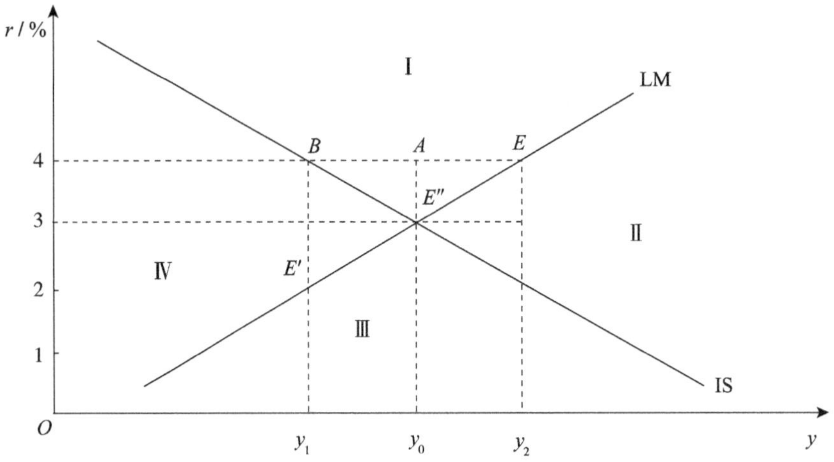

图 13-18 产品市场和货币市场的一般均衡

在区域Ⅰ中 $i<s$，$L<M$，即此时有超额的产品供给与超额的货币供给。因为在 IS 曲线的上方，相对于一定的收入，利率过高，从而使该收入提供的储蓄超过该利率导致的投资。例如，在 A 点，$y=y_0$，$r=4\%$。当产品市场均衡时 $y=y_0$ 对应 $r=3\%$，此时 $i=s$。而图 13-18 中 $r=4\%$，实际利率高于均衡利率，这将导致投资的减少与储蓄的扩张，进而使 $i<s$。同理可得 LM 曲线的上方 $L<M$。

而为什么最终会回到 E 点，仍以 A 点为例说明。在 A 点，两个市场都未均衡，如果单从产品市场考虑，则 A 点左移至 B 点达到均衡，但 A 点不能到 B 点，这是因为在 A 向 B 移动的过程中，收入降低，交易需求减少，而货币供给不变，导致投机需求增加，利率下降，这就刺激投资的扩大，使收入增加，因此，收入未降到 y_1 而是停留在 y_0。反之，如果单从货币市场考虑，A 点会右移至 E''，但 A 点不会这样，因为在 A 点右移的过程中，收入增加，导致交易需求扩大，而货币供给不变，因此，投机需求较少，利率上升，这反过来又促使投资减少，进而收入减少，因此，收入保持在 y_0，而未变为 y_2。在两个市场的共同作用下，A 点最终调整到 E 点这一均衡位置，此时，两个市场达到均衡。

四个区域的非均衡关系如表 13-1 所示。

表 13-1 产品市场和货币市场的非均衡

区域	产品市场	货币市场
Ⅰ	$i<s$，供给大于需求	$L<M$，货币供给大于货币需求
Ⅱ	$i<s$，供给大于需求	$L>M$，货币需求大于货币供给
Ⅲ	$i>s$，需求大于供给	$L>M$，货币需求大于货币供给
Ⅳ	$i>s$，需求大于供给	$L<M$，货币供给大于货币需求

13.5.2　均衡收入和利率的变动

在 IS 曲线和 LM 曲线交点处可以实现产品市场和货币市场的均衡，但是产品市场和货币市场同时均衡时的国民收入不一定是达到充分就业时的国民收入。因为 IS 曲线和 LM 曲线分别只是在产品市场与货币市场上供求相等时的收入及利率的组合，所以 IS 曲线和 LM 曲线的交点处的收入及利率只表示两个市场同时均衡时的收入及利率，而不能证明这一收入即是达到充分就业时的收入。

如图 13-19 所示，IS 和 LM 的交点 E 所决定的均衡收入与均衡利率分别为 y' 和 r'，但是充分就业时的收入是 y^*，此时均衡收入低于充分就业时的国民收入。所以，仅仅依靠市场的自发调节无法达到充分就业的状态，这时就要求政府运用财政政策或货币政策来进行调节，即通过移动 IS 和 LM 曲线来实现充分就业或消除通货膨胀。

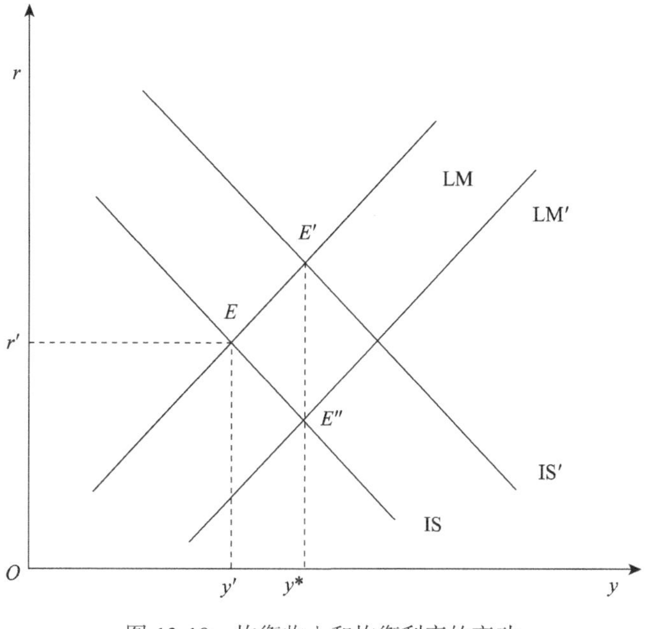

图 13-19　均衡收入和均衡利率的变动

财政政策包括政府支出的变动和税收，凡是扩张性的财政政策，如增加政府购买和减税，就表现为 IS 曲线向右上方移动；凡是紧缩性的财政政策，如减少政府购买和增税，就表现为 IS 曲线向左下方移动。货币政策主要表现为货币当局通过改变货币的供给量来影响曲线的移动：当货币的供给量减少时，LM 曲线向左上方移动；当货币供给量增加时，LM 向右下方移动。IS 曲线和 LM 曲线的移动都会引起均衡收入和均衡利率的变动。政府可以同时改变税收（t）、政府支出（G）和货币的供给量（M）来改变 IS 曲线和 LM 曲线的位置，使二者的交点达到充分就业时的国民收入。

1. IS 曲线的移动

如图 13-20 所示，当 LM 曲线不变时，IS_1 曲线向右上方移动到 IS_2 与 LM 相交于 E'，利率从 r_1 上升到 r_2，收入也从 Y_1 上升到 Y_2。IS 曲线向右上方移动表示政府支出、投资和消费增加，即总支出增加，而总支出的增加带来生产和收入的增加，收入增加又会使消费和投资增加，所以货币的交易需求增加。由于 LM 曲线不变，即货币供给量不变，所以人们只能通过出售手中持有的有价证券来获得交易所需货币，从而导致证券价格下降（r 上升）。同理，当 LM 曲线不变，IS 曲线向左下方移动时，收入和利率都会下降。

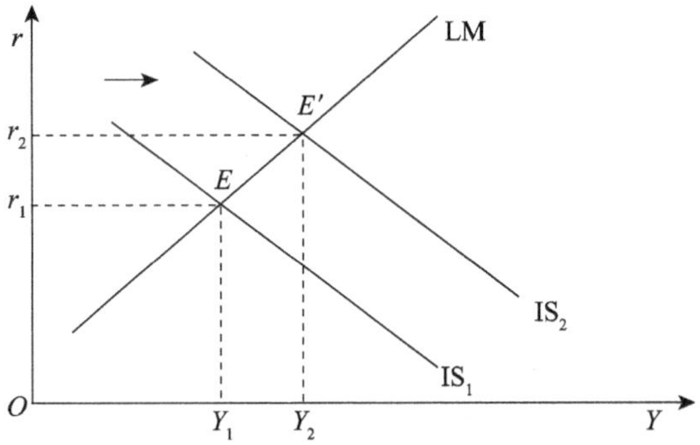

图 13-20　IS 曲线的移动

2. LM 曲线的移动

如图 13-21 所示，当 IS 曲线不变时，LM_1 曲线向右下方移动到 LM_2 与 IS 相交于 E' ，利率从 r_1 下降到 r_2，收入从 Y_1 上升到 Y_2。LM 曲线向右下方移动表示政府实行扩张性货币政策，它包括两种情况：货币需求不变的情况下，中央银行增加货币供给量，或者是货币供给不变而人们对货币的需求下降。IS 曲线不变意味着产品供求不变，由产品市场和货币市场的一般均衡图可知，LM 曲线向右移动意味着货币市场上供过于求，所以必然导致利率下降，而利率的下降又会引起消费和投资的增加，从而使收入增加。同理，当 IS 曲线不变、LM 曲线向左上方移动时，收入减少而利率上升。

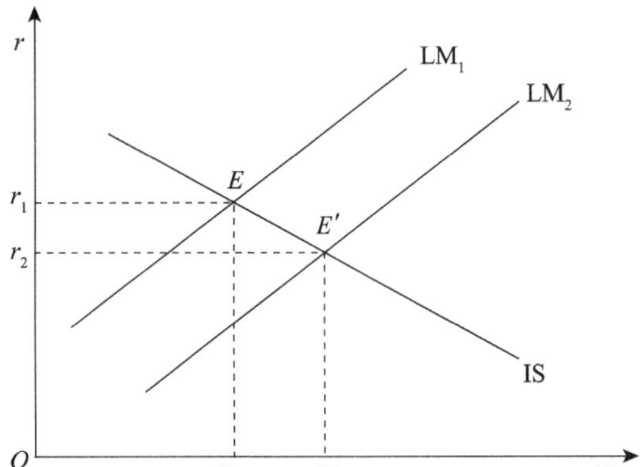

图 13-21　LM 曲线的移动

3. IS 曲线和 LM 曲线同时移动

两条曲线同时移动可以有很多种不同的组合，如 IS 曲线右移，LM 曲线左移；IS 曲线左移，LM 曲线右移；IS 曲线和 LM 曲线同时右移；IS 曲线和 LM 曲线同时左移（图 13-22）。移动的距离和方向是可以随意变化的，所以这时收入和利率的变动情况就比较复杂，需要具体问题具体分析。在 IS 曲线和 LM 曲线同时移动的情况下要尤其注意利率的变化，这就是我们要在宏观经济政策分析中学习的财政政策和货币政策的混合使用，这里不再具体说明。

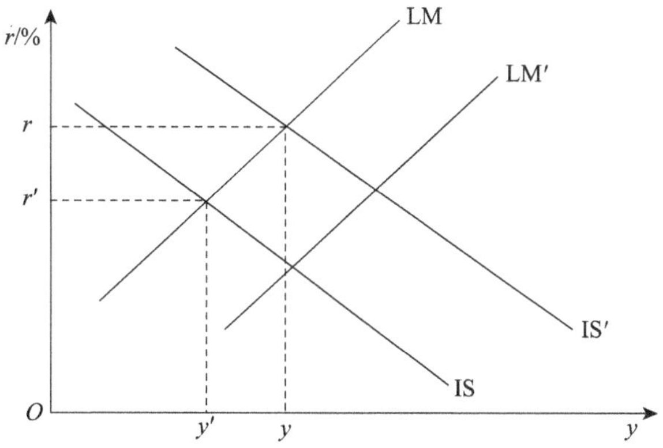

图 13-22　IS-LM 曲线的变动

4. 对 IS-LM 模型的评价

在简单的凯恩斯模型中，由于其仅限于产品市场，不涉及货币市场，具有一定的片面性。根据凯恩斯理论，投资取决于利率和资本边际效率，利率是由货币需求与货币供给决定的，而货币需求有依赖于收入和利率，这样就形成了一个不合逻辑的循环推导。于是，1937 年英国经济学家希克斯发表了《凯恩斯先生和古典学派》一文，指出了凯恩斯利息理论的缺陷。他通过将产品市场和货币市场相结合，论述了均衡收入和均衡利率决定问题，使凯恩斯的利息论和他的整个理论体系相一致。但是，该模型被经济学界认为至少有以下几个方面的缺点。

首先，IS 和 LM 两条曲线的交点，代表均衡的国民收入和利率，这一结论必须假设产品市场和货币市场的均衡是相互独立形成的，即一条曲线的移动不会引起另一条曲线的移动，但这一假定事实上是不存在的，因为这两条曲线不是相互独立的，而是相互依存的。例如，在经济萧条时期，投资前景暗淡使投资水平下降，从而使 IS 曲线向左移动，根据 IS-LM 模型，不变的 LM 曲线与移动后的 IS 曲线相交于新的点上，在这一点上利率和收入都降低了。但是事实上，在萧条时期，悲观的气氛会导致资本家减少对资本产品的需求，增加对货币的需求，这样，LM 曲线也相应左移，结果，新的均衡收入将以更大幅度减少，但利率却并不一定下降。所以如果这两条曲线不是相互独立而是相互关联的，IS-LM 模型就失去了它的理论和政策上的意义，因为它不能决定国民收入的均衡值，从而不能预测经济前景和政策效果。

其次，这一模型遭到了英国新剑桥学派的坚决反对。IS-LM 模型用一套联立方程体系代替了凯恩斯的因果次序关系，从而模糊了凯恩斯理论中最本质的东西。这个最本质的东西是投资决定收入，收入决定储蓄；利率在凯恩斯有效需求理论中是极不重要的，它在收入创造过程中是由外生因素所决定的。但 IS-LM 模型将利率看成是决定储蓄和投资的最主要因素，这就把凯恩斯理论恢复到古典经济学框架中去了。

最后，IS-LM 模型分析出的均衡理论不一定与现实相符。传统理论认为，资本主义市场机制充分发挥作用可以实现充分就业的状态，而凯恩斯及其追随者认为，市场机制的作用所能达到的均衡通常低于充分就业的均衡，只有通过国家的调节和干预才能达到充分就业的均衡。资本主义经济发展的历史证明，市场机制没能实现充分就业均衡，而国家的调节和干预也没能实现充分就业均衡。同样，在 20 世纪 30 年代市场经济几乎崩溃的时候，按 IS-LM 模型分析，IS 曲线向左移动时，LM 曲线的右移可以使收入不变，即国家采用扩张性货币政策就能够加以补救，这种说法显然与事实不符。在 1929 年开始的大萧条中，西方银行存在多余的准备金，并不缺乏资金的来源，但是，那时的货币政策并不能通过使 LM 曲线右移来解决萧条问题。

基于上述观点可以看出，尽管 IS-LM 模型能简明地说明理论与政策效果之间的关系，但是现实情况远不像模型所显示的那样精确和美妙。

本章小结和复习思考题

第14章

总需求与总供给模型

知识学习目标

1. 掌握总需求与需求的区别。
2. 掌握总需求的影响因素、总需求曲线变动的原因。
3. 掌握总供给曲线的分类情况及其产生的原因。

能力训练目标

1. 掌握总供给与总需求模型分析经济的变动情况。
2. 说明总供给和总需求曲线的相互作用如何造成价格水平和国民收入的能动。

宏观经济学中最重要的问题之一就是总体价格水平的确定,前面对宏观经济问题的讨论,都是在价格水平固定不变的假定下进行的，这一假定不考虑价格水平变化的复杂性。总需求—总供给模型将取消价格水平固定不变的假定，研究的是产量与物价之间的关系，着重说明可变的价格对商品市场和货币市场的作用。该模型从总需求和总供给两个方面说明产量和物价水平是如何决定的，并通过总需求和总供给的变动来解释各种宏观经济模型。目前，总需求和总供给曲线经常用来研究产量变动以及价格水平和通货膨胀率的决定，成为宏观经济学的重要分析工具，也是理解宏观经济学中的一些重大问题的基础。

14.1 总需求曲线

14.1.1 总需求曲线的形成

1. 总需求的含义

总需求是指在一定时间内，在一定价格水平条件下，全社会对产品和劳务的需求总量。消费需求、投资需求、政府购买需求和国外需求构成了总需求的主要内容。这一需求总量通常用产出水平来表示。在不考虑国外需求的情况下，经济社会的总需求是指价格、收入和其他经济变量在既定条件下，家庭、企业部门和政府将要支出的数量。社会总需求除了受价格水平的影响外，还受收入水平、对未来的预期、财政政策和货币政策等因素的影响。

总需求函数表示在一定的价格水平下，全社会需要多高水平的产量，是用于描述产量和价格水平之间关系的一个函数指标。如果我们用纵轴表示价格水平，横轴表示产出水平，总需求函数的几何表示则为总需求函数曲线。

2. 总需求曲线的形成

正如我们所知道的，IS-LM 模型研究的是在价格水平不变的情况下国民产出的决定问题。在其基础上，如果我们放松价格不变这一假设，从而分析价格水平与国民收入之间的关系，就可以得到一条向右下方倾斜的曲线，即总需求曲线（aggregate demand curve，AD 曲线），具体如图 14-1 所示。

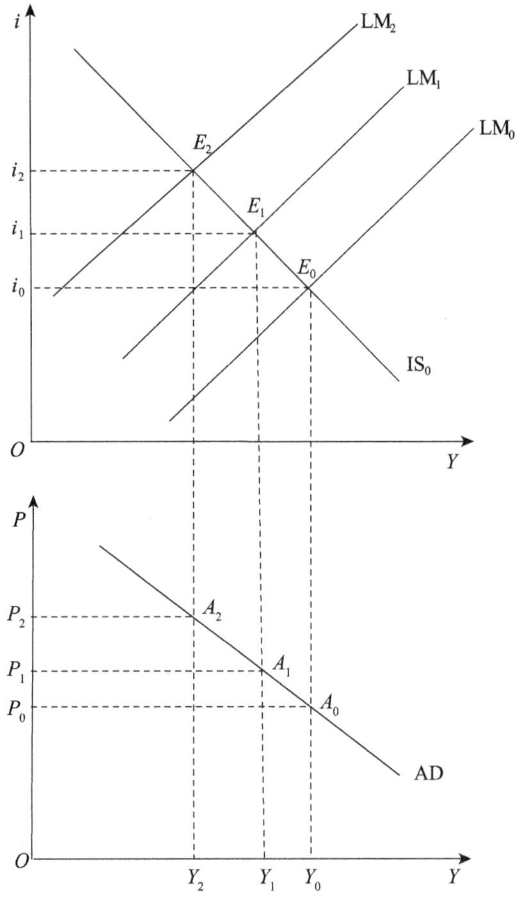

图 14-1 总需求曲线的形成过程

我们以纵轴代表价格水平，横轴代表国民收入，其推导过程如下。

当价格水平为 P_0 时，图 14-1 上图中产品市场均衡为 IS_0，货币市场均衡为 LM_0，由此决定的均衡利息率为 i_0，均衡国民收入为 Y_0。若在坐标轴上取 P_0 和 Y_0 两点，那么在图 14-1 下图中就可以形成一点 A_0（Y_0，P_0）。再假设此时价格水平由 P_0 上升到 P_1，在货币供给不变的情况下，这会使 LM 曲线向左上方平行移动到 LM_1，此时所对应的均衡利息率和均衡国民收入分别是 i_1、Y_1。这样就可以在图 14-1 下图上标出相应的价格水平和均衡国民收入的组合点 A_1（Y_1，P_1）。按照同样的程序方法，LM 曲线和 IS 曲线可以有许多交点，每一个交点都表示一个特定的 Y 和 i 的组合，它们构成了坐标平面中的一系列点。当我们把所有这些不同价格水平和相对应的均衡国民收入水平的组合点连接起来的时候，就形成一条总需求曲线。

14.1.2　总需求曲线的含义和特征

1. 总需求曲线的含义

从以上对总需求曲线的推导过程可以看出，总需求曲线是一条描述商品市场与货币市场同时达到均衡时，即 IS=LM 时，一个国家总产出水平与价格水平之间关系的曲线。

总需求曲线表示社会的需求总量和价格水平之间反向变化的关系，即总需求曲线是向右下方倾斜，这表明在产品市场和货币市场同时均衡时，价格水平越高，需求总量越小，国民收入越小；价格水平越低，需求总量越大，国民收入越大。这是因为价格水平提高导致实际持有的货币量减少，货币市场出现超额需求，人们愿意持有的货币数量大于人们实际持有的货币数量，此时，人们将卖出有价证券，有价证券价格随之下跌，市场利率将提高，投资需求减少，总需求减少，国民收入减少。相反，引起总需求和国民收入增加。价格水平降低导致实际货币余额的增加，货币市场出现超额供给，人们愿意持有的货币数量小于人们实际持有的货币数量，人们将买进有价证券，有价证券价格随之上涨，市场利率下降导致投资需求增加，总需求增加和国民收入继而增加。

2. 总需求曲线的特征

总需求曲线是一条向右下方倾斜的曲线，它向右下方倾斜的原因如下。

1）财富效应

财富效应也被称为实际余额效应，它告诉我们，价格水平的下降将使货币和其他金融资产的持有者更加富有，因此他们会从事更多的购买活动。换句话说，如果价格水平下降，人们口袋里的人民币可以购买比从前多的东西，因为人民币的购买力上升了。事实上，人们比以前更加富有，随着人们变得富有，人们会购买更多的商品和劳务。由于消费支出是总需求的一个重要组成部分，所以消费开支的上升，在图形上表现为沿着 AD 曲线的移动。这种实际财富量变化带来的效应是由英国经济学家庇古首先进行分析的，因此也被称为庇古效应。

2）利率效应

利率效应即通过价格水平变化对利率的效应而发生的低价格水平对投资支出的效应。利率效应的作用机理是：价格水平下降和财富效应是一致的，都将增加人们手头的实际现金，但利率效应的途径不是通过使现金持有人更加富有。利率效应关注的是实际金钱余额变化对利率的影响。价格水平降低会提高人们口袋里的货币购买力，他们会以某种形式把多余的金钱存入银行，使银行拥有更多的可贷资金。随着银行贷款的增加，利率将下降，它转而又将增加投资开支。由于利率是总需求的一个组成部分，所以当价格水平下降时，总需求将上升。

3）替代效应

替代效应有两种，一种为跨期替代效应，另一种为开放替代效应。

跨期替代效应的含义是，物价水平的上升会抬高利率水平，利率水平的提高也就意味着当前消费的机会成本增加而未来消费的预期收益提高，因此，人们会减少当前消费量，增加未来消费量。随着价格水平的上升，人们会用未来消费来替代当前消费从而减少对商品的需求总量；而随着价格水平的下降，人们则会用当前消费来替代未来消费从而增加对商品的总需求量，这就是跨期替代效应。跨期替代效应无疑会导致总需求曲线向下倾斜。

开放替代效应是指，在其他因素不变的情况下，当一国的价格总水平下降时，其他国家生产的产品就会变得更加昂贵，本国的消费者将增加对国内商品的购买而减少对进口品的购买；而随着国内商品价格的下降，外国消费者将逐步增加对本国商品的购买，这样就必然会增加净出口。反之，净出口需求量减少，总需求量也会减少。因此，一国的价格总水平上升，人们会用进口来替代出口从而减少对国内商品的需求量；与此相反，人们则会用出口来替代进口从而增加对国内商品的需求量，这就是开放替代效应，也被称为对外贸易效应。当一国的经济对外开放时，开放替代效应无疑就成了总需求曲线向下倾斜的一个重要原因。

值得一提的是，总需求曲线与微观经济学中的需求曲线都是在假设“其他条件相同”的情况下绘制而成的。可想而知，当“其他条件”发生变化时，总需求曲线将会移动。宏观经济学与微观经济学中需求曲线的区别表现为以下几个方面。

首先，微观经济学中的市场需求曲线与宏观经济学中的总需求曲线十分相似，但是两者描述的是完全不同的经济关系。市场需求曲线描述的是单个产品的市场价格与市场需求量之间的关系，它用于说明在其他所有产品的价格保持不变的情况下，一种产品的价格变化对其市场需求的影响。总需求曲线描述的是所有产品价格的平均水平与总需求量之间的关系，它并不是单个市场需求曲线的简单加总。

其次，微观经济学中的市场需求曲线以纵轴表示单个商品的价格，以横轴表示该商品的产量，并假定其他商品价格及消费者的总收入保持不变。而在宏观经济学的总需求曲线上，一般价格水平沿纵轴变化，总产量和总收入沿 AD 曲线变化。与此相反，在微观经济学的需求曲线里，收入和产量是保持不变的。

最后，微观经济学的需求曲线斜率为负，是由于消费者用其他商品来替代所讨论的商品。例如，汽油价格上升导致对汽油需求量的下降，这是消费者用自行车或乘坐公共汽车替代乘坐私人汽车的结果。也就是说，人们可以用相对便宜的商品来替代已变得较为昂贵的商品。但是宏观经济学总需求曲线向右下方倾斜的原因则完全不同：当总体价格水平上升时，总支出数量的下降主要是因为固定不变的货币供应量必须通过提高利率、紧缩信贷和降低总支出等手段在货币需求者之间进行分配。总的来说，宏观经济学与微观经济学中需求曲线的不同之处在于：宏观需求曲线描绘的是整个经济的价格和产量的变化，而微观需求曲线分析单个商品的表现。宏观总需求曲线向右下方倾斜主要是因为货币供给效应，而微观市场需求曲线向右下方倾斜主要是消费者用其他商品替代涨价商品的结果。

14.1.3 总需求曲线的移动

总需求曲线表明的是在其他条件不变的情况下，价格变化对总需求的影响。当其他条件发生变动时，总需求曲线就会发生移动，具体如图 14-2 所示。

在图 14-2 中，总需求增加使总需求曲线由 AD_0 移动到 AD_1，总需求减少使总需求曲线由 AD_0 移动到 AD_2。总需求的变动体现为总需求曲线的平行移动。

AD 曲线的平行移动意味着在每一价格水平总支出都会发生变化，任何除了价格水平之外引起总需求组成部分的改变都会导致 AD 曲线的平行移动。其影响因素主要如下。

1. 汇率

各国的货币是通过汇率相互联系在一起的。当某一个国家的货币价格相对于其他货币价值下降时，其商品和国外商品相比就具有更强的竞争力。外国对本国的商品需求上升，随着人们更多地把支出用于购买本国商品，国内对外国商品的需求下降。这两种效应都增加了净

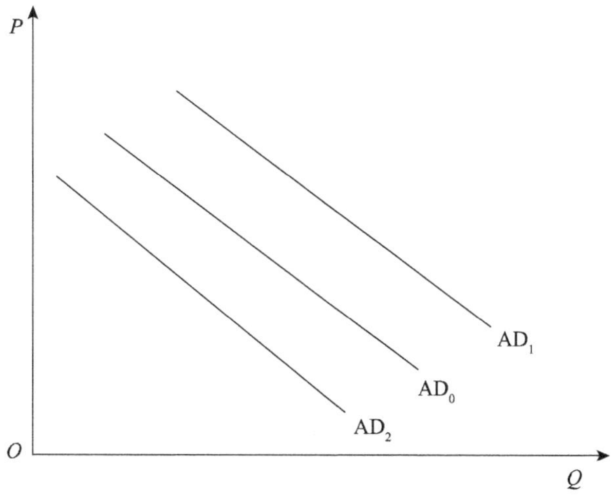

图 14-2　总需求曲线的移动

出口，使 AD 曲线向右平行移动。同样的道理，当某国的货币价值上升时，AD 曲线将向相反方向平行移动。

2. 预期

多种不同的预期都能使 AD 曲线发生移动。当消费者预期经济形势良好时，对未来储蓄的担心将减少，当前的支出将增加，AD 曲线将向右平行移动。反之，消费者预期经济表现不佳时，他们可能为未来而储蓄，并减少消费支出，AD 曲线向左平行移动。

另一种主要的预期类型是对未来价格的预期。如果预期未来的商品价格会上升，消费者现在购买未来可能需要的商品就比较理性。目前的价格水平保持不变，但在此价格水平上的总需求量上升，说明 AD 曲线向右平行移动。

3. 收入分配

总需求也会随着收入分配中工资与利润的变化而变化。工人获得的是工资收入，他们通常会消费掉其收入，而富有的人会把较大比例的收入留作未来之用；企业的利润分配给股东，或者留为企业自用。假定不是所有的储蓄都转换成投资，随着实际工资减少而总收入不变，消费支出可能减少，总需求会向左平行移动。反之，如果实际工资增加，总需求可能向右平行移动。

4. 宏观政策

政府的宏观经济政策是影响总需求的一个非常重要的因素。政府宏观经济政策大致可以分为扩张性政策和紧缩性政策两类。从财政政策来看，增加政府购买、降低税收等能够增加总需求的财政政策被称作扩张性财政政策；而减少政府支出、提高税收等能够抑制总需求的政策被称作紧缩性财政政策。从货币政策来看，凡是能够增加货币供应量从而刺激总需求的货币政策，都被称作扩张性货币政策。反之，凡是能够减少货币供给量从而抑制总需求的政策，都被称作紧缩性货币政策。

例如，政府在不增加税收的条件下进行大量的消费支出，会使 AD 曲线向右平行移动；如果政府在保持支出不变的情况下大幅度增加税收，则消费者的可支配收入减少，因而会减少支出，导致 AD 曲线向左平行移动。同样的道理，如果中央银行增加货币供给，则利率会下降，消费者和投资者都很容易获得借款，因此他们会增加支出，导致 AD 曲线向右平行移动。

14.2 总供给曲线

14.2.1 总供给及其函数

总供给（aggregate supply，AS）一般是指在一定时期内，在一定价格水平条件下的全社会的总产出或总产量。总供给实际上是全社会利用各种资源生产和提供的产品与劳务的总和。社会总供给不仅受到价格水平的影响，还受到劳动、资本和技术水平的影响。

总供给函数表示总产量和一般价格水平之间的关系。如果我们用纵轴表示价格水平，横轴表示总产量，总供给函数的几何表示则为总供给曲线（简称 AS 曲线）。总供给曲线表示一般价格水平与总产量之间的关系，它反映了在每个给定的价格水平上厂商愿意提供的产品和劳务的总和。西方学者认为，价格水平的变动会影响实际工资，实际工资的变动又影响劳动市场的供求，市场供求决定了实际的就业量，最后就业量的变化影响总产量。也就是说，对于总供给，大多数西方学者都同意存在总供给曲线的说法，但是对于总供给曲线的形状说法不一。

14.2.2 总供给曲线的含义

在宏观经济学中，总供给曲线也与生产函数有关。此时的生产函数被称为总生产函数或宏观生产函数，它表示的是总投入和总产出之间的关系，是指整个国民经济的生产函数，即一个社会在既定的技术水平下进行生产所使用的各种要素总量和总产出之间的关系。

一般用 Y 表示总供给，即国民收入，用 K 表示总资本存量，用 N 表示生产中投入的劳动力数量。那么，既定技术水平下的总生产函数可以表示为

$$Y = f(N, K) \tag{14-1}$$

1. 宏观生产函数

宏观生产函数通常被分为短期生产函数和长期生产函数两种。在短期宏观生产函数中，由于资本存量和技术水平在短期内变化不大，所以通常将资本和技术视为不变的常数。用 K_0 表示不变的资本存量，把它代入式（14-1）中，有

$$Y = f(N, K_0) \tag{14-2}$$

式（14-2）表示短期宏观生产函数式。在一定的技术水平和资本存量条件下，经济社会生产的产出取决于就业量 N，即总产量是经济中就业量的函数，随着就业量的变化而变化。

宏观经济学认为，短期宏观生产函数中总产出随总就业量的变动而变动，但是由于技术一定和资本为常数的假设条件，受到边际报酬递减规律的作用，短期宏观生产函数式（14-2）可以用图 14-3 表示。

在图 14-3 中，横轴 N 表示就业量，且随着劳动投入数量增加，每额外增加一单位劳动投入所带来的产量增量将减少，即 $\Delta Y_a > \Delta Y_b > \Delta Y_c$。随着就业量增加，总产量的斜率变得越来越小。

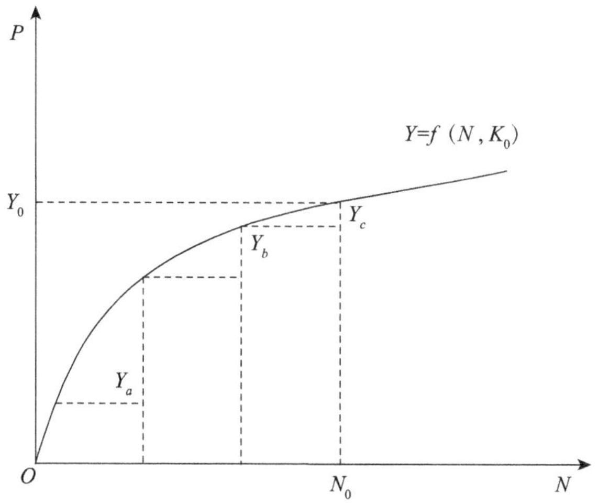

图 14-3　总生产函数

长期宏观生产函数与短期宏观生产函数的不同之处在于：在长期生产函数中，包括生产函数中的三个主要自变量在内的一切自变量都可以改变。首先，技术水平可以有很大进步，存在足够的改善技术的时间；其次，人口的增长能够影响充分就业的劳动者的数量；最后，资本的存量也会随着积累的增加而发生很大的变化。

就短期和中期而言，宏观经济学的总供给曲线涉及因素主要为货币工资（W）和价格水平（P）调整所需要的时间的长短。调整所需要的时间在极端的事例中可能很长或很短；而在一般的情况下，调整的时间被认为是介于很长和很短之间。我们把这种介于二者之间的情况称为“中期”或“中期时间”。但是要注意的是，“中期”或“中期时间”所研究的仍然是人口、技术水平、资本存量等要素保持不变的情况，只是认为这个阶段处于充分就业状态，或者说，总产出是达到充分就业的产出水平、潜在的产出水平或自然水平。

2. *劳动市场均衡*

宏观经济学中，总供给理论特别是劳动市场理论是一个争议较多的领域。为解释经济中的就业水平是如何决定的，下面仅对完全竞争的劳动力市场加以说明。

如果劳动力市场是竞争性的，而企业只能接受既定的市场工资和其产品的价格，则企业将会选择一个就业水平，使劳动的边际产品价值以实现其利润最大化。这里实际工资等于货币工资 W 除以价格水平 P，即 $\frac{W}{P}$。如果企业的就业低于这一水平，则劳动的边际产品就将超过实际工资，因而存在增加利润的机会。企业可以以工资 W 雇用一个工人，该工人按劳动力的边际产品所给定的量生产更多的产品。企业将这些产品以价格 P 销售，便可以从中获利。企业将不断利用这一机会，直到增加的工人的边际产品降低到与实际工资相等时。图 14-4 显示了利润最大化的就业量。

由于劳动的边际产品随劳动的投入增加而降低，所以劳动的需求函数是实际工资的减函数。如果用 N_d 表示劳动需求量，则劳动的需求函数就可以表示为

$$N_d = N_d\left(\frac{W}{P}\right)$$

式中，$\frac{W}{P}$为实际工资；N_d与$\frac{W}{P}$呈反方向变动关系。实际工资较低时，劳动力的需求量加大；反之，劳动的需求量较小，即两者之间呈负相关的关系。因此，劳动力的需求函数的几何表示（即劳动力的需求曲线）可以表示为图 14-5 中的形状。

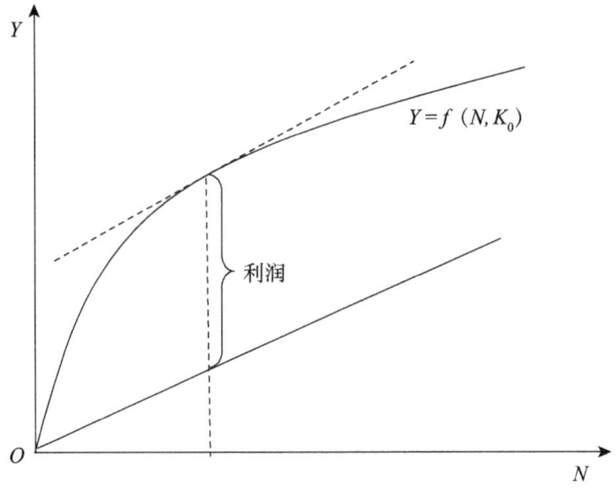

图 14-4　利润最大化的就业量

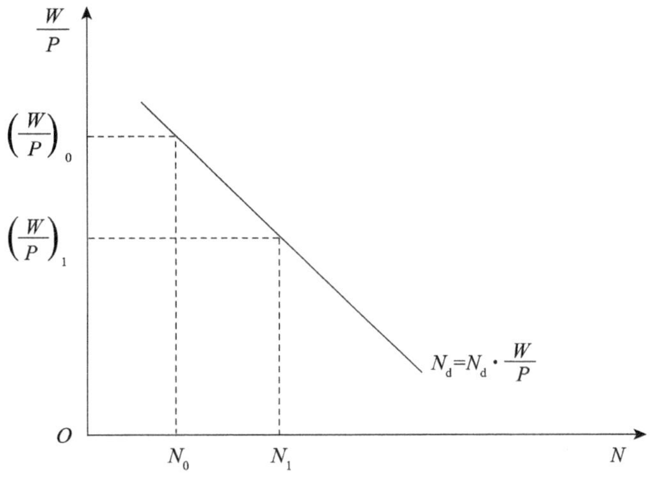

图 14-5　劳动力需求曲线

从图 14-5 中可知，当实际工资为$\left(\frac{W}{P}\right)_0$时，劳动力的需求量为 N_0，当实际工资从$\left(\frac{W}{P}\right)_0$降到$\left(\frac{W}{P}\right)_1$时，劳动力的需求量就由 N_0 上升到 N_1。

总量意义上的劳动力供给同劳动力的需求相类似，都是实际工资的函数；但不同的是，劳动力的供给是实际工资的增函数。劳动供给函数可表示为

$$N_s = N_s\left(\frac{W}{P}\right)$$

式中，N_s为劳动力供给总量。劳动力的实际工资低时，劳动力的供给少；实际工资高时，劳

动力的供给大。劳动力供给曲线如图 14-6 所示。

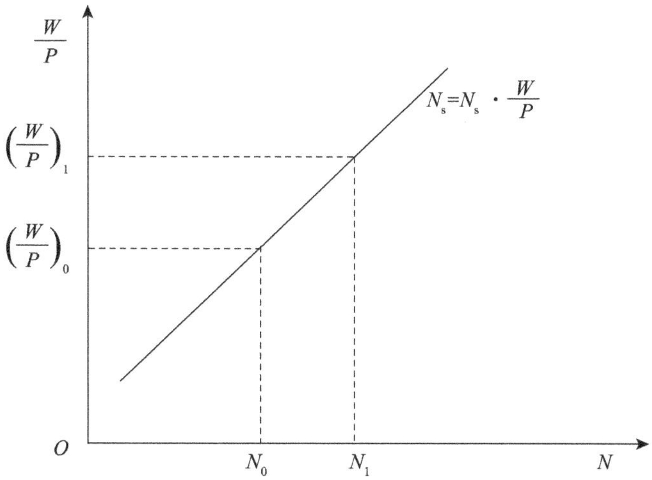

图 14-6　劳动力供给曲线

由图 14-6 可知，当实际工资为 $\left(\frac{W}{P}\right)_0$ 时，劳动力的供给量为 N_0，当实际工资从 $\left(\frac{W}{P}\right)_0$ 提高到 $\left(\frac{W}{P}\right)_1$ 时，劳动力的供给量就由 N_0 上升到 N_1。

如果工资和价格都是可以调整的，那么实际工资 $\frac{W}{P}$ 也就是可以调整的。劳动力市场的均衡就由劳动力的需求曲线和劳动力的供给曲线的交点来决定，具体如图 14-7 所示。

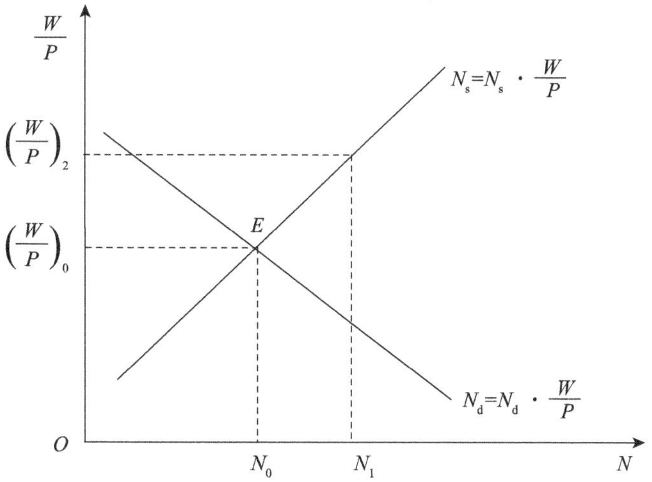

图 14-7　劳动力市场均衡

在实际工资为 $\left(\frac{W}{P}\right)_0$ 的水平下，企业所选择的劳动力数量恰好等于社会所提供的劳动力数量，此时就业水平为 N_0。如果实际工资太高，如图 14-7 中的 $\left(\frac{W}{P}\right)_2$ ，则劳动力的供给量为

N_2，而劳动力的需求量为 N_1，这说明劳动力供过于求，表明经济社会不能提供足够的就业岗位。如果此时的价格和工资具有完全的弹性，则实际工资会降低，从而增加企业的劳动力的需求，抑制劳动力的供给。随着实际工资的不断调整，劳动力的供求数量也不断进行调整，直到劳动力市场达到供求相等的均衡状态。总之，在价格和工资具有完全的弹性的情况下，完全竞争市场中的劳动力市场均衡条件为

$$N_s \cdot \frac{W}{P} = N_d \cdot \frac{W}{P}$$

14.2.3 总供给曲线的分类

按照货币工资（W）和价格水平（P）进行调整所要求的时间的长短，宏观经济学将总产出与价格水平之间的关系分为三种，即古典总供给曲线、凯恩斯总供给曲线和常规总供给曲线。

1. 古典总供给曲线

在长期，价格和货币工资具有伸缩性，经济社会的就业水平处在充分就业的状态上。在不同的价格水平下，当劳动力市场存在超额劳动供给时，货币工资就会下降，价格水平也会上升；当劳动力市场存在超额劳动需求时，货币工资就会提高，价格水平也会下降。这些变化最后会使实际工资调整到使劳动市场达到均衡的水平。也就是说，在长期中，经济社会的就业水平或产量并不随着价格水平的变化而变动，而始终处在充分就业的状态上。因此，古典学派认为，总供给曲线是一条位于经济的潜在产量或充分就业水平上的垂直线。图 14-8 中的垂直线即为古典总供给曲线。

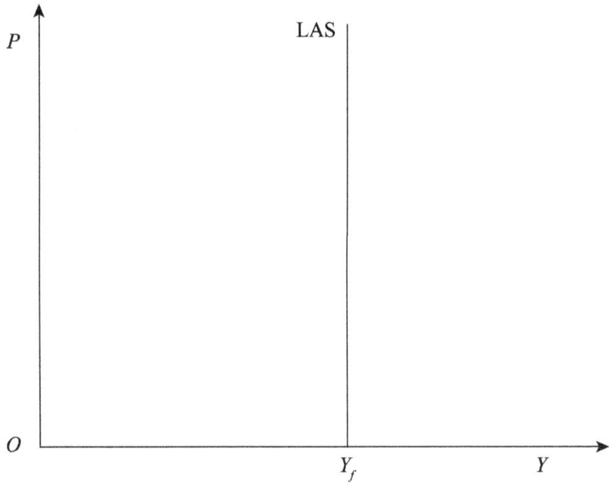

图 14-8 古典总供给曲线

古典总供给曲线之所以是垂直线，一般有两个理由。第一，古典学派假设货币工资（W）和价格水平（P）可以迅速或立即自行调节，使实际工资 $\frac{W}{P}$ 总是处于充分就业所应有的水平，从而，产量或国民收入也总是处于充分就业的水平，不受价格的影响。根据这一理由，古典总供给曲线并不意味着时期的长短。换言之，只要存在 W 和 P 迅速或立即调整的假设，古典

总供给曲线就是一个短期总供给曲线。第二，古典学派一般研究经济事物的长期状态，而在长期中，即使不使用 W 和 P 能够迅速或立即调整的假设，货币工资和价格水平被认为是具有充分的时间来进行调整的，这使实际工资 $\frac{W}{P}$ 处于充分就业应有的水平，从而总供给曲线也是一条垂直线。因此，古典总供给曲线又代表长期总供给曲线（long-run aggregate supply，LAS）。

长期总供给曲线隐含了三层含义：①长期总供给量与价格水平的变化无关；②无论经济出现什么干扰，只要调整的时间足够长，产量一定会恢复到充分就业产量；③该经济在长期内不可能出现失业，或一定会出现充分就业，或处于自然失业状态。

为什么短期总供给曲线是一条向右上方倾斜的曲线，而长期总供给曲线是一条垂直线呢？解释这一令人迷惑的现象的关键在于理解现代市场经济中工资和价格的决定方式。在短期内，企业成本中的某些要素是无弹性的，或者说是有黏性的，最典型的例子就是工资。由于种种原因，当经济环境发生变化时，工资的调整很缓慢。以美国参加工会的工人为例，他们的工资通常是按照长期劳资合同来支付的，而该合同早已以美元规定了工资率。在劳资协议有效期内，企业所面对的以货币数量表示的工资率在很大程度上是固定的，甚至对非工会成员的工人来说，一年之内调薪一次以上的情况实属罕见。而货币工资或薪水实际上被削减就更不寻常，除非此时这家企业确实面临破产的威胁。其他的价格和成本要素在短期内也具有类似的黏性。当企业租用一个仓库时，租用合同通常要长于一年，租金通常也是通过协议固定下来的。此外，企业通常还会与它们的供货商签订合同，以规定所要支付的原料和零部件的价格。有些价格，特别是像供电、供水及电信服务的价格，则是由政府确定的。将所有这些情况放在一起，我们就可以发现，在现代市场经济中，短期内工资和价格的黏性是如何形成的。

在长期中，无弹性的或黏性的成本要素（工资合同、租赁协议、供货合同、受管制的价格）最终都会变为有弹性或可协商的，企业不可能永远因劳资协议固定工资率获得好处，工会很快会发现价格水平已经上升，并坚持要求增加补偿性工资。最终，所有成本因需求增加而上升一定百分比后，货币工资、租金、受管制的价格及其他成本最终也会做出上浮相应百分比的反应。一旦成本上调幅度赶上价格水平上涨幅度，企业就不再能够因总需求的上升而增加盈利。长期中，在所有成本要素都做了充分调整之后，企业所面临的价格成本比率与需求变化之前是相同的。这时，将不存在任何刺激企业增加产量的因素。因此，我们说长期总供给曲线是垂直的。这意味着从长期看，供给的数量相对于价格和成本水平是独立的。

2. 凯恩斯总供给曲线

凯恩斯认为，劳动力市场是非完全竞争的，并且存在工资刚性。因而，劳动力市场不可能经常处于充分就业的状态，而是经常处于低于充分就业的状态，即当产量增加时，价格和货币工资均不会发生变化。因此，凯恩斯主义认为，总供给曲线是一条平行于横轴的水平线。这时的总供给曲线也被称为凯恩斯区域，这时整个社会资源出现大量闲置，生产能力利用不足，产量增加时，成本保持不变，价格也不发生变化，这是凯恩斯“有效需求”理论研究的关键，不需要考虑总供给对产出的限制。

图 14-9 中的 Y_f 表示充分就业条件下的产量水平或国民收入水平。P_0E_0 为水平线，表示产量小于 Y_f 的条件下，由于工资和价格水平都不变，从而在既定的价格 P_0 的情况下，经济社会能提供任何数量的国民收入 Y_0，即在达到充分就业前，经济社会可以按照既定的价格水

平提供任何数量的国民收入；在达到充分就业后，社会已经没有剩余的生产能力，因此不可能再生产出更多的产量。增加产量的需求不仅不会使产量增加，而且会引起物价水平的上升，如图 14-9 中的价格上升到 P_1，而产量仍为 Y_f。

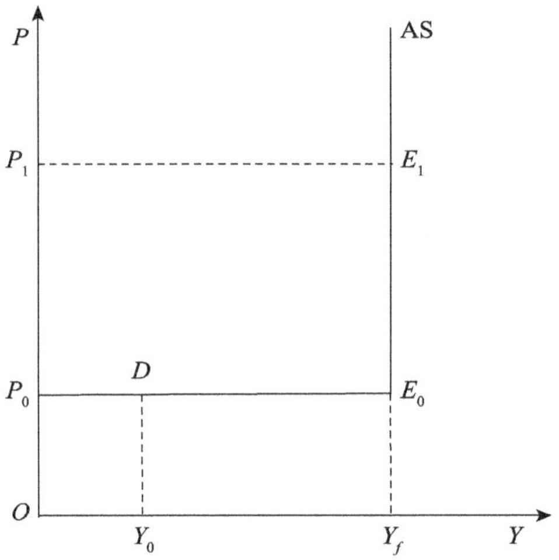

图 14-9　凯恩斯总供给曲线

凯恩斯总供给曲线出现水平状的主要原因在于，货币工资和价格水平均具有刚性。可想而知，工资刚性的假设只有在短期内是比较现实的。因此，凯恩斯总供给曲线又被称为短期总供给曲线。

3. 常规总供给曲线

实际上，古典总供给曲线和凯恩斯总供给曲线分别代表了总供给曲线的两种极端状态。古典总供给曲线因为长期中货币工资和价格水平能够立即进行调整的假设，而后者因为经济处于萧条的特殊情况而货币工资和价格水平完全不能进行调整的假设。西方经济学者认为，在通常情况下，总供给曲线并不是以上两个状态而是位于这两个极端之间，即总供给曲线是一条由左下方向右上方倾斜的曲线，具体如图 14-10 所示。在图 14-10 中，AA'、BB' 和 CC' 三条曲线分别代表古典总供给曲线、凯恩斯总供给曲线和常规总供给曲线。CC' 线越接近 BB' 线，W 和 P 被假设的调节速度越慢，一直到 CC' 和 BB' 相重合的凯恩斯极端，W 和 P 完全不能调节。此外，CC' 线越是接近 AA' 线，W 和 P 被假设的调节速度越快，一直到 CC' 和 AA' 相重合的古典主义极端。因此，CC' 曲线的斜率代表被假设的调节速度，表示从凯恩斯极端的 W 和 P 的完全不能进行调节到古典极端的能立即进行调节。

图 14-10 中左下方的 C 点代表较为严重的萧条状态。由于这种状态存在大量的失业和限制的生产能力，所以当产量或国民收入（Y）增加时，价格会略有上升，但上升的速度不会太快，从而 CC' 线的斜率相对较小。由左方的点沿着 CC' 线向右方移动，产量和国民收入逐渐提高，随着经济的好转，P 的上升速度越来越快，从而 CC' 线的斜率逐渐变大，一直到达充分就业的 E 点。这时，由于充分就业并不意味着整个社会的全部资源充分利用和劳动能力的人口均已就业，所以仍然存在难以利用的资源和能力较差的劳动者。因此，在 E 点之后，如果产量还要增加，P 的上升会更快，从而 CC' 线的斜率越来越大。总之，在位于 E 点左方的 CE 线段，离开 E 点的距离越远，曲线的斜率越小；而在处于 E 点右方的 EC' 线段，离开 E 点的距离越大，曲线的斜率越大。

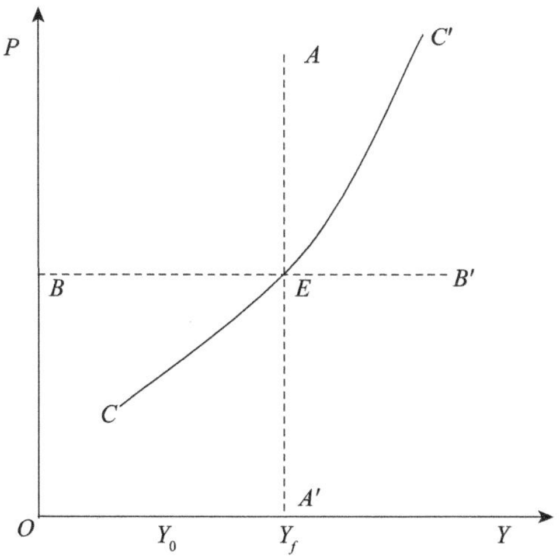

图 14-10　常规总供给曲线

综上所述，在整个经济社会总量生产函数给定的条件下，一个社会的总供给曲线具有图 14-11 所示的三种基本形式。

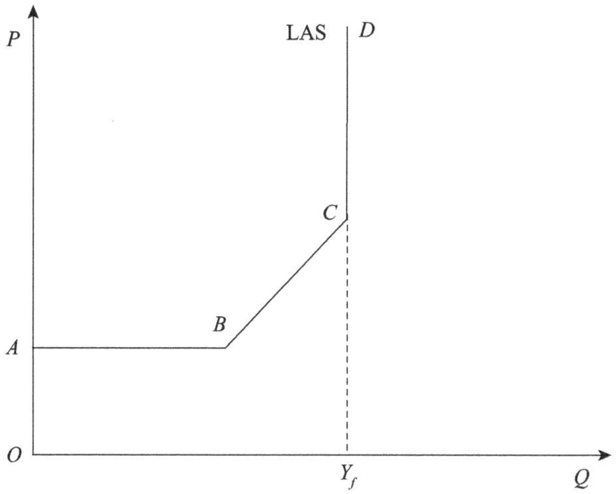

图 14-11　总供给曲线

在图 14-11 中，总供给曲线划分为三个部分。

第一部分为 $A \to B$，平行于横坐标，表明价格水平不变，总供给不断增加。这是因为市场没有实现充分就业，资源没有得到充分利用，在价格不变的情况下，供给可以增加。所以，这条水平的总供给曲线是未充分就业时的总供给曲线，也称为凯恩斯总供给曲线。凯恩斯总供给曲线的政策含义是：只要国民收入或产量处于未充分就业状态，政府就可以用扩大需求政策来实现充分就业，即价格不变，国民收入增加。

第二部分为 $B \to C$，它是一条向右上方倾斜的线，即中间区域，表示总供给和价格水平同方向变化。这是因为在充分就业前或资源接近充分利用的情况下，产量增加使生产要素价格上升、成本增加，最终使价格水平上升。这种情况是短期的，同时又是经常出现的。所以，这条总供给曲线被称为短期总供给曲线，或正常的总供给曲线。

第三部分为 $C \to D$ 以上，它是一条曲线，即垂直部分，称为古典区域，表明价格水平变化，总供给量不变。这是因为市场已实现充分就业或资源得到充分利用，总供给量已无法增加，这是一种长期趋势。所以，这条曲线被称为长期总供给曲线，同时这条曲线又被称为古典总供给曲线。因为古典学派认为，从长期看，货币工资和价格都具有伸缩性。在不同的价格水平下，当劳动供给增加时，实际工资会下降，价格水平会上升；反之，当劳动需求增加时，实际工资会提高，价格水平会下降。最终劳动市场实现均衡。所以，国民收入或就业水平不随价格变化而变化。

14.2.4 总供给曲线的移动

总供给曲线的位置移动具有客观必然性，这里最重要的是研究正常的供给曲线移动。当然，未充分就业时的总供给曲线和长期总供给曲线也分别有上下、左右移动的问题。总供给曲线向右下方移动，表明在一定的价格水平条件下，总供给量增加；总供给曲线向左上方移动，表明在一定的价格水平条件下，总供给量减少。

引起总供给曲线移动的原因有很多，主要有以下几个。

第一，自然的和人为的灾祸。总供给曲线发生剧烈的移动往往是源于自然的或人为的灾祸。地震或战争会极大地减少经济中资本的数量，导致产出数量减少，使总供给曲线左移。

第二，技术变动。技术的变化能使任一给定投入能够生产的产出数量得以提高，所以技术进步的影响是使总供给曲线向左移动。

第三，进口商品价格的变化。引起总供给曲线移动的更为可能的原因是进口商品价格的变化。厂商愿意生产的数量依赖于相对于生产必须支付的成本而言它们能够得到的价格。

第四，对风险的感知或承担风险意愿的变化。生产总是伴随着风险，当经济进入衰退期时，风险增加，厂商承担风险的意愿和能力也下降。由于这些风险，经济的不确定性的上升会使厂商更加谨慎。谨慎经营的一种方式就是削减产量和存货，即减少厂商在任一价格水平上愿意供给的数量，因此当经济进入衰退期时，厂商愿意供给的数量将会减少。

第五，工资率的变化。当工资率较低时，对于任一给定的价格水平，厂商愿意供给更多的产品，因而降低工资将使总供给曲线向右移动。

1. 长期总供给曲线的移动

长期总供给曲线的位置确定是非常重要的，或者说它的移动方向和移动距离是重要的。由于一个社会的长期总供给主要受到劳动力、资本存量、技术及制度等因素的影响，所以可以根据这些因素确定长期总供给曲线的位置。随着人口的增长、资本存量的增加、技术水平的提高，以及制度的变迁，潜在 GDP 增加，总供给必然增加，长期总供给曲线就会向右移动；反之，长期总供给曲线就会向左移动。

假定生产过程中采用了新技术，从而提高了整个社会的劳动生产率和社会总产出水平，总供给曲线向右移动（图 14-12）。从图 14-12 中可以看出，技术进步使长期总供给曲线由 LAS_0 向右移至 LAS_1，整个社会的潜在产出水平由 Y_{f_0} 提高至 Y_{f_1}。这种产量增长与物价水平的变动无关，属于自然增长。

2. 短期总供给曲线的移动

短期总供给曲线表明在其他因素不变的条件下，物价水平与产品的短期总供给量之间的关系。短期总供给曲线的移动主要有两种情况。

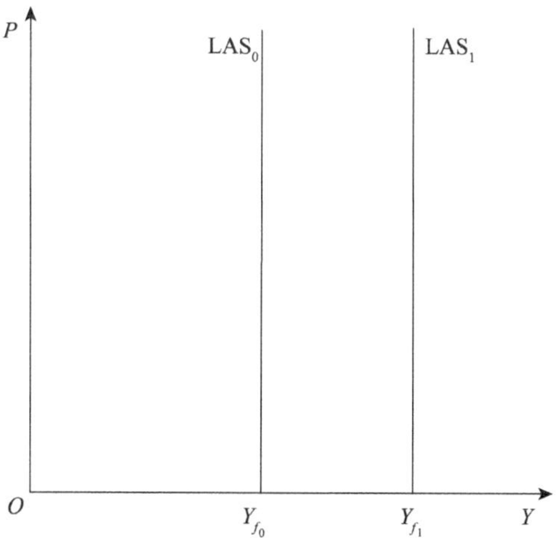

图 14-12　总供给曲线的移动

第一种情况是长期总供给曲线的移动引起相应的短期总供给曲线的移动。短期内短期总供给量和长期总供给量并不总是一致的，但在长期内两者必然相等，短期总供给要以长期总供给为基础。从图 14-13 中可以看出，长期总供给曲线由 LAS_0 向右移至 LAS_1 时，与长期总供给曲线对应的短期总供给曲线则从 SAS_0 平行右移至 SAS_1，代表潜在产量与现实产量一致的两条曲线的交点也由 A 向右平移至 B，表明在任一个价格水平下，由于潜在的社会总产量增加，企业所愿意提供的总产量也必然随之提高。

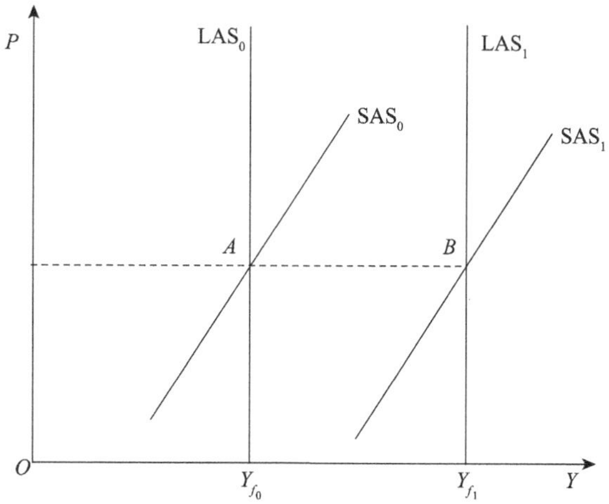

图 14-13　长期总供给曲线与短期总供给曲线的移动

第二种情况则是在长期总供给不变的情况下，短期总供给曲线本身的移动。使短期总供给曲线移动的因素也就是影响生产成本的因素，或者说主要是工资和原材料价格等因素。工资水平上涨会带动成本上升从而导致短期总供给减少，而工资水平下降则会造成短期总供给增加。另外，原材料价格的变动具有重要意义，在经济学中被称为供给冲击，它也会造成总供给曲线的移动。供给冲击既有降低生产成本的正向冲击，也有增加生产成本的负向冲击。负向的供给冲击，如世界原油价格的上涨，会增加生产成本，使总供给曲线左移（图 14-14）。正向的供给冲击，如特别好的天气，会带来大丰收，降低食品的成本，从而降低生产成本，使总供给曲线右移。

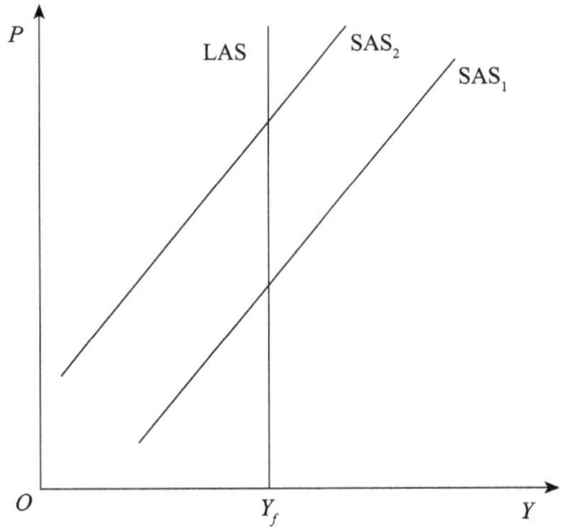

图 14-14 短期冲击对短期总供给曲线的影响

但是，短期内生产成本的上升并不会造成一个社会人口和资本存量的变化，也不会改变当前的技术状况，更不会导致当前的制度变迁，因此长期总供给曲线并不会发生变化。这在图中反映为短期总供给曲线沿着同一条长期总供给曲线左移，表明在短期总供给减少的过程中，社会的潜在 GDP 水平保持不变。

14.3 总需求和总供给的均衡

14.3.1 总需求和总供给模型的含义

总需求曲线表示的是商品市场和货币市场同时达到均衡时价格水平与收入水平之间的关系；总供给曲线表示的是劳动力市场达到均衡时价格水平和收入水平之间的关系。把总需求曲线和总供给曲线放在一个坐标图上，用以解释国民收入和价格水平的决定，这就是总需求—总供给模型（图 14-15）。

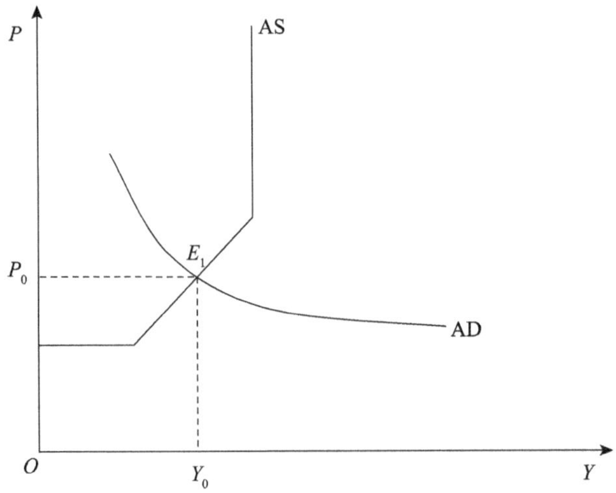

图 14-15 总需求—总供给模型

总需求和总供给模型旨在说明均衡的国民收入与价格水平是如何决定的。总需求曲线与总供给曲线的相交点决定了均衡国民收入与均衡的价格水平，此时，总供给与总需求相等，实现了宏观经济的均衡。

在图 14-15 中，横轴表示国民收入，纵轴表示价格，AD 代表总需求曲线，AS 代表总供给曲线，总需求曲线 AD 与总供给曲线 AS 相交于 E 点，这时决定了均衡的国民收入水平为 Y_0，均衡的价格水平为 P_0。

14.3.2　凯恩斯主义总供求模型

在凯恩斯的模型中，总需求曲线也是一条向右下方倾斜的曲线。从形式上看，凯恩斯的总需求曲线与古典的总需求曲线没有什么区别，但是两者的内容却是不同的。古典的总需求曲线是以货币数量论为基础的，而凯恩斯的总需求曲线不仅取决于货币数量，而且取决于消费与投资。即使在取决于货币数量方面，二者也不同。古典的货币数量论只是满足货币交易需求的数量，而凯恩斯的货币数量除了要满足货币交易需求的数量外，还要满足货币投机需求数量。

在凯恩斯主义的总供给曲线中，无论总需求增加使国民收入增加，还是总需求减少使国民收入减少，价格水平都不变，即总需求的变动只会引起国民收入的同方向变动，而不会引起价格水平的变动，这种情况可以用图 14-16 来说明。

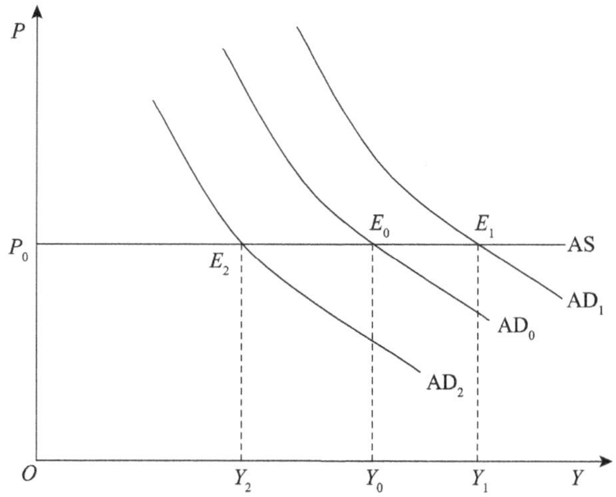

图 14-16　总供给不变的总需求—总供给变动

该类总供求模型也叫做萧条模型。在图 14-16 中，AS 为凯恩斯主义的总供给曲线，AS 与 AD_0 相交与 E_0，决定了国民收入为 Y_0，价格水平为 P_0。当总需求曲线由 AD_0 移动到 AD_1 时，AD_1 与 AS 相交于 E_1，决定了国民收入为 Y_1，价格水平仍为 P_0，表明总需求增加使国民收入由 Y_0 增加到 Y_1，而价格水平不变。相反，如果总需求减少，总需求曲线由 AD_0 移动到 AD_2，AD_2 与 AS 相交于 E_2，决定了国民收入为 Y_2，价格水平仍为 P_0，表明了总需求减少使国民收入由 Y_0 减少到 Y_2，而价格水平不变。

总需求增加而价格不变的原因是：总供给曲线 AS 的水平段只是在产量水平低于充分就业时才存在。在低于充分就业状态下，存在大量的非自愿失业，增加产量不会引起货币工资的提高，同时还存在大量的闲置设备，使增加产量可以不必增加固定成本，产品的边际成本较小，产量增加不会引起单位成本的增加，从而使价格水平固定不变。

凯恩斯的总需求—总供给模型表示，在达到充分就业之前，总需求的增加会引起产量增加但不影响价格变化，在达到充分就业之后，总需求的增加则只会使价格水平上升而不会改变总产量水平。

理性预期学派认为，凯恩斯主义经济理论在三个方面违反了微观经济学合乎理性人这一基本假设：①凯恩斯主义经济理论所考虑的预期是适应性预期，即不合乎理性的预期。这种完全以过去的经验来推断未来的预期的方法，只有在未来与过去的差别不大时，才能使全部推论成立。但实际上，用可能得到的关于未来变化的信息去研究未来的变化，所得到的预期只能是不合乎理性思维的预期。因此，以凯恩斯主义适应性预期理论为基础建立起来的经济模型不符合理性人的假设，是错误的。②凯恩斯经济理论体系对同一类型的人的行为有不同的解释。同一类型人的行为应该协调一致，而不应该相互矛盾，相互矛盾的人是非理性的。例如，在凯恩斯主义经济学中，消费函数中的人进行储蓄是为了将来进行消费，重点在于将来；而劳动供给函数中的人则只在当期收入与闲暇之间进行选择，重点在于现在。这两种行为存在相互矛盾的地方，是不符合理性人这一经济学基本假设的。③凯恩斯主义经济理论将总量的变化作为判别政策优劣的标准，这实际上否定了微观经济学中保证社会成员福利最大化的基本要求。

14.3.3 短期总供求模型

在短期总供给曲线中，总需求的增加会使国民收入增加，价格水平也会上升；总需求的减少会使国民收入减少，价格水平也会下降，即总需求的变动会引起国民收入与价格水平的同方向变动。这种情况可以用图 14-17 来说明。

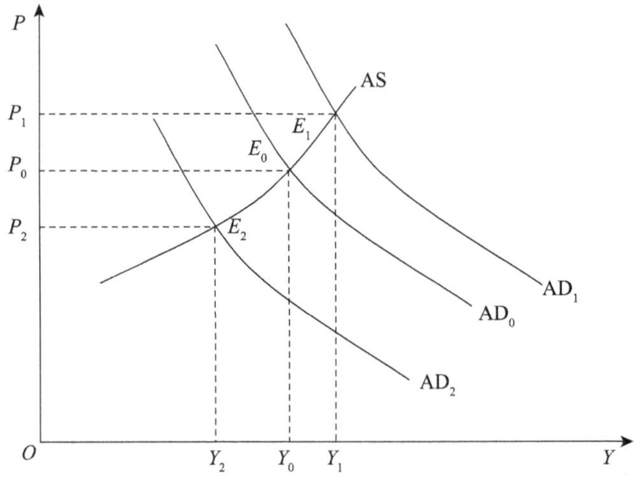

图 14-17 短期总供求变动

在图 14-17 中，AS 为短期总供给曲线，AS 与 AD_0 相交于 E_0，决定了国民收入为 Y_0，价格水平为 P_0。当总需求增加时，总需求曲线由 AD_0 移动到 AD_1，AD_1 与 AS 相交于 E_1，决定了国民收入为 Y_1，价格水平为 P_1，表明总需求增加使国民收入由 Y_0 增加到 Y_1，使价格水平

由 P_0 上升为 P_1。当总需求减少时，总需求曲线由 AD_0 移动到 AD_2，AD_2 与 AS 相交于 E_2，决定了国民收入为 Y_2，价格水平为 P_2，表明总需求减少使国民收入由 Y_0 减少到 Y_2，使价格水平由 P_0 下降为 P_2。

14.3.4　长期总供求模型

在长期的总供给曲线中，总需求的增加只会引起价格水平上升，总需求的减少也只会引起价格水平下降，即总需求的变动会引起价格水平的同方向变动，而不会引起国民收入的变动。这类模型又可以看做相对稳定的长期总供求模型，或者充分就业的总供求模型。该模型的主要特征是总供给曲线呈垂直形状，其斜率值为 1。这类模型的适用条件是，经济处在充分就业的状态，经济的产出不可能再增加。这种情况可以用图 14-18 来说明。

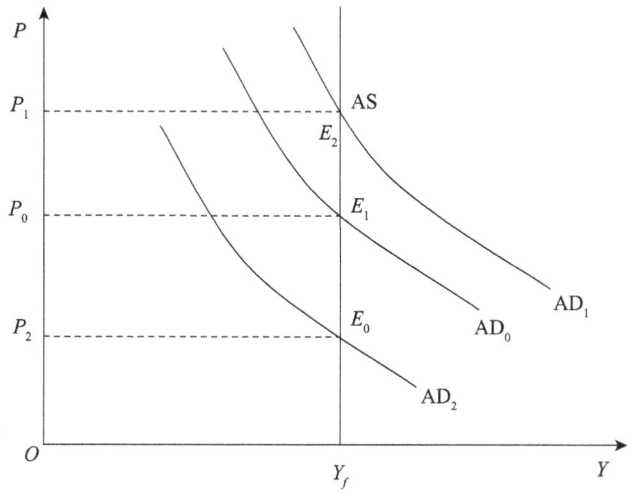

图 14-18　长期总供求变动

在图 14-18 中，AS 为长期总供给曲线，AS 与 AD_0 相交于 E_0，决定了充分就业的国民收入水平为 Y_f，价格水平为 P_0。当总需求增加时，总需求曲线由 AD_0 移动到 AD_1，AD_1 与 AS 相交于 E_1，决定了国民收入仍为 Y_f，价格水平为 P_1，表明总需求增加使价格水平由 P_0 上升为 P_1，而国民收入仍为 Y_f；当总需求减少时，总需求曲线由 AD_0 移动到 AD_2，AD_2 与 AS 相交于 E_2，决定了国民收入仍为 Y_f，价格水平为 P_2，表明总需求减少使价格水平由 P_0 下降为 P_2，而国民收入仍为 Y_f。

凯恩斯总供给曲线之所以呈水平形状，主要原因在于货币工资和价格水平均具有刚性的特征，而工资刚性的假设在短期内还是比较符合现实的，因此，凯恩斯总供给曲线又称为短期总供给曲线。

本章小结和复习思考题

第 15 章

宏观经济政策实践及分析

知识学习目标

1. 掌握宏观经济政策的概念。
2. 掌握财政政策的运行原理及财政政策的效果。
3. 掌握货币政策工具及其应用的条件。
4. 掌握货币创造乘数发挥作用的原理和限制条件。
5. 掌握货币政策效果的影响因素。

能力训练目标

具有分析现实经济形势的能力，能够判断当前宏观经济政策实施的依据。

西方经济政策可以区分为两种类型。一种类型是计划类型，即通过行政命令手段予以执行。例如，对公用事业产品的定价、对企业兼并政策的制定及实施、对金融机构的管理等都属于这种类型。另一种类型是市场调控类型，即对市场机制进行干预并通过该机制的作用来实现政策目标。要想严格按照上述两种类型来划分西方的各个经济政策是比较困难的，因为一般来说，各个具体政策往往不能完全脱离行政命令手段或市场机制的作用，其差别缘于使用程度的不同。宏观经济学基本原理不仅分析了均衡国民收入量的决定，而且为政府干预经济活动提供了理论基础。宏观经济学不仅要说明政府为什么要干预经济活动，而且要说明政府应该如何干预经济。本章着重讨论政府将如何干预经济，即宏观经济政策。

15.1　宏观经济政策的目标与内容

15.1.1　宏观经济政策的目标

西方经济学者认为，宏观经济政策是国家或政府为了增进社会经济福利而制定的解决经济问题的指导原则和措施，是政府为了实现一定的经济目标而对经济事务所做出的官方干预。

西方经济学中常见的宏观经济政策目标包括充分就业、物价稳定、经济增长和国际收支平衡四大方面。

1. 充分就业

通俗地说，充分就业是指一切生产要素（包括劳动）都有机会以自己意愿的报酬参与生产的状态。但是充分就业不是字面上的达到完全的就业，也就是我们所说的百分之百的就业，因为在实际的情况中还有一些特殊的情况，我们把这样的情况总结为两点，即摩擦性失业（短期内劳动供给失调难以避免而造成的失业）和自愿性失业（工人不愿意接受现行的工资水平而造成的失业）。当消除了非自愿性失业（劳动者愿意接受现行的工资条件和工作条件，但仍然找不到工作），我们才有理由认为达到了充分就业。

较高的失业率不但会造成社会资源的大量浪费，还会使整个社会处于危机之中，所以把充分就业作为宏观经济政策的目标之一对整个国家都是有益的。在 1929~1933 年资本主义世界的经济危机中，由于市场不能自发地保证充分就业，为了摆脱危机，西方国家普遍实行了国家干预经济政策，并把充分就业摆在了首位。第二次世界大战后，各国开始重视高就业，因为高就业意味着社会资源的充分利用，意味着高产出和高投入，也体现了一个国家的稳定发展。

充分就业是针对所有能够被利用的资源得到有效利用来进行说明的，但是实际上，对资源的充分使用却是不好界定的，所以现在我们以劳动力的就业程度为基准，即依靠失业率指标来衡量劳动力的就业程度。失业率是社会失业人数与愿意就业的劳动力人数之比。由于各国的社会经济情况不同，民族文化和传统习惯存在差异，所以各国可接受的失业程度也是不同的。从各国实际的执行情况来看，它们对自然失业率的标准是灵活掌握的。在美国，大多数经济学家认为，失业率在 5%左右就是充分就业。有的经济学家认为，3%的失业率是充分就业。也有的认为，失业率长期维持在 4%~5%即是充分就业。因此，究竟失业率为多少才是充分就业，只能根据不同的经济发展状况来判断。制定一个准确的指标来作为合理的失业水平是很难做到的。

2. 物价稳定

物价稳定通常是指商品价格总水平在短期内不发生显著的浮动。若在某一时期平均的价格是相对不变的，这并不意味着个别商品的价格是稳定的。在动态经济中，整个价格的稳定是与个别市场的价格变动相一致。在实际生活中，整个社会物价稳定的同时，会出现某种商品价格可能上涨或下跌的情形。因为当社会对某种商品的需求增加时，价格就会上涨，这促使这种商品生产增加，以满足对商品需求的增加，价格机制自动发挥作用。这种价格变动往往会促使全社会资源得以有效地分配，提高整个社会的经济效益。

由于通货膨胀对经济有不良的影响，所以物价稳定是国家宏观经济政策的重要目标之一。在市场经济条件下，由于各种经济因素和非经济因素的影响，物价不可能是一成不变的，物价稳定也不是指每种商品的价格固定不变，而是指物价指数相对稳定，经济保持低而稳定的通货膨胀率。货币政策的目标就是把物价水平控制在一定的幅度内，把物价控制在经济增长所能容忍的限度内。但是对这个限度的确认学术界也是存在很大争议的，根据国际经验，一般认为，把通货膨胀率控制在 2%~3%，我们就可以认定是稳定的状态了。

3. 经济增长

经济增长是指一个特定时期内经济社会所生产的人均产量和人均收入的持续增长，衡量经济增长最常用的方法是，以剔除价格因素后的国民生产总值增长率来衡量一国的经济增长状况。经济增长的目的是增强国家实力、提高人民生活水平。经济增长常常带来一些社会问题，如环境污染、生态平衡的破坏，污染环境带来的经济增长，不能算是真正的经济增长。同时价格上涨常常会引起 GNP 的增加，这也并不表示经济增长。

经济增长作为货币政策的目标之一，是在 20 世纪 50 年代提出的。当时西欧、日本经济相继得到恢复和不断的发展，其中一些国家的经济发展远远超过了美国，美国的经济力量在资本主义世界中的比重逐步降低，所以追求高速的经济发展成为世界关注的焦点之一。

4. 国际收支平衡

随着国际经济交往的增多，平衡国际收支也成为一国宏观经济政策的重要目标之一。国际收支对现代开放性经济国家至关重要，所以我们先从国际收支的概念讲起。国际收支的概念是从广义和狭义两方面来说的，狭义的国际收支概念是指国家的外汇收入。第二次世界大战之后，由于国际经济发展的需要，为了如实反映国际经济交易，国际收支有了新的变化，现在世界上使用较为广泛的是广义的国际收支概念，它是指一个国家在一定时期内与其他国家间的全部国际经济交易，是一个国家在一定时期内政治、经济与文化交往所产生的全部经济交易的系统记录。

一国国际收支会出现三种情况：①国际收支逆差；②国际收支顺差；③国际收支平衡。真正达到国际收支差额为零是很难办到的，短期的逆差和顺差是常有的事。在一定条件下，逆差不一定是坏事，它意味着一国得到了所需要的外国商品和服务，得到了必要的援助，有利于吸收国内市场偏多的货币，增加商品供应。而所有国家的国际收支都保持顺差是不可能的，这意味着经济关系无法维持下去。因此，各国中央银行货币政策中国际收支平衡的目标，就是要努力实现一个国家对外经济往来中的全部货币收入和货币支出大体平衡或略有顺差、略有逆差。

平衡国际收支是货币政策的最后一个目标，它是在 20 世纪 70 年代被提出的。当时日本、联邦德国等国经济迅速增长，使它们国际竞争能力不断提高，美国的国际贸易出现了大量的逆差，国际收支状况恶化，大量美元流出，从而降低了世界各国对美国的信心，1960 年 10 月，出现了第一次美元危机，美国为了维护以美元为中心的国际货币体系，保持美元的霸主地位，提出了改善国际收支状况的政策目标，从而使国际收支平衡成为政策目标之一。

15.1.2 宏观经济政策目标之间的关系

在实际经济活动中，上述经济政策目标并不总是一致的，它们之间存在各种各样的矛盾。除了充分就业与经济增长之间一般是正相关的外，其他目标之间多表现的是冲突的一面。

1. 物价稳定与充分就业之间的矛盾

一般而言，存在较高失业率的国家，其中央银行有可能通过增加货币供给量、扩大信用限制等途径来刺激社会总需求，用来减少失业或实现充分就业。但是这样做往往在一定程度上导致一般物价水平上涨，有可能加剧通货膨胀。稳定物价与充分就业是一对矛盾，要实现充分就业目标，必然要牺牲若干程度的物价稳定；要维持物价稳定，又必须以提高若干程度的失业率为代价。通过菲利普斯曲线就可以形象地说明两者之间的关系。这是因为充分就业时货币工资增长快，而货币工资增长快引起工资成本的通货膨胀，在实际操作中，要维护充分就业就要采取扩张型的货币政策和财政政策，而这种扩张政策必然引起通货膨胀。

2. 物价稳定与经济增长之间的矛盾

有的人认为，通货膨胀可作为经济增长的推动力；有的人认为，通货膨胀与经济增长是形影不离的；也有的人认为，除非保持物价稳定，否则不能实现持续的经济增长。从根本上讲，经济的增长和发展为保持物价稳定提供了物质基础，两者是统一的。但是在实际操作中，我们会发现这样一个问题，即稳定物价要求紧缩银根、压缩投资需求、控制货币供给量与信用额度。而要使经济有较高的增长速度，则要求增加投资，而充分就业也要求增加投资量以吸引更多的劳动力，可见二者之间存在矛盾。

3. 物价稳定与国际收支平衡之间的矛盾

在开放的经济条件下，一国的币值和国际收支都会受到其他国家宏观经济状况的影响。当一个国家处于通货膨胀时期时，国内的利率水平一般很高，这样外国资本就容易流入。一方面，它平衡了外汇市场的供求关系，而有利于保持外汇的稳定；另一方面，资本大量流入弥补了可能发生的贸易逆差，有利于维持国际收支的基本平衡。所以当通货膨胀发生时，对国际收支的平衡是有利的，但对物价稳定是不利的。

4. 经济增长与国际收支平衡之间的矛盾

经济迅速增长，就业增加，收入水平提高，导致进口商品的需要比出口贸易增长更快，促使国际收支状况恶化。要消除逆差，必须压缩国内需求，但紧缩的货币金融政策又会引致经济发展缓慢乃至衰退，失业增加；这时又采取扩张性货币政策，促进经济增长，但又会因为输入猛增，通货膨胀，国际收支出现逆差。

宏观经济政策的四大目标对于任何一个国家而言，是不可能同时达到的，因此一个国家在不同时期应该根据本国的国力和经济发展的能力分别制定不同的发展目标，这样就必须在政策目标之间进行选择。本国的选择只能有所侧重而无法兼顾，中央银行要根据本国的经济政治情况来对目标进行权衡，来达到目前自己所要达到的状态。

15.1.3　宏观经济政策的内容

宏观经济政策工具是用来实现政策目标的手段。在实现经济政策的工具中，常用的有需求管理政策、供给管理政策和国际经济政策。

1. 需求管理政策

一些经济学家认为经济波动的根源在于总需求的波动。总需求不足导致失业增加，经济萧条；总需求过多，导致物价上升，经济膨胀。需求管理政策就是要通过对总需求的调节，实现总需求等于总供给，达到既无失业又无通货膨胀、经济稳定增长的目标。需求管理政策包括财政政策和货币政策。

2. 供给管理政策

另一些经济学家相信萨伊定律，认为供给会创造出自己的需求。失业是由总供给不足引起的，而总供给不足的原因在于税率过高，挫伤了人们对储蓄、投资与工作的热情。只有降低税率，才能增加总供给，增加就业。供给管理政策是通过对总供给的调节，来达到上述政策目标的。供给管理包括控制税收政策、改善劳动力市场状况的人力政策，以及减轻政府对经济的管制、鼓励自由竞争等政策。

3. 国际经济政策

一国的宏观经济政策目标的实现不仅有赖于国内经济政策，而且受到国际经济环境的影响，所以需要采取相应的国际经济政策，以实现国际收支平衡。

15.2 财政政策及其效果

在20世纪30年代以前，西方国家一直奉行以亚当·斯密为代表的古典学派倡导的自由放任政策。而1929~1933年的世界性经济危机使宏观经济领域的市场失灵充分显露，凯恩斯革命应运而生。凯恩斯认为，20世纪30年代大危机中大批工人失业的原因在于有效需求不足，即投资需求加上消费需求的不足，政府应该采取赤字财政政策，用政府投资弥补私人投资的不足以消除非自愿失业。虽然凯恩斯以后又涌现出了众多的宏观经济学派，他们的观点也不断受到挑战，但是世界各国政府普遍对宏观经济进行积极的干预却是不争的事实，财政政策就是其中不可缺少的政策手段。

15.2.1 财政政策概述

财政政策是国家干预经济的主要政策之一。财政政策是指政府运用支出和收入来调节总需求，以控制失业和通货膨胀，并实现经济稳定增长与国际收支平衡的宏观经济政策。西方财政政策的理论依据是凯恩斯主义的有效需求不足理论。凯恩斯认为，国民收入水平和就业水平取决于社会总需求与总供给的均衡，在边际消费倾向递减、资本边际效率递减和流动偏好不断提高规律的作用下，社会总需求总是不足的。在总供给既定的情况下，不充分的有效需求所决定的国民收入水平不能使资源得到充分利用，从而导致生产下降和失业增加。为此，政府需要对经济进行宏观调控，刺激社会总需求，进而增加国民收入和提高就业水平。如果社会总需求膨胀，则政府可以通过宏观调控抑制社会总需求，以减少国民收入和降低就业水平。财政政策对经济的干预是通过财政制度的自动稳定器功能和斟酌使用的财政政策进行的。财政政策由预算政策、税收政策、支出政策和国债政策组成。

15.2.2 财政政策的分类

1. 根据调节经济周期的作用划分

1）相机抉择的财政政策

相机抉择的财政政策是指政府根据对经济情况的判断而做出财政收支调整的财政政策。相机抉择是主动、积极地变动财政的支出和税收以稳定经济、实现充分就业的机动性财政政策。相机抉择的财政政策包括汲水政策和补偿性政策。

汲水政策是在经济萧条时靠付出一定数额的公共投资使经济自动恢复其活力的政策。汲水政策有三个特点：第一，汲水政策是一种诱导经济复苏的政策，是以经济本身所具有的自发恢复能力为前提的治理萧条的政策。第二，它以扩大公共投资规模为手段，启动和活跃社会投资。第三，财政投资规模具有有限性，即只要社会投资恢复活力，经济实现自主增长，政府就不再投资或缩小投资规模。补偿性政策是指政府有意识地从当时经济状况反方向上调节经济景气变动的财政政策，其目的是稳定经济波动。在经济萧条时期，为缓解通货紧缩的影响，政府通过增加支出、减少收入政策来增加投资和消费需求，增加社会有效需求，刺激经济增长；反之，经济繁荣时期，为抑制通货膨胀，政府通过财政增加收入、减少支出等政策来抑制和减少社会过剩需求，稳定经济波动。

2）自动稳定的财政政策

自动稳定的财政政策，是指财政制度本身存在一种内在的、不需要政府采取其他干预行为就可以随着经济社会的发展自动调节经济运行的机制。这种机制也被称为财政自动稳定器。其主要表现在两方面，一方面是包括个人所得税和个人所得税的累进所得税的自动稳定作用。在经济萧条时，个人和企业利润降低，符合纳税条件的个人和企业数量减少，因而税基相对缩小，使用的累进税率将会下降，税收自动减少。因税收的减少幅度大于个人收入和企业利润的下降幅度，税收便会产生一种推力，防止个人消费和企业投资的过度下降，从而起到反经济衰退的作用。在经济过热时期，其作用机理正好相反。另一方面是政府福利支出的自动稳定作用。如果经济出现衰退，符合领取失业救济和各种福利标准的人数增加，失业救济和各种福利的发放趋于自动增加，从而有利于抑制消费支出的持续下降，防止经济的进一步衰退。在经济繁荣时期，其作用机理正好相反。

2. 根据财政政策在调节国民经济总量和结构中的不同功能划分

1）扩张性财政政策

扩张性财政政策是指通过财政收支活动来增加和刺激社会总需求的政策。在社会总需求不足的情况下，政府通常采取扩张性财政政策，通过减税、增加支出等手段扩大社会需求，进而提高社会总需求水平，缩小社会总需求与社会总供给之间的差距，最终实现社会总供需的平衡。

2）紧缩性财政政策

紧缩性财政政策是指通过财政收支活动来减少和抑制社会总需求的政策。在社会总需求大于社会总供给的情况下，政府通常采取紧缩性的财政政策，通过增加税收、减少财政支出等手段，减少或者抑制社会总需求，来降低社会总需求水平，最终实现社会总供需的平衡。

3）中性的财政政策

中性的财政政策，也叫做均衡性的财政政策，是指在经济稳定增长时期，政府通过实施财政收支基本平衡或者动态平衡的财政政策，既不产生扩张的效果，也不会出现紧缩性的反应，最终保持经济发展的稳定性。

在具体的经济活动中，国家不能单单使用财政政策，而是应该将其和货币政策搭配使用，这样才能达到预期的经济效果，这一部分我们会在 15.3 节中进行讲解。

15.2.3　财政政策工具

财政政策工具是指用以实现财政政策目标的各种财政手段，主要有预算、公债、公共支出、税收、财政补贴和政府投资。

1. 预算

政府预算是政府的收支计划，预算调节表现在财政收支的规模及其差额上。我们知道，政府预算是政策工具的重要组成部分，因此，不论是政治学家还是经济学家对它都是很感兴趣的。政府预算是政治，预算过程可被看成是政治领域中寻求政治利益的政治事件。虽然不同人的动机是不同的，但是他们对政治利益的热情却是一致的。当经济学家分析预算决策时，他们假设预算决策是在严格的财务条件下做出来的，所以严密的经济分析是利于达到最优的一种经济决策，在做出决策时，经济分析可以帮助人们评价成本和收益。

政府预算由两方面组成，一是政府收入；二是政府支出。政府收入的最主要来源是税收，除此之外还有一些其他收入，如公共部门和国有企业的利润、政府财产的拍卖等。政府支出是指整个国家各级政府部门支出的总和。它由政府购买性支出和政府转移性支出构成。政府购买性支出是政府对商品和劳务的购买，用于维护国家安全、社会稳定和自身管理运营等，如购买政府办公用品、军需品和投资公共基础设施建设等。政府转移性支出是政府不以取得商品和劳务为目的的支出，主要包括社会保险和社会福利支出，如我国中小学的九年义务教育、公共医疗保险和社会福利等。

我们需要通过使用预算政策来调节社会上总供给和总需求的不平衡。当社会总供给小于社会总需求时，政府预算一般采取缩小支出规模、保持预算盈余、抑制社会总需求的做法；当社会总供给大于社会总需求时，政府预算一般采取扩张支出规模、保持一定赤字规模的做法扩大社会总需求。

2. 公债

公债是政府对公众的债务，或公众对政府的债权。它不同于税收，是政府运用信用形式筹集财政资金的特殊形式，包括中央政府的债务和地方政府的债务。中央政府的债务为国债。政府借债一般有短期债、中期债和长期债三种形式。短期债一般通过出售国库券取得，主要是进入短期资金市场，利率较低，期限一般为 3 个月、6 个月和 1 年三种形式。中长期债一般通过发行中长期债券取得，1~5 年为中期债券，5 年以上为长期债券。作为实施宏观调控的重要政策工具，它有以下作用：首先，调节公债的流动性程度，可以改变社会经济资源的流动状况，可以对经济运行产生扩张性或紧缩性的影响。公债的期限不同，其流动性也是不同的，期限越短，其流动性就越高，变现的能力就越强；期限越长，流动性就越低，变现能力就越弱。因此，在公债发行中通过设计不同期限种类和调换公债长短期限等办法，可以对经济运行产生扩张或者紧缩的效果。其次，调整国债发行利率水平以影响金融市场利率的变化，可以对经济运行产生影响。

3. 公共支出

公共支出是指政府用于满足纯公共需要的一般性支出，主要包括狭义的购买性支出和转移性支出两大部分。其中，狭义的购买性支出是指政府进行日常行政事务活动所需要的商品和劳务，即政府的消费性支出。转移性支出直接表现为财政资金无偿、单方面转移的支出，包括政府补助支出、捐赠和债务利息支出等。

4. 税收

税收是政府收入中最主要的部分，它是国家为了实现其职能，按照法律预先规定的标准，强制地、无偿地取得财政收入的一种手段，因此税收具有强制性、无偿性和固定性三个基本特征。所以说，税收可作为实行财政政策的有力手段之一。税收作为政府收入手段，既是国家财政收入的主要来源，也是估计实施财政政策的一个重要手段。首先，税收是政府凭借政治权力参与社会产品分配的方式，是保持经济稳定运行的重要手段。在经济繁荣时期，政府通过提高税率、减少税收优惠等途径增加税收，减少企业和个人可支配收入，抑制企业和个人的投资需求与消费需求，降低社会总需求，使过快或者过热的经济增长平稳回落或是降温。其次，税收是政府公平收入分配的重要手段。例如，调整个人所得税超额累进税率的起征点和免征额等方法，可以起到减少高收入者可支配收入的效果，实现收入公平分配的目标。

5. 财政补贴

首先，财政补贴是保持经济稳定运行的重要手段之一。例如，当经济处于过热时期，政府通过减少财政补贴支出使企业和个人的可支配收入减少，抑制企业和个人的投资需求与消费需求，进而减少社会总需求，实现经济平稳回落。其次，财政补贴还是政府公平收入分配的重要手段。一般来说，享受政府财政补贴的对象大都是低收入群体，增加财政补贴，可以提高收入群体的可支配收入水平，促进社会公平分配。

6. 政府投资

政府投资是指财政用于资本项目的建设性支出，它最终将成为各种类型的固定资产。在市场经济条件下，政府投资是政府实施宏观调控、克服某项领域市场失灵问题的必要和重要的手段。首先，调整投资规模可以影响社会总需求和未来社会总供给，从而影响社会供求总量。其次，调整政府投资方向可以对经济结构发挥重要的调节作用，促进资源合理配置和产业结构优化。

15.2.4　财政政策的效果分析

1. 财政政策的"挤出效应"

"挤出效应"是指政府支出增加所引起的私人消费或投资降低的经济效应。在 IS-LM 模型中，如果 LM 曲线不变，向右移动 IS 曲线，两种市场同时均衡时引起利率的上升和国民收入的增加。但是，这一增加的国民收入小于不考虑货币市场的均衡（即 LM 曲线）或利率不变条件下的国民收入的增量，这两种情况下的国民收入增量之差，就是利率上升所引起的挤出效应。它的大小取决于支出乘数的大小、货币需求对收入变动的敏感程度、货币需求对利率变动的敏感程度、投资需求对利率变动的敏感程度等。

2. 财政政策的效果和 LM 曲线斜率的关系

在 IS 曲线的斜率不变时，财政政策效果随着 LM 曲线斜率的不同而不同。一般情况下，IS 曲线的斜率不变时，LM 曲线斜率越大，即 LM 曲线越陡峭，移动 IS 曲线时收入变动就越小，即财政政策效果就越小；反之，LM 曲线越平坦，财政政策效果就越大。此外，还有以下两种情况。

1）古典主义的极端情况

在古典主义极端情况下，财政政策完全无效，如果实行增加货币供给的政策，则效果将会很好，下面我们就分析一下财政政策失效的原因。

如图 15-1 所示，在 LM 曲线垂直的情况下，说明货币需求的利率弹性等于零，换句话说，即利率已高到一定的程度，这会使人们手中持有货币的成本增大。由于人们看到债券价格低到了只会上涨而不会下跌的时候，所以人们不愿意为了投机而持有货币。这时候政府如果推行一项增加支出的扩张性财政政策而向私人部门借钱的话，此时私人部门没有闲置的货币资金，所以只有在私人部门认为把投资支出减少一个等于政府借款数目是合算的时候，政府才能借到这笔款项。为此，政府借款利率一定要上涨到足以使政府公债产生的收益大于私人投资的预期收益。这样的话，政府支出的任何增加都将伴随私人投资的等量减少。可见，此时政府支出对私人投资的"挤出"是完全的，扩张性的财政政策并没有使收入水平有任何的变化。

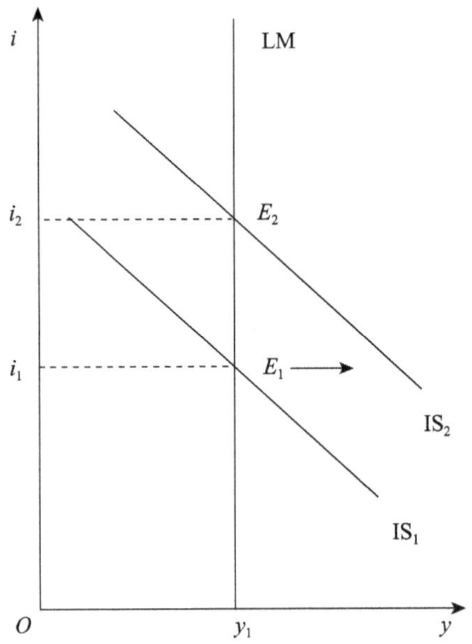

图 15-1　古典主义的极端情况

当 IS 曲线接近水平或者呈现水平状况的时候，说明投资需求的利率系数很大或是无限大，利率轻微的变动都会使投资大幅度地变化。所以当政府支出增加或税收减少而需要向私人部门借钱时，利率只要有所上升，就会使私人投资大大减少，“挤出效应”做得非常彻底。

2）凯恩斯主义的极端情况

在流动性陷阱的情形下，将会达到零“挤出效应”，财政政策完全有效。

如图 15-2 所示，当 LM 曲线为水平线时，说明当利率降到很低的水平时，货币需求的利率弹性为无限大。此时人们持有货币而不买债券的利息损失是很小的，可是，如果买了债券，则资本损失的风险性极大。所以人们此时不管有多少货币都只想握在手里，这样国家货币当局想通过增加货币供给来降低利率以刺激投资是不可能有效的。相反，若政府用增加支出或减税的财政政策来增加总需求，则效果将会很大，因为政府实施扩张性财政政策向私人部门借钱（出售公债）并不会使利率上升，从而私人投资不产生“挤出效应”。

当 IS 曲线为垂直形或者接近垂直时，说明投资需求的利率系数为 0，或者接近 0，即不管利率如何变动，投资都不会变动或变动极小。这时，货币政策改变的仅仅是利率，对收入没有任何的作用。

3）财政政策的效果与 IS 曲线斜率的关系

IS 曲线越平坦，财政政策对国民收入的影响就越小；IS 曲线越陡峭，财政政策对国民收入的影响就越大。在 LM 曲线不变时，IS 曲线斜率的绝对值越大，即 IS 曲线越陡峭，移动 IS 曲线时收入变化就越大，即财政政策效果越大；反之，财政政策效果就越小。

15.2.5 财政政策与财政预算

1. 功能财政

功能财政是指，政府在财政方面的积极财政政策主要是为实现无通货膨胀的充分就业水平，为实现这一目标，预算可以盈余，也可以为赤字，但不能以预算平衡为目的。功能财政

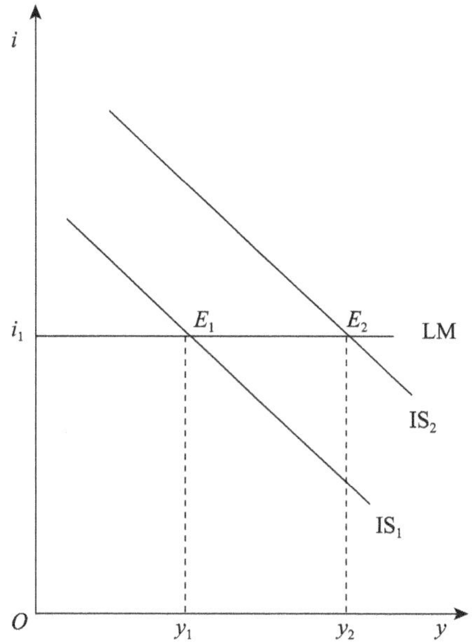

图 15-2　凯恩斯主义的极端情况

思想是凯恩斯主义者的财政思想。他们认为，不能机械地用财政预算收支平衡的观点来对待财政赤字和财政盈余，而应从反经济周期的需要来利用预算赤字和预算平衡。当国民收入低于充分就业的收入水平（即存在通货膨胀紧缩缺口）时，政府有义务实行扩张性的财政政策，增加政府支出和减少税收，以实现充分就业。如果起初存在财政预算盈余，则政府有责任减少盈余甚至不惜出现更大赤字，坚定地实行扩张政策。反之，当存在通货膨胀缺口时，政府有责任减少政府支出，增加税收。如果起初存在财政预算赤字，则应该通过紧缩政策减少赤字，甚至出现盈余。总之，功能财政思想认为，在一个功能存在缺口的经济中，政府不能以平衡预算为目标来对待预算盈余和赤字，而应从反经济周期的需要来利用预算赤字和盈余，否则就不能在总支出不足时避免衰退，也不能消除过度支出带来的物价水平上涨。

从理论上讲，通过积极的权衡性财政政策的实施，国民经济能够实现无通货膨胀的充分就业，但这种政策在具体实施中存在一定的困难。一方面，积极的权衡性财政政策要正确实行，必须对未来的经济形势进行准确的判断，对未来是衰退还是繁荣、何时开始变动要判断正确，只有审时度势才能因时制宜、相机抉择。然而，往往在衰退或繁荣开始一段时间以后才可以从统计资料中加以判断，因此正确判断经济形势也不容易做到。另一方面，即使对未来经济形势有了正确的预测，政府要抓住时机、对症下药也不是一件容易的事情，因为政府要采取积极的权衡性财政政策，从认识到决策，从决策到实行，从实行到产生效果，都有一个时滞的问题，因而很可能衰退或膨胀已经发生而先实行的预防政策尚未产生效果，甚至有时使经济更加波动。例如，为了消除衰退而实行扩张政策，即增加支出、减少税收，但由于政策滞后，当政策实施时，很可能经济已经转入繁荣，结果就会使通货膨胀更为严重。

2. 充分就业的预算盈余

按照功能财政的思想，实施扩展性财政政策，即增加政府支出或降低税率，会使国民收入在增加的同时减少政府的预算盈余或增加预算赤字。同样，实施紧缩性财政政策，减少政府支出或提高税率减少国民收入时，也会增加政府的预算盈余或减少预算赤字。这样，一般容易把预算盈余的减少或预算赤字的增加当做扩张性财政政策的结果，把预算盈余的增加和预算赤字的减少看做紧缩性财政政策的结果。但是事实并非如此，预算盈余或赤字变动有时并不是由财政政策主动变动引起的，而是由经济情况变动引起的。在经济衰退时期，由于收入水平下降，税收自动减少，政府转移支付自动增加，这就会引起预算盈余减少或预算赤字增加。而在经济高涨时期，由于收入水平上升，税收自动增加，政府转移支付自动减少，从而引起预算盈余增加或预算赤字减少。这种预算盈余或预算赤字的变动与财政政策本身无关，这就说明了不能简单地把预算盈余或预算赤字的变动当做判断财政政策是扩展性财政政策还是紧缩性财政政策的标准。事实上，预算盈余或赤字的变动可能有两方面原因。一方面是经济情况本身的变动，即经济趋向繁荣会使盈余增加或赤字减少，经济趋向衰退会使盈余减少或赤字增加。另一方面是财政政策的变动，即扩张政策趋向增加赤字，减少盈余；紧缩政策趋向增加盈余，减少赤字。因而，单凭盈余或赤字的变动还是难以看出财政政策的扩张或紧缩性质的。要使预算盈余或赤字成为衡量财政政策扩张还是紧缩的标准，就必须消除经济周期波动本身的影响，于是美国经济学家布朗在1956年提出了充分就业预算盈余的概念。

所谓充分就业预算盈余是指既定的政府预算在充分就业的国民收入水平上（即潜在的国民收入水平上）所产生的政府预算盈余。如果这种盈余为负值，则为充分就业预算赤字。它不同于实际的预算盈余，实际的预算盈余是以实际的国民收入水平来衡量预算状况的，因而二者的差别就在于充分就业的国民收入与实际的国民收入水平的差额。一般来讲，若实际国民收入水平高于充分就业国民收入水平，则充分就业预算盈余小于实际预算盈余；若实际国民收入水平低于充分就业的国民收入水平，则充分就业预算盈余大于实际预算盈余。

3. 财政赤字与公债

1）财政赤字

财政赤字是因财政支出大于财政收入而形成的差额，由于会计核算中用红字处理，所以称为财政赤字，它反映一国政府的收支状况。财政赤字是财政收支未能实现平衡的一种表现，是一种世界性的财政现象。财政赤字即预算赤字，是指一国政府在每一财政年度开始之初，在编制预算时在收支安排上就有的赤字。若实际执行结果收入大于支出，则为财政盈余。

一国之所以会出现财政赤字，原因有很多。有的是为了刺激经济发展而降低税率或增加政府支出，有的则因为政府管理不当，引起大量的逃税或过分浪费现象。当一个国家财政赤字累积过高时，就好像一间公司背负的债务过多一样，对国家的长期经济发展而言并不是一件好事，这对于该国货币亦属长期的利空，且日后要解决财政赤字只能靠减少政府支出或增加税收这两项措施，这对经济或社会的稳定都有不良的影响。一国财政赤字若加大，则该国货币会下跌；反之，若财政赤字缩小，表示该国经济良好，该国货币会上扬。

在美国，财政部一般会在每月的第十七个政府工作日公布上个月联邦政府预算的执行情况。美国政府一向以财政赤字而闻名，克林顿执政时期赤字转为盈余，但小布什上台后，适逢经济衰退，又对外连续用兵，导致再次出现高额赤字。

财政赤字对社会经济的影响主要表现在三个方面。

第一，财政赤字与货币供给。财政赤字对经济的影响和赤字规模大小有关，但主要还是取决于赤字的弥补方式。第一种方式是向银行透支或借款来弥补财政赤字。出现财政赤字意味着财政收进的货币满足不了必需的开支，其中有一种弥补办法就是向银行借款。可见，财政向银行借款会增加中央银行的准备金从而增加基础货币，但财政借款是否会引起货币供给过度则不是肯定的。在现代信用制度下，在发生财政向银行借款时，只要银行能控制贷款总规模就不会发生货币供给过量的问题。居民个人或企业（包括商业银行）购买公债一般只是购买力的转移或替代，不产生增加货币供给的效应。居民或企业购买公债有两种不同情况：一是用现钞和活期存款购买；二是用储蓄或定期存款购买。第二种方式是由中央银行认购公债。中央银行认购公债，在中央银行账户的资产方政府公债项增加，负债方的财政金库存款等额增加，而当财政用于支出时，中央银行的财政金库存款减少，在商业银行账户上居民和企业存款相应增加，从而商业银行的存款准备金也相应增加。商业银行有了超额储备，就可能用其扩大贷款规模，增加货币供给。

第二，财政赤字扩大总需求的效应。一种情况是财政赤字可以作为新的需求叠加在原有总需求水平之上，使总需求扩张。另一种情况则是通过不同的弥补方式，财政赤字只是替代其他部门需求而构成总需求的一部分。20 世纪 80 年代中期以来，还出现另一种说法，即认为财政赤字是国民收入超分配的重要原因。

第三，财政赤字与发行国债。发行国债是世界各国弥补财政赤字的普遍做法，而且被认为是一种最可靠的弥补途径。但是，债务作为弥补财政赤字的来源，会随着财政赤字的增长而增长。另外，债务是要还本付息的，债务的增加反过来也会加大财政赤字。

2）公债

公债是指国家或政府以其信用为基础依据接待的原则通过发行债券或借款的方式而取得的收入。公债的特征如下：一是自愿性，是指国债的发行或认购建立在认购者自愿承购的基础上。认购者买与不买，购买多少，完全由认购者自己根据个人或单位情况自主决定，国家不能指派具体的承购人。二是有偿性，是指通过发行国债筹集的财政资金，政府必须作为债务如期偿还，并且还要按事先规定的条件向认购者支付一定数额的利息。三是灵活性，是指国债发行与否以及发行多少，一般完全由政府根据国家财政资金的丰裕程度灵活加以确定，不必通过法律形式预先规定。这是国债具有的一个非常重要的特征，与税收的固定性有明显区别。

公债的功能表现在以下三个方面。

第一，弥补财政赤字。

通过发行公债弥补财政赤字，是公债产生的主要原因，也是现代国家的普遍做法。财政赤字一般是指财政收入小于财政支出的差额。公债的诸多功能中之所以最主要的是弥补财政赤字，是因为在诸多弥补财政赤字的方式（如发行公债、增税、改革税制、增发货币和向中央银行透支）中，公债是弥补财政赤字的理想方法。这是因为，与其他弥补财政赤字的方式（如增加税收、增发货币等）相比较，发行公债的方式一般不会影响经济发展，可能产生的副作用也较小。

发行公债只是部分社会资金的使用权的暂时转移，它使分散的购买力在一定期限内集中到国家手中，流通中的货币总量一般不会改变，一般不会导致通货膨胀。与此相反，政府如果通过中央银行增发货币或向中央银行透支、借款，往往可能扩大流通中的货币量，使社会购买力的需求超过社会供给，导致通货膨胀。

公债的认购通常遵循自愿原则，将企业和个人闲置不用的资金，也就是从社会资金运动中游离出来的部分，暂时集中起来，让渡给国家使用，一般不会对经济发展产生不利影响。而增加税收一般要受客观经济发展速度和效益的制约，如果强行提高税率，就会影响经济发展，使财源枯竭。而且改变税制又会受立法限制，也不易为纳税人所接受。

总之，用公债弥补财政赤字，实质上是将不属于国家支配的资金在一定时期内让渡给国家使用，是弥补赤字的一种较为合理的途径。然而，过分依赖公债来弥补财政赤字也不行，因为这可能导致一些不良后果：公债规模过大，还本付息的压力会进一步扩大财政赤字，造成恶性循环；国家集中的资金过多，影响私人部门的投资和消费；等等。

第二，筹集建设资金。

公债形成财政收入之后，它的支出方向并不是无法分辨的。公债的弥补财政赤字和筹集建设资金的职能除了从计算口径上加以区分之外，在现实经济中也可以从不同的角度加以区分。中国公债发行具有明显的筹集建设资金的作用。有些国家在公债发行时就明确规定了公债收入的目的和用途，如日本就将公债明确分为赤字公债和建设公债。中国的公债一般不明确规定目的和用途,但从 1987 年开始发行的重点建设债券和重点企业建设债券就具有明确的筹集国家重点建设资金的作用。

第三，调节经济。

公债是对 GDP 的再分配，反映了社会资源的重新配置，是财政调节的一种重要手段。公债发行规模的变动会影响国家所支配财力的规模，公债收入的投向又会影响社会经济结构，如积累与消费的比例关系、总供给与总需求的平衡关系等。公债不仅仅是财政政策手段，而且是金融政策手段。公债的经济调节功能是与公债本身共存的。

15.3 货币政策及其效果

要了解货币政策，就必须对银行体系有些了解，因为货币政策的实施是要通过银行体系来实现的。对银行体系的划分有很多种方法，如按照金融机构创造货币、创造交换媒介和支付手段的能力，划分为银行金融中介机构和非银行金融中介机构；按照受雇人员的数量、资本和营业额的大小划分为大、中、小金融机构；按照各种金融机构在金融体系中的地位、作用及业务性质，划分为中央银行、商业银行、政策性银行和其他金融机构。但是一般来说，通常把银行体系分为中央银行和金融中介机构两大类,金融中介机构中最重要的是商业银行、专业银行和非银行金融机构。货币政策是中央银行通过控制货币供给量来调节利率，进而影响投资和整个经济以达到一定经济目标的行为。货币政策包括三个方面的基本内容：①政策目标；②实现目标所运用的政策工具；③货币政策的作用。

15.3.1 银行体系

1. 金融体制概述

金融体制是一个经济体中资金流动的基本框架，它是资金流动的工具（金融资产）、市场参与者（中介机构）和交易方式（市场）的综合体。同时，由于金融活动具有很强的外部性，政府的管制框架也是金融体系中一个不可或缺的组成部分。金融体制包括三方面的内容：金融机构和金融市场；融资模式；金融监管体制。金融体制是这些部分的相互适应与协调。

1）金融机构和金融市场

中央银行制度将金融机构分为两级，即中央银行和商业银行及其他非银行金融机构。以中央银行为中心、商业银行为主体，各类银行和非银行的金融中介机构并存，构成现代世界各国的金融体系。

金融市场是指进行金融资产交易的场所，交易对象概括起来是货币资金和以各种金融工具所体现的金融资产。按交易的信用工具的期限长短，金融市场分为货币市场和资本市场两大部分，但习惯上将整个金融市场称作货币市场。

2）融资模式

金融活动就是以有偿方式或信用方式融通货币资金的活动，目前企业融资主要有直接融资和间接融资两种模式。

（1）直接融资（主要是指股票和债券）。企业直接在证券市场上发行股票或企业债券获得资金，典型的代表国家是资本市场非常发达、企业行为高度市场化的英国和美国。

（2）间接融资（主要是指银行贷款）。企业通过从银行贷款取得资金，典型的代表国家是作为主银行制国家的日本和德国。

3）金融监管体制

金融风险：在金融活动中，各种随机因素的存在，使金融机构、投资者等各个经济主体的实际利益与预期收益发生背离的不确定性或资产遭受损失的可能性。

金融监管：一个国家或地区的中央银行或其他金融当局依据国家法律的授权对金融业实施监督和管理，本质上是一种政府规制行为。

金融监管的主要内容：市场准入与机构合并、银行业务范围、风险控制、资产流动性管理、资本充足率管理、存款保护及危机处理等方面。

2. 中央银行及其职能

中央银行即货币当局，是一国金融体系中居于中心地位的金融机构，它控制商业银行贷款活动和整个经济中货币供应量的主要渠道，是国家实施货币政策的最高金融机构。我国的中央银行是中国人民银行。

1）中央银行的类型

世界各国中央银行制度大致可分为四种类型，即单一中央银行制、复合中央银行制、准中央银行制和跨国中央银行制。

（1）单一中央银行制。这种类型是指一个国家单独建立中央银行机构，使之全面、纯粹行使中央银行职能的制度，有一元中央银行制和二元中央银行制两种形式。

（2）复合中央银行制。这种类型是指一个国家没有单独设立的中央银行机构，把中央银行与商业银行的业务和职能集于一家银行来执行。

（3）准中央银行制。这种类型是指一个国家或地区只设置类似中央银行的机构，或由政府授权某个或几个商业银行行使部分中央银行职能的体制。

（4）跨国中央银行制。这种类型的中央银行与一定的货币联盟相联系，是参加货币联盟的所有国家共同的中央银行。

2）中央银行的职能

中央银行的基本职能可表述为发行的银行、银行的银行和国家的银行。发行的银行是指中央银行垄断银行券的发行权，是全国唯一的现钞发行机构。银行的银行是指中央银行不对公众和企业而只对商业银行与其他金融机构从事准备金存贷款业务。国家的银行是指中央银行代表国家制定和实施货币政策，代理国库收支，为政府代办各种金融事务等。

中央银行发挥其职能时的活动原则如下：①制定和实施货币政策具有相对独立性；②以金融调控为己任，不以营利为目的；③不经营普通银行业务；④定期公布业务状况，使社会及时了解货币政策及其实施后所产生的经济后果。

3）中国人民银行

中国人民银行为国务院组成部门，是中华人民共和国的中央银行，是在国务院领导下制定和执行货币政策、维护金融稳定、提供金融服务的宏观调控部门。

从既办理存贷和汇兑业务，又担负政府宏观调控职能，到商业银行的分离，再到证监会成立、保监会成立、银监会成立和国家外管局划归进来，中央银行与专业银行在职能及其相互关系上的界定逐步完成。

目前其职能集中表现为：强化与制定和执行货币政策有关的职能；转换实施对金融业宏观调控和防范与化解系统性金融风险的方式；增加反洗钱与管理信贷征信业。

3. 金融中介及其业务

根据金融中介机构的负债与资产将其分为以下四类。

1）存款性金融机构

存款性金融机构：金融中介的主要类型，是指通过吸收各种存款而获得可利用资金，并将其贷给需要资金的各经济主体及投资于证券等以获取收益的金融机构，寻求在其投资的资产和资金成本之间赚取正的差额。

（1）商业银行：资金的供应者和需求者，几乎参与了金融市场的全部活动，是其中最主要的一种机构。

（2）储蓄机构：专门以吸收储蓄存款为资金来源的金融机构。

（3）信用合作社：由某些具有共同利益的人组织起来的、互助性质的会员组织。

2）投资性金融机构

（1）投资性金融机构：不从事商业银行业务，而是作为直接融资中介人，以证券投资活动为核心将资金供需双方联系起来，引导资金的有效配置。

（2）金融公司：通过出售商业票据，发行股票或债券，以及向商业银行借款等方式来筹集资金，并用于向购买汽车、家具等大型耐用消费品的消费者或小型企业发放贷款。

（3）共同基金（又称投资基金）：通过发行基金股票或基金受益凭证将众多投资者的资金集中起来，直接或委托他人投资于各类有价证券或其他金融商品，并将投资收益按原始投资者的基金股份或基金受益凭证的份额进行分配。

3）契约性金融机构

（1）契约性金融机构：包括各种保险公司和养老基金，它们以合约方式定期、定量地从持约人手中收取资金（保险费或养老金预付款），然后按合约规定向持约人提供保险服务或养老金。资金运用以追求高收益为目标，主要投资于高收益、高风险的证券，如股票等，也有一部分用做贷款。

（2）保险公司：主要资金来源于按一定标准收取的保险费。

（3）养老基金：一种类似于人寿保险公司的专门金融组织，资金来源是公众为退休后生活所准备的储蓄金。

4）政策性金融机构

政策性金融机构是指由政府投资设立的、根据政府的决策和意向专门从事政策性金融业务的银行，资本金多由政府财政拨付，资金来源主要靠发行政策性金融债券及财政拨款，其经营活动不以营利为目的。

15.3.2　货币政策工具

中央银行为了实现自己所需要的经济目标，基本上都是借助货币政策工具，所以可以看出，货币政策工具是一种调控的手段。我们在这里把货币政策工具分成三部分：一是一般性货币政策工具；二是选择性货币政策工具；三是其他货币政策工具。

1. 一般性货币政策工具

一般性货币政策工具，俗称“三大法宝”，包括法定存款准备金政策、再贴现政策和公开市场业务。

1）法定存款准备金政策

法定存款准备金政策是指中央银行对商业银行等存款货币机构规定存款准备金率，强制要求商业银行等存款货币机构按照规定上缴存款准备金。法定存款准备金率的高低决定着商业银行的存款中有多大比例可以供贷款使用，因此，改变法定存款准备金率可以调整商业银行的过度储备数量，进而调节商业银行的贷款数量。

通过货币乘数的作用，法定存款准备金率的作用效果十分明显，人们通常认为这一政策工具效果过于猛烈。法定存款准备金率的频繁变动也会给银行带来许多的不确定性，不利于中央银行对银行体系的管理。因此，改变法定存款准备金率是一个强有力但不常使用的政策工具。

英国是最早将存款准备金集中于中央银行的国家，而美国则是最早真正以法律形式对此做出规定的国家，它在 1913 年的《联邦储备法》中就做出过说明。最初中央银行建立存款准备金制度是为了保持商业银行的流动性而不是作为货币政策工具。将变动法定存款准备金率作为一种货币政策工具加以运用，起始于 1933 年美国国会对美联邦的授权。1935 年通过的《联邦储备法》再次以法律形式对其加以确认，从而使存款准备金制度真正成为中央银行货币政策的重要工具。

法定存款准备金政策是一种强而有力的货币政策工具，具有较强的控制信贷规模和货币供给量的能力，而且中央银行操作这一工具极其简便。

（1）法定存款准备金政策的主要内容。

第一，规定了法定存款准备金率。

第二，规定法定存款准备金的内容只能是存在中央银行的存款和各存款货币机构持有的现金。

第三，规定法定存款准备金计提的基础。

（2）法定存款准备金的作用。

第一，使商业银行的资金流动性得以保持。由于中央银行控制了大量的存款准备金，这为商业银行的货币供给提供了条件。当部分银行出现流动性危机的时候，中央银行就有能力对这些银行进行资助，通过短期信贷的形式来帮助商业银行保持资金流动性。

第二，控制货币供给量。这里是说，中央银行通过调高或者降低法定存款准备金率的大小来控制货币乘数，进而调剂货币供给量。当法定存款准备金率上升时，商业银行的部分超额准备金转化为法定存款准备金，从而使商业银行的存款创造能力下降；当法定存款准备金率下降时，商业银行的部分法定存款准备金转化为超额准备金，从而使商业银行的存款创造能力上升。

第三，告示效果。当法定存款准备金率提高时，说明信用即将收缩，利率随之上升，公众会自动紧缩对信用的需求；当法定存款准备金率降低时，说明信用即将扩张，利率随之下降，公众会自动扩张对信用的需求。

（3）法定存款准备金的优缺点。

优点：中央银行具有完全的自主权，在三大货币政策工具中是比较容易实施的；对货币供给量的作用迅速，一旦确定，各个商业银行及其他金融机构必须立即执行。

缺点：效果猛烈，缺乏弹性，不易作为中央银行日常调节货币供给的工具，因此其有固定化的倾向；货币效果在很大程度上受超额准备金的影响。

从理论上来说，变动法定存款准备金率是中央银行调节货币供给量的最简单的办法，然而中央银行一般不会轻易使用，它的变动会使货币供给量成倍地变化。同时，中央银行如果频繁地改变法定存款准备金率，将不利于它对银行的管理，会使商业银行和所有金融机构因正常信贷业务受到干扰而感到无所适从，所以变动法定存款准备金率是一个强而有力但又不正常的货币政策。

2）再贴现政策

再贴现政策是指中央银行通过提高或降低再贴现率、认定再贴票据的资格等方法，影响商业银行等存款货币机构从中央银行获得再贴现贷款的能力，进而达到调控货币供给量和利率水平、实现货币政策目标的一种政策措施。当货币当局认为总支出不足、失业有持续增加的趋势时，它就降低贴现率、扩大贴现的数量以鼓励商业银行发放贷款和刺激投资。对中央银行而言，再贴现是买进票据，让渡资金；对商业银行而言，再贴现是卖出票据，获得资金。再贴现政策是中央最早拥有的，也是现在一项非常重要的货币政策工具之一。

（1）再贴现政策的内容。

第一，调整再贴现率，影响商业银行借贷中央银行的资金成本。

第二，规定商业银行申请的再贴现资格，即对再贴现的票据种类和申请机构区别对待，抑制或扶持，从而控制金融机构借入资金的流向。

（2）再贴现政策的作用。

第一，借款成本效果。再贴现率的上升和下降影响商业银行等存款货币机构持有准备金或借入资金的成本，进而影响它们的贷款量和货币供给量。当再贴现率上升时，商业银行借入资金的成本上升，因而会减少对中央银行的再贴现贷款需求和减少再贴现贷款的发放，从而会缩减市场的货币供给量，使市场的利率有所下降，进而影响社会对货币的需求。

第二，告示效果。中央银行提高再贴现率表示货币供给量将趋于减少，市场利率将会上升，人们为了避免因利率上升而造成的收益减少可能会自动紧缩信用，减少投资和消费需求。中央银行降低再贴现率表示货币供给量将趋于增加，市场利率将会下降，人们为了获得因利率下降而得到的收益可能会自动扩张信用，增加投资和消费需求。

第三，信贷结构效果。中央银行不仅可用再贴现政策影响货币量，还可以区别对待再贴现政策影响的信贷市场，贯彻产业政策。

（3）再贴现政策的问题。

实际上，再贴现政策对货币供给量的影响是比较有限的。首先，中央银行在确定再贴现率的时候，也要视市场上其他利率的水平而定。例如，美国的联邦储备总是把再贴现率保持在稍低于联邦基金率（即美国商业银行同业日拆借资金的利息率）的水平上。其次，商业银行和其他存款机构也尽量避免去中央银行贴现，只将它作为紧急求援手段，平时很少使用。

3）公开市场业务

公开市场业务又称为市场操作，它是指中央银行为了将货币数量和利率控制在适当的范围内而在金融市场上公开买卖有价证券的行为。公开市场业务政策主要是通过影响商业银行体系的准备金数量，影响货币供应量的增减。需要收缩银根时，卖出证券，货币供应量减少；需要增加货币投放时，买入证券，货币供应量增加。公开市场业务与改变法定存款准备金率比，其对货币供应量变动的影响要小一些，且易于操作；同再贴现率政策比，其对货币供应量的影响又大得多。公开市场业务政策是中央银行最常用的货币政策工具，公开市场业务是中央银行稳定经济时最经常使用的政策手段，也是最灵活的政策手段。这一政策最早被 19 世纪时的英格兰银行使用。

（1）公开市场业务的资金运作原理。

中央银行通过公开市场业务买进有价证券，从而投放基础货币，引起货币供给量的增加和利率的降低；当金融市场上资金过多时，中央银行通过公开市场业务卖出有价证券，从而收回基础货币，引起货币供给量的减少和利率的提高。

（2）公开市场业务的优点。

第一，主动性。中央银行在公开市场操作中一直处于主动的地位，它可以通过一定时期货币政策的变化来调整货币量，即主动地买卖政府债券，所以各国中央银行倾向于采取这种政策。

第二，公开性。在公开市场上，中央银行通过招标竞价与各金融机构达成交易，这样有利于消除幕后交易，为市场带来一个公平的竞争环境。

第三，灵活性。用较小的规模和步骤进行操作，可以较为准确地实现政策目标，其操作不会因变动剧烈而带来不良的影响。

第四，可逆转性。当中央银行在公开市场操作中发生错误时，可以立即做一个反向的操作来纠正错误，尽可能减少损失。

（3）公开市场业务的缺点。

第一，需要具有发达的金融市场。如果市场发育程度不够，交易工具很少的话，就会使公开市场操作的效果减弱。

第二，是一种非独立的政策工具。公开市场操作必须配合其他货币政策工具才可以完成预定目标。

第三，告示性差。公开市场操作较为细微，技术性较强，而政策意图的告示作用较差。

2. 选择性货币政策工具

选择性货币政策是指中央银行对信用进行的结构性控制，即对某些特殊领域的信用进行管理、鼓励或者抑制某一部门的发展，从而达到调整结构的目的。它包括的工具有以下几个。

（1）消费信用控制，是指中央银行对不动产以外的各种耐用消费品的销售融资予以控制。其包括的内容有：①规定分期付款等消费信贷方式购买的耐用消费品种类，并就不同的耐用消费品规定信贷条件；②规定以分期付款方式购买耐用消费品时第一次付款的最低金额；③规定分期付款的最长期限，即最长在什么时间内必须全部付清以分期付款方式购买的耐用消费品的全部价款。

（2）证券市场信用控制，是指中央银行对有关证券交易的各种贷款进行限制，目的在于抑制过度的投机。

（3）不动产信用控制，是指中央银行对金融机构在房地产方面放款的限制措施，以抑制房地产投机。其具体包括的内容有：①对金融机构的房地产贷款规定最长期限，如有的国家规定最长期限为5年，有的国家是3年；②对金融机构的不动产贷款规定最高限额，即对一笔不动产贷款的最高限额给予限制；③规定首次付款的最低金额及分摊还款的最低金额等。不动产信用控制的目的是：控制不动产市场的信贷规模；抑制过度投机；减轻经济波动。

（4）优惠利率，是指中央银行对国家产业政策重点要求的经济部门或产业，规定较低贴现利率或放款利率的一种管理措施，如基础产业、出口创汇企业等，优惠利率基本上在经济不发达的国家使用。

3. 其他货币政策工具

除了以上所述的一般性货币政策工具和选择性货币政策工具以外，中央银行还可根据本国的具体情况和不同时期的具体需要，运用一些其他的货币政策工具。这些货币政策工具又可分为直接信用控制工具和间接信用控制工具。

（1）直接信用控制。直接信用控制是指中央银行从质和量两个方面以行政命令或其他方式对金融机构尤其是商业银行的信用活动进行直接控制。其手段包括利率最高限额、信用配给、流动性资产比率、信贷规模控制等。

（2）间接信用控制。间接信用控制是指中央银行通过道义劝告和窗口指导的方式对信用变动方向和重点实施间接指导。道义劝告，是指中央银行利用其声望和地位，对商业银行和其他金融机构经常发出通告、指示或与各金融机构的负责人举行面谈，劝告其遵守政府政策并自动采取贯彻政策的相应措施。窗口指导，是指中央银行根据产业行情、物价走势和金融市场动向，规定商业银行每季度的增减额，并要求其执行，规定商业银行的贷款重点投向和贷款变动数量。它虽然只是一种“指导”而非法律规定，但是实际上具有强制性效力。民间金融机构不按指导意见行事，尽管不承担法律责任，但最终会受到中央银行的经济制裁。

15.3.3 货币政策的传导机制

货币政策的传导机制是指货币当局运用一定的货币政策工具引起中间目标的变动，从而达到其预期的最终目标所经过的途径或具体过程。具有代表性的主要有两大主流学派，即凯恩斯学派和货币主义学派。

1. 凯恩斯学派的货币政策传导机制理论

凯恩斯继承了维克赛尔的思想，将物价的货币理论发展为生产的货币理论。一定的货币政策工具如何引起社会经济生活的某些变化，最终实现预期的货币政策目标，就是所谓的货币政策的传导机制。在西方，对货币政策传导机制的分析主要有凯恩斯学派的货币政策传导机制理论和货币学派的货币政策传导机制理论。

凯恩斯学派的货币政策传导机制理论的思路可以归结为：通过货币供给 M 的增减影响利率 r，利率的变化则通过资本边际效益的影响使投资 I 以乘数方式增减，而投资的增减进而会影响总支出 E 和总收入 Y。用符号可表示为

$$M \to r \to I \to E \to Y$$

在这个传导机制发挥作用的过程中，主要环节是利率。货币供应量的调整首先影响利率

的升降，然后才使投资乃至总支出发生变化。

在初期阶段，凯恩斯学派的传导机制理论称为局部均衡分析，仅考虑货币市场对商品市场的初始影响，而没有能反映它们之间循环往复的作用。考虑到货币市场与商品市场的相互作用，于是进一步分析，凯恩斯学派称为一般均衡分析。

（1）假定货币供给增加，如果产出水平不变，利率会相应下降而刺激投资，并引起总支出增加，总需求的增加推动产出量上升。这与原来的分析是一样的。

（2）但产出量的上升提出了较原来更大的货币需求，如果货币供给投入经济生活，货币供求的对比就会使下降的利率回升。这是商品市场对货币市场的作用。

（3）利率的回升又会使总需求减少，产量下降；产量下降，货币需求下降，利率又会回落。这是往复不断的过程。

凯恩斯学派不断完善对传导机制的分析，这些完善的内容主要集中在货币供给到利率之间和利率到投资之间的更具体的传导机制以及一些约束条件。现实经济生活是复杂的，新的问题不断出现，有必要使分析具体化。但不论有何进展，凯恩斯学派传导机制理论的特点是对利息这一环节特别重视。

2. 货币主义学派的货币政策传导机制理论

与凯恩斯学派不同，货币学派认为，利率在货币传导机制中没有起到重要作用，而更强调货币供应量在整个传导机制上的直接效果。货币学派论证的传导机制可表示如下：

$$M \to E \to I \to y$$

$M \to E$ 是指货币供给量的变化直接影响支出。这是因为：①货币需求有其内在的稳定性。②货币需求函数中不包含任何货币供给的因素，因而货币供给的变动不会直接引起货币需求的变化。至于货币供给，货币主义学派把它视为外生变量。③当作为外生变量的货币供给改变，如增大时，由于货币需求并不改变，公众手持货币量会超过他们所愿意持有的货币量，从而必然增加支出。

货币主义者认为 $E \to I$ 是资产结构的调整过程。

（1）超过意愿持有的货币，或用于购买金融资产，或用于购买非金融资产，甚至用于人力资本的投资。

（2）不同取向的投资会相应引起不同资产相对收益率的变动，如对金融资产投资偏多，则金融资产市值上涨，收益相对下降，从而会刺激对非金融资产的投资，如产业投资；产业投资增加，既可能促使产出增加，也可能促使产品价格上涨。

最后是名义收入 y，y 是价格和实际产出的乘积。由于 M 作用于支出，导致资产结构调整，并最终引起 y 的变动。对于这一变动究竟在多大程度上反映实际产量的变化，又有多大比例反映在价格水平上，货币主义者认为，货币供给的变化短期内对两方面均可产生影响，就长期来说，则只会影响物价水平。

本章小结和复习思考题

第 16 章

失业与通货膨胀理论

知识学习目标

1. 掌握失业的定义、失业率的计算方法。
2. 掌握失业的种类、治理失业的政策。
3. 掌握通货膨胀产生的原因、通货膨胀的分类情况。
4. 掌握通货膨胀治理的政策措施。

能力训练目标

具备分析某国的社会经济现象，判断该国是否进入通货膨胀时期的能力。

自从 20 世纪 30 年代世界经济发生第一次大萧条以来，失业和通货膨胀一直是困扰经济发展的痼疾，也是经济学界经久不衰的重大研究课题。实际上，它体现政府的就业政策和价格政策。政府应该根据国民收入决定理论和现实的经济情况确定合理的就业政策和价格政策，以促进经济不断增长。

16.1 失业理论概述

失业是宏观经济中最普遍和最重要的问题，并且是宏观政策制定者和公众关注的交点，因为它是一个国家宏观经济运行好坏的指示器。对整个社会而言，失业意味着人力资源的浪费，如果能够更充分地利用这部分生产要素，那么整个社会的产出水平将得到更大的提高。对失业者而言，失业意味着生活质量的下降和人格尊严的丧失，所以失业也是一个重要的社会问题。由此可见，失业对一国的经济发展和社会稳定有巨大的影响。

16.1.1 失业的定义及衡量

1. 失业的定义

失业（unemployment）是指在一定年龄范围内，有工作能力且愿意工作（在最近一段时间内寻找过工作）的人没有工作的状态。按照这个定义，衡量是否失业必须具备四个条件：

①在一定年龄范围内。按照国际劳工组织的规定，劳动适龄人口指 15~64 岁的人。②目前可以工作，即有劳动的能力和可能性。③愿意按现行工资率工作，为寻找工作付出过一定的努力，即有求职活动。④目前没有工作（可能已找好工作，正等待下个月去报到）。

没有工作的人不一定是失业者。如果他不愿意工作（如想休闲），或超出了一定的年龄范围，或不去寻找工作，或无劳动能力，就不能算失业者，因为这些人不属于劳动力。总之，有工作的人就是就业者，没有工作而寻找工作的人是失业者，没有工作不肯寻找工作的人属于非劳动力。

2. 失业率

失业率（unemployment rate）是衡量一个国家或地区失业状况的最基本的指标，是失业人数与劳动力总人数的比率。就业者与失业者的总和构成劳动力（labor force）；而那些从事家务、退休、没有工作能力或没有寻找工作的人，以及正在求学、培训的人和从军者属于非劳动力。失业率用公式表示为失业率=失业人数/劳动力总数 × 100%=失业人数/（就业人数+失业人数）× 100%。各国失业率的统计方法略有不同，国际上比较常用的方法是采用抽样调查或根据求职登记记录取得数据。

关于失业率，国家统计局与人力资源和社会保障部提出，在“十二五”时期正式公布调查失业率。目前我国的失业率统计主要采用两种方法，即城镇登记失业率和调查失业率，对外发布的是城镇登记失业率。城镇登记失业率统计口径很窄，仅包括城镇劳动力中的登记失业人员，同时还排除了国有企业下岗未就业人员和农村户口的失业人员。国家统计局自 1996 年开始进行有关劳动力的抽样调查。这一调查采用了国际劳工组织建议的就业概念，把就业者定义为 16 岁及以上、有劳动能力、在调查周内从事一小时以上社会劳动并取得劳动报酬或经营收入的人员，包括由于学习、休假及其他原因（如天气、设备维修、动力不足、原材料短缺等）在调查周内暂时处于未工作状态的人员，它比城镇登记失业率更能真实反映失业率。

16.1.2 失业的种类

按照不同的标准，失业可有多种分类。但最常见的是把失业分为自然失业和周期性失业，自然失业又分为摩擦性失业和结构性失业。

1. 摩擦性失业

摩擦性失业（frictional unemployment）是指劳动者在正常流动过程中所产生的失业。劳动者的流动过程包括人们出于某种原因放弃原来工作或被解雇、转移到新的地区或寻找新工作，以及季节性强的生产在转产过程中工人要变换职业或岗位等。在劳动力的流动过程中，总有部分工人处于失业状态，这就形成了摩擦性失业。即使劳动力供求在职业、技能、地区分布等结构上完全均衡，仍会存在摩擦性失业。

摩擦性失业率的大小取决于寻找工作所需要的时间长短和劳动力流动的大小。寻找工作所需要的时间主要取决于获取工作信息的难易程度和速度、失业的代价和失业者承受这种代价的能力。信息越不充分，寻找工作时间越长，摩擦性失业率越高。劳动力流动性则是由制度、社会文化、经济结构和劳动力结构等因素决定的，劳动力流动量越大、越频繁，则摩擦性失业率越高。

2. 结构性失业

结构性失业（structural unemployment）是指在经济结构的变化过程中，由劳动力的供给与劳动力的需求在职业、技能、产业、地区分布等方面的不协调所引起的失业。经济发展、技术进步及人口规模的变化等都会引起经济结构的变化，进而引起劳动力的需求结构发生变化，而劳动力供给结构的调整通常滞后于劳动力需求结构的变化，如果对一种劳动的需求上升，对这种劳动的供给又未能及时做出调整，就有可能发生劳动力的供给和需求不匹配情况，从而产生结构性失业。常见的是部门的兴起或衰落所引起的职业间或地区间的结构失衡。由于失业者缺乏新创造出来的工作机会所要求的技能，通常在存在大量失业的同时，也存在很多工作岗位的空缺。例如，在有些现代西方国家，随着经济和科技的发展，汽车工业开始走向衰落，对汽车工人的需求减少，从而引起了汽车工人的失业。与此同时，某些新兴工业所需要的具有特殊技能的劳动力却供不应求，产生了许多职位空缺。

结构性失业与摩擦性失业的区别是：摩擦性失业情况下，虽然失业与空缺并存，但劳动力的供给结构与需求结构是相一致的，每个寻找工作的人都有一个适合他的空缺职位，只是寻找者尚未找到这个空缺；而结构性失业情况下，寻找工作者找不到与自己的职业、技能及居住地区相吻合的工作，劳动力需求者则找不到符合岗位技能要求的工人。另外，摩擦性失业者失业时间一般较短，而结构性失业持续的时间较长。

3. 周期性失业

周期性失业（cyclical unemployment）又称需求不足的失业（deficient-demand unemployment），是指经济衰退引起劳动力需求小于劳动力供给时的失业。

周期性失业与摩擦性失业、结构性失业的主要区别在于：摩擦性失业和结构性失业即使在劳动力市场处于均衡状态时也会存在，而周期性失业则是劳动力需求不足引起的失业。存在周期性失业时的劳动力市场必然处于非均衡状态。一些人愿意工作却无业可就，因此周期性失业属于非自愿失业。

此外，还有两种失业形式。

一是技术性失业。它是指由技术进步所引起的失业。在经济增长过程中，技术进步的必然趋势是生产中越来越广泛地采用了资本密集型技术，工人的劳动被越来越先进的设备所替代。这样，对劳动力需求的相对缩小就会使失业增加。另外，在经济增长过程中，资本品相对价格的下降和劳动力相对价格的上升加剧了机器取代工人的趋势，从而也就加剧了这种失业。属于这种失业的工人大多是技术文化水平低、不能适应现代化技术要求的工人。

二是季节性失业。某些行业的生产具有季节性特点，由此引起的失业称为季节性失业。在这些行业中，生产繁忙的季节所需要的劳动力多，生产冷清的季节所需要的劳动力少，这就会产生具有季节性变动特点的失业。这些行业生产的季节性是由客观自然条件决定的，而非主观因素可以改变的，因此，季节性失业在现实经济中也是很难完全避免的，如在农业、旅游业、建筑业中就常常存在季节性失业。

16.1.3 充分就业和自然失业率

充分就业几乎在任何时候都是宏观经济的头号目标。充分就业并不是不存在失业，并非人人都有工作。通过上面的学习我们已经知道，失业可以分为由经济中某些难以克服的原因造成的自然失业和由需求不足造成的周期性失业。充分就业（full-employment）就是消灭了周期性失业时的就业状态。

周期性失业率为零时的失业率就是充分就业时的失业率，称为自然失业率（natural rate of unemployment）。自然失业率是实现了充分就业时的失业率。自然失业率概念由弗里德曼提出，并被大多数经济学家所接受。自然失业率并非自然而不能改变的，政府可以通过某些措施降低自然失业率。而且，自然失业率也不是最优失业率。对西方许多国家来说，目前的自然失业率是偏高的，降低自然失业率可以增加国民产出，增加社会福利。

一般认为，发达国家自然失业率上升有三方面的原因。

（1）劳动力结构的变化。在近三十年中，黑人妇女的劳动参与率大大提高，使这部分劳动力的比重上升，成年白人劳动力比重下降。一般而言，成年白人劳动力的流动性比较小，具有较大结构变动适应性，其自然失业率较低。这部分劳动力的比重下降必然会引起总体自然失业率的上升。

（2）政府政策影响。工业发达国家普遍实行的高福利政策使人们对工作过于挑剔，延长人们寻找工作的时间，加重了摩擦性失业。

（3）结构性因素的影响。进入 20 世纪 70 年代后，新技术革命和世界性的石油危机给西方各国经济结构带来了巨大的冲击，结构性升级不断加速，企业进入退出频繁，这必然会加大结构失业率。

总之，自然失业率是一个与制度有关的重要经济范畴，是政府进行经济调控的重要参考依据。显然，它不是一成不变的，也不是最优失业率。毫无疑问，进行制度创新可以降低自然失业率、增加国民产出及提高社会福利。

16.1.4　失业的经济学解释

1. 有效需求不足失业论

凯恩斯认为周期性失业的原因是有效需求不足。有效需求是指与总供给相等时的总需求。在两部门经济中，有效需求由消费需求与投资需求组成。凯恩斯认为，决定消费需求的因素是国民收入水平与边际消费倾向，决定投资需求的是预期利润率与利息率水平。在国民收入既定的情况下，消费需求取决于边际消费倾向。

凯恩斯以边际消费倾向递减规律说明了消费需求不足的原因。在收入增加的过程中，消费也在增加，但消费增加总是低于收入的增加，由此就造成了消费不足。投资是为了获得最大纯利润，而这一利润取决于投资预期的利润率（即资本边际效率）和为了投资而贷款时所支付的利息率。如果预期的利润率小于利息率，则纯利润越小，投资越少；反之，如果预期的利润率大于利息率，则纯利润越大，投资越多。凯恩斯用资本边际效率递减规律说明了预期的利润率是下降的，又说明了由于货币需求（即心理上的流动偏好）的存在，利息率的下降有一定的限度，这样预期利润率与利息率越来越接近，投资需求也会不足，而消费需求的不足与投资需求的不足造成了总需求的不足，从而引起了失业。

2. 工资刚性理论

失业产生的另一个原因来自工资刚性。工资刚性是指货币工资不随劳动需求和供给变化而迅速做出相应的调整，特别是当劳动的需求低于供给时，货币工资仍不能下降。由于人们存在一种货币工资只能上升、不能下降的心理要求，并且，工会和最低工资法的存在一定程度上保证了这种心理要求的实现。因此，在现实中，工资有一个最低限度，这会导致工资无法下降到均衡水平。无论劳动力市场的供求如何变动，货币工资也不会低于这一水平。在工资刚性的条件下，即使工资可以对劳动力供求的变化做出反应，其调整过程也是非常缓慢的。这种工资刚性的存在，使部分工人无法受雇，从而形成失业。

图 16-1 为工资高于均衡水平引起的失业。在这个劳动力市场上，供给与需求平衡的工资是 W_E。在这种均衡工资时，劳动供给量与需求量都等于 L_E。与此相比，如果工资被迫高于均衡水平（也许是因为最低工资法），劳动供给量增加到 L_S，而劳动需求量下降到 L_D，结果引起过剩的劳动供给，L_S-L_D 代表失业。

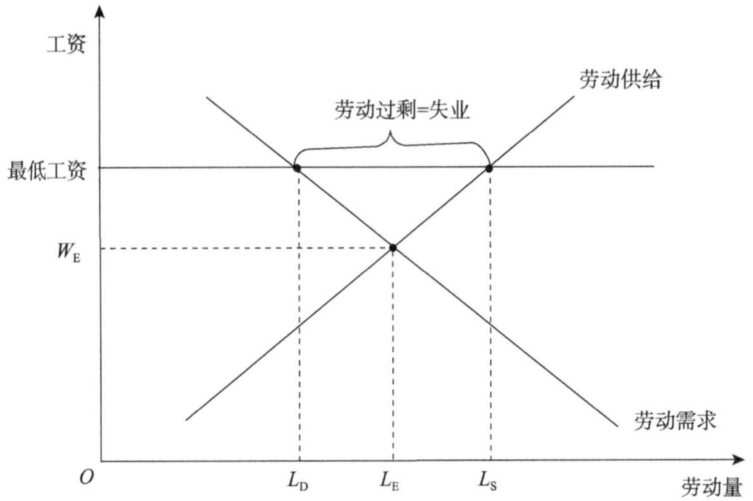

图 16-1　工资高于均衡水平引起的失业

3. 技术失业论

技术失业论认为，劳动力需求会随着新技术的应用而减少，因此新技术是产生失业的原因。这一理论最著名的代表人物是美国麻省理工学院的梅多斯。在梅多斯看来，生产自动化的进一步发展必然会减少对劳动力的需求，并由此得出结论：必须放弃反对失业的斗争，因为这是没有意义的。他认为，现代资本主义的任务并不在于保障就业，而是使全体社会成员得到“有保障的最低失业”。

16.1.5　失业的影响

1. 失业对经济的影响——奥肯定律

失业在经济上最大的影响就是导致实际国民收入减少，延缓经济增长速度。曾任美国约翰逊总统首席经济顾问的美国经济学家阿瑟·奥肯（Arther M. Okun）在 20 世纪 60 年代提出了奥肯定律，用来近似地描述失业率与实际 GDP 之间的反向变动关系。根据奥肯定律，当实际 GDP 增长相对于潜在 GDP 增长（美国一般将其定义为 3%）下降 2%时，失业率上升大约 1%；当实际 GDP 增长相对于潜在 GDP 增长上升 2%时，失业率下降大约 1%（潜在 GDP 这个概念是奥肯首先提出的，它是指在保持价格相对稳定情况下，一国经济所生产的最大产值。潜在 GDP 也称为充分就业 GDP）。

在理解这一规律时应该注意：第一，奥肯定律表明了失业率与实际 GDP 增长率之间是反方向变动的关系；第二，失业率与实际 GDP 增长率之间的比率关系只是根据经验统计资料得出来的，在不同的时期并不完全相同；第三，奥肯定律主要适用于没有实现充分就业时的情况，即失业率是周期性失业的失业率。在实现了充分就业的情况下，自然失业率与实际 GDP 增长率的这一关系就要弱得多。

奥肯定理表明，增加就业和增加 GDP 实际上是一回事。要解决失业问题，只要增加 GDP 或国民产出就行了。现在人们普遍认为，奥肯定律描述了产出市场和劳动市场之间极为重要的关系，它使政府能够计算出短期内 GDP 与失业率的变动速度，同时，它也为西方国家经济增长与福利支出规划的制定提供了一个统计资料上的依据。

2. 失业会直接造成劳动力资源的浪费

失业就是劳动力资源的闲置，而劳动力资源具有即时性，不能利用的劳动力资源无法转移至下期弥补，本期可以利用的劳动力闲置是这部分资源永久性的浪费。所以，失业既与闲置的物质资源一样，形成机会损失，又与物质资源不同，存在永久性实际损失。失业造成的损失会降低国民产出水平。

失业的经济损失可以用失业者的机会成本来衡量。如果失业率上升，则失业人数增加，这时失业的损失就是失业人员就业时所提供的国民收入。因此，不同国家或一个国家不同行业、不同地区的相同的失业率或相同的失业人数，造成的经济损失是不同的。

3. 影响社会安定团结

失业不但使失业者及其家属的收入和消费水平下降，还会给人们的心理造成巨大的创伤，影响社会安定团结。失业者长期找不到工作，就会悲观失望，高失业率往往伴随着高犯罪率和各种社会骚乱。一些工业发达国家普遍实行失业保险制度和失业救济制度，这在一定程度上缓解了失业造成的社会问题。但是同时，这种政策又鼓励了失业者不提高自身能力和素质，不去积极寻找工作而依赖于国家的帮助，给国家造成很大的财政负担。另外，失业率较高，政府威信也会受到影响，从而产生很大的政治损失。

16.2 通货膨胀理论概述

通货膨胀是宏观经济运行中常常出现的一种现象，也是宏观经济运行中的一种病态，而抑制通货膨胀、保持物价稳定，是宏观经济政策的四大目标之一。

16.2.1 通货膨胀的含义及理解

1. 通货膨胀的含义

对通货膨胀的定义，有物价派和货币派两种。物价派认为，只要价格总水平持续上升，就是通货膨胀。货币派则认为，并不是所有一般价格水平的上升都是通货膨胀，只有货币数量过度增长引起的一般价格水平的上升才是通货膨胀。例如，弗里德曼认为，“通货膨胀本质上是一种货币现象”。一般来说，通货膨胀（inflation）是指一般价格水平在一定时间内持续的、普遍的上升过程。

理解这一定义时要注意以下三点。

一是一般物价水平不是指一种或几种商品价格的上升，而是广泛地包括所有商品和劳务在内的平均总价格的上涨，在这里并不排除某些商品价格不变甚至下降。

二是价格水平必须是持续一段时期的上升过程，因此，季节性、偶然性和暂时性的价格上升都不能称为通货膨胀。

三是价格水平必须在长时期内以较大幅度上涨，是人们可以觉察到的。

2. 通货膨胀的衡量

通货膨胀一般是用价格指数来衡量的。价格指数代表经济中各种商品和劳务的价格总水平的变动幅度，被世界各国广泛采用的物价指数主要有三种，即消费价格指数、生产价格指数（producer price index，PPI）和 GDP 平减指数。

消费价格指数，又称为零售物价指数、生活费用指数。它是表示城市居民直接消费的一定种类和数量消费品价格水平变动程度的指标，反映居民货币收入购买力的升降和商品与劳务价格变动对居民生活费用的影响，是人们最关心的指数。

GDP 平减指数，是指 GDP 按当年价格计算的价值与对其按固定价格计算的价值的比率，即名义 GDP 对实际 GDP 的比率。可以按平减指数衡量从基期到计算期物价水平变化的程度，即通货膨胀率。

生产价格指数，其计算方法与消费价格指数基本相同，主要是衡量各个时期生产原料和中间投入品等价格水平变化的指标，是对给定一组商品的成本的度量。它与消费物价指数的不同之处在于它包括原料和中间产品，生产价格指数旨在对商品处在生产阶段的价格水平进行度量。由于企业最终要把它们的费用以更高的消费价格的形式转移给消费者，所以，从理论上来说，生产过程中所面临的物价波动将反映至最终产品的价格上，观察生产价格指数的变动情形将有助于预测未来物价的变化状况，因此这项指标受到市场的重视。

这三种价格指数都能反映出基本相同的通货膨胀率变动趋势，但由于各种指数所包括的范围不同，所以其数值并不相同。在这三种指数中，消费价格指数与人民生活水平关系最密切，因此，常用消费价格指数来衡量通货膨胀。

16.2.2 通货膨胀的类型

对于通货膨胀，西方经济学家从不同角度进行了分类。

1. 按照价格上升的速度进行划分

1）温和的通货膨胀

温和的通货膨胀（moderate inflation），是指年通货膨胀率在 10%以下的通货膨胀。其中，3%以下的物价上升称为爬行的通货膨胀。目前，许多国家都在不同程度上存在这种温和的通货膨胀。一般来说，经济学家们并不特别担心温和的通货膨胀，有的人甚至认为这种缓慢而逐步上升的价格对经济和收入的增长有积极的刺激作用。

2）奔腾的通货膨胀

奔腾的通货膨胀（galloping inflation），是指年通货膨胀率在 10%以上和 100%以内的通货膨胀。这种急剧的通货膨胀局面一旦形成并稳固下来，就会出现严重的经济扭曲。在这种情况下，货币贬值非常迅速，人们尽量在手中保留最低限度的货币以应付日常交易。公众预期价格还会进一步上涨，会采取各种手段减少损失，从而使通货膨胀更为加剧。尽管价格体系的运转已经如此糟糕，但一般情况下经济还可以继续增长。

3）超级通货膨胀

超级通货膨胀（hyper inflation），又称为恶性通货膨胀，是指年通货膨胀率在 100%以上的通货膨胀。发生这种通货膨胀时，价格持续猛涨，货币购买力急剧下降，人们对货币完全失去了信任，以致货币体系和价格体系最终完全崩溃，甚至出现社会动乱。

2. 按照对价格影响的差异进行划分

1）平衡的通货膨胀

平衡的通货膨胀即各种商品和劳务的价格都按相同比例上升，包括各种生产要素的价格，如工资率、利率等。平衡性通货膨胀对单个经济主体的影响不大。

2）非平衡的通货膨胀

非平衡的通货膨胀即各种商品和劳务的价格上涨幅度并不完全相同，有的上涨幅度较小，有的上涨幅度较大。这种通货膨胀对不同经济主体的影响是不同的。与平衡性通货膨胀相比，这种通货膨胀更普遍。

3. 按照公众的预期进行划分

1）未预期到的通货膨胀

未预期到的通货膨胀是指公众无法正确地预期到的通货膨胀，即价格上升的速度出乎人们的意料，或者人们根本没有想到价格会上涨。

2）已预期到的通货膨胀

已预期到的通货膨胀即价格的上升在人们的预料之中的通货膨胀假定所有商品价格每年都上涨 3%，且每一个人都预期这种趋势会继续，那么这种通货膨胀就会存在于经济中并自我维持下去。

4. 按照通货膨胀的表现形式进行划分

1）公开性通货膨胀

公开性通货膨胀即可以通过价格指数或通货膨胀率公开反映价格上涨情况的通货膨胀。在正常市场经济状态下，通货膨胀都是公开性的。在高度集中的计划经济中，国家严格控制物价，即使经济中出现了引起物价上涨的因素，商品价格的上涨也是由国家调节的，最终由国家编制的零售物价指数上涨而表现。因此，有的学者把这种物价水平上涨或公开性通货膨胀称为“计划性”通货膨胀。

2）隐蔽性通货膨胀

隐蔽性通货膨胀又称受抑制的通货膨胀。一般是在商品紧缺时期，政府采取价格管制措施或者实行配给制，从表面上看价格水平并未上涨，但经济中存在明显的通货膨胀压力。在社会经济生活中，有时一般物价水平已经上涨，但是并没有在官方物价指数变化中完全表现出来，这种通货膨胀被称为隐蔽性通货膨胀。一般官方物价指数编制的构成方面的缺陷，会使官方物价指数不能充分和准确地反映物价水平的变动情况，所以官方物价指数反映的物价上涨率有时会低于实际发生的物价上涨率。

16.2.3　通货膨胀的成因

关于通货膨胀的原因，经济学家给出了三种解释：第一个方面是货币数量论的解释，这种解释强调货币在通货膨胀过程中的重要性；第二个方面是用总需求与总供给来解释，包括从需求的角度和供给的角度进行解释；第三个方面是从经济结构因素变动的角度来说明通货膨胀的原因。

1. 需求拉动的通货膨胀

需求拉动的通货膨胀是指一般物价水平的上升是由商品市场上的过度需求拉上的。

影响通货膨胀的主要因素之一是总需求的变动。前几章我们已经看到，消费、投资、政府支出和净出口的变化都可以使总需求发生变化。需求方的货币竞相追逐有限的商品供给，使价格提高，从而平衡总需求和总供给。我们借助图 16-2 来分析这个过程。

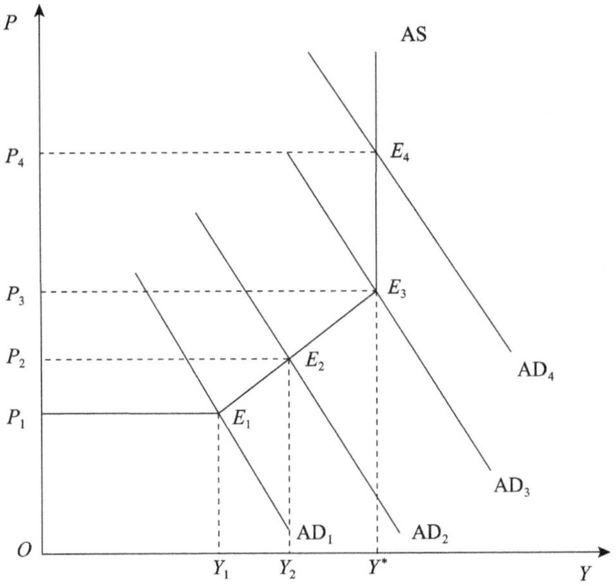

图 16-2 需求拉动的通货膨胀

在图 16-2 中，横轴 Y 表示总产量，也就是国民产出，纵轴 P 表示一般价格水平。AD 是总需求曲线，AS 是总供给曲线。AS 曲线起初呈水平状态，这说明，在总产量较低的时候，总需求的增加不会引起价格水平的上涨。产量从零增加到 Y_1，价格水平始终稳定在 P_1。如果总需求继续增加，由 AD_1 右移到 AD_2，在 AS 不变，或总供给变动幅度小于总需求变动幅度的情况下，其必然导致价格由 P_1 升至 P_2，此时就发生了需求拉动的通货膨胀。与此同时也伴随着国民产出的增加，国民产出由 Y_1 增加到 Y_2。当经济实现了充分就业以后，整个社会的经济资源就得到了充分的利用。在这以后，总需求继续增加，总供给不再增加，AS 曲线呈垂直状，这时总需求的增加只会引起价格水平的上涨。如图 16-2 所示，当总需求曲线由 AD_3 提高到 AD_4 时，价格水平已由 P_3 上升到 P_4，但产出仍为 Y^*。从以上分析可以看出，在经济实现充分就业后，扩大总需求更容易导致需求拉动的通货膨胀。其中，E_1 到 E_3 是资源被逐渐充分利用的过程。

2. 成本推进的通货膨胀

成本推进的通货膨胀是从供给方面考察通货膨胀形成的原因的，是指物价水平的上升是由生产成本提高而推动的。在总需求不变的情况下，由于生产要素价格（包括工资、利率和租金等）上涨，产品成本上升，从而导致物价总水平持续上涨。我们仍然借助图形来分析这个过程。

图 16-3 中，总需求不发生变动，只有总供给变动。当总供给曲线为 AS_1 时，总供给曲线与总需求曲线的交点 E_1 决定的总产量为 Y_1，价格水平为 P_1。当总供给曲线由于成本提高而移动到 AS_2 时，总供给曲线与总需求曲线的交点 E_2 决定的总产量为 Y_2，价格水平为 P_2。这时总产量比以前减少，而价格水平上涨了。当总供给曲线由于成本进一步提高而移动到 AS_3 时，总供给与总需求曲线的交点 E_3 决定的总产出为 Y_3，价格水平为 P_3。这时的总产出进一步下降，价格水平进一步上涨，此时就发生了成本推进的通货膨胀。

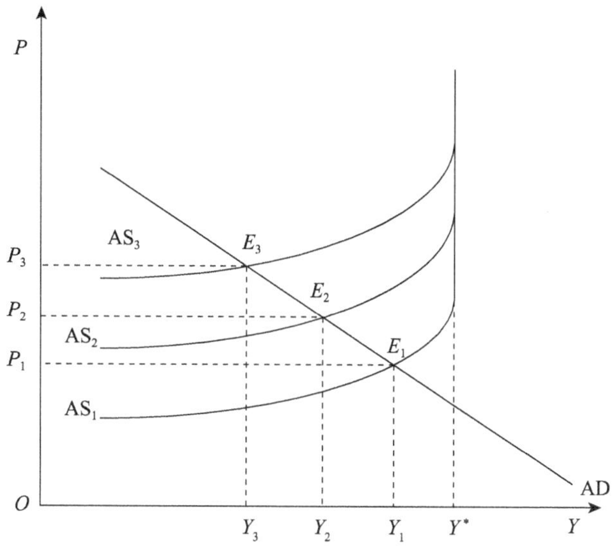

图 16-3　成本推进的通货膨胀

成本推进的通货膨胀又分为工资推进型通货膨胀、利润推进型通货膨胀和进口成本推进型通货膨胀。产品成本的上升主要是由于存在强大的、对市场价格具有操纵力量的团体，如工会、垄断企业和像石油输出国组织那样的卡特尔。如果工会迫使厂商提高工资，并使工资的增长快于劳动生产率的增长，这时，生产成本就会提高，导致物价上涨。物价上涨后，工会又会要求提高工资，又会对物价上涨施加压力。工资与物价互为因果，互相推进，螺旋上升，形成了所谓的“工资-价格螺旋”，这称为工资推进型通货膨胀。当垄断企业凭借其垄断地位通过提高价格来增加利润时，同样会导致物价的普遍上涨，这称为利润推进型通货膨胀。另外，进口商品价格提高，引起国内商品价格提高，特别是重要原材料进口价格过高，引起国内生产成本提高。当这些行业价格的上涨波及整个经济时，便形成了进口成本推进型通货膨胀。

3. 供求混合推动的通货膨胀

西方经济学家认为，单纯从需求拉动或成本推进的角度都不能充分说明通货膨胀是一种持续的价格上涨行为，而应同时从需求和供给两方面及其相互作用来说明通货膨胀。

如果通货膨胀首先是由需求拉动引起的，即总需求的增加引起价格水平上升，商品和劳务价格上升以后，又会迫使工会要求增加工资，使生产成本提高，引起成本推进型通货膨胀。如图 16-4（a）所示，由于总需求 AD 由 AD_0 增加到 AD_1，虽然国民收入由 Y_0 增加到 Y_1，但物价水平由 P_0 上升到 P_1；图 16-4（b）中，物价上涨导致成本推动，即 $AS_0 \rightarrow AS_1$，物价进一步由 P_1 上升到 P_2。

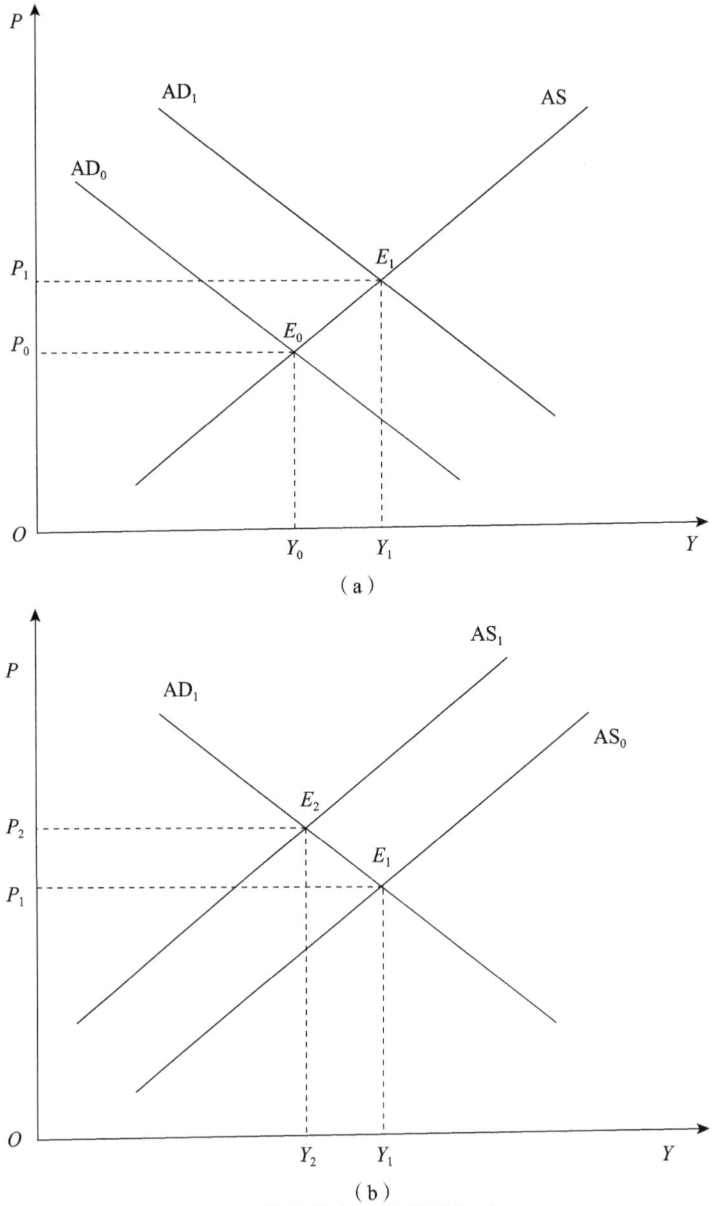

图 16-4　供求混合型通货膨胀（一）

如果通货膨胀是从成本推动开始的，成本增加导致物价水平上升（在图 16-5 中，$AS_0 \to AS_1$，$P_0 \to P_1$），物价上涨又会导致产量下降，即 $Y_0 \to Y_1$。此时，由于国民收入下降，经济衰退，可能结束通胀。只有当成本推动导致通货膨胀的同时，总需求由 AD_0 增加为 AD_1，国民收入才会恢复到 Y_0，而此时，价格水平就由 P_1 进一步上升到 P_2。

4. 结构性通货膨胀

结构性通货膨胀是指由社会经济结构因素的变动引起的一般物价水平的持续上涨。在一个迅速发展变化的经济中，由于受到市场需求的引导，经常会出现有些部门发展迅速，社会生产率提高速度快；有些部门生产率提高速度慢，渐趋衰落的现象。在社会总需求不变的情况下，由于需求的组成部分发生结构性变化，那些需求增加而迅速发展的部门或地区的物价

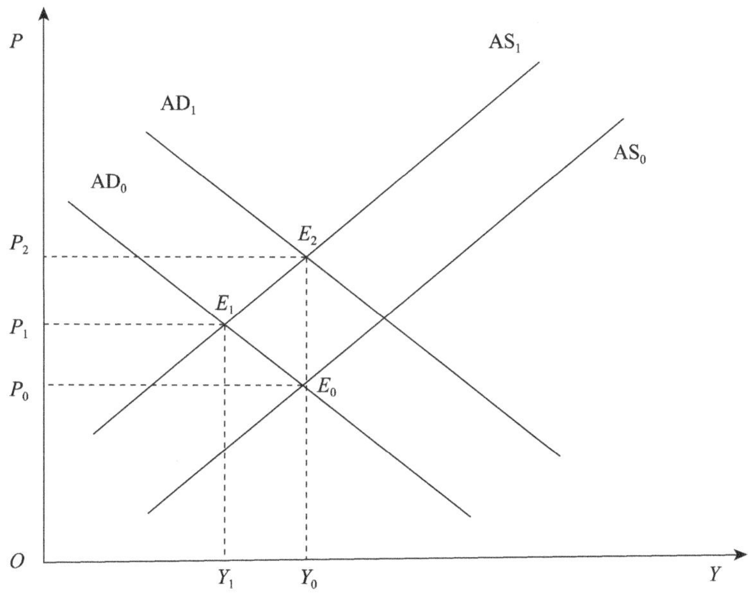

图 16-5　供求混合型通货膨胀（二）

和工资上涨,那些需求减少而逐渐衰落的部门或地区的工资和物价由于刚性而没有相应下跌，还要像前一类部门那样提高货币工资。由于后一类部门的劳动生产率没有提高，所以就形成了货币工资增长率大于劳动生产率增长率的情况，这样就引起了平均物价水平随着社会经济部门结构的变化呈持续上升的趋势，这种通货膨胀称为结构性通货膨胀。

以上是通货膨胀形成的几个主要原因。应该注意的是，对于某一次具体的通货膨胀，其成因往往不是单一的，而是多种原因综合在一起导致的，因此需要进行全面的分析。

16.2.4　通货膨胀对经济的影响

考察通货膨胀的经济效应比考察失业的经济效应要复杂得多。失业影响的许多方面是可以量化的，但是，通货膨胀的经济效应很难量化，同时通货膨胀效应问题一直是一个争论剧烈的问题。通货膨胀对经济的影响主要体现在以下几个方面。

1. 通货膨胀的收入分配效应

就社会的各个阶层或集团来说，通货膨胀对他们的收入的影响是不相同的，一些人从中受益，而另一些人将遭到损失。

首先，通货膨胀有利于利润收入者，而不利于工资收入者。这是因为实际收入=名义收入/物价指数。在通货膨胀期间，一方面，货币的实际购买力大大下降，工人的实际收入就会明显下降。而另一方面，实际工资下降，雇主的利润就会增加。

其次，通货膨胀有利于债务人，而不利于债权人。这是因为借款人借到的是“昂贵”的货币，在发生通货膨胀之后只需归还“便宜”的货币。在发生通货膨胀时，靠固定利率贷款的人由于还款时的实际金额下降而受损失，而靠固定利率借款的人由于通货膨胀使借款的代价降低而受益。

最后，通货膨胀有利于政府，而不利于公众。首先，政府的许多制度，尤其是与赋税有关的制度是根据名义收入来制定的。在不可预期的通货膨胀下，名义工资总会有所增加，这样达到纳税起征点的人数就增加了。而且，还有许多人进入了更高的税率等级，即所谓的“税收等级爬升”。所以，政府的税收增加，公众的纳税数额增加，实际收入进一步下降。其次，政府部门对公众拥有大量的债务，通货膨胀使政府的内债负担下降。通货膨胀往往是由货币发行量过多引起的，可以说它是对民众的直接剥夺。

2. 通货膨胀的经济资源配置效应

通货膨胀导致价格信号的扭曲，使人们无法根据价格提供的信号来进行经济决策，不利于经济活动，造成经济活动的低效率。在市场经济中，资源的配置也是通过价格进行的，通货膨胀带来了价格水平的频繁变动，使价格不能发挥优化资源配置的作用，厂商不知道生产哪一种产品更有利可图，消费者不知道购买哪一家商店的产品更便宜，这就降低了整个社会的经济效率。另外，通货膨胀给经济活动带来了许多的不确定性，通货膨胀率越高，这种不确定性也就越大。人们会花费许多时间和精力去预测通货膨胀，不愿从事实际工作，专门靠投机获益，使经济资源更多用于预期方面而不是用于生产性投资方面，从而不利于经济的发展。

3. 通货膨胀的产出效应

在非充分就业的情况下，未被预期到的通货膨胀会使实际工资成本下降，这样，生产者就可以从中获取较多的利润，从而刺激厂商扩大产量，增雇工人，使产出和就业增加。另外，较高的通货膨胀使持有实际资本比持有现金更加有吸引力，从而，实际资本增加，总供给和就业增加。如果经济已经达到充分就业状态，则总需求扩张只能有纯粹的通货膨胀效应，而对产出没有影响。即使通货膨胀是可预期的，高通货膨胀也会导致相对价格的波动，使企业计划难度增大，从而管理缺乏效率，收集信息和处理信息的成本上升，最终对生产造成不利影响。

（1）随着通货膨胀的出现，产出增加，这就是需求拉动的通货膨胀的刺激促进了产出水平的提高。经济学家普遍认为，温和的或爬行的需求拉动的通货膨胀对产出和就业将有扩大的效应。假设总需求增加，经济复苏，造成一定程度的需求拉动的通货膨胀，在这种情况下，产品的价格会跑到工资和资源的价格的前面，从而增加企业的利润。利润的增加就会刺激企业扩大生产，从而产生减少失业、增加国民产出的效果。这种情况意味着通货膨胀的再分配后果会被更多的就业、增加产出所获得的收益所抵消。

（2）成本推动通货膨胀引致失业。这里讲的是由通货膨胀引起的产出和就业的下降。假定在原总需求水平下，经济实现了充分就业和物价稳定，如果发生成本推动的通货膨胀，则原来总需求所能购买的实际产品的数量将会减少。也就是说，当成本推动的压力抬高物价水平时，既定的总需求只能在市场上支持一个较小的实际产出，所以，实际产出会下降，失业率会上升。

（3）超级通货膨胀导致经济崩溃。首先，随着价格的持续上升，居民户和企业会产生通货膨胀预期，即估计物价会再度升高。此时会产生过度的消费购买，这样，储蓄和投资都会减少，经济增长率下降。其次，随着通货膨胀带来的生活费的上升，工人会要求提高工资，于是企业增加生产和扩大就业的积极性就会逐渐丧失。再次，企业在通货膨胀率上升时会力求增加存货，以便在稍后按高价出售以增加利润。但企业无法筹措到必需的资金，银行会在适当时机拒绝为企业扩大信贷，银行的利率也会上升。企业被迫减少存货，生产从而就会收缩。最后，当出现恶性通货膨胀时，情况会变得更糟。当人们完全丧失对货币的信心时，货币就不再执行它作为交换手段和储藏手段的职能。等价交换的正常买卖、经济合同的签订等活动都无法实现，市场经济机制也无法正常运行，别说经济增长，大规模的经济混乱也不可避免。

4. 通货膨胀时的对外贸易及其国际收支效应

当一国出现通货膨胀时，随着国内一般物价水平的持续上涨，货币不断贬值，造成原来的汇率不能维持，不得不降低本国货币对外国货币的比值。通货膨胀引起汇率变化，必然会影响对外贸易和国际收支。例如，购买某种商品，甲国需要货币 100 元，乙国需要货币 200 元，两国汇率为 1∶2，甲国的 1 元可以兑换乙国的 2 元。如果其他条件不变，乙国发生通货膨胀，假设通货膨胀率为 100%，那么物价涨了一倍，货币购买力下降一半，这时，乙国货币对外价值要同比例下降，新汇率为 1∶4。在开放经济中，通货膨胀会引起国内总需求的上升，如达到充分就业，就要增加进口，对外贸易就可能出现逆差，引起国际收支的不平衡。

16.2.5　反通货膨胀的经济政策

通货膨胀对经济发展有诸多不利影响，对社会再生产的顺利进行有破坏性作用，严重的通货膨胀还会引发信用制度崩溃和政治局势的混乱。因此，一旦发生通货膨胀，必须下决心及时治理。

1. 实行紧缩的需求管理政策

从上面通货膨胀的成因分析可以看出，需求拉动的通货膨胀是由于总需求超过总供给而产生的，所以，要消除这种通货膨胀就必须压缩总需求，压缩总需求的有效途径是采取紧缩的财政政策和货币政策。紧缩的财政政策包括减少政府支出和增加税收，其直接效果是降低总需求；紧缩性的货币政策包括减少货币供应量，其直接效果是利率的提高，从而抑制消费和投资，导致总需求减少。压缩总需求控制通货膨胀的方法实际上是牺牲一定的就业，用一定的衰退来换取物价的稳定，主要有两种政策路径可供选择：第一，逐渐制造衰退，即以较低的失业率和较长的时间降低通货膨胀率，又称为渐进的方法；第二，大规模制造衰退，即以较高的失业率和较短的时间降低通货膨胀率，又称为激进的方法。

2. 收入政策

收入政策的理论基础是成本推动的通货膨胀。我们已经知道，成本推动的通货膨胀来自供给方面，是由于成本的提高，特别是工资的提高，价格水平而产生的上涨。收入政策可以通过影响收入的实际因素来达到控制通货膨胀的目的，成功的收入政策能够使短期的总供给曲线下移。推行收入政策的主要手段有：第一，工资价格管制，即工会与企业不经政府有关部门的同意就不能提高工资和价格，这是最强硬的措施；第二，对工资和价格进行指导，即由政府规定工资和价格的指导指标，指令工会和企业参照执行。第三，道德劝说，即政府劝说工会和企业自动限制工资和价格的上涨。

3. 指数化政策

指数化政策是指使货币支付与某一指数相联系，从而使实际购买力不受到损失，也就是对交易中由于通货膨胀而受到利益损失的一方给予一定的补偿，或者按通货膨胀率来调整有关的名义变量值，以便使实际值保持不变。人们大都认为实行指数化政策是一种适应通货膨胀、与通货膨胀共存的政策，而不是防止通货膨胀的措施。

4. 扩大总供给

治理通货膨胀必须从两个方面同时入手：一方面控制总需求；另一方面增加总供给，二者不可偏废。可以通过减少管制、鼓励竞争来增加总供给，也可以通过降低税率，使人们有动力去工作和储蓄，促进企业进行投资，增加总供给（供给学派的减税主张在20世纪80年代的各国税制改革中得到普遍的采纳，但其在刺激生产的同时，也带来了财政的巨额赤字）。

总之，通货膨胀是一个十分复杂的经济现象，其产生的原因是多方面的，需要我们有针对性地根据原因采取不同的治理对策，对症下药。

16.3 失业和通货膨胀的关系：菲利普斯曲线

失业和通货膨胀是短期宏观经济运行中的两个主要问题。如果经济决策者的目标是低通货膨胀和低失业，则他们会发现低通货膨胀和低失业目标往往是冲突的。利用总需求—总供给模型来解释，假设决策者想用货币或财政政策扩大总需求，在理论上，这种政策将使经济沿着短期总供给曲线变动到更高产出和更高物价水平上的一点。较高的产出意味着较低的失业，因为当企业生产更多产品时，它们需要更多的劳动力。而较高的物价水平则意味着较高的通货膨胀。因此，当决策者使经济沿着短期总供给曲线向上移动时，它们降低了失业率的同时提高了通货膨胀率。相反，当决策者紧缩总需求并使经济沿着短期总供给曲线向下移动时，失业增加了而通货膨胀下降了，因此，有必要从理论上探讨失业形成的原因以及失业和通货膨胀之间的关系。

凯恩斯学派认为，单靠市场本身的调节无法消除非自愿失业，因而应该根据不同的失业原因采取不同的经济政策。解决需求不足的失业的方法是运用宏观财政政策和货币政策。政府可以通过增加政府支出、减少政府税收或增加货币供给量的方法来刺激总需求，从而达到增加劳动总需求、提高就业水平的目的。

16.3.1 菲利普斯曲线的提出

1958年，经济学家菲利普斯在对英国1861~1957年的失业和货币工资的统计资料进行仔细研究后发现，货币工资增长率与失业率之间存在反比例关系，当失业率提高时，货币工资增长率就降低；反之，当失业率降低时，货币工资增长率就提高。菲利普斯利用数理统计方法推导出一条描述货币工资变动率与失业率之间关系的曲线，这就是著名的菲利普斯曲线。

菲利普斯曲线的提出是对英国经济发展中的一个问题的总结，它用实际数据描述了通货膨胀与失业率之间的变化关系，为凯恩斯主流经济学派——新古典综合学派的政策主张提供了一个新的思路：在充分就业条件下，若想减少失业则要提高通货膨胀率；若想降低通货膨胀率则必然要增加失业率。

1960年，美国新古典综合派经济学家萨缪尔森和索洛发表文章，用美国的统计资料同样证明了菲利普斯曲线所表示的关系是存在的，并进一步把菲利普斯曲线解释为失业和通货膨胀之间的关系。这是因为，工资是成本的主要构成部分，从而也是产品价格的主要构成部分。根据成本推动型通货膨胀理论，货币工资增长率可以表示通货膨胀率。因此，菲利普斯曲线描述的关系延伸为失业率与通货膨胀率的替代关系：失业率高时，通货膨胀率就低；反之则高，具体如图 16-6 所示。

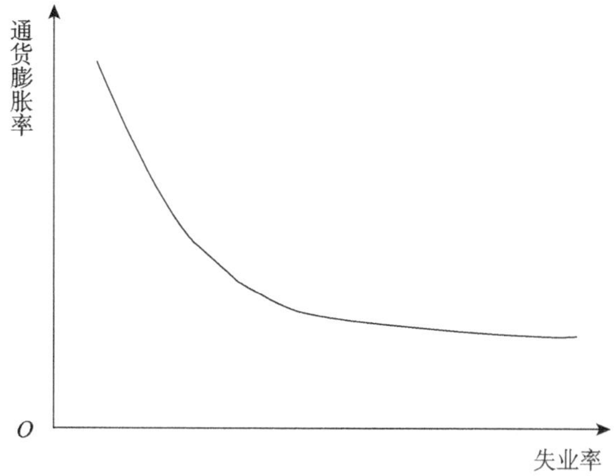

图 16-6　菲利普斯曲线

根据这条曲线所显示的理论，如果一个国家愿意付出较高的通货膨胀率的代价，那么，这个国家就可以得到较低水平的失业率。这一对换关系不论在短期还是长期中都是成立的。

16.3.2　菲利普斯曲线的移动和变化

早期的菲利普斯曲线基本符合 20 世纪五六十年代西方国家的实际情况，但 20 世纪 60 年代末 70 年代初以来，出现了高通货膨胀率和高失业率并存的现象。这时，相对于某一水平的失业率会有一个更高的通货膨胀率与之相对应；相对于某一水平的通货膨胀率会有一个更高的失业率与之相伴随，即菲利普斯曲线向右移动。于是人们提出疑问，讨论了菲利普斯曲线的移动和变化，提出了修正的菲利普斯曲线。

1. 货币主义者的观点

货币主义经济学家弗里德曼和费尔普斯在对失业率与通货膨胀率之间的交替关系的研究中引入了适应性预期的概念。适应性预期就是人们根据以往经验来形成并调整对未来的预期。根据适应性预期，菲利普斯曲线分为短期菲利普斯曲线（short-run Phillips curve，SPC）和长期菲利普斯曲线（long-run Phillips curve，LPC），如图 16-7 所示。

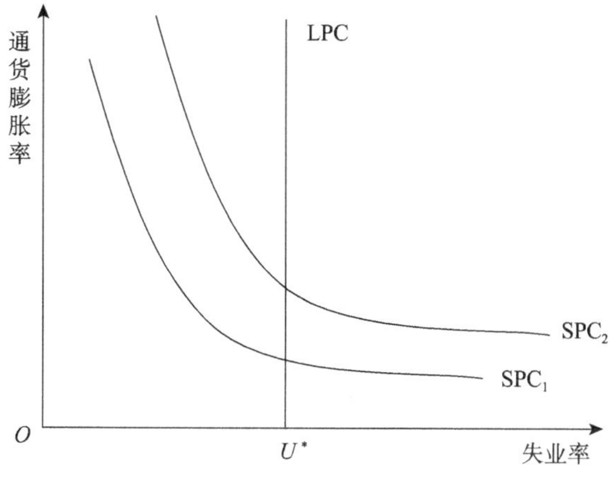

图 16-7　短期与长期菲利普斯曲线

在短期中，由于工人不能及时改变预期，预期的通货膨胀率低于实际产生的通货膨胀率，这样，工人的实际工资下降，引起厂商实际利润增加，进一步刺激投资增加，失业率下降。在这种情况下，失业率与通货膨胀率之间存在交替关系，向右下方倾斜的菲利普斯曲线在短期内是可以成立的。这也说明，在短期中引起通货膨胀率上升的扩张性财政与货币政策对减少失业是有效的，这就是宏观经济政策的短期有效性。

在长期中，工人将根据通货膨胀的实际情况不断调整自己的预期，致使长期中的实际通货膨胀率与工人的预期通货膨胀率达到一致。这时，工人会要求增加名义工资，使实际工资不变，从而通货膨胀就不会起到减少失业的作用。可见，长期的菲利普斯曲线是一条垂线，表明失业率与通货膨胀率之间不存在交替关系。而且在长期中，经济能实现充分就业，失业率是自然失业率。因此，垂直的菲利普斯曲线表明了：无论通货膨胀率如何变动，失业率总是固定在自然失业率 U^* 的水平上。这意味着以引起通货膨胀为代价的扩张性财政政策与货币政策并不能减少失业，这就是宏观经济政策的长期无效性。

2. 理性预期学派的观点

理性预期学派认为无论在短期还是长期中，菲利普斯曲线都是一条从自然失业率 U^* 出发的垂线，即失业率与通货膨胀率之间不存在交替关系。当货币供给量发生变化的时候，公众会很快预期到这种变化并将其反映到自己的经济决策中，因此，价格水平和货币工资率的变化对产出和就业量不会有影响。理性预期学派所采用的预期概念不是适应性预期，而是理性预期。理性预期是合乎理性的预期，其特征是预期值与以后发生的实际值是一致的。在这种预期的假设之下，无论在短期或长期中，预期的通货膨胀率与实际发生的通货膨胀率相一致，所以政府不能以提高通货膨胀率为代价来降低失业率。由此得出的推论就是：无论在短期还是长期中，宏观经济政策都是无效的。

本章小结和复习思考题

第 17 章

经济增长与经济周期理论

知识学习目标

1. 掌握经济增长与经济发展的关系。
2. 掌握哈罗德-多马经济增长模型、新古典增长模型。
3. 了解内生经济增长模型。
4. 掌握乘数-加速数的经济周期模型，理解经济波动的原因。

能力训练目标

对发生在经济生活中的宏观经济周期性波动与增长的理论有所了解，并能够对理论指标所反映的现实经济现象做出正确的判断。

经济增长和经济周期是宏观经济学中的重要问题。正如诺贝尔经济学奖获得者托宾所说："宏观经济学有两个不变的基本命题。其一是说明经济活动中的短期波动，有些人将这种变动称为周期。这种年复一年、月复一月的变化，总合起来形成繁荣或衰退、通货膨胀或通货紧缩。其二是说明长期经济趋势，即某一经济在几十年内的增长率。"本章主要讲述经济增长理论、哈罗德-多马模型、新古典增长模型、新经济增长理论、经济周期和加速原理等。

17.1 经济增长概述

17.1.1 经济增长的含义与基本特征

1. 经济增长的含义

经济增长是指人均国民收入的增长。美国统计学家和经济学家库兹涅茨在 1971 年接受诺贝尔经济学奖时所做的演说《现代经济增长：发现和反映》中，曾给经济增长下了这样一个定义："一个国家的经济增长，可以定义为给居民提供种类日益繁多的经济产品的能力长期上升，这种不断增长的能力是建立在先进技术以及所需要的制度和思想意识之相应的调整的基础上的。"

经济增长这一定义有以下三个含义。

（1）经济增长就是实际 GDP 的增加。如果考虑到人口的增加，经济增长就是人均实际 GDP 的增加。

（2）技术进步是实现经济增长的必要条件。在影响经济增长的诸多因素中，技术进步是第一位的，一部经济增长的历史，就是一部技术进步的历史。

（3）制度与意识形态的调整或变革是经济增长的充分条件。一方面，社会制度与意识形态的变革是经济快速增长的前提，如私有产权的确立是经济增长的起点和基础，只有在制度与意识形态调整的基础上，技术才能极大地进步；另一方面，新的经济制度的出现使交易费用降低，分工将进一步细化，促进经济增长。

2. 经济增长的基本特征

（1）实际 GDP 的增长率超过各种投入的增长率，表明技术进步在经济增长中起着十分重要的作用。

（2）资本存量的增长超过就业量的增加，导致人均资本占有量的增加。

（3）实际工资明显上升。工资在 GDP 中的比例虽有所上升，但非常微小。

（4）实际利率与利润率没有明显的上升或下降趋势，尽管在商业周期中它们会急剧变动。

（5）资本–产出比率下降。这显然是技术进步的作用，因为若技术既定，根据边际报酬递减规律，资本–产出比率应该上升。

（6）储蓄在国民收入中的比例比较稳定，发达国家为 10%~20%，美国在 1980 年以后大幅度下降至 6%左右。

（7）社会结构与意识形态迅速改变。例如，教育与宗教的分离、城市化、民主化、法制化、政治生活的公开化、居民生活的科学化等，不仅是经济增长的结果，也是经济进一步增长的条件。

17.1.2 经济增长的源泉

对于经济增长的源泉，不同的经济学家常有不同的看法。亚当・斯密强调分工、专业化生产与国际贸易中的绝对优势；李嘉图强调比较优势与自由贸易；马克思和恩格斯以及熊彼特强调创新；索洛等强调生产要素；贝克尔和舒尔茨则强调教育与人力资本；新经济增长理论中，罗默和卢卡斯强调内生性增长，特别是规模报酬递增在经济增长中的贡献，其实质是强调内生性技术创新；诺斯等强调制度创新对经济增长的作用。

一般来说，经济增长的源泉主要有四个，即人力资源、自然资源、资本和技术进步。

我们可以根据总量生产函数来研究增长的源泉：$Y=Af(L, K, R)$。式中，Y 代表总产量；K 代表资本；L 代表劳动；A 代表技术；R 代表自然资源。由总量生产函数可以看出，经济增长的源泉是资本积累、自然条件的改良、劳动力质量的提高或人力资本的积累与技术进步。

1. 人力资源

劳动力的数量与质量是决定一国经济增长的重要因素，尤其是劳动力的质量，如劳动者的生产技术水平、知识水平与结构、纪律性及健康程度。一个国家可以购买最先进的生产设备，但是只有拥有一定技术、受过良好训练的劳动者才能使用这些先进的生产设备，并使它们充分发挥效用。提高劳动者的知识水平与生产技能，增强他们的身体素质与纪律意识，将极大地提高劳动生产率。一般来说，在经济增长的开始阶段，人口增长率较高，这时的经济增长主要依靠劳动力数量的增加。而经济增长到了一定阶段，人口增长率下降，劳动时间缩短，这时的经济增长就要通过提高劳动力的质量或人力资本的积累来实现。

2. 自然资源

自然资源也是影响一国经济增长的重要因素。一些国家，如加拿大和挪威，就是凭借其丰富的自然资源，在农业、渔业和林业等方面获得高产而发展起来的。但在当今世界上，自然资源的拥有量并不是取得成功的必要条件。许多几乎没有自然资源可言的国家（如日本）通过大力发展劳动密集型与资本密集型的产业而获得经济增长。

土地包括所有自然的、非人类生产出来的投入品，如土地本身、土地中的矿藏，以及所有其他非人类生产的投入品。这种投入的数量是由自然决定的，一个国家无法做出选择，只能有什么资源就利用什么资源。各国都不能通过增加自己自然资源的存量来实现高速、持续的发展，但各国都可能而且也确实经历了由于自然资源价格波动而引起的收入波动。有时候这些自然资源的价格上升得很快，这时收入就会暂时增长，如在 20 世纪 70 年代后期产油国就由于石油价格迅速上升而收入迅速增加。但是，要达到长期持续的收入增长，就必须寻找自然资源以外的资源。有些国家的富裕与其自然资源相关，但也并不能全归功于自然，甚至主要还不是自然。例如，美国的发达、富裕当然与其优越的自然条件不无关系，但美国发展为今天这样的强国，则更多地取决于它的制度和技术进步。还有一些国家，自然资源很贫乏，如日本和西欧一些小国，但它们却在恶劣的自然资源条件之下创造了经济增长的奇迹。所以说，自然资源与增长有一定关系，但并不是经济增长的关键因素，人是可以改造自然的。

3. 资本

资本分为物质资本和人力资本。物质资本又称有形资本，是指设备、厂房、基础设施等存量。人力资本又称无形资本，是指体现在劳动者身上的投资，如劳动者的文化技术水平、纪律性与健康状况等，其已经包含在人力资源之中。因此，这里的资本是指物质资本，包括厂房、机器设备、道路及其他基础设施等。

资本积累是经济增长的基础。英国古典经济学家亚当·斯密曾把资本的增加作为国民财富增加的源泉。现代经济学家认为，只有人均资本量的增加，才能使人均产量提高。许多经济学家都把资本积累占国民收入的 10%~15%作为经济起飞的先决条件，把增加资本积累作为实现经济增长的首要任务。西方各国经济增长的事实都表明，资本积累多的国家，经济增长率往往是比较高的，如德国、日本等。

4. 技术进步

技术进步在经济增长中的作用主要体现在生产率的提高上，它使同样的生产要素投入量能提供更多的产品。随着生产要素投入的增加，产出虽然也增加，但由于其边际产量递减，经济增长的速度会日益减慢，而技术水平的提高可以使一国的经济快速增长。虽然富国的人均资本比穷国多得多，但这并不是它们之间的唯一差别。一般来说，它们之间更重要的差别在于富国所用的生产技术的效率比穷国更高。即使它们所拥有的人均资本相同，富国的人均产量也比穷国更高。例如，富国的农民用一台有 10 马力的拖拉机，穷国的农民用十匹马。他们所拥有的“马力”是相等的，但用拖拉机所达到的产量要比用马高得多。更好的技术和更高的人均资本相结合使富国与穷国之间的差距进一步扩大。在技术进步突飞猛进的今天，这种差距也就更大了。边际产量递减，经济增长的速度会日益减慢，而技术水平的提高可以使一国的经济快速增长。

上述分析隐含着现存的社会政治经济制度和意识形态符合经济增长的要求的假设。若不具备这一假设条件，则社会政治经济制度和意识形态的相应调整会对促进经济增长具有十分重要的作用。一个社会只有在具备了经济增长所要求的基本制度条件、有一套能促进经济增长的制度之后，上述影响经济增长的因素才能发挥其作用。第二次世界大战后许多发展中国家经济发展缓慢的关键原因并不是缺乏资本、劳动或技术，而是没有改变其落后的制度。

17.1.3 经济增长理论发展的三个阶段

现代经济增长理论在第二次大战后迅速发展起来,其发展过程大致经历了以下三个阶段。

（1）20 世纪 50~60 年代。经济学家们普遍接受高速增长的模式，因为高速增长不仅是一国实现充分就业的保证，也是保持其国际地位的先决条件。建立在凯恩斯主义理论基础上的增长理论把研究的中心放在生产能力的长期增长上，着重研究影响经济增长的各因素之间的相互关系及它们在经济增长中的作用，探寻经济长期稳定增长的途径和相应的政策，在这方面的代表人物有 R. 哈罗德、多马、R. 索洛、J. 罗宾逊、N. 卡尔多、J. 肯德里克和 E. 丹尼森等，他们或是从理论模型上，或是从经验分析上，对经济增长的源泉做了实证分析，为刺激经济增长的各项政策提供了依据。

（2）20 世纪 60 年代末至 70 年代。针对经济快速增长所带来的一系列问题，一些经济学家、社会学家和科学家提出了增长的极限问题，他们认为由于人口膨胀、资源耗竭、粮食短缺、生态失衡等原因，长期的经济增长必定带来世界经济的崩溃，因而提出了“零经济增长”的观点。这一观点触发了一场关于经济增长利弊得失的争论，他们对经济增长问题又进行了规范化的研究。经过这场旷日持久的大辩论，大多数经济学家统一了认识：经济增长中的问题只能用经济增长加以解决，因此，否定经济增长是不可取的，但对经济增长所出现的问题，应该给予足够的重视。由此，经济学家们的分析重心仍然放在对增长原因的研究上。

（3）20 世纪 80 年代后期。美国经济学家 P. 罗默提出了由他首创的新增长理论，并立即受到了广泛的重视。罗默的新增长理论是一种对长期经济增长进行预测的理论。20 世纪 50 年代所提出的传统经济增长理论中，生产被假设为仅由资本和劳动组成，技术进步的作用并未体现在资本和劳动中，它只是作为外生变量对经济增长起促进作用，而罗默认为，每一次技术发挥作用都必须借助一定的实体，如资本和劳动，因此技术必定成为组成生产的第三大因素，从而作为内生变量对经济增长起促进作用。

罗默对技术因素的考虑使他的新增长理论与传统增长理论有所不同：第一，罗默将技术看做经济体制的核心部分，它是一个内生而非外生的因素，技术整体的增长与投入的资源成正比；第二，技术能够提高而不是减少投资的收益，这正是发达国家保持强劲增长势头的原因；第三，技术和投资存在一种相互刺激的关系，投资使技术更有价值，技术反过来又使投资收益更高，这种良性循环能够长期提高经济增长率，而传统增长理论认为这种可能性是不存在的；第四，罗默认为垄断能够刺激和引导各公司去进行技术研究，因而对经济增长是有利的，而传统增长理论则认为“完美的竞争”是规范准则，垄断是离经叛道。

根据新增长理论的观点，在信息时代会有更多的人力、物力用于科技研究和发现，而不是用于生产，科技与生产的关系正在变化，发明率和增长率也将发生长期变化。此外，根据新增长理论，经济政策的重点也应从解决经济周期性膨胀和衰退方面转向制定促进新技术的政策。新增长理论将对管理思想和管理技术产生重大影响。

17.2　哈罗德–多马理论

经济增长模型是要通过对决定经济增长的因素之间量的关系的分析来解决这样三个问题：第一，在长期中是否存在一种稳定状态的增长？第二，实现稳定均衡增长的条件是什么？第三，这种均衡增长是否有稳定性？总而言之，经济增长模型是要寻求经济长期稳定增长的途径。

这一模型简称哈罗德–多马模型，它是在 20 世纪 40 年代分别由英国经济学家 R.哈罗德和美国经济学家 E. 多马提出来的。他们所提出的模型基本相似，故称哈罗德–多马模型。我们以哈罗德模型为主来介绍这一模型的基本内容。

17.2.1　哈罗德模型的基本假设

哈罗德模型是以一些严格的假设条件为前提的，这些假设主要是：第一，社会只生产一种产品，这种产品既可以作为消费品，也可以作为资本品。第二，生产中只使用两种生产要素：劳动与资本，这两种生产要素为固定技术系数，即它们在生产中的比率是固定的，不能互相替代。第三，规模收益不变，即生产规模扩大时不存在收益递增或递减。第四，不考虑技术进步，即生产技术水平是既定的。

17.2.2　哈罗德模型的基本公式

哈罗德模型的基本公式是 $G=S/C$。式中，G 代表国民收入增长率，即经济增长率；S 代表储蓄率，即储蓄量在国民收入中所占的比例；C 代表资本–产量比率，即生产一单位产量所需要的资本量。根据这一模型的假设，资本与劳动的配合比率是不变的，从而资本–产量比率也就是不变的。这样，经济增长率实际就取决于储蓄率。例如，假定资本–产量比率 C 为 3，如果储蓄率 S 为 15%，经济增长率 G 则为 5%。在资本–产量比率不变的条件下，储蓄率高，则经济增长率高（在上例中，储蓄率增加到 18%，则经济增长率为 6%）；储蓄率低，则经济增长率低（在上例中，储蓄率减少到 12%，则经济增长率为 4%）。可见这一模型强调的是资本增加对经济增长的作用，分析的是资本增加与经济增长之间的关系。

17.2.3　经济长期稳定增长的条件

哈罗德模型还用实际增长率、有保证的增长率和自然增长率这三个概念分析了经济长期稳定增长的条件和波动的原因。

实际增长率 G 是实际上所发生的增长率，它由实际储蓄率 S 和实际资本–产量比率 C 决定，即 $G=S/C$。

有保证的增长率 Gw，又称合意增长率，是长期中理想的增长率，它由合意的储蓄率 Sd 和合意的资本–产量比率 Cr 决定，即 Gw=Sd/Cr。

自然增长率 Gn 是长期中人口增长和技术进步所允许达到的最大增长率，它由最适宜的储蓄率 So 和合意的资本–产量比率 Cr 决定，即 Gn=So/Cr。

哈罗德模型认为，长期中实现经济稳定增长的条件是实际增长率、有保证的增长率与自然增长率相一致，即 G=Gw=Gn。

如果这三种增长率不一致，则会引起经济中的波动。具体来说，实际增长率与有保证的增长率的背离会引起经济中的短期波动。当实际增长率大于有保证的增长率（G>Gw）时，会引起累积性的扩张，因为这时实际的资本–产量比率小于合意的资本–产量比率（C<Cr），资本家会增加投资，使这两者一致，从而就刺激了经济的扩张。相反，当实际增长率小于有保证的增长率（G<Gw）时，会引起累积性的收缩，因为这时实际的资本–产量比率大于合意的资本–产量比率（C>Cr），资本家会减少投资，使这两者一致，从而引起了经济收缩。在长期中，有保证的增长率与自然增长率的背离也会引起经济波动。当有保证的增长率大于自然增长率（Gw>Gn）时，由于有保证的增长率超过了人口增长和技术进步所允许的程度，将会出现长期停滞。反之，当有保证的增长率小于自然增长率（Gw<Gn）时，由于有保证的增长率不会达到人口增长和技术进步所允许的程度，将会出现长期繁荣。所以，应该使这三种增长率达到一致。

哈罗德–多马模型是最早的经济增长模型，它虽然比较简单，而且有缺点，但以后的经济增长模型都是在它的基础上建立起来的，是对它的发展与改进。

17.3 新古典经济增长理论

哈罗德–多马模型的分析是在以下基本假定的基础上进行的：用于生产的只有资本和劳动两种要素，要素投入比例不变；生产中技术水平不变，因而规模收益不变，资本产出比率不变。新古典经济增长理论在放弃了哈罗德–多马模型中关于资本和劳动不可替代以及不存在技术进步的假定之后，所做的基本假定包括：①社会储蓄函数为 $S=sY$；②劳动力按一个不变的比率增长；③生产的规模收益不变。

在上述假定③和暂时不考虑技术进步的情况下，经济中的生产函数可以表示为人均形式：

$$y=f(k) \tag{17-1}$$

式中，y 为人均产量；k 为人均资本。图 17-1 表示了生产函数式（17-1）的图形。

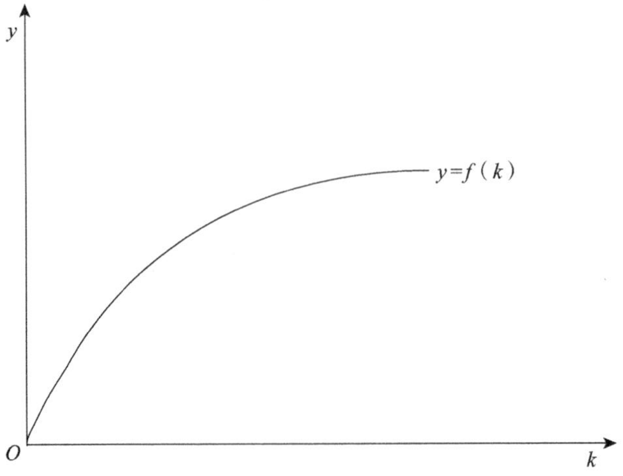

图 17-1　人均产量曲线

从图 17-1 中可以看出，随着每个工人拥有的资本量的上升，即 k 值的增加，每个工人的产量也增加，但由于报酬递减规律，人均产量增加的速度是递减的。

根据增长率分解式，在假定②和不考虑技术进步的条件下，产出增长率就唯一地由资本增长率来解释。下面我们来较细致地考察资本和产量的关系。

一般地，资本增长由储蓄（或投资）决定，而储蓄又依赖于收入，收入或产量又要视资本而定。于是，资本、产量和储蓄（投资）之间建立了一个如图 17-2 所示的相互依赖的体系。

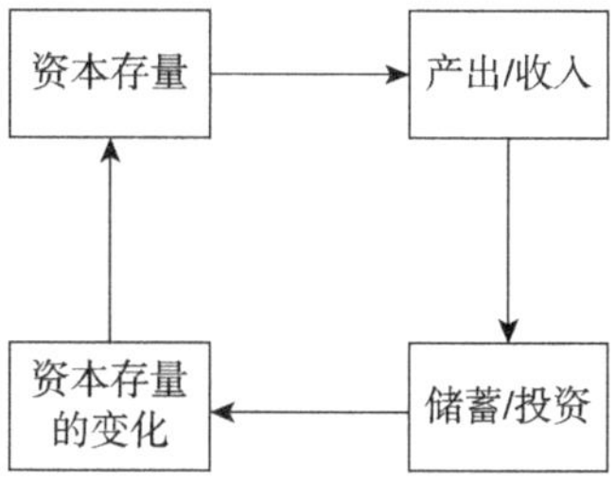

图 17-2　资本、产量和储蓄之间的相互依赖

在上述体系中，资本对产出的影响可由集约化的生产函数式（17-1）或图 17-1 来描述。资本存量变化对资本存量的影响是明显和直观的，无须进一步说明。产出对储蓄的影响可以由储蓄函数来解释。因此，在上述体系中，需着重说明的是储蓄对资本存量变化的影响。

17.3.1　新古典增长模型的基本方程

索洛和托宾等认为，哈罗德-多马模型在宏观上扩展了凯恩斯主义理论的分析，但这种增长模型缺乏一定的微观基础，缺乏对生产要素的分析。因此，在新古典增长模型的分析中，他们一方面以凯恩斯理论为依据，承认国家干预的重要性，另一方面又在新古典学派的理论中寻求依据，建立自己理论的微观基础。这一模型简称新古典模型，它是由美国经济学家 R. 索洛等提出来的。这一模型认为，哈罗德-多马模型所指出的经济增长途径是很难实现的。这也就是说，在现实中，由于各种因素的影响，实际增长率、有保证的增长率和自然增长率很难达到一致。因此，他们把哈罗德-多马模型所指出的经济增长途径称为“刃锋”。他们的模型就是要通过改变资本-产量比率来解决这一“刃锋”问题，并且考虑技术进步对经济增长的作用。

在一个只包括家庭部门和企业部门的经济中，经济的均衡条件可以表示为 $Y=C+I$。

将上式表示为人均形式，则有

$$Y/N=C/N+I/N \tag{17-2}$$

将式（17-2）动态化，并利用式（17-1），有

$$F[k(t)]=C(t)/N(t)+I(t)/N(t) \tag{17-3}$$

由于 $k(t)=K(t)/N(t)$，对这一关系求关于时间的微分，可得

$$\mathrm{d}k(t)/\mathrm{d}t=1/N^2\,[N\cdot \mathrm{d}K/\mathrm{d}t-K\cdot \mathrm{d}N/\mathrm{d}t]$$

利用 $\mathrm{d}N/\mathrm{d}t=n$ 和 $\mathrm{d}K/\mathrm{d}t=I$，上式可表示为

$$I/N=\mathrm{d}k/\mathrm{d}t+nk \tag{17-4}$$

由式（17-2）得

$$Y-C/N=I/N$$

注意到 $Y-C=S$，而 $S=sY$，上式可写为

$$sY/N=I/N \tag{17-5}$$

利用式（17-1）和式（17-4），式（17-5）可表示为

$$sf(k)=\mathrm{d}k/\mathrm{d}t+nk \tag{17-6}$$

式（17-6）便是新古典增长模型的基本方程。这一关系式说明，一个社会的人均储蓄可以分为两个部分：①人均资本的增加，即为每一个人配备更多的资本设备，这被称为资本的深化。②为每一增加人口配备每人平均应得的资本设备，这被称为资本的广化。总而言之，这里的意思是：在一个社会全部产品中减去消费掉的部分之后，剩下来的便是储蓄；在投资等于储蓄的均衡条件下，整个社会的储蓄可以被用于两个方面，一方面给每个人增添更多的资本设备，即资本深化；另一方面为新出生的每一个人提供平均数量的资本设备，即资本广化。

17.3.2 稳态分析

在新古典经济增长理论中，所谓稳态是指这样一种状态，这时的人均产量和人均资本都不再发生变化。按照这种稳态的含义，如果人均资本不变，给定技术，则人均产量也不变。尽管人口在增长，但为使人均资本保持不变，资本必须和人口以相同的速度增长。在假定技术不变时，按照新古典经济增长理论的假定，便有 $\mathrm{d}Y/\mathrm{d}t/Y=\mathrm{d}N/\mathrm{d}t/N=\mathrm{d}K/\mathrm{d}t/K=n$。

换句话说，当经济中的总产量、资本存量和劳动力都以速度 n 增长，且人均产量固定时，就达到了稳态。

理解基本方程式（17-6）和稳态含义的更好的方式是图形分析，具体如图 17-3 所示。

图 17-3 中的 $f(k)$ 曲线为产量曲线。曲线上每一点都表明一个与按人口平均的资本相对应的按人口平均的产量。例如，当按人口平均的资本为 k_1 时，按人口平均的产量为 y_1。曲线 $sf(k)$ 为储蓄曲线，它表示与每一按人口平均的资本相对应的人均储蓄量。图 17-3 中的直线 nk 为通过原点且斜率为 n 的直线。

根据基本方程式（17-6）及 nk 线和 $sf(k)$ 曲线的关系，可以做出图 17-3（b）中的图像，即 L 曲线。当 $sf(k)$ 高于 nk 时，$sf(k)-nk>0$，这时有 $\mathrm{d}k/\mathrm{d}t>0$，与此相对应，$L$ 曲线位于横轴的上方；反之，当 $sf(k)$ 低于 nk 时，则 $\mathrm{d}k/\mathrm{d}t<0$，与此相对应，$L$ 曲线位于横轴的下方；当 $sf(k)$ 等于 nk，即 $sf(k)$ 曲线与 nk 线相交时，$\mathrm{d}k/\mathrm{d}t=0$，$L$ 曲线与横轴相交。

按照上面关于稳态的说明，当 $\mathrm{d}k/\mathrm{d}t=0$ 时，经济便处于稳态，这对应于图 17-3（a）中的 A 点和图 17-3（b）中的 z 点。因此，在新古典经济增长理论中，稳态的条件可表示为

$$sf(k)=nk \tag{17-7}$$

需要特别指出的是，上述关于稳态的分析表明，在稳态时，总收入以与人口相同的速度增长，即增长率为 n。这意味着，稳态中的产量增长率并不受储蓄率的影响。这是新古典经济增长理论的重要结论之一。

在完成了稳态分析后，便可进行比较静态分析。

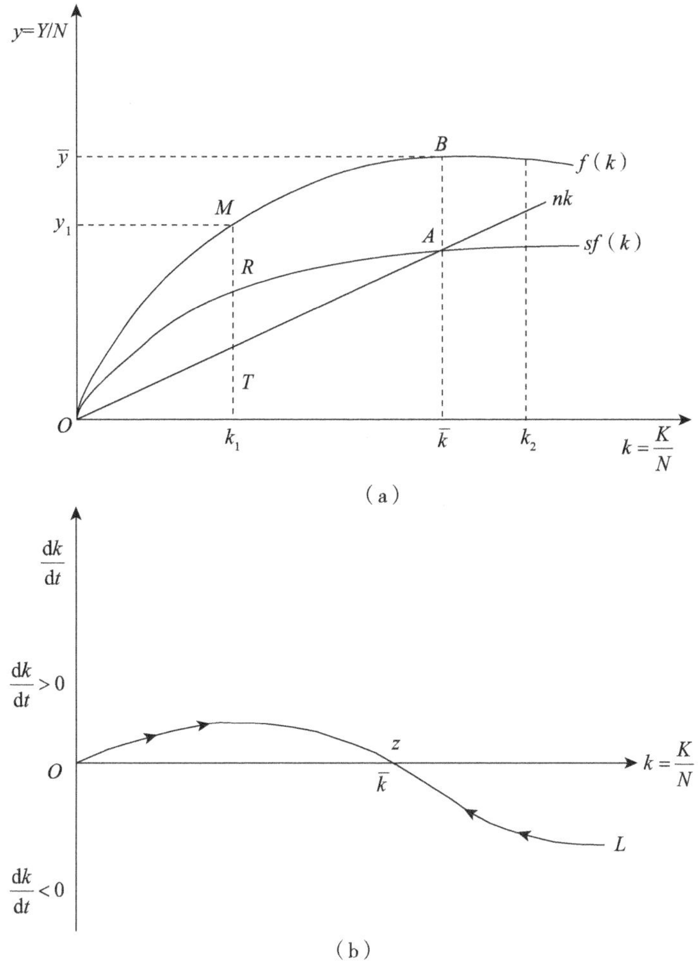

图 17-3 稳态的图示

17.3.3 储蓄率的增加

图 17-4 显示了储蓄率的增加是如何影响产量增长的。

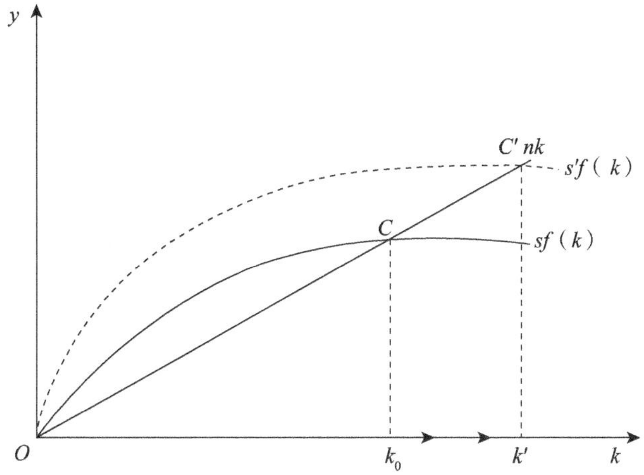

图 17-4 储蓄率的增加

图 17-4 中，经济最初位于 C 点的稳态均衡。现在假定人们想储蓄更大比例的收入，这使储蓄曲线上移至虚线的位置。这时新的稳态为 C'，比较 C 点和 C'' 点，可知储蓄率的增加提高了稳态的人均资本和人均产量。

对于从 C 点到 C'点的转变，这里需要指出两点：①从短期看，应该说，更高的储蓄率也导致了总产量和人均产量的增加，这可以从人均资本由初始稳态的 k_0 上升到新的稳态中的 k' 这一事实中看出，因为增加人均资本的唯一途径是资本存量比劳动力更快地增长，进而又引起产量的更快增长。②由于 C 点和 C'点都是稳态，按照前面关于稳态的分析，稳态中的产量增长率是独立于储蓄率的，从长期看，随着资本积累，增长率逐渐降低，最终又回落到人口增长的水平。图 17-4 概括了以上分析。

图 17-5（a）显示了人均收入的时间路径。储蓄率的上升导致人均资本上升，从而增加人均产量，直到达到新的稳态。图 17-5（b）则显示了产量增长率的时间路径。储蓄率的增加导致资本积累，从而带动了产量的一个暂时性的较高增长。但随着资本积累，产量的增长最终会回落到人口增长率的水平上。

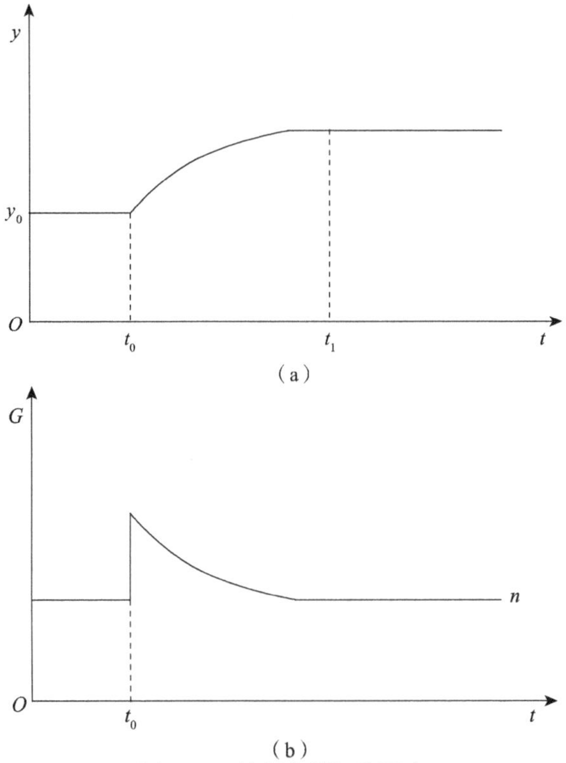

图 17-5　储蓄率增加的影响

总之，新古典经济增长理论在这里得到的结论是，储蓄率的增加不影响稳态增长率，但确实能提高收入的稳态水平。

17.3.4　人口增长

新古典经济增长理论虽然假定劳动力按一个不变的比率 n 增长，但当把 n 作为参数时，就可以说明人口增长对产量增长的影响，具体如图 17-6 所示。

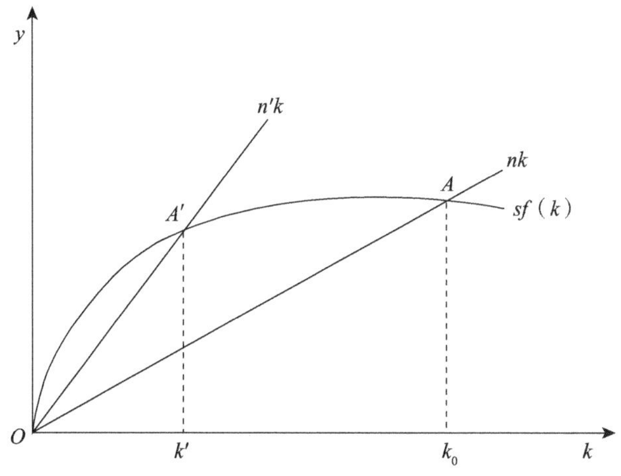

图 17-6　人口增长对产量增长的影响

图 17-6 中，经济最初位于 A 点的稳态均衡。现在假定人口增长率从 n 增加到 n'，则图 17-6 中的 nk 线便移动到 $n'k$ 线，这时，新的稳态均衡为 A' 点。比较 A' 点、A 点可知，人口增长率的增加降低了人均资本的稳态水平。这是从新古典经济增长理论得出的又一重要结论。西方学者进一步指出，作为人口增长率上升引起的人均产量下降正是许多发展中国家面临的问题。两个有相同储蓄率的国家仅仅由于其中一个国家比另一个国家的人口增长率高，就可以有不同的人均收入水平。

对人口增长进行比较静态分析的另一个重要结论是，人口增长率的上升提高了总产量的稳态增长率。理解这一结论的要点在于懂得稳态的真正含义，并且注意到 A' 点和 A 点都是稳态均衡点。

17.4　经济周期理论概述

17.4.1　经济周期的含义

世界经济是在繁荣与衰退的周期性交替中不断发展的。我们一般把这种经济波动，即经济繁荣和衰退的交替，称为经济周期。经济周期是现代经济社会中不可避免的经济波动，是现代经济的基本特征之一。在经济周期中，经济活动的波动发生在几乎所有的经济部门，而非个别或几个经济部门，因此，经济周期是总体经济而非局部经济的波动。如前所述，衡量总体经济状况的基本指标是国民收入，所以经济周期也就表现为国民收入的波动，具体表现为产量、就业、物价水平、利率等的上下波动。我们通常以 GDP 的变化来表示经济的周期波动。

经济周期在经济的运行中是周而复始、反复出现的。尽管每一个经济周期持续的时间、波动的幅度等不尽相同，但它们都具有共同的规律，要经历相似的发展阶段，即繁荣、衰退、萧条和复苏。繁荣，即经济处于高涨时期，此时，经济活动十分活跃，当其达到最高点时，这一最高点被称作顶峰；衰退，即经济处于较温和的收缩时期，经济活动水平下降；萧条，即经济处于剧烈收缩时期，经济活动水平降为最低，这一最低点被称为低谷；复苏，即经济由萧条走向繁荣的过渡阶段，经济活动日趋活跃，国民收入开始回升。

在第二次世界大战之前，市场经济国家的经济波动中四个阶段的区分较为明显，经济的衰退或萧条表明整个经济活动中存在绝对的下降，我们将这种经济周期称为古典经济周期。但第二次世界大战之后，科学技术的进步、生产能力的扩大和政府对经济调控能力的增强，使宏观经济的波动出现了一些新的特点，主要表现为经济周期中的阶段性不明显，原来意义上的萧条阶段似乎已经消失。这时，宏观经济的波动主要表现为增长率的变化，而不是增长方向上的倒转。

17.4.2 经济周期的分类

根据不同的标准，经济周期可以有多种分类。这里我们以经济波动的周期长短为依据，将它们分成四种类型。

（1）基钦周期。这是由美国经济学家 J. 基钦于 1923 年提出的经济周期。基钦认为，经济波动有大周期和小周期之分，小周期平均长度为 40 个月，一个大周期通常由两三个小周期构成。这种约 40 个月的周期被称为基钦周期或短周期。

（2）朱格拉周期。这是由法国经济学家 C. 朱格拉于 1860 年提出的经济周期。它由繁荣、危机和清偿三个阶段组成，平均长度为 9~10 年，也被称作中周期。

（3）康德拉捷夫周期。这是由苏联经济学家康德拉捷夫于 1925 年提出的经济周期。康德拉捷夫根据美国、英国、法国等国家 100 多年的批发物价指数、利息率、工资率、对外贸易量、煤铁产量与消耗量的变动，认为经济中存在一种较长周期的波动，其平均长度为 50 年左右。康德拉捷夫认为，从 18 世纪末开始，约有三个经济周期存在，这种约 50 年的经济周期也被称为长周期。

（4）库兹涅茨周期。这是由美国经济学家库兹涅茨提出的平均长度为 20 年的经济周期。它的周期变化与房屋建筑、人口增长率的变化以及消费对收入的比率等有密切关系。这种经济周期在第二次世界大战后受到相当的重视。

17.4.3 经济周期的形成原因

造成宏观经济周期性波动的原因很多，许多经济学家从不同的角度提出了自己的观点，其中比较有代表性的有如下几种理论。

1. 消费不足理论

这是英国经济学家马尔萨斯、J. A. 霍布森等的观点。他们认为经济中出现萧条是因为社会对消费品需求的增长赶不上消费品生产的增长，而这种消费不足的原因又在于国民收入分配不均，造成了富人储蓄过度，穷人收入太低。因此，解决的办法就是实行收入分配均等化政策。

2. 心理因素理论

这是由英国经济学家庇古和凯恩斯提出的理论。他们强调投资者的心理预期是造成经济波动的主要原因。当任何一种原因刺激了投资活动，引起经济高涨时，投资者对未来的乐观预期一般总是超过经济中的实际情况，这就导致了过多的投资及经济持续扩张，而一旦这种盲目乐观所带来的投资受到资源、技术等条件的制约而减少时，投资者对经济的预期变得过度悲观，于是他们大幅度减少投资，引起经济的衰退。这种心理上的波动导致了投资行为的波动，从而引起了经济活动的波动。

3. 纯货币理论

英国经济学家 R. 霍特里用货币信用体系的不稳定来说明经济波动的原因。他的观点是：经济波动纯粹是一种货币现象，货币数量的增减是经济发生波动的唯一原因，而货币数量的变化又是银行体系交替扩张和紧缩信用造成的。银行体系放宽信贷、降低利率就会引起生产的扩张和收入的增加，而银行体系被迫紧缩信用就会造成金融混乱、生产下降，从而造成经济危机。

4. 投资过度理论

这种理论从供给的角度出发，认为造成经济波动的主要原因在于资本品生产过度。投资集中于资本品行业，资本品生产过剩而消费品行业却没有得到相应的发展，这种结构失衡必然导致大量生产能力的闲置，引起经济萧条而使经济发生波动。但对于引起最初投资过多的原因，经济学家们有不同的看法。F. V. 哈耶克和 L. E. V. 米塞斯认为，货币因素是造成投资过多的主要原因，他们的理论被称作“货币投资过度理论”，而 G. 卡塞尔等则认为，投资过度是由一些非货币因素，如新发明、新发现等原因造成的，因而他们的理论被称作“非货币投资过度理论”。

5. 太阳黑子理论

这是英国经济学家 H. 杰文斯于 19 世纪中后期提出的理论。太阳黑子理论认为，太阳黑子的出现引起气候的变化，导致农业减产，从而影响到工业、商业、消费和投资等方面，使整个经济出现萧条。因此，太阳黑子的周期出现是经济周期性波动的根源。

6. 政策循环理论

这种理论把造成经济波动的原因归结于对付通货膨胀和失业而采取的政策不适时或不适量。该理论认为，通过货币和财政政策工具，政府可以对总需求水平进行调节，但各种经济政策的时滞和对经济预测的误差使政府为保持经济稳定而采取的各种政策往往达不到预期的目标。

17.5 乘数-加速数模型

17.5.1 加速原理和加速数

加速原理是说明国民收入变动对投资变动影响的理论。从经济发展的现实看，投资变动和国民收入变动之间的影响是相互的，乘数理论反映了投资变动对国民收入变动的影响，而加速原理则说明国民收入变动是如何影响投资变动的，这两个理论共同说明了投资变动与国民收入变动之间的关系。国民收入的增加引起消费的增加，但要增加消费品的数量，资本品的数量必须相应增加，因此，国民收入的增加必将引起投资的增加。我们一般用加速数来表示国民收入变动对投资变动影响的程度。

加速数是一个与资本产出比率 J 相近的经济变量，J 是指生产一单位产品所需要的资本量，而加速数是指每增加一单位产出所需增加的资本量。如以 V 表示加速数，则有

$$V=\Delta K/\Delta Y=I/\Delta Y$$

上式说明的是资本量与它所生产的产出之间的比例关系。加速数表明的是每多生产一单

位产出所需增加的资本量，即所需投资额的大小。在技术不变的条件下，或者说不存在技术进步时，加速数等于资本产出利率，即 $J=V$。

由上式，我们可以推出加速原理的基本公式：

$$I_i=V\cdot\Delta Y$$

上式中的 I_i 即为受国民收入变动影响的引致投资，它表明在加速数一定的条件下，引致投资与国民收入呈同方向变化。

17.5.2 加速原理的作用过程

如果我们假定某厂商代表一个社会，则该厂商的产量就相当于国民收入。假设该厂商在没有闲置资源的条件下进行生产，年产量等于其销售收入；在技术不变的条件下，该厂商经常保持的资本设备存量与产出量之比为 3∶1，即 $J=V=3$；该厂商每年固定有 30 万元的资本折旧额，即重置投资为 30 万元。根据以上条件，我们可列出表 17-1。对表 17-1 的分析有助于理解加速原理的基本观点。

表 17-1 加速原理举例表

时间		产量	产量增量	产量增长率	资本量	引致投资	重置投资	投资总额	投资增长率
第一阶段	第一年	100	—	0	300	0	30	30	0
	第二年	100	0	0	300	0	30	30	0
第二阶段	第三年	110	+10	10	330	30	30	60	100
	第四年	120	+10	9.1	360	30	30	60	0
第三阶段	第五年	120	0	0	360	0	30	30	−50
第四阶段	第六年	110	−10	−8.3	330	−30	30	0	−100

在生产的第一阶段，企业保持原有生产规模不变，每年均为 100 万元的产量，那么，每年所需资本量也不变，均为 300 万元（$V\cdot\Delta Y=3\times100$），因此，每年的引致投资为 0，总投资只有重置投资的 30 万元。

在生产的第二阶段，厂商开始增加产量。第三年，产量增加 10%，达到 110 万元，于是资本量也增加 10%，达到 330 万元，这时引致投资为 30 万元，再加上重置投资 30 万元，总投资达到 60 万元，比第二年增加了 100%，投资对产量的增加发生了加速反应，这就是加速原理名称的由来。

第四年，产量仍然增加 10 万元，达到 120 万元，资本量也就达到 360 万元，引致投资仍为 30 万元，再加上重置投资 30 万元，总投资仍为 60 万元，这就表明虽然产量增加的绝对量保持不变，但由于产量的增长率由 10%降为 9.1%，总投资的增长停止了，可见投资增加的速度取决于产量增加的速度而不是产量增加的绝对量。

在生产的第三阶段，产量的增加停止了，仍保持在原来的 120 万元的水平上，资本量也因此保持不变；因而引致投资降为 0，总投资也降为 30 万元，下降了 50%。

在生产的第四阶段，产量减少为 110 万元，下降了 8.3%，总资本量也减少了 30 万元，从而总投资降为 0，减少了 100%。

由以上分析，我们可以归纳出加速原理的基本观点。

（1）投资不是产量或收入量绝对量的函数，而是产量或收入量变动率的函数。

（2）“加速”的含义是双向的，即产量或收入量较小幅度的增加或减少，都会引起总投资较大幅度的增加或减少。

（3）要想使投资增长率不至于下降，产量或收入量就必须保持一定比率的增长，如果产量或收入量的增长率降低，即使产量或收入量的绝对量并未下降，投资的增加也会停止或绝对减少，从而导致经济衰退。因此，加速过程本身就是导致经济不稳定的重要因素。

加速原理说明了国民收入变动对引致投资变动的影响，以及对总投资变动的影响，但它没有考虑到其他因素的作用，因而也有一定的局限性，这主要表现在以下几个方面。

（1）加速原理只是简单、笼统地分析了国民收入与投资的关系，而没有对二者进行更详细的区分。在实际经济运行中，国民收入与投资的关系更为复杂。例如，并不是所有的国民收入变动都会引起投资的加速变动，尤其是在国民收入的变动是暂时性变动的时候。

（2）加速原理分析中假设技术不变，因而加速数是固定不变的，这样的分析只考虑了资本量上的变化，而忽视了新投资提高资本产出比率从而提高经济效率的作用。

（3）加速原理所指出的国民收入变动对投资的加速作用并不能在所有条件下都充分发挥出来，它只有在经济中不存在闲置资源时才能充分发挥出来。例如，如果企业开工不足或存在机器闲置，那么，当产量增加时，企业只需动用闲置的机器即可，而不必进行新的投资。这样，国民收入变动对投资变动的加速作用就不能完全发挥出来。

本章小结和复习思考题

参考文献

丁冰．2004．当代西方经济学原理 [M]．第 4 版．北京：首都经济贸易大学出版社

丁娟娟，吴振信．2007．微观经济学教程[M]．北京：清华大学出版社

多恩布什 R，费希尔 S．1997．宏观经济学[M]．冯晴，等译．北京：中国人民大学出版社

多恩布什 R，费希尔 S，斯塔兹 R．2000．宏观经济学[M]．第 7 版．范家骧，等译．北京：中国人民大学出版社

和炳权．2002．微观经济学[M]．重庆：重庆大学出版社

黄亚钧．2005．微观经济学[M]．北京：高等教育出版社

黄亚钧，袁志刚．2000．宏观经济学[M]．北京：高等教育出版社

江可申．2006．微观经济学[M]．上海：东南大学出版社

蒋殿春．2006．微观经济学[M]．北京：北京大学出版社

金浩．2004．微观经济学[M]．天津：南开大学出版社

金祥荣．1999．微观经济学[M]．杭州：杭州大学出版社

雷诺兹 L．1987．宏观经济学分析和政策[M]．马宾译．北京：商务印书馆

李慧凤．2007．经济学原理[M]．北京：北京邮电大学出版社

李朋林．2008．微观经济学[M]．北京：中国矿业大学出版社

刘俊民．2006．微观经济学[M]．北京：科学出版社

罗默．2001．高级宏观经济学[M]．北京：商务印书馆

曼昆 N G．1999．经济学原理[M]．梁小民译．北京：北京大学出版社

曼昆 N G．2000．宏观经济学[M]．第 4 版．梁小民译．北京：中国人民大学出版社

欧阳明，袁志刚．2002．宏观经济学[M]．上海：上海人民出版社

帕金 M．2003．微观经济学[M]．梁小民译．北京：人民邮电出版社

帕金 M．2004．宏观经济学[M]．第 5 版．梁小民译．北京：人民邮电出版社

萨缪尔森 P，诺德豪斯 W．1992．经济学（上下册）[M]．第 12 版．高鸿业译．北京：中国发展出版社

萨缪尔森 P，诺德豪斯 W．2004．宏观经济学[M]．第 17 版．萧琛译．北京：人民邮电出版社

宋承先．1995．现代西方经济学[M]．上海：复旦大学出版社

瓦尔拉斯 L．1997．纯粹经济学要义[M]．蔡受百译．北京：商务印书馆

王辛枫，曲世友．2004．宏观经济学[M]．北京：科学出版社

叶德垒．2004．微观经济学[M]．北京：高等教育出版社

易纲．2006．微观经济学[M]．上海：上海人民出版社

张维迎．1996．博弈论与信息经济学[M]．上海：上海人民出版社

张英．2009．微观经济学[M]．北京：科学出版社

张元鹏．2003．西方经济学[M]．北京：首都经济贸易大学出版社

张宗斌．2002．现代西方经济学教程[M]．北京：北京师范大学出版社

赵英军．2004．西方经济学[M]．北京：清华大学出版社

周三多．1993．管理学原理与方法[M]．上海：复旦大学出版社

Branson W H．1989．Macroeconomics Theory and Policy[M]．3rd ed. New York：Harper and Row

Fink R H．1982．Supply Side Economics[M]．New York：American University Press

Gordon B．1982．Milton Friedman's Monetary Framework[M]．London：University of Chicago Press

Gordon B．1987．Microecnomics[M]．4th ed. Boston：Little，Brown and Company

Hall R E，Taylor J B．1988．Macroecnomics[M]．2nd ed. New York：W. W. Norton Company

Jones H G．1976．An Introduction to Mordern Theories of Economic Growth[M]．New York：McGraw-Hill Book Company

Ritter L S，Silber W L．1986．Principle of Money，Banking and Financial Markets[M]．5th ed．New York：Basic Books Publishers